HEINZ HEIMSOETH

DIE SECHS GROSSEN THEMEN
DER ABENDLÄNDISCHEN METAPHYSIK

HEINZ HEIMSOETH

DIE SECHS GROSSEN THEMEN DER

ABENDLÄNDISCHEN METAPHYSIK

UND DER AUSGANG DES MITTELALTERS

SIEBENTE AUFLAGE

1981

WISSENSCHAFTLICHE BUCHGESELLSCHAFT

DARMSTADT

Unveränderter reprografischer Nachdruck der 3., durchgesehenen Auflage

CIP-Kurztitelaufnahme der Deutschen Bibliothek

Heimsoeth, Heinz:
Die sechs großen Themen der abendländischen Metaphysik und der Ausgang des Mittelalters / Heinz Heimsoeth. — 7. Aufl., unveränd. reprograf. Nachdr. d. 3., durchges. Aufl. — Darmstadt: Wissenschaftliche Buchgesellschaft, 1981.
ISBN 3-534-00076-5

345

Bestellnummer 0076-5

© 1965 by Wissenschaftliche Buchgesellschaft, Darmstadt
Druck und Einband: Wissenschaftliche Buchgesellschaft, Darmstadt
Printed in Germany

ISBN 3-534-00076-5

INHALT

EINLEITUNG

DER BEGINN DER NEUZEIT IN DER GESCHICHTE
DER PHILOSOPHIE

Unser geschichtliches Wissen und Forschen – wie jung ist es noch, und doch wie festgefahren schon in seine Formeln. Wie abhängig sind seine Ordnungen von längst vergangenen Vorurteilen, nicht nur von gegenwärtigen. Wie ist die Wandlung der Begriffe, der Wertakzente, der Einteilungen, in denen wir den Strom vergangenen Lebens zu fassen suchen, langsam.

Für viele von den bestgeglaubten Formeln ist die Stunde der Nachprüfung endlich gekommen. Vor allem die Schematik der großen Perioden der Geschichte wankt. Was etwa das Wesen des „Mittelalters" ausmacht, ist nicht weniger fragwürdig geworden, als wo es beginnt und womit es endet. Damit aber ist nun für jeden einzelnen Zweig der historischen Forschung die Aufgabe gestellt, an den entstandenen Problemen von seinem besonderen Stoff aus mitzuarbeiten. Je mehr wir gelernt haben, abzusehen von der bequemen Vorannahme, wonach aus einer der geschichtlichen Mächte (der Wirtschaft etwa oder dem politischen Geschehen) die anderen Bewegungen alle sich sollten herleiten lassen, je mehr wir also die Vielheit selbständiger und weitgehend unabhängiger Strömungen zu unterscheiden vermögen – um so zuversichtlicher kann die Erwartung sein: aus dem Zusammentreffen der gesonderten Forschungen Entscheidendes zu gewinnen für die umfassenden Fragen. Getrennt marschieren um vereint zu schlagen, das ist es, was hier not tut, solange bis der große Überblick erreicht, die Revision durchgeführt ist.

Wie wenig die Philosophiegeschichte um die Nachprüfung der hergebrachten Gliederungen sich bemüht hat bisher, das ist erstaunlich, wenn man den gewaltigen Reichtum bedeutender historischer Arbeit ansieht, der hier immerhin gesammelt ist. Wie vieles wird da nicht einfach hergenommen aus dem Fächerwerk der allgemeinen Geistes- und Kulturgeschichte! Wie selten sind die großen Adern der Entwicklung hier wirklich herausgemeißelt aus der eigenen Materie, den philosophischen Problemen selbst.

Da wird die übliche Dreiteilung der Gesamtgeschichte in Altertum, Mittelalter und Neuzeit ohne Bedenken übernommen; und wenn man nach dem Wendepunkt fragt, in welchem von der Philosophie des Mittelalters die der neuen Zeit, die „neuere Philosophie", sich ablöse – so findet man die Antwort überall als unbezweifelt fertig vor, die auch der philosophisch Unberührteste aus seinem Bildungswissen hergeben wird: die Renaissance. Das ist ein Punkt, den wir hier neu ins Auge fassen möchten. Es scheint uns, daß die Frage einmal neu gestellt werden müßte: was bringt in die Entwicklung der Gedankenfäden und -gewebe jene große allgemeine Wandlung, die von der scholastischen Metaphysik des Mittelalters abhebt die Systeme und Entwicklungen der neueren Philosophie? Wo liegen die entscheidenden Motive dieser Wendung? Und: was ist ihr Zeitpunkt?

Sage doch niemand, daß dies müßige Fragen sind. Daß nicht viel darauf ankomme, wie man die Zeiten benenne und abgrenze. Weil schließlich doch jede Gliederung willkürlich bleibe und das stetige Fließen lebendigen Geschehens künstlich zerteile. Daß solche Einteilungen nie mehr sein könnten als Notbehelf abstrakten, auf Krücken dem Lebendigen nachtastenden Denkens . . . Als ob der Strom nicht an sich selbst seine Windungen, das Leben nicht im eigenen Werden Aufstieg und Verfall durchmachte, der Mann nicht innerlich und wesenhaft vom Jünglinge sich unterschiede. Was ändert es daran, daß die Übergänge fließend sind und die entscheidenden Momente schwer zu fassen. Um so bedeutsamer wird die Aufgabe für uns!

Auch handelt es sich in solchen Fragen zuletzt nie um die bloß formale Gliederung, um Jahres- oder Jahrhundertzahlen. Dies Äußere der Einteilung ist doch immer auch der Ausdruck inhaltlicher Überzeugungen. In den Namen des „Mittelalters", der „Renaissance" liegt eine ganze Theorie und Wertung. Wenn man die Frage nach dem Beginn der Neuzeit in der Geschichte der Philosophie neu aufrollt, so heißt das ohne weiteres auch schon sich fragen: was denn das Denken dieser neuen Zeit im Innersten bestimme und worin sich seine letzten Inhalte und Sichten unterscheiden von den andern Zeiten, die vorhergegangen. Die großen Themen dieser „neueren Philosophie" – wie stehen sie zum Mittelalter, wie zum Altertum? Was ist es, das sie Überliefertem verbindet, und was bringt wiederum den neuen Schwung hinein, die neue Größe?

Das hergebrachte Schema ist das Folgende. Philosophie ist doch Weltweisheit, freie Wissenschaft vom Wesen der natürlichen Dinge. Das war sie nicht im Mittelalter; als Magd der Theologie verarbeitet sie gegebene Dogmenwahrheit. Autorität entschied, nicht die Vernunft. Davon aber befreite dann die Renaissance. Wiedergeburt brachte sie einer freieren Zeit, wo Wissenschaft nichts wußte von dem Zwang und der Umnebelung durch Kirche und Religion. Die Philosophie der Alten lebte wieder auf, ganz neu vermittelt wieder durch die griechischen Gelehrten, die aus dem in Türkenhand gefallnen Konstantinopel nach Italien flohen. Wie die antike Statue und den antiken Staat, so bringt die freigewordene Zeit auch den antiken Begriff wieder rein ans Licht; im Neu-Athen Florenz begründen freie Geister die platonische Akademie. Von da geht dann das neue, weltliche Denken an;

Plato schlägt den ins kirchliche System verschmolzenen Aristoteles, und nun werden die großen alten Denker wieder neu – Demokrit, Epikur, die Stoa, auch Aristoteles selbst. Von den Freunden des Altertums und seines freien Menschentums, den Humanisten, geht die Erneuerung der Philosophie aus. In Italien also beginnt die neue Entwicklung, und von da nimmt sie den Siegeszug durch alle Länder. Aus dieser italienischen Renaissance, die alle Keime enthält für das Spätere, die in Giordano Brunos schönheitstrunkenem Weltbild groß zur Gesamtanschauung sich erhebt, vor allen anderen Nationen – entspringt die englische Renaissance, als deren Wortführer Baco von Verulam die Losung ausgibt für die folgenden Jahrhunderte, entspringt auch die französische Renaissance, die über Montaigne, den skeptisch-weltlichen Verehrer der Antike, hinführt zum eigentlichen „Vater der neueren Philosophie": Descartes. Alles Entscheidende geht von da dann aus: Hobbes und Locke, Spinoza und – Leibniz.

Deutschland kommt nämlich ganz zuletzt dazu. Von religiösen Kämpfen zerrissen, kann es die Freiheit des neuen alten Denkens lange nicht genießen. Wohl gibt es deutsche Humanisten, und Melanchthon löst den Aristoteles ab von der katholischen Scholastik; aber die ewigen Glaubensfragen nehmen der Weltweisheit die Luft. Aus der deutschen Renaissance-Philosophie wird daher nicht viel, und erst als zwei Jahrhunderte vergangen sind nach jener Einwanderung der griechischen Gelehrten, bei abklingendem Glaubensstreit und endlich aufwachender Freiheit der „natürlichen Vernunft", ist der Raum frei geworden für ein deutsches System, für Leibniz. Der faßt dann alle die Motive groß zusammen: die Philosophie der Renaissance, das Weltbild Brunos findet hier seine späte Vollendung, bereichert durch das, was die andern Länder und ihre Renaissance hinzugebracht. Und nun hat Philosophie im Abendland den eigenen Boden, die eigenen Probleme wieder neu gewonnen und geht, im Bunde mit der freien Wissenschaft, hinüber in das 18. und das 19. Jahrhundert, zu ihren eigenen Zielen. – Gegen diese Konstruktion erheben sich allerdings die schwersten Bedenken, wenn man die letzten Inhalte, die Themen der Systeme selbst untersucht nach Tendenz, Herkunft, Bedeutung! Doch ganz von außen vorerst angesehen: ist es nicht merkwürdig, daß zur Entfaltung unserer philosophischen Neuzeit das deutsche Denken so wenig beigetragen haben soll, das italienische fast alles? Ist die Begabung der Nationen nicht sonst auffallend gleichförmig durch alle Zeiten? Wo blieb in jenen Jahrhunderten die späterhin von keinem anderen Volk erreichte spekulative Kraft des deutschen Geistes? Und woher nahm der Italiener, dessen größte Leistungen auf gänzlich anderen Gebieten sonst und späterhin lagen, damals auf einmal dies Vermögen, wenn auch befruchtet und genährt von der Antike, so doch in neuer Selbstgewißheit allen voranzuleuchten mit der Fackel metaphysischer Erkenntnis?

Wenn man einmal, um beim Letzteren zu beginnen, die Philosophie der italienischen Renaissancezeit nach ihren eigenwüchsigen Leistungen durchsucht, so ist die angelesene Begeisterung sehr rasch herabgestimmt. Hinter der Leichtigkeit kombinierender Phantasie, dem feurigen Schwung der Sprache, der blendenden Fülle des von überall her Aufgenommenen steht die spekulative Kraft, die eigene metaphysische Begabung auffallend zurück. Wenige Zeiten der Philosophiegeschichte sind so zersplittert, so innerlich unsicher den verschiedensten Traditionen zugleich anhängend; so wahllos auch und ohne rechte Größenschätzung selbst in der Erfassung des antiken Erbes. In einem Atem nennt man Cicero und Platon, die unselbständigste Rhetorik und die tiefste Spekulation. Nein, diese Zeit ist keine von den eigentlich produktiven der Philosophiegeschichte. Alles, was da an Überragendem anklingt, weist auf anderes zurück als auf den wahren Ursprung dieser Leistung.

So ist es auch mit dem einen Großen, mit Bruno. Er hat es nicht verschwiegen. Und es sind nicht Landsleute, die er vor allem nennt, nicht Humanisten, und auch nicht die Alten, sondern – drei Deutsche. Kopernikus den Astronomen, Paracelsus den Arzt und Naturmystiker und Nikolaus von Kues den großen Kirchenmann und Metaphysiker, den auch Brunos Landsmann Cardano weit über alle Zeitgenossen, ja über alle Menschen setzte. Wie sehr das ganze neue Weltbild Brunos beruht auf der Tat des ersten, weiß jeder, der es kennt. Kopernikus zwar ist der Mann der Wissenschaft, nicht Philosoph. Die beiden anderen aber sind deutsche Philosophen – deren es doch also immerhin gegeben hat in den Jahrhunderten des Übergangs vom Mittelalter zur Neuzeit . . . Was Bruno von Paracelsus empfing für seinen Begriff der Monade, das ist noch wenig untersucht. Aber daß alle sonst entscheidenden Motive seiner Spekulationen von Nikolaus dem Kusaner stammen, in ihren tiefsten Bestimmungen geradezu aus diesem übernommen sind, das ist seit einigen Jahrzehnten (seitdem man überhaupt wieder recht aufmerksam geworden auf einen der größten unter den philosophischen Geistern der deutschen Geschichte) ganz offenbar geworden. Wir kommen hier noch darauf. – Wenn aber Bruno so zurückweist auf den Deutschen der abklingenden Scholastik, muß dann nicht auch das Bild von den Ursprüngen des Leibnizischen Systems sich gänzlich wandeln, dessen Ähnlichkeit mit Bruno man immer bemerkt, dessen Abhängigkeit jedoch von diesem niemand so recht nachweisen konnte? Leibniz wäre danach nicht so sehr ein Vollender der Renaissance, als der Träger und Ausgestalter einer heimischen deutschen Tradition, ein Sohn aus dem Geschlechte derer um Nikolaus und Paracelsus . . .? Wer die innersten Tendenzen der Monadologie auf diese Frage hin untersucht, wird Leibniz bald in einem anderen Lichte sehen als die hergebrachte Geschichtskonstruktion. Nikolaus aber und Paracelsus, auf welchen Ursprung etwa weisen sie? Um

6

auch den neu bemerkten Tatsachen gegenüber die alte Einteilung zu retten, hat man, wie ja auch auf anderen Gebieten, den vielfach äußerst fragwürdigen Begriff der „deutschen Renaissance" hier eingeführt. Weil Nikolaus einst in Padua studierte, muß er zur „Frührenaissance" gehören. Aber solche Einordnungen versagen ganz, wenn man vom Äußeren der Ausbildung auf die Innerlichkeit der treibenden Motive geht. Auf einen anderen Strom des Geisteslebens weisen jene beiden hin, in dem sie noch mit beiden Füßen stehen, aus dem sie ihr Tiefstes schöpfen: den breiten Strom der deutschen Mystik. Wie sehr der Theosoph und Naturmystiker Paracelsus von ihr lebt, konnte niemand verkennen. Daß aber gerade auch Nikolaus Cusanus in diesem Erdreich wurzelt, das zu bemerken hätten seine Schriften, die theologischen wie die mehr philosophischen, genügen können; in deren einer er ja auch ausdrücklich Eckehart in Schutz nahm gegen den erbitterten Bekämpfer auch seiner eignen Lehre. Kaum hätte es da noch des äußeren Hinweises bedurft, der darin lag, daß Meister Eckeharts lang verschollenes lateinisches Werk teilweise in einer Abschrift aufgefunden wurde, die Nikolaus für seine Bücherei anfertigen ließ und mit seinen Anmerkungen versah.

Die Mystik also, das war damals die deutsche Philosophie. Es hieß ja auch noch Jakob Böhme, der große Fortbildner dieser Tradition im Jahrhundert der Reformation, gegen den alle gleichzeitige Humanistenphilosophie in ihr Nichts versinkt, schlechthin der Philosophus teutonicus. Diese Mystik war ja, von Eckehart her und dem Verfasser der „Deutschen Theologie", spekulativ – wollte Spekulation sein über Seele, Gott und Welt, Philosophie und nicht etwa nur Wort- und Begriffsausdruck für religiöses Leben! Sieht man auf sie, so sind mit einem Male jene deutschen Jahrhunderte vor Leibniz nicht arm und gebunden, abhängig von fremder Leistung und ohne eigene Kraft; sondern reich und frei und groß – ursprünglicher vielleicht in den Tendenzen ihres Denkens als die hochtönenden Verkündungen der Renaissance und des Humanismus. Und es ist nicht nur die auserlesene Schar der Führer in dieser so bedeutsamen Bewegung, die (vom Meister Eckehart über Seuse und Tauler zu Paracelsus, Weigel und Böhme bis hinauf zu den beiden Helmont und zu Angelus Silesius im Zeitalter von Leibniz) unser Interesse fesseln muß, nicht nur die Breite auch der Strömung (vom Niederrhein, den Niederlanden Ruysbroeks reicht sie bis zum Bodensee Seuses, von Straßburg, Cöln und Frankfurt bis zum Schlesien Böhmes und Schefflers) – sondern vor allem ihre Volkstümlichkeit und tiefe Einwirkung auf Lebensempfindung und Gedankenbildung der Deutschen jener Zeit, auch solcher Volkskreise, die aller theologisch-zünftigen und aller Bildungsphilosophie der Humanisten etwa fremd bleiben mußten. Geschichte der Philosophie ist mehr als eine Kette fertiger Systeme und vereinzelter Gipfel. Was unterhalb der deutlichen Tradition der Bücher, der zu System-

7

begriffen ausgewachsenen Lehren die Lebensstellung einer Zeit oder eines Volkes eindringlich bestimmt, wird hinterher leicht an Bedeutung unterschätzt den lauten Worten derer gegenüber, die dann das Sprachrohr werden für still Gewachsenes. –

Bei dieser Einwirkung der deutschen Mystik ist eines von entscheidender Bedeutung gewesen, was für das innere Werden der Gedanken doch auch nicht nebensächlich ist: die Sprache, welche diesen religiösen Denkern diente. In der Wandlung vom Mittelalter zur Neuzeit ist stets als eine der bedeutsamsten Erscheinungen jener Prozeß innerer Selbstdifferenzierung des Abendlandes bemerkt worden, der zur Entstehung unserer heutigen Nationen mit ihrer Sonderart und Mannigfaltigkeit geführt hat. Immer auch hat man betont, welch wichtige Rolle dabei dem Eindringen der Volkssprachen in das religiöse Leben, in Recht und Wissenschaft zufiel. Und nun bedarf es keines Worts darüber, welche Wichtigkeit die Ablösung vom Latein des Mittelalters gerade für die Entwicklung eines neuen philosophischen Denkens haben mußte; ist doch die Prägung des philosophischen Begriffs in so viel tieferem und entscheidenderem Maße angewiesen auf die Lebendigkeit des Ausdrucks, auf Angemessenheit der äußeren Form an die innere Anschauung und an das noch verborgene Suchen – als bei jedem andern Wissen und Wissenschafts-Bilden. Solange man lateinisch schrieb und auf lateinisch dachte, blieb man im Bannkreis übernommener Begriffe; so sehr auch das, was man zu sagen hatte, den Formeln einer fremdgewordenen Vergangenheit widersprechen mochte und sie, auch nach der bloßen Sprachform hin (wie im barbarischen Latein des späten Mittelalters), oft zu zersprengen drohte. – Es tritt auch tatsächlich in den Anfängen der neueren Philosophie allenthalben das neue Denken im Gewande neuer eigener Sprachform auf; und vielfach spielen die Schöpfer der Begriffe zugleich eine entscheidende Rolle in der Ausbildung der nationalen Bildungssprachen ihres Landes – so Galilei und Bruno für Italien, Montaigne und Descartes für Frankreich. Blickt man auf Deutschland auch in dieser Frage, so wird das herkömmliche Bild noch trüber als vorher. Zwar wußte Leibniz, mit dem man ja die neue deutsche Philosophie beginnt, welch unermeßliche Bedeutung auch für den Gehalt des Denkens in der Sprache gelegen ist, in der es zu sich selbst kommt und sich ausspricht; und er hat es nachdrücklich betont, daß ihm als die eigentliche Sprache der Philosophie (wie er, der deutsche Denker, sie verstand) die deutsche Sprache gelte gegenüber aller mißlichen Abstraktheit und Anschauungsferne der lateinisch-scholastischen Tradition. Aber er selbst mußte dann doch der alten Fessel sich bequemen oder in den glatten Formen der französischen Bildung sich bewegen, wenn er gehört werden wollte von den führenden Geistern seiner Zeit. Denn in Deutschland klaffte damals der Riß zwischen dem neuen Leben, den keimenden Gedanken des Volksbewußtseins und einer scholastisch und humanistisch erstarrten, vom lebendigen Werden abgekapselten Gelehrtenwelt. Sieht man auf den Zusammenhang des philosophischen Gedankens mit dem Leben und der Sprache des Volkes, in dem er sich bildet – so hebt die neue deutsche Philosophie noch später an, als man gewöhnlich meint; auf deutschen Bildungsstätten wurde deutsch philosophiert erst mit dem 18. Jahrhundert, mit Wolff und seiner Schule; und erst mit der Kritik der reinen Vernunft ist das Lateinische ganz abgetan. Nicht einmal ganz: denn allenthalben ist nun die Begriffssprache, die philosophische „Terminologie" durchsetzt mit den Abkömmlingen der Gelehrtensprache und ihren barbarischen Umbildungen der Römersprache. Selbst der gewaltige Wille und die große Sprachkraft Fichtes, der diese alte Last wie einen Feind bekämpfte, haben es nicht vermocht, der deutschen Philosophie für die Dauer zu reinem Ausdruck im deutschen Wort zu verhelfen.

Und doch war dieses Ziel, für welches Leibniz und Fichte geworben und gekämpft, einmal auf eine Art erreicht. Zur gleichen Zeit, als in Dantes Werk die Sprache Italiens zur neuen dichterischen Blüte getrieben ward, prägte in Deutschland Meister Eckehart die Intuitionen seiner mystischen Spekulation in deutsche Worte und Formen von nie wieder erreichter Reinheit, Eigenwüchsigkeit, Anschauungsfülle. Wird die Bedeutung dieser Tat dadurch verringert, daß diese neuen Wortbildungen zumeist aus Übersetzungen scholastischer Termini entstanden? Als ob die damit nicht ein ganz verändertes Leben gewonnen hätten und frei geworden wären zu ganz neuem Werden! In Jakob Böhmes wildem Ringen mit der deutschen Sprache, dem Sinn und Hintersinn der altvertrauten Worte kann man es noch deutlich spüren, welche Quelle aufgebrochen war mit jenem Sprung aus der scholastischen Gelehrtenstube und Mönchsklause ins breite reiche bunte Leben des Volkes. Und auch das kann den einzigen Wert jener Sprachtat Eckeharts nicht schmälern, daß „äußere" Aufgaben den Anlaß gaben (Predigt für Frauen, „Ungebildete"): sind doch gerade diese neuen Aufgaben auch ein auf neue Zukunft weisendes Moment im Leben jener Zeit. Ist später noch einmal in deutschen Landen so tief zu Frauen und zum „Volk" gesprochen worden von den letzten und schwersten Dingen, so voll auch das Gehörte nachgefühlt und wiedergegeben und fortgepflanzt worden? – Auch in den folgenden Jahrhunderten waren es immer die Fortbildner der Eckehartschen Mystik, welche die deutsche Sprache im neuen deutschen Denken durchzusetzen suchten; der erste, der auf dem Katheder deutsch gelehrt, ist Paracelsus gewesen, und so schrieben Weigel, Böhme, Scheffler ihre deutsche Philosophie, während die Universitäten, die Gelehrten- und Humanistenschulen in ihrer exklusiven Bildungswelt dauernd sich abschlossen, zum Schaden für die deutsche Philosophie wie für die deutsche Sprache. –

Meister Eckeharts und seiner Nachfolger Bedeutung für das Werden der „neueren Philosophie" in deutschen Landen und darüber hinaus – das ist

9

eines der Momente, die uns nicht genug beachtet scheinen. Wir glauben, daß trotz aller äußeren Verschüttung durch Renaissance-Humanismus und Reformations-Neuscholastik bis zu Leibniz, Wolff und Kant hinauf doch jenes erste Versuchen und Ringen um den neuen Geist entscheidend eingewirkt hat auf das innere Wachsen der deutschen Philosophie – nicht immer nachweisbar durch direkte „Einflüsse" und unmittelbare „Abhängigkeit" (nach denen auch die Philosophiehistoriker so arg vorwiegend suchen), sondern mehr unter der Decke der Begriffs- und Buchtraditionen sich fortpflanzend in den Traditionen des geistigen und religiösen Lebens, von Mund zu Mund, durch Dichtung und Predigt, Sitte und Sprachform. Will man ein äußeres Zeichen haben, so lese man die Jugendschrift von Leibniz (in deutscher Sprache!): Von der wahren theologia mystica – oder Hegels Jugendschriften; von Schelling und den Seinen ganz zu schweigen, die ganz ausdrücklich sich an Böhme hielten.

Stößt man sich daran, daß auf diese Weise die ersten Keime der neuzeitlichen Philosophie gesucht werden mitten im Mittelalter? In den Lehrbüchern der Philosophiegeschichte heißt die Zeit um Meister Eckehart bis hin zu Nikolaus von Kues und der „Frührenaissance": die Verfallszeit der Scholastik. Seltsamerweise äußert der „Verfall" (neben Tendenzen, die wirklich dann zur Auflösung des streng geschlossenen Systems geführt haben) sich auch darin, daß Denkweisen und Gedanken aufstehen, die vorher niemand gewagt und die die spätere Entwicklung nie vergessen hat... Der eine Duns Scotus hält den Größten aus der klassischen Zeit der Scholastik die Waage. Viel zu wenig gewürdigt scheint uns diese ganze Zeit, nicht Eckehart allein, nach ihrer positiven Bedeutung für das Entstehen der neueren Philosophie. Die neuen religiösen und mystischen Bewegungen jener Jahrhunderte in allen Ländern haben in ihrer Auseinandersetzung mit den gebundenen Formen der traditionellen Philosophie zu neuen Wendungen nicht nur des Welterlebens, sondern auch des Weltbegriffs geführt – die ihre volle Auswertung dann in der Folgezeit gefunden haben. Sucht man den Ursprung für das Neue in den metaphysischen Systemen der Neuzeit, so darf man über den Propheten des 15. und 16. Jahrhunderts nicht die Meister des 14. und der Wende vom 13. zum 14. und ihre wahren Nachfolger vergessen.

Es ist schließlich nicht anders in allen anderen Gebieten. Die Forschung nach den Ursprüngen der Neuzeit hat überall hinausgedrängt über die Jahrhunderte der Renaissance und Reformation bis auf die Anfänge des 14. Jahrhunderts – handle es sich um die Anfänge der neuen Kunst, um die Musik, die Malerei oder um die Entstehung des Kapitalismus, um die neuen Gedanken vom Staate, die Sozialtheorien oder die Ausbildung der Nationen, um die Wissenschaft von der Natur oder die Anfänge der Erfindungen und Entdeckungen. Das Überraschendste vielleicht in dieser Hinsicht haben die Forschungen Duhems über die Anfänge der neuen Wissenschaft gebracht, der Naturansicht, die für uns sonst mit Kopernikus begann, mit Kepler und Galilei: über die Frührenaissance des gern als einzig-genialen Vorahner gepriesenen Naturforschers Lionardo da Vinci weisen die Fäden zurück auf jene Occamisten-Schule des 14. Jahrhunderts zu Paris, in welcher so viele Vorformen der neuen Methoden und der neuen Einsichten erarbeitet wurden.

Was immer einer wirklich unbefangenen Prüfung der bestimmenden Faktoren und der entscheidenden Wendepunkte in jenem noch so wenig klar durchschauten Übergang vom Mittelalter zur Neuzeit entgegensteht, das ist die überall angenommene, aber in sich nicht unmißverständliche These: vom Mittelalter scheide sich die neue Zeit, und ganz besonders ihre Wissenschaft und Philosophie, durch das Moment der Weltlichkeit, der Freiheit von religiös kirchlicher Vormundschaft. Das eben sei die große Leistung der Renaissance und die befreiende Wirkung der durch sie neu erweckten Antike als einer autonomen weltlichen Kultur gewesen, daß sie die Kunst, den Staat, das Leben, die Wissenschaft auf eigene Füße gestellt, sie verweltlicht habe. Die Denker der Jahrhunderte davor beweisen, meint man, in eben diesem Punkte sich noch ganz als mittelalterlich, Scholastiker wie Mystiker, noch bis auf Nikolaus von Kues. Der stehe grad am Wendepunkt; nach ihm erst werde durch die Humanisten und Freigeister der Renaissance die Bahn für neue Ziele, verwandt mehr denen des antiken Denkens als dem Mittelalter, frei.

Ob diese Auffassung sich halten läßt, dies eben ist die Frage. Woher sie stammt, das ist kein Zweifel: es lebt darin die Wertung noch des 18. Jahrhunderts, des Zeitalters der „Aufklärung" mit seinem unbedingten Abzielen auf rein „weltliche", dem ordnenden Verstand des Menschen ganz durchschaubare und seinem unmittelbaren Bedürfnis angepaßte Kultur und Weltansicht. Die religiösen Mächte versteht man gern als ungeklärte, durch exakte Wissenschaft zu überwindende Bindungen des noch nicht völlig frei gewordenen Menschen; Philosophie vor allem, Weltweisheit und Morallehre soll den führenden Platz erhalten, welchen dunklere Zeiten der Religion gegeben... Die aber zuerst auf diesen Weg geführt, das seien eben die freien Geister der Renaissance gewesen; sie spielten das verstandesklare Altertum aus gegen die finstere Dumpfheit des Mittelalters und führten so den neuen Menschen zum Sieg...

Daß die Loslösung der einzelnen Kulturgebiete, vor allem auch der Philosophie und Wissenschaft, von der theologischen Gesetzgebung eine sehr wichtige Rolle in dem Prozeß jenes Überganges gespielt hat, steht außer Zweifel. Aber es ist vollkommen irrig, wenn daraus, als wäre dies irgendwie dasselbe, geschlossen wird auf einen entsprechenden totalen Wechsel der Probleme, die sich das Denken stellt, – wenn man die neuere Philosophie als eine rein weltliche, auf Natur und natürliches Dasein gerichtete, abscheiden will von der des Mittelalters, die immer nach den letzten übersinnlichen Dingen, nach Gott, Unsterblichkeit und Seele gefragt habe. Die Ablösung der Philosophie als autonomer Wissenschaft und Weltweisheit von der Theologie ist ganz und gar nicht gleichbedeutend mit der Ablösung ihrer Inhalte von den Quellen und den großen Fragen des religiösen Lebens. Es ist nicht wahr, daß die Metaphysik der Neuzeit, in ihren größten Führern wenigstens, dem Religiösen fremd geworden sei. Aus den Lebensmächten, die zutiefst die tausendjährige Entwicklung des Mittelalters bestimmten, erwachsen auch der neueren Philosophie die großen Antriebe. Schon in der letzten Zeit des Mittelalters sind es zwei Strömungen, in denen das Bestreben zur Neuordnung der Gebiete zum Ausdruck kommt. Waren in der klassischen Scholastik die Rollen so verteilt, daß über dem Bereiche der natürlichen Vernunft die Glaubenssätze unberührt und unantastbar schwebten, daß der herrschenden und für die letzten Fragen ganz allein zuständigen Theologie die Vernunftweisheit, auf ihrem eingeschränkten Felde in gewisser Weise immerhin selbständig, sich ein- und unterordnete, so daß kein Widerspruch entstehen konnte zwischen der philosophischen Erkenntnis durch das „natürliche Licht" und der aus Offenbarung – so streben mit der letzten Phase des Mittelalters die beiden Wissensweisen und -gebiete entweder gänzlich auseinander (so daß sie völlig unabhängig, unverantwortlich für einander werden) oder aber: ganz zueinander hin, mit dem Ziel vollkommener Deckung. Die berühmte Lehre von der doppelten Wahrheit, die (nach arabischem Vorgang) etwa seit Wilhelm von Occam sich hervorwagt – wonach in der Theologie wahr sein kann, was für die Philosophie falsch ist und umgekehrt – ist der krasseste Ausdruck des Trennungswillens. Der Nominalismus dieser Zeit versuchte, zunächst zugunsten des Glaubens und mit ausgesprochen skeptischer Tendenz gegen alles bloß natürliche Wissen, den Glauben loszureißen von der Wissenschaft. Mit der Zeit aber entsprangen daraus breite Strömungen, die vielmehr an die Wissenschaft sich hielten als in sich selbständige und auf unmittelbare sinnliche Erfahrungsgewißheiten immerhin gebaute Repräsentation des Wirklichen, der gegenüber die Ergebnisse der Theologie bloße Glaubenssache blieben. – Zugleich aber unternahm die Gegenrichtung es, die Gesamtheit der Glaubensmysterien mit dem Lichte der natürlichen Vernunft ganz zu durchdringen! Und dazu gehört nicht nur der Rationalismus eines Lullus, sondern ebenso die Mystik Gersons oder eben Eckeharts: denn auch hier ist die Absicht ein vollständiges Transponieren der in den Dogmen theologischer Tradition beschlossenen Glaubenswahrheiten in ein System unmittelbar erfaßbarer Ideen. – Beide Tendenzen haben sich fortgesetzt in die Neuzeit, nicht nur die erste! Wenn man zwar die Denker vom Typus etwa Lockes und Humes oder der Deutschen nach Hegels Tode, die Naturalisten und

Positivisten aller Länder in den Vordergrund stellt, dann mag es so erscheinen, als ob die neuere Philosophie den Weg des Indifferentismus, vollkommener Trennung von Glauben und Wissen beschritten, mit der Theologie zugleich die von der Religion her gestellten Fragen als fremde Last von sich gewiesen habe. Sieht man jedoch auf die großen Metaphysiker dieser Entwicklung, auf Leibniz, Malebranche, Berkeley etwa oder Fichte, Schelling, Hegel – so findet man da überall die gleiche unablässig ausgesprochene und die ganze Stellung der Probleme tief bestimmende Tendenz: den Glauben mit dem Wissen zu versöhnen, die christliche Philosophie zu bauen, die großen Wahrheiten der Religion durch metaphysische Spekulation zu heben in die klare Form des philosophischen Begriffs. Selbst Kants kritische Haltung (nachdem das Jugendwerk ganz ohne Vorbehalt in jener Richtung ging) hat ausgesprochenermaßen dies als letzte Absicht: das Wissen einzuschränken, um dem Glauben Platz zu machen – d. h. für ihn: durch Einschränkung der theoretischen Erkenntnis von Natur und Sein den Grund zu legen für die neue Metaphysik der praktischen Vernunft, deren Inhalte sind – Gott, Freiheit und Unsterblichkeit. –

Danach ist zu vermuten, daß die großen Themen dieser neuzeitlichen Metaphysik nicht so gänzlich sich entfernen von der Spekulation des Mittelalters, wie das gewöhnlich angenommen wird. Daß nicht die Neuzeit mit dem Altertum zusammensteht, dem theologisch und religiös beschränkten Mittelalter gegenüber, wie es wohl manche Humanisten wollten in den Tagen der Renaissance und späterhin. Es gilt vielmehr anzuerkennen (und dann auch in der historischen Behandlung der Systeme voll zum Austrag zu bringen), daß die Metaphysik der Neuzeit in ihren großen Zügen auf demselben Boden wächst und aus den gleichen Lebensquellen sich nährt wie die des Mittelalters, daß sie mit dieser inniger verflochten ist nach Grundtendenz und Themen als mit dem Altertum. Daß unvergleichlich schärfer jener Einschnitt ist zwischen der philosophischen Entwicklung der Alten und allem, was dann in der christlichen Zeit von Augustin etwa bis heute die großen Leitgedanken bildete – als zwischen mittelalterlicher und neuerer Philosophie. Das klingt so selbstverständlich, wenn man nur sich darauf besinnt, daß philosophische Systeme immer doch Ausdruck von der innersten Bewußtseinsstellung ihrer Schöpfer und Verbreiter sind, und daß doch eben es dieselben Völker waren, die da im Mittelalter wie in der Neuzeit grübelten und suchten – dieselben Völker und bestimmt vom gleichen Grunderlebnis der gemeinsamen Religion, des Christentums. Nach Volksart, Glauben und Erziehung waren sie verschieden von der alten Mittelmeerkultur; wie sollten nicht auch alle Phasen ihrer Philosophiegeschichte gemeinsam sich abheben von der des Altertums! Exakte Wissenschaft mag weitgehend unabhängig sein vom Gemütswesen derer, die sie schufen; aber philosophische Erkenntnis und Gestaltung lebt (und das relativiert sie nicht!) ganz von den Kräften, von den Perspektiven, dem Glauben und dem innersten Bedürfnis ihrer Träger und Entdecker. Die Rätsel des Daseins sind so tief verwickelt, verlaufen gleichsam in so vielen Dimensionen, daß, wie für jeden, auch den größten Menschen, so auch für jedes Volk und jede Zeitenrichtung nur von einer besonderen und in sich beschränkten Seite her zum Ganzen Zugang, Überblick und Aussicht möglich ist. –

Wenn also, wie wir meinten, nicht die Renaissance, soweit sie Wiedergeburt des Altertums bedeutete und sein wollte, entscheidend ist im Übergang von der Philosophie des Mittelalters zu der Neuzeit – so kann dies gar nicht Wunder nehmen. Wenn da ein Einschnitt ist (minder gewichtig zwar als der beim Untergang des Altertums, aber bedeutsam genug doch trotz der durchwaltenden Gleichheit der philosophierenden Völker), so müssen andere Momente ihn bedingen. Von diesen aber ist, scheint uns, zu wenig beachtet eines, das allerdings jener Ansicht von der in die Bahn antiker Weltweisheit zurückleitenden Renaissance direkt zuwiderläuft.

Verfolgt man nämlich die Grundlinien der Weltanschauung und der philosophischen Thematik in Mittelalter und Neuzeit, so findet man, daß sie in ihren wesentlichen Zügen von denen der antiken Welt verschieden sind, ja oft geradezu ihnen zuwiderlaufen. Es ist nun ein eigentümliches Schauspiel, wie vom ersten Beginn des christlich-europäischen Philosophierens an dies gegensätzliche Verhältnis zu einer starken inneren Spannung in den Systemen selber führt. Denn jene Kirchenväter und Scholastiker, in deren Hände die philosophische Spekulation vom Untergang des Altertums ab gelegt war, vermochten, aus hier nicht weiter auszuführenden Gründen, nicht den neuen Zielen gleich den vollen Ausdruck im Begriff zu geben. Sie übernahmen, was das Erbe der Antike ihnen in seinem unvergleichlich reichen Schatz von Systematik und begrifflicher Bestimmung darbot. Und wenn so auf der einen Seite die neue Philosophie überhaupt erst möglich wurde und auf Jahrtausende hinaus Anregung, Stütze und schulende Form empfing – so hat doch andererseits die Disparatheit ihrer neuen Aufgaben zur übernommenen, in anderen Tendenzen festgewordenen Begrifflichkeit schwere Konflikte in die Entwicklung gebracht. Man hat mit Recht gesagt, daß sich die Philosophiegeschichte des Mittelalters geradezu einteilen lasse nach den von Zeit zu Zeit neu einsetzenden Zuströmungen antiker Tradition. Die aber geben da mit jedem Male nicht nur die neuen Stoffe, neuen Ansporn, neue Möglichkeiten, sondern vor allem auch wieder neue Spannung und Konflikte! Erst ganz allmählich wird die Haltung selbständig und eigenkräftig dem Überlieferten gegenüber; die Wucht der fertigen Begriffswelt einer anderen Zeit lastet lange auf dem noch ganz der eigenen Ausbildung bedürftigen Denken.

Und nun scheint uns die Zeit, die auf den Höhepunkt der klassischen Scholastik (mit ihrer Neuverwendung des durch die Araber neu übermittelten antiken Gutes und der gereiften großen Systematik des Albertus Magnus und Thomas von Aquin) unmittelbar folgte, eben darin zu einer entscheidenden Wendung und zum Beginn der neueren Philosophie selbst zu führen: daß hier zum ersten Male seit dem Ringen der Kirchenväter und besonders Augustinus die innere Freiheit gewonnen wird gegenüber der ins scholastische System ganz eingewobenen antiken Begrifflichkeit. Daß man nun endlich zum Ausdruck der eigenen Tendenzen kommt und unterscheiden lernt, was von der Tradition als fremdes Machtwort widerstrebenden Motiven aufgepreßt, und was daneben doch vielleicht in irgendwelcher Umbildung der eigenen Überzeugung dienen kann. War jene Glanzzeit der Scholastik auf das Erbauen jener „Summen" der Philosophie und Theologie gerichtet, die eben wesentlich Versuche darstellten, das Ganze der theologischen Tradition mit dem Begriffsgefüge der philosophischen Autoritäten zu einem Lehrsystem zu verweben (wobei durchweg die Grundannahme galt, daß diese antiken Philosophen auf ihrem Weg das Äußerste bereits erreichten, was nur natürlicher Erkenntnis zugänglich sei), so geht das 14. Jahrhundert dann mit großen Schritten auf eigene Forschung und Neuordnung los. Bis dahin steht noch in gewissem Sinne die Nachwirkung das Altertums im Vordergrunde (vielfach sogar, bei wachsender Zufuhr der Stoffe, in zunehmendem Maße!) und es läßt sich eine Philosophiegeschichte denken, die noch das ganze Mittelalter bis dahin in den Rahmen der antiken philosophischen Entwicklung und ihres langen Ausklangs fassen würde. Jetzt erst beginnt – wo durch die Überfülle des antiken Stoffs die Spannung bis aufs Äußerste gesteigert, die Möglichkeit, zugleich die vielen Überlieferungen zu versöhnen, immer mehr verringert wurde – das eigene Wollen unverkümmert sich in Begriffe, Termini und systematische Neubildungen umzusetzen (so wie es in der Baukunst früher schon die Gotik entgegen der romanischen Gestaltung tat, in welcher auch das eigene Wollen den übernommenen Formen widersprach. Sie lernte dann wohl noch von der antiken Schönheit, aber ging nicht mehr ihre Bahnen). Das 16. und 17. Jahrhundert, und damit die ganze neue Philosophie, sind erst möglich geworden durch diese Vorarbeit in der „Verfallzeit der Scholastik". Hier liegt der Ursprung auch des Kampfes, den gegen Aristoteles die erwachende Neuzeit, die Renaissance besonders, unablässig führte. In Aristoteles vor allem verkörpert sich für die höchste Leistung der Scholastik, das thomistische System, die Philosophie des Altertums. Nun hatte schon das ganze Mittelalter jene Gegensätzlichkeit durchzogen, die man als die des Augustinismus gegen den Aristotelismus bezeichnet hat. Im ersteren kam ungehemmter immer schon das neue Eigene der christlichen Welt zum Ausdruck: Augustin brachte die erste wirklich große Wendung im philosophischen Denken. Auch im „Augustinismus" lebte immer tief bestimmend antike Tradition: Platon, vor allem aber der Neuplatonismus, der mit dem orientalischen Einschlag in seinem Denken und Erleben die Systematik der klassischen Antike in einer Richtung ausgebaut und umgebogen hatte, die den Tendenzen der christlichen Welt immerhin viel mehr entgegenkam als jene. – So konnte man, wie schon im Mittelalter, so ganz besonders im Beginn der Neuzeit den nun übermächtig gewordenen Einfluß des antiken Denkers Aristoteles bekämpfen durch Platon, wie man ihn verstand, verstehen wollte. Der „Platonismus" der Renaissance hat vor allem diesen Sinn. Pico della Mirandola und Marsilio Ficino fallen durchaus nicht, wie man es darzustellen liebt, heraus aus den Entwicklungslinien christlicher Metaphysik. Dank jener Arbeit der vorangegangenen Zeit hat die Renaissance diejenige innere Freiheit dem Überlieferten gegenüber gewonnen, die es ihr erlaubt, in wählender Distanz die Traditionen der Antike gegeneinander auszuspielen und die gefährliche Alleingeltung und Autorität vor allem „des" Philosophen, des Aristoteles, zu beseitigen. Daß man dabei auch wieder neu vom Altertum lernte und die neuen eigenen Gedanken durch Hinweis auf bis dahin übersehene und vergessene Ansätze der Antike zu bestärken suchte, soll keineswegs bestritten werden, wenn man nur solche Übereinstimmung nicht zu der falschen These übersteigert, die wir bekämpfen. Wie Bruno für seine Konzeption von den unendlichen Welten auf Demokrit, so konnte noch Hegels Logik des Werdens auf den alten Heraklit sich berufen. Aber man vergesse auch darüber nicht, wie Descartes (mit dem man doch die Reihe der Systeme immer beginnt), wie auch Telesio etwa in der Renaissance selbst, vom Altertum sich völlig loszusagen suchte – schärfer oft, trotz des den Augenblick erfüllenden Kampfes gegen die theologisch-scholastische Bindung, als von der mittelalterlichen Lehre! Und wenn dann Leibniz, weitblickender und gerechter, wieder darauf führt, die Werte und Wahrheiten der antiken Weisheit aufzunehmen, so ist doch eben diese seine Tendenz zu allseitiger Verwertung des Erarbeiteten genau so auf die mittelalterliche Spekulation bezogen. Daß aber sein System, und so auch das der anderen, in Wirklichkeit mit den Motiven der eigenen Vorzeit inniger zusammenhängt als mit dem, was die Antike wollte und sah, das läßt sich, scheint uns, zeigen. –

Die hier skizzierte Ansicht vom Verlauf der mittelalterlichen und der neueren Philosophiegeschichte soll nun an der Erörterung von ein paar Themen, die durch die ganze Zeit durchgehen, aber erst vom Ausgang des Mittelalters ab zum vollen Ausklang kommen, sich bewähren. Es wird nicht beansprucht, damit irgendwie Erschöpfendes zu geben, und auch die Einseitigkeit der Beleuchtung wird um der Deutlichkeit der zu verfolgenden Tendenzen willen nicht gescheut. Es sei von vornherein hier zugestanden, daß weder die Gesamtheit der Antike noch die Gedankenwelt des christlichen Abendlandes sich ganz einspannen läßt in festumrissene Begriffe. Vieles von dem, was wir zur besonderen Art der späteren Zeit rechnen, taucht schon im Altertume auf – nur nicht als wesenhaft das Bild bestimmend, das Bild vor allem, das dann auf die Folgezeit durch die Vermittlung der ausklingenden Antike überging und weiterwirkte! Sehr vieles wiederum von dem, was wir in unsere „großen Themen" fassen, klingt in der hellenistisch-orientalisierenden Zeit erstmalig an. Auch hier begnügen wir uns, um der Übersichtlichkeit der Skizze willen und um nicht allzuweit in höchst unaufgeklärte Fragen jetzt hineinzukommen, mit dem allgemeinen Hinweis auf die nähere Verwandtschaft mancher orientalischen Motive mit der dem Orient entstammten Religion des Christentums nicht nur, sondern ganz offensichtlich auch mit der Wesensart der Völker, die die Träger sind der neuen abendländischen Entwicklung. Wir wollen auch den Versuch nicht machen, zu scheiden, was in diesem Werden auf die religiöse Lehre selbst, und was vielmehr auf die inneren Anlagen und Kräfte jener Völker zurückgeht – in denen ja doch auch die Vorstellungen und Dogmen und Gemütsrichtungen des Christentums erst ganz zur Ausbildung gelangen. Wenn wir so einfach von Motiven des Christentums und ihren philosophischen Folgen sprechen und sie den Grundtendenzen der antiken Welt entgegenstellen, so sind wir uns bewußt, daß hier ein einzelnes Wort gesetzt wird für ein ungeheuer kompliziertes Ineinanderwirken verschiedenartigster geschichtlicher Mächte. Uns kommt es aber eben hier auf einen neuen Hinweis an, nicht auf Bewältigung der ganzen Fragen. –

I.

GOTT UND WELT –
DIE EINHEIT DER GEGENSÄTZE

Die nächstliegende ursprünglichste unter allen philosophischen Fragen, die dem menschlichen Geiste früh sich auftun, um nie wieder zu verstummen: die nach der verborgenen Einheit des ganzen Seins, das immer doch nur in Vielheit und Spaltung, im Mannigfaltig-Bunten der Erfahrungen uns sich zeigt – dies Urproblem aller Metaphysik erhält sein ganzes Gewicht erst durch die Wahrnehmung der G e g e n s ä t z e in der Wirklichkeit und durch die besondere Heftigkeit, mit der diese sich als letzte Bestimmtheiten des geistigen Daseins uns aufdrängen.

Immer hat auch die schlichteste Naturbetrachtung die Polarität von warm und kalt, von hell und dunkel herausgehoben aus der bunten Masse des Wahrnehmbaren, hat das reifende Denken das gleiche Gegensatzgesetz in die tieferen Schichten hinein verfolgt. So fragte gleich in den Anfängen der griechischen Naturphilosophie Anaximander nach dem Einen Ursprung und Prinzip nicht des vielen Mannigfaltigen nur, sondern der Gegensätze. Aber alles Denken von Gegensätzen kommt zur Vollendung, zu äußerster Zuspitzung immer erst, sobald die Lebensfrage gestellt und mit der Weltansicht vereinigt wird. In schön und häßlich, heilig und sündenvoll, in gut und böse spaltet sich das Leben. Da scheint sich eine letzte Zweiheit aufzutun, unüberwindlich-schroff und alle Einheit des Daseins schlechterdings zerreißend. Feuer und Wasser einigen sich eher, gesetzt im Nebeneinander des gleichen Raumes, als diese Mächte: von denen immer die eine Vernichtung der anderen bedeutet und bedeuten will, die eine Gegenstand begeisterten Bejahens, die andere leidenschaftlicher Verneinung ist. Sind beide wohl auch gleich real und nebeneinander wirkend in der Welt – sie sollten es nicht sein ... So tritt zur Gegensätzlichkeit der Weltinhalte diese absolute Spaltung und Gespanntheit von Wert und Unwert.

Mit aller Weltbetrachtung daher, die in Werten denkt, ist unausweichlich die Tendenz gegeben zum D u a l i s m u s, zum Ausmünden in eine letzte unversöhnliche Zweiheit. Was man sonst Dualismus nennen mag, wo etwa unaufhebliche Verschiedenheit von zwei gegeneinander selbständigen Seinsarten gelehrt wird (so bei Descartes: Körpersein und Sein bewußter Wesen) oder die Polarität aller letzten Kräfte der Natur – das ist nur blasses Gegenbild zu der eigentlich abgründigen Zerspaltung, die in der Feindschaft von Wert und Unwert angelegt ist, die ausgeht vor allem von Erfahrungen des sittlichen und religiösen Lebens! Wenn jene Gegensätze der Natur, die man wahrnimmt oder entdeckt, zu einem strengen Dualismus führen, so ist es meist, weil sie, offen oder versteckt, bezogen wurden irgendwie auf jene Urdualität, die nur im Leben des Geistes sich erschließt; weil man das Finstere etwa und das Kalte mit dem Bösen, die negativen Pole mit dem Unwert verschwisterte. Je tiefer also eine Philosophie aus den Erfahrungen solchen Werterlebens ihre Weisungen schöpft, um so kräftiger wird in ihr der Keim, die Neigung sein zum Dualismus.

Aber zugleich fordert die Vernunft die Einheit, den Zusammenhang in allem, was ist. Letzte Zweiheit läßt die allerletzte Frage offen. Nie kommt der forschende Geist zur Ruhe, wenn die Einheit der Gegensätze nicht gefunden wird. Und nicht bloß die Vernunft, auch das Gemüt drängt auf Versöhnung und ein letztes Lösendes: denn daß das Schlechte in sich unüberwindlich sei und ganz im gleichen Sinne ursprunghaft Gesetz in allem Sein wie sein Gegenpol das Gute — dem sucht gerade das sittlich und religiös bestimmte Denken immer zu entgehen. Und so kommt es, daß absoluter Dualismus, mit dem entschlossenen Verzicht auf jede umfassende versöhnende Einheit — daß der durch keine letzte Wendung abgeschwächte Triumph des Gegensatzes über die Einheit nur äußerst selten gedacht worden ist, daß er zum philosophischen System aber im Grunde nie sich ausgewachsen hat. Die religiösen Lehren des Zoroaster, die mythologischen Spekulationen der Manichäer und anderer Gnostiker zu ihrer Zeit liefen auf solchen radikalen Dualismus des Guten und Bösen, des Gottes und Teufels hinaus; aber immer blieb das vereinzelt als Erlebnis wie Gedanke, und nie erhob sich ein metaphysischer Bau auf so zwiegespaltenem Grunde. Immer und überall verschlingen sich mit den dualistischen Motiven die Fäden, die der Einheitswille aufdeckt und weiterspinnt. Aber es scheiden sich die Systeme der Metaphysik, die Weltgedanken und Daseinsbegriffe danach, was schließlich Struktur und Farbe des Gewebes im Ganzen bestimmt, was da die Oberhand behält: Einheit oder Gegensatz. Und wie die einzelnen Systeme, so scheiden sich hiernach die Zeitalter in ihrer Geschichte. —

Die griechische Philosophie, einheitsgerichtet seit ihrem Ursprung wie nur eine, hat von dem Augenblick an, wo die Pythagoräer den Lebensgegensatz in den Mittelpunkt des metaphysischen Denkens hineinzogen, wo sie in ihrer Tafel der Gegensätze einen ersten Versuch unternahmen, die Weltprinzipien in einer grundsätzlichen Dualität und Wertgeschiedenheit zu fassen, den Dualismus nie wieder preisgegeben. Zwar wollte Heraklit es anders; der „Dunkle" von Ephesus faßte den großen Gedanken einer Einheit, die nicht über den Gegensätzen, sie ausgleichend und den Kampf verlöschend, schwebe –, sondern die in jener Gegensätze Spannung selbst lebt und sich auswirkt. So wie beim Bogen und der Leier sei gegenstrebige Vereinigung Gesetz der Dinge, Einheit der Welt. Einheit nicht über oder unter Gegensätzen, sondern der Gegensätze selbst. Doch blieb das unverstanden und ohne rechte Folge auf lange hin; den metaphysischen Weltgedanken der klassischen Systeme hat dieser Ansatz nicht bestimmt. – Als aber andererseits Parmenides durch einen Machtspruch der Vernunft aufräumen wollte mit allen Gegensätzen und selbst mit aller Mannigfaltigkeit und Vielheit, die absolute ungetrübte stille Einheit verkündend des vollkommen gerundeten und unverstückten Seins: da sprang gerade die Dualität wieder hervor in erneuter Schärfe. Denn ist der Dinge Vielheit nur Schein, so gibt es dies beides doch: Wesen und Schein, eines verneinend, was das andere bejaht. Es konnte nicht gelingen, in Vielheit und Trennung lebende Menschen davon zu überzeugen, daß dieser Schein nicht sei, ein οὐκ ὄν, ein Garnichts.

So entstand aus dem nie verstummten Grundmotiv, das Anaximander und die Pythagoräer angeschlagen, und aus der Forderung der Eleaten der Dualismus der großen griechischen Systeme, der nie sich in den Hintergrund drängen ließ durch den Einheitsgedanken, nach dem doch alle strebten. Dem Schein wurde sein Recht bei Plato: er wird Erscheinung. Eine Mitte zwischen zwei Polen: was da in der Erscheinung durchleuchtet und anklingt als wahrhaftes Sein, ist die Idee; worin aber diese sich zeigt und was sie ins Scheinhafte zieht, das ist der Raum, Stoff für alles materielle, sinnlich-zufällige Dasein. Aus Spaltungen religiösen Ursprungs genährt, wächst eine tiefe Spannung in dem Weltbegriff sich aus. Sie leuchten hinein in unser Dasein, die ewigen Gestalten; doch immer nur getrübt, entstellt, umkleidet mit Sinnlichkeit, verhaftet in Wandel und Tod. Das Gute ist die Sonne alles Seins, der Vater der Ideen – aber es ringt das Licht dieser Sonne in unserer Wirklichkeit mit der finstern Macht der Raummaterie, als dem ὑπεναντίον τι τῷ ἀγαθῷ, von dem alles Haltlos-Unbestimmte, alles Sinnlos-Mechanische und Un-gebildete uns und den Wesen allen zuwächst; aller Verfall und Anreiz zum Bösen. Nach Reinigung verlangt das Leben, das ist nach Lösung von der ewig-niederziehenden, nie ganz der Form sich fügenden Materie. Flucht aus der Sinnenwelt, dem Leben in der Zeit, und Übergang zu dem, was ewig ist und gilt –: den Dualismus, der in solcher Lebenslehre gipfelt, hat alle große dialektische Arbeit des späten Plato nicht mehr beseitigt. Und Platos Einwirkung auf spätere Zeiten ist bis ins letzte Mittelalter und die Neuzeit noch hinein ganz überwiegend immer bestimmt gewesen durch diese Lehre vom Weltgegensatz.

Es untergräbt den Dualismus nicht, wenn jenem Urprinzip des Ungestalt-Materiellen das eigentliche Sein von Plato abgesprochen wird. Denn wenn es auch μὴ ὄν nur sein soll, so ist dies Nichtsein doch kein Nichts (οὐκ ὄν).

Und wenn die Ideen zum Unterschied von unserer Wirklichkeit das seiende Sein heißen, so zeigt auch diese Steigerung, daß nur ein Weg gesucht wird, das Gute und Vollkommene tiefer und inniger dem Sein zu verweben als das Schlechte und Unreine. Selbst daß am Ende die Idee des Guten über alles Sein hinaus und jenseits zu liegen kommt, bringt nicht die Folgerung für Plato mit, daß auch die Quelle in ihr liege für das Negative und doch im Widerstande Wirksame der Raummaterie. Das schlechte Sinnliche stammt aus dem μὴ ὄv: das gibt wieder Hoffnung auf die Überwindung im sittlichen Kampfe, im religiösen Sehnen; aber diese Welt und dieses Leben wären nicht, wie sie doch sind, gemischt und unrein, vom Tod beherrscht und von der Not des Sinnlichen – wäre das Nichtsein ein Nichts, wäre das Gute allein. –

Aristoteles, in der sittlichen Frage weit weniger schroff auf den Gegensatz gestellt, viel stärker haltend am Diesseits, prägt doch die metaphysische Zweiheit nicht weniger scharf aus als Plato. Kein Wirkliches, das nicht gemischt wäre aus diesen Beiden: Form und Stoff. Ihr Gegensatz ist absolut. Keines geht auf das Andere zurück: die Form schafft nicht Materie, Materie gebiert aus sich nicht Form. Erst wo die beiden zueinander treten, wird Wirkliches.

Auch hier zeigt sich wohl der Vorzug des Guten. Nur die Form hat, in ihrer höchsten Ausprägung im göttlichen Nus (dem einen Sein des Parmenides vergleichbar, oder der Idee des Guten), in sich selbst schon auch das volle selbstgenugsame Sein. Zwar im Gewöhnlichen des Daseins kann nur Mischung aus den beiden Prinzipien bestehen; für sich ist reiner Stoff wie reine Form Gebilde der Abstraktion. Und so hat wirklich auch reine Materie kein eigentliches Sein, keine konkrete Wirklichkeit – ist bloße unbestimmte Möglichkeit ohne Ziel und Kraft, vor aller Wirklichkeit, μὴ ὄv. Aber es ist doch anders mit der Form: an der oberen Grenze gleichsam des Seienden (dessen untere die Materie darstellt) i s t sie, ist volles absolutes Sein, enthoben aller Stoffvermischtheit, Form ihrer selbst – der Eine allem Weltlichen entrückte Gott. Nach ihm, dem Nus, der nur sich selbst denkt, aber nicht die Welt, der in sich selbst verbleibt und von Materie nichts weiß, auch ihrer nicht bedarf, strebt alles als zum höchsten Sein.

Wieder soll der Gegensatz ein Letztes sein und doch das eine Glied bevorzugt, überragend an „Sein"; der eine Nus ist Sein in vollerem Sinne als alles sonst; Materie dagegen ist nicht Sein, ist noch nicht Wirklichkeit, schwebt nur als unbestimmte Möglichkeit voraus, geht ein in formgebundene Substanz. Und doch ist jener göttliche Nus nicht das ganze Sein für sich und aller Dinge einiger Ursprung – sondern in ihnen ist Materie stets neben dem Formhaften; wie einem passiv Widerstrebenden und der Gestaltung doch im Letzten sich Entziehenden prägt Form sich der

Materie auf. Alles, was entsteht und lebt, trägt die Zeichen des zwiefachen Ursprungs.

Womit Aristoteles den großen Zusammenhang des Weltgebäudes in der Dualität der Grundprinzipien doch zeigen wollte, das ist seine Stufenordnung, der Gedanke der aufsteigenden Entwicklung. Plato fragte nicht weiter, wie Idee und Sinnlich-Räumliches zusammengehn. Sein großer Schüler stiftet nun Zusammenhang, indem er die Form zugleich faßt als den Zweck. Das Niedere hat nicht nur Teil am Höheren, es strebt selbst darauf hin: darin besteht sein Leben und alles Weltgeschehen. Ein Zug Hinauf durchwaltet alle Wirklichkeit. – Das aber war ein altes und immer neu gebliebenes Motiv schon von den ersten Tagen der griechischen Naturphilosophie her: die Welteinheit mit der Vielheit und den Gegensätzen zu einen im Gedanken der Entwicklung. Sie dachte das zeitlich: wie die Welt entsprang aus ihrem Anfang, will sie lehren. Wie immer schon in allen mythischen Gedichten aus einem Chaos sich die im Schmuck der reichen Mannigfaltigkeit geordnete Welt der Dinge und Wesen herausgebildet. Aber in solchem einheitlichen Werden liegt ja immer schon das Gegensatzprinzip beschlossen: der Seinsprozeß, das Seinssystem steigt an vom Dunkel-Ungestalten, hinauf ins Höhere und Reinere, der Form und ewigen Ordnung zu. Es macht für diese Frage nicht so großen Unterschied, ob solche Aufwärtsentwicklung als ein Werden in der Zeit gedacht wird oder als ewig bleibende Schichtung, ob sie spontan erfolgt, aus den eigenen Kräften und Geburten des Chaos, oder gleichsam angelockt heraufgezogen durch ein höchstes Zweckprinzip, das über allem Wirklichen als das Urbild aller Vollendung schwebt (wie in dem Nus des Aristoteles) – ob also gleichsam die Wirkung mehr enthalten soll, als die Ursache, daraus sie sich erhebt, oder ob in einer höchsten „Zweckursache" aller Wert, alle Formvollkommenheit vorweg gegründet ist, zu der die „Wirkungen" hinaufzulangen streben. Der Dualismus steckt in jener wie in dieser Fassung.

Dieser Dualismus ist, trotz aller Gegenwirkung Epikurs etwa und der Stoiker, beherrschendes Motiv geblieben in der Philosophie der alten Welt. Nur daß in ihrem Ausgang jenem Lösungsbegriff der Evolution nun ein anderes Motiv der Einheitserklärung sich zur Seite stellte – auch dieses tief verknüpft mit dem Dualismus und nicht geeignet, ihn zu verwischen: Emanation. Uralt auch dies Motiv und in dem Mythos und jeder Weltspekulation des Orients verwurzelt. Wenn aus dem Ungespalten-Ungeordneten der Kosmos werden soll, muß dann nicht alles angelegt sein irgendwie schon in dem Ursein, die ungeschiedene Einheit also mehr an Macht und Wert enthalten, als wohl das Bild vom Chaos meint? Auch in der alten griechischen Entwicklung hatte gleich Anaximander vom „Ausscheiden" der Gegensätze aus dem Grenzenlos-Unbestimmten gesprochen – liegen sie also schon in diesem, nur verborgen? Und wenn er gar gesagt, daß die ge-

schiedenen Wesen Buße zahlen müssen für ihren Frevel durch ihr Wieder-
vergehen: barg das nicht den Gedanken, daß jenes Ungetrennte doch das
Höhere sei, trotz aller Unbestimmtheit und fehlenden Ordnung, das Ein-
zeln-Gegensätzliche aber Abfall und Ablösung vom Ursein in kecke Nichtigkeit? Hinab geht dann der Weg des Weltwerdens, nicht hinauf!

Dies wurde Plotins und seiner Schüler Lehre. Das Urmotiv des Orients und
die klassischen Begriffe der griechischen Systeme wachsen ihm zusammen.
Die ungeschiedene Einheit ist das Erste und Tiefste alles Seins, oberste
Vollkommenheit, die Gottheit selbst. Aller Mannigfaltigkeit ist sie entrückt. Die mystische Ekstase einzig, der alles ganz in Eins zusammenfließt
(wie schon Xenophanes gesagt, von dem man meint, er habe den Parmenides zu seinem Einen Sein gebracht) – sie allein berührt, erfaßt, durchdringt sie. Aus ihr aber strahlt die reiche bunte Welt hervor, wie aus der
Sonne Licht und Farben; der Nus zuerst, die Vielheit der Ideen und Formen, und dann die Seelen und die Dinge alle. Ein Ausfluß aus der Überfülle, der das Höchste nicht schwächt; es bleibt in sich und reines Licht. Von
dem Urglanz des Einen ist alles Wirkliche durchstrahlt, das ja aus ihm nur
stammt; was immer lebt in dieser Vielheitswelt, ist vorgebildet in der viel-
heitslosen Einheit, tritt aus der Einheit aus zuerst als ideelles Wesen, dann
von da als Wirklichkeit. – Ein großer Anlauf scheint damit gemacht zur
Einheitsfassung alles Seins, und breite Züge weisen wirklich diesen Weg.
Und dennoch durchzieht die Gegensätzlichkeit diese ganze Ausstrahlungs-
welt. Der Dualismus des Orients, mit seiner tiefen Angst vor Befleckung
durch Materie, Sinnlichkeit und Leib, mit seiner heftigen Tendenz zu Weltflucht und Askese – verbindet sich mit jenen Gegensätzen des klassischen
Weltbegriffs der Griechen. Das Bild vom Ausstrahlen selber zeigt es: je
ferner man weggeht von der Lichtquelle, um so blasser werden die Strahlen, matter die Farben, um so bedrohlicher wächst Finsternis herauf. Nicht
der bunte Reichtum der Farben nur entsteht im ewigen Hervorgang, sondern auch der ewige Kampf mit dem Dunkel ist damit gesetzt. Das Finstere ist, – wenn es auch für sich allein nie bestehen kann; und es schwächt
sich ab in ihm das ausgestrahlte Licht. So stuft bei diesen Alexandrinern
und Neuplatonikern das Sein sich ab bis zur Materie, und mit ihr zu allem
Sinnlichen und Bösen; von Grad zu Grad stürzt es herab von jener Ureinheit, fällt ab von jener reinen Kraft, die unberührt bleibt und so wenig um
das Abgefallene, Ausgeflossene weiß, wie jener Nus des Aristoteles um die
aus Materie und Form gemischte Welt. Je weiter der Abstand vom Licht,
um so lichtärmer, ja lichtfremder schließlich wird das Wirkliche, bis zum
vollendeten Gegensatz! So daß der sündige Mensch der absoluten Umkehr,
der „Rückwendung" bedarf, will er nicht ganz verderben, der Flucht aus
der Materie, der überschwenglichen, weltabgelösten Hingebung an das
weltentrückte Eine! – Alles, was Pythagoras und Plato bergen an welt-

flüchtigen Motiven, kehrt hier gesteigert wieder in der Welt der Emanation – die eben eine Welt des Abfalls ist. Auch hier bleibt schließlich keine positive Eigenschaft für die Materie und dieses ganze Gegenpol-Prinzip, nicht kommt dem wahre Existenz zu. Und doch ist es und wirkt, bringt das Verhängnis; dies μὴ ὄν ist kein Nichts. Allem Einheitswillen des mystischen Beginns und Ausganges zum Trotz dringt siegreich der Dualismus durch; nie ist in dieser Welt als ganzem Sein der Gegensatz versöhnt. Nur die vereinzelte Seele in der heiligen Ekstase schwingt sich empor, hinaus über dies Dasein, das nur eine Mischung ist aus schlechter sinnlicher Materie und reinen Formen – ganz wie bei Aristoteles und Plato. Zwischen den Ebenen des absolut Vollkommenen und der vollen Finsternis vollziehen sich dort wie hier die irdischen Geschicke und der Weltlauf; hinauf geht der Weg oder hinab zwischen Wert und Unwert, Materie und Form, Einheit und Zerspaltung.

Evolution und Emanation entgegen tritt nun mit dem Christentum die Lehre von der Schöpfung, als der creatio ex nihilo. In ihr liegt eine bedeutsame Tendenz zur Aufhebung des Dualismus; Einheit will siegen über den Gegensatz. – Gewöhnlich wird mehr dies am Schöpfungsbegriff betont: daß nicht spontan und durch immanente Notwendigkeiten hier die Welt entsteht aus Einheit oder Chaos, sondern daß sie durch Absichtstätigkeit eines geistig-bewußten Gottes geschaffen wird. Das ist gewiß ein wichtiges Motiv; so suchte Plato zwischen ewigen Ideen und veränderlicher Welt Vermittlung in dem Demiurg, der nach dem Vorbild jener die Welt im Raum erbaut. Von den Kirchenvätern an haben sich die Theologen und Philosophen der Christenheit immer gern auf diesen Vorgang des Platonischen Systems berufen. Was aber jetzt für uns in Frage steht, ist mehr jenes andere Moment, in dem gerade Platos Demiurg vom Schöpfer aller Dinge scharf geschieden bleibt: Schöpfung aus Nichts! Weltbaumeister und Weltschöpfer – das sind (wie z.B. Kant im Frühwerk wie in der späteren Kritik der Gottesbeweise ausführt) grundverschiedene Begriffe. Denn das will doch creatio ex nihilo besagen: daß hier nicht Form sich aufprägt auf gegebene Materie (heiße diese auch Nichtsein und sei noch so unselbständig), sondern Nichts, im absoluten Sinne, ist da außer Gott, aus dem als Vorgegebenem er schüfe! Materie der Welt hat hier ihren Ursprung rein in Gott, so gut wie alle Form. Fragt man nun doch noch nach dem Stoff, aus dem des Schöpfers Wille die Welt gebildet – so muß die Antwort auf Gottes eigenes Wesen weisen; es sind Inhalte des göttlichen Geistes, die mit der Schöpfung sich in Wirklichkeit unmittelbar umsetzen. So wird mit der Idee zugleich die Materie gesetzt, die beide aus demselben Grunde stammen. Es darf nicht mehr der menschliche, an äußerem Stoffe formende Künstler, auch nicht der auf die ewigen Gegebenheiten angewiesene Demiurg dem Weltschöpfungsbegriff zum Muster dienen. Gott schafft aus Nichts, setzt aus dem bloßen eigenen Vermögen die ganze Wirklichkeit, verwirklicht seine Zwecke ohne Kampf mit sprödem Stoff, mit träger Unbestimmtheit. Seine Lichtkraft verliert sich nicht nach „unten" zu ins Dunkel. Es gibt kein Unten mehr, nicht mehr die zwei Ebenen, zwischen denen das Wirkliche schwankt in Aufstieg oder Abstieg. Die Welt ist nur des Einen Gottes Werk und Offenbarung: so wie sie Gott gewollt, ist sie geworden, ganz so; denn außer seiner absoluten Kraft ist nichts, auch nicht die Dunkelheit. Woher sollte da Zweiheit kommen, unaufhebliche Spannung, woher das Niederziehende entgegen dem Erhabenen? Werteinheit ist die Welt; in voller Übereinstimmung mit dem Prinzip des Guten, dem sie entsprang. Die Welt läßt (was der griechischen Anschauung als undenkbar galt) selbst das Vollkommene zu! Wie immer wir Menschen den Gegensatz in ihr erleben und erleiden mögen, wie sehr die Sünde uns aus Gottes Nähe bannen, unser Leben auseinanderreißen will – als Gottes Schöpfung muß die Welt vollkommene Einheit sein über aller Spaltung in Gut und Böse, Geist und Fleisch. Irgendwie muß (so paradox es klingt), da doch die untere Ebene, die der Materie, weggefallen ist, der Weltbegriff hinaufgerückt werden ganz auf die Ebene des Vollkommenen ..., in e i n e r Ebene spielt dann sich ab, was Gott zur Welt, die Welt zu Gott hintreibt. Ein letztes Ja umfaßt das ganze Sein in allen Teilen und Stufen (soweit solche dann noch bestehen) mit einer einzigen ungeteilten Liebe.

Es soll hier abgesehen werden davon, welche inneren Schwierigkeiten einer unbedingten Durchführung solcher Weltbejahung vom religiösen Leben selbst her sich entgegenstellen müssen. Unsere These ist nicht etwa, daß aus der christlichen Lehre als philosophische Konsequenz die vollkommene Vernichtung des Gegensatzes durch die Einheit sich ergibt. Sondern es soll jetzt nur dies eine Motiv, das mit dem Schöpfungsgedanken angeschlagen war, in seine geschichtlichen Auswirkungen hinein verfolgt werden. Die Lehren von der Sünde und vom Abfall des Menschen, als nicht im Wesen der Schöpfung selbst gelegen, sondern aus der Tat seines freien Willens entsprungen – und dieser freie Wille wieder als in den Schöpfungsplan mit eingestellt –, das alles soll jetzt beiseite bleiben. Die Wege des Geistes sind nicht so gerade, wie man es gern vereinfachend sich denkt; das unvergleichlich reiche Werk seines Gewebes kann nur zu verstehen hoffen, wer den einzelnen Fäden vorerst in ihren Sonderbahnen folgt. –

Es ist längst anerkannt, wie sehr Stimmung und Lebensform der ausgehenden Antike (zumal auch durch das Orientalische in ihr) das Werden der christlichen Kirche und ihrer Lehren beeinflußt hat im Sinne der Weltflucht, der Askese, der Angst vor der Befleckung durch Materie und Sinnlichkeit. So geht der Kampf jenes weltbejahenden, Werteinheit alles Wirklichen verkündenden Prinzips mit den alten Gegensatzlehren durch die Frühzeit des Christentums nicht nur, sondern durch das ganze Mittelalter und darüber hinaus. Die Daseinsspaltung des alten Dualismus vererbt sich hinein in die Lehren der Kirchenväter und die Gebäude der scholastischen Philosophie – immerfort auch Nahrung ziehend aus den Gegensätzen der religiösen Erlebnisse. Und doch tönt überall jener starke tiefe Klang des neuen Weltgedankens durch und läßt sich nicht verdrängen. Daß gleich in den ersten Jahrhunderten die Gnostiker mit solcher Heftigkeit ihren Dualismus auch in christliches Weltdenken zu verweben suchten und dabei bis zur äußersten Konsequenz etwa der Manichäer sich verstiegen – das hat dem Einheitsmotiv mehr geholfen als geschadet. Denn es zwang die Kirchenväter zu Einspruch und Kampf, ließ sie stärker vielleicht aufmerksam werden auf jene weltbejahende Tendenz im Schöpfungsgedanken, als sie es ohne dies gewesen wären. Clemens von Alexandrien, Origenes, Gregor von Nyssa, Augustin sind in diesem Kampfe zu Fassungen des Einheitsgedankens gekommen, die sie weit erheben über die sonst in der Zeit gegebene Gebundenheit im Dualismus. – In dieser Richtung gehen auch die Diskussionen über die Ewigkeit des Bösen und der Höllenstrafen; an solchen Fragen wird der Weltbegriff der Schöpfungslehre geklärt, die Nicht-Gebundenheit des Schöpfers durch irgend vorgegebene Materie, die Freiheit seines Werks von jeder Emanationsnotwendigkeit des Abstiegs sichergestellt. Die Religion der Versöhnung sucht zu jenem Anfang der creatio ex nihilo den Endgedanken der Apokatastasis, die Lehre von der schließlichen Rückkehr und Wiedereinung aller Dinge, auch der Teufel, zu Gott in der Allerlösung.

Und dennoch dringt der Dualismus immer wieder vor. Die Überzeugung vom notwendigen Abstieg alles dessen, was nicht das Ursprungs-Eine selbst ist, wirkt in den Kämpfen um das Dogma der Dreieinigkeit: denn schon der Sohn, wenn auch Erzeugnis des Vaters in der Ewigkeit und der Zeitwirklichkeit enthoben, scheint nach der alten Denkgewohnheit als Ausstrahlung des ersten Lichtes minder vollkommen sein zu müssen („Subordinationismus"). So schließen Clemens und Origenes, die in der geistigen Luft des Emanationsgedankens aufgewachsenen Griechen, und so auch Tertullianus der Lateiner. Erst mit dem Kampf des Athanasius gegen die Arianer wird diese Nachwirkung fremder Gedankenbahnen aus der Trinitätslehre entfernt.

Der Weltbegriff aber bleibt durchsetzt mit dualistischen Motiven! Bei Augustin wird auch die Lehre von der Allerlösung wieder aufgegeben; sein tiefes Ringen mit dem Problem des Bösen geht ein Bündnis ein mit dem antiken Dualismus. Zwei Reiche klaffen auseinander; das Reich des Teufels ist auch ewig wie der Gottesstaat. Die Weltentwicklung läuft hinaus auf eine unlösbar-unwiderrufliche Abscheidung beider Reiche voneinander. Das „Nichts", aus dem der Schöpfer seine Welt entstehen ließ, ist doch dem alten Nichtsein der Materie geheim verwandt: ausdrücklich wird es abgelehnt von Augustin, für die Frage nach dem Stoff, aus dem die Welt geworden sei, die posi-

tive Antwort zu suchen in dem Hinweis auf das Gotteswesen selbst; nicht aus dem eigenen Wesen habe Gott die Welt gezeugt, – sie würde dann ja doch ihm gleich sein! Es muß eben doch die Welt das Nichtsein an sich tragen, da sie, in alle Ewigkeit, das Böse, das Gottabgewandte in sich trägt. – Wie sehr das Mittelalter in der Lebensform wie in den Lehren stets durchsetzt war vom Dualismus, das ist zu oft betont worden, als daß darauf noch besonders hingewiesen werden müßte. Ob nun von Augustin her oder von Aristoteles die stärkste Einwirkung jedesmal ausging auf die Systeme der Scholastik – in beiden Fällen ist der Gegensatz im Vordergrund; und auch wo (wie in der Mystik besonders) Plotin an Einfluß überwiegt, ist es der dualistische Zug der Lehre, der entscheidet. Und immer kam Bestärkung dafür aus dem sittlichen Erleben, aus der religiösen Spannung zwischen böser Tat und Reinigung, Sünde und Gnade. –
Den ersten Schritt zur vollen Wendung in das Weltbejahende des Schöpfungsgedankens bringt die Mystik Meister Eckeharts. Auch er lebt in der Tradition antiker Gedanken, in der des Plotinismus und seiner christlichen Nachfahren. Aber er scheidet nun vom Einheitsgedanken der gottentstrahlten Welt das Gegensatzmotiv von Licht und schwächendem Dunkel ab und bereitet damit den Boden für eine neue Entwicklung, die in die Neuzeit führt. Die Lehre vom Einen Sein in den lateinischen Schriften des Meisters schon lautet völlig anders als die Bestimmungen der klassischen Scholastik. Nichts kann gemein sein Gott und den Geschöpfen, lehrten Albertus Magnus und Thomas; da herrscht vollkommene Unvergleichbarkeit. Der Unterschied, der Gegensatz ist absolut. – Aber Duns Scotus führte dann aus (was schon im frühen Mittelalter Scotus Erigena oder im 13. Jahrhundert selber ketzerische Sekten auszusprechen wagten): der Seinsbegriff gilt für Gott und Welt, übersteigt ihren Gegensatz. Dies eine Prädikat des Seins kommt beidem ganz in gleichem Sinne zu. So kämpft dann Duns auch gegen die im Emanationsgedanken tief verwurzelte Überzeugung der klassischen Scholastik, daß die göttliche Wirksamkeit in der Weltbildung nur in absteigender Art erfolgen könne – weil eben doch ganz allgemein jede Wirkung zurückbleiben müsse hinter der Ursache! Dagegen Duns: nur von den weltlichen Dingen gelte dies alte Axiom; Gott aber könne Vollkommenes erschaffen. – In diesem Sinne lehren nun die Schriften, in denen der Scholastiker Eckehart schulmäßig das System entwickelt, entgegen allem, was die Häupter der Scholastik vom bloßen esse participatum der Geschöpfe sagten, daß jenes Sein, welches in der Schöpfung Gott den Dingen gibt, schlechthin kein anderes sei als das, welches er selber ist. Gott und Sein, das ist identisch. Was also Gott erschafft, das schafft er in sich selbst; es ist sein eigen Sein, das in den Dingen sich ausbreitet. Ens und Esse, das seiende Ding und das Gottessein sind nicht durch Gegensatz getrennt, vielmehr ist „nichts so eins und ungeschieden als Gott und alles Geschaffene". Die geschaffenen Wesen

stehn zu Gott nur in demselben Verhältnis „wie das Gestaltete (constitutum) zu dem Prinzip, aus welchem und durch welches und in welchem es aufgebaut (konstituiert) ist".

Die Predigten und Schriften des deutschen Mystikers nun führen den Gedanken aus und geben ihm anschauliche Bedeutung. – Sein Grunderlebnis ist (wie ja das aller Mystik) letzte Einheit und Identität, Preisgabe aller Trennung. Im „Seelengrund" fühlt er sich gotteeint; von allem Außereinander, dem „fremd und ferne" der Welt in Raum und Zeit ist da nichts mehr. Tod aller Ungleichheit nicht nur, sondern selbst aller Gleichheit: weil diese eben nicht Identität, sondern nur Übereinstimmung ist im sonst Verschiedenen. So muß denn wohl auch alles Sein in seinem Grunde Ungeschiedenheit, muß absolute unterschiedsentrückte Einheit des Göttlichen bedeuten. Das Eine des Plotin; – aber deutlicher als bei diesem, der in so manchem dem Orient und seiner Flucht ins Nichts verhaftet bleibt, kommt es bei Eckehart heraus: daß diese eine Gottheit nicht bloß allem Gegensatz enthoben, sondern daß alle Spaltung in ihr „aufgehoben", aufbewahrt, in ihrer Kraft und ungeteilten Fülle geeint ist. Nicht treibt die Not und Unruhe des vielspältigen Daseins diesen Mystiker in Vielheitsflucht zum grundlosen Meer, zur stillen Wüste der Gottheit; sondern sein Sehnen, seine Liebe zu allem was ist, bleibt ungestillt, solange Vielheit herrscht und Gegensatz. „Wo zwei sind, da ist Gebreste. Warum? Eines ist das andre nicht; das Nicht, das da macht Unterschied, das ist Bitterkeit." So soll das „nicht" vergehn, nicht aber die Fülle, der Reichtum in aller Mannigfaltigkeit. Die Welt des weiten Raumes wird verlassen um dessentwillen, was an ihr „Enge" ist und hemmendes Abschließen; in der Gotteinheit und ihrer „innersten Inwendigkeit" ist Weite ohne Weite, sie ist „weiter dann die Weite, unbegriffener Weite ein Umbering". Ebenso ist im ewigen Jetzt dieser Einheit die „Fülle der Zeit" beschlossen, ein ewig Grünen und Blühen, wo nie etwas „müde und alt", nie Vergangenheit wird. „Tut das Nicht von allen Kreaturen, so sind alle Kreaturen eins" – „in Gott ist nicht Nicht", in ihm sind „alle Ding in all und all geeinigt". Das Eine also ist nicht abstrakte Leere des Nichts, sondern in der Vernichtung aller Unterschiede gerade die konkrete Fülle. Gott ist nicht Gegensatz zur Welt, sondern die Einheit ihrer Gegensätze; in ihm sind alle Kreaturen, alle Dinge zumal und ungeteilt. Die „widersatzunge, lieb unde leit, wiz und swarz" durchdringen einander, verlieren die Fremdheit, zerschmelzen in der einen Wesensfülle. Vor allem Vielheitssein liegt diese allbeschließende Einheit als das Absolute.

Wie aber wird daraus die Welt? Ist Vielheit Abfall, Spaltung, die ins Dunkel führt, dem Licht den Kampf aufzwingt? Treibt das Geschiedne, treibt die Kreatur nach ihrem Wesen ab vom Gottesstrom, der Ungeschiedenheit ist und bleibt? So daß nun doch ein Gegensatz wieder entsteht, der unaufheblich bleibt: Gott und die gottentfremdete Welt? – Eckehart knüpft an die alten Lehren von der Trinität, die den Gedanken vom Abfall zuerst überwunden hatten, an. Da ist schon, in gewissem Sinne, Vielheit – vor der Welt, vor aller Schöpfung; das Miteinander der Personen, die doch eins sind, Hier ist es offenbar, daß solcher „Ausfluß" aus der Ureinheit nicht Gottentfremdung ist, Hinuntersteigen in eine andere Ebene. Vielmehr (und darauf hatten viele Denker seit den Kirchenvätern hingewiesen): in dieser Trennung – die doch keine Trennung wirklich ist – kommt erst die Eine Gottheit zu sich selbst, erkennt im Sohn den Vater, offenbart sich! So ist für Eckehart dies jetzt ein innergöttlicher Prozeß, ein ewiger Fluß, der in sich selbst zurückfließt. „Gottes Gewerden ist sein Wesen." Daß die eine Gottheit, die in ihrer stillen Wüste noch „sich selber Unbekannte", zu sich selbst kommt, sich erkennt und „ausleuchtet mit Offenbarunge" im Sohn, der das Bild des Vaters ist – das ist der hohe Sinn dieses ewigen Geschehens der Trinität, dieser Dreiheit, die nicht Verlust bedeutet, Abfall, Abschwächung, sondern die erst das Wesen Gottes ganz zum Austrag bringt. Evolution und Emanation fallen hier gleichsam zusammen: ein Werden und doch kein Aufstieg aus dem Niederen; ein Ausstrahlen aus der Einheitsfülle und doch kein Absteigen. –

Und nun ist dies die große Wendung in der Fassung des Weltbegriffes: daß der Gedanke unverkürzt sich überträgt auch auf die „Kreaturen", auf die Welt. Evolution und Emanation schließen nun noch sich zusammen mit der Schöpfung. – An keinem Punkte ist das Ringen Eckeharts um Begriff und Wort so schwer, die Auseinandersetzung mit der Tradition, von der er doch nicht losgerissen sich fühlen mochte, so mühevoll und also seine Aussprüche so vieldeutig wie hier in dieser folgenschwersten Wendung. Die pantheistische Gefahr: daß zwischen Gott und Welt der Unterschied sich gar verwischt, umdroht den neuen Weg. Und dennoch kommt es zuweilen klar und scharf heraus: „Der Vater sprach sich und alle Kreaturen in dem Sohn"; „Sohn und heiliger Geist und alle Kreaturen, das ist nur e i n Spruch in Gott". – Danach ist also auch das Sein der Dinge sinnvoll für das Leben Gottes, in seinem Selbst-sich-offenbaren mitgegeben: „Der Vater sieht auf sich selber, da sieht er gebildet alle Kreaturen." „Gott könnte sich nimmer erkennen, er erkennte denn alle Kreaturen." Zu dem sich offenbarenden Gewerden Gottes selbst gehört die Welt und jede Kreatur! Bekannt ist jener Spruch des Angelus Silesius (des letzten großen Ausläufers dieser mystischen Spekulation im 17. Jahrhundert): „Ich weiß, daß ohne mich Gott nicht ein Nu mag leben; bin ich zunicht, er muß von Not den Geist aufgeben"; derselbe Sinn ist schon ganz klar bei Eckehart: „Gott mag nicht gewerden ohne die Seele", „Gott kann sich nicht verstehen ohne die Seele"; ganz schroff: „Daß Gott ist, dessen bin ich ein Ursach". Es bliebe eben ohne die Kreatur, die Welt, die eins sind mit dem Sohn, die „Gott h e i t " ungewortet in der stil-

len Wüste, würde nicht „G o t t" der Offenbarte, sich in sich selbst durch-
leuchtend!

So ist nicht nur die Gotteskraft in allen Kreaturen – das lehrte auch Plotin,
selbst Aristoteles. Sondern ganz ist sie darin und sie ausschließlich, denn ihr
Durchleuchten selbst schafft ja und ist das Dasein. Das Bild, das auch Plotin
gebraucht: vom Einen, das in seiner Ü b e r f ü l l e überfließt, wird hier erst
völlig ausgewertet nach dem weltverklärenden Motiv darin, die aus dem
Überfluß entquollene Welt muß doch von gleicher Wesensart sein wie ihr
Ursprung, aus vollkommenem Stoff. Dabei verliert dann die Schöpfung
wohl das Moment der Willkür und wird wie ein notwendiges Geschehen
und Hervorgehen – das bringt die Emanation hinein. Aber da ist nun eben
nicht mehr Abstieg, auch nicht Aufstieg; sondern Entfaltung verborgener
Fülle zur Selbsterkenntnis dieses Einen. Die im Schöpfungsbegriff angelegte
Werteinheit ist hier ganz gefaßt in einem neuen Weltbegriff. Als ewig-not-
wendiges Bild des Göttlichen erfließt die Welt aus der Einheit – wie also
könnte sie teilhaben an Gottfeindlichem, Gottwiderstehendem, wo sollte
das herkommen! Der Spiegel, aus dem Einen Wesen fließend, kann kein ge-
trübter Spiegel sein. – Es bedarf nicht großer Überlegung, die tiefen Schwierigkeiten auch zu sehen, die mit solchem Weltgedanken sich ergeben mußten. Wenn jenes Andere des Schöpfungsgedankens, das Moment der freien
Tat, zurücktritt – was scheidet diese innige Verbindung von Gott- und Weltsein dann noch vom Pantheismus? Die Welt ewig wie Gott, die Seelen Momente der Gottheit selbst... wo bleiben da die Gegensätze des Lebens, wo
die Sünde? Was läßt denn dann die Menschen nur vergessen, daß sie nicht
reine Einzelwesen und selbständig sind, sondern Gottesbilder – was ist es
dann, daß sie der Selbstsucht fröhnen, sich als Mittelpunkte fühlen läßt?
Wenn diese Spaltung, metaphysisch angesehen, nur ihre Blindheit, nur ein
Schein ist – so ist doch dieses Blendwerk real im Leben wirkend, bestimmt
das sittlich-religiöse Leben tief... ist Quelle aller letzten Not? Leuchtet
denn wirklich auch in allem Bösen gleichermaßen Gottes Ruhm wie in dem
Heiligsten? Und wiederum: die Gottheit selbst über allen Gegensätzen:
darf man sie nicht „gut" mehr nennen und die Güte selbst – so wenig als
weiß oder schwarz?

Mit allen diesen Fragen hat Eckehart gerungen. Um so schwerer, als die
Kirche sie ihm entgegenrief als ebensoviel Anklagepunkte. (Auch weiterhin ist ja die Annäherung zum Pantheismus vielen von denen zum Verhängnis geworden, die diese neue Allbejahung durchzuführen suchten.
Diejenigen Denker in der Philosophie der Neuzeit, die am heißesten von
religiösem Wissen um die Größe des Göttlichen sich getrieben fühlten zur
Verkündigung der Gotteswelt – mußten unter der Anklage der Glaubens-
eifrigen Schweres leiden; wie Eckehart so Bruno, Spinoza, Fichte.) Es wird
wohl nie gelingen, die Lehre dieser Predigten und Schriften auf eine scharf

bestimmte Systematik festzulegen. Kein Zweifel ist, daß Eckehart, die schroffen Folgen zu vermeiden, dem Widerspruch zwischen gottverklärter Welt und sittlich-religiöser Lebensspannung (die er so stark empfand, wie nur je ein großer Religiöser) auszuweichen suchte. Es gibt Aussprüche genug, in denen er jenen Weltgedanken einzuschränken, ja zu widerrufen sich anschickt. Unausgeglichen ist wohl diese große Natur wie das Zeitalter, dem sie angehört – die verfallende und wieder auch zu ganz Neuem sich wendende Scholastik. –

Wenn die Wirkung dieser neuen Lehre auch in der Geschichte der scholastischen Systeme nicht verzeichnet, nicht von den späteren Wortführern der neuen Zeit gepriesen wird, so ist sie doch, in vielfach gleichsam unterirdischem Verlauf, von außerordentlicher Bedeutung für die Geschichte der Metaphysik gewesen. Bis hinauf zu Fichte, Schelling, Hegel und dem „entwicklungsgeschichtlichen Pantheismus" ihrer Systeme reicht die Schwungkraft des Gedankens, hier an der Schwelle des 19. Jahrhunderts findet er eine letzte Krönung. Viel zu wenig ist noch bisher geschehen, um den oft tief verborgenen Zusammenhang, den schon Dilthey mit aller Klarheit sah, die Einheit dieser großen Tradition (die vor allem eine solche deutschen Geisteslebens ist) ans Licht zu heben.

*

In ihrem Zeitalter traf die weltverklärende Tendenz auf wohlbereiteten Boden. Eine neue Stellung zur Natur war aufgekommen und begann herrschend zu werden in allen Ländern. Die neue Daseinsinnigkeit des heiligen Franz von Assisi, der die Erde Mutter und Schwester, den Wind seinen Bruder genannt, war nicht mehr verloren gegangen; bei Franziskanern zumeist begann das Interesse für die äußere Natur, das mit dem 13. Jahrhundert durch das Einströmen der aristotelisch-arabischen Naturphilosophie und Wissenschaft neu geweckt war, zu einem Wiedererstehen wirklicher Naturforschung zu führen. Das Wort vom „Buch der Natur", in dem der Schöpfer sich nicht weniger offenbart, als in den Büchern der Heiligen Schrift, kam jetzt zu einer neuen Geltung. Alle sprachen davon, seit Paulus das alte Motiv in die Lehren des Christentums verwoben hatte; die Kirchenväter, Irenäus etwa oder Tertullian, besonders Gregor von Nyssa, wiesen mit Nachdruck darauf. Und doch blieb es bei jenem unbedingten Vorherrschen des Interesses für Seele und Gott, bei der Abwendung von der äußeren Natur, die noch für das ganze Mittelalter bis zum 13. Jahrhundert bezeichnend ist. Wenn man auch viel von der Natur und den Wundern ihrer Schönheit spricht, immer auch Gottesbeweise zu ziehen sucht aus der Weisheit ihrer Ordnungen – so wird doch die Naturerkenntnis nie in großem Stile Ausdruck und Mittel des religiösen Suchens. Wo ein Programm von dieser Art gegeben wird (wie z.B. bei Gregor von Nyssa), ist mehr ein allegorisches

Ausdeuten der Erscheinungen nach ihrem Zeichenwert für Gut und Böse, Zwecke und Wege sittlichen Erlebens gefordert, als unbefangene Hingabe an Naturvorgänge selbst, als solchen, darin sich der Schöpfer auf besondere Weise spiegelt. Eigentümlich ist die Zwiespältigkeit Augustins in dieser Sache. So angelegentlich er auch betont, daß uns das Weltliche von Gott nicht scheidet, wenn es nur recht verstanden und gebraucht wird, daß Gott in dieser Welt sich offenbart, daß sie von seiner Größe und Vollkommenheit ein Abbild ist in ihrer Ordnung nach „Maß, Zahl und Gewicht" (wie das alte Wort sagt) – so gilt doch andererseits, und dies besonders in Augustins späterer Zeit, das Forschen im Einzelnen der äußeren Natur für eitle Neugier, nicht unnütz nur, sondern schädlich selbst für unser Seelenheil. In uns haben wir Gott zu suchen, nicht durch Physik. – Das Mittelalter ist dieser Weisung dann gefolgt.

Der Franziskaner Roger Baco (der für die Entstehungsgeschichte der modernen Naturwissenschaft so viel bedeutsamer ist, als sein in der Neuzeit dann so berühmt gewordener Namensvetter Bacon von Verulam zur Zeit der „englischen Renaissance", der so gut das große Wort zu führen verstand) hat wieder dann vom Buche der Natur in einem neuen, volleren Sinn gesprochen. Die neu erwachte Hingabe der Forscher an die äußere Erfahrungswelt, die nun nicht mehr bloß Zeichen und Symbole für ganz Andersartiges in ihr sucht, sondern nach ihrer eigenen Struktur und ihren Gesetzen fragt, wächst mit Roger schon sich aus zu einem großen wissenschaftlichen Programm. Darin ist als entscheidendes Motiv die neue Methode schon gefordert (die dem Kanzler Bacon, drei Jahrhunderte danach, noch fremd blieb!): dieselbe, welche Galilei später in die Formel faßt, das Buch der Natur sei geschrieben in mathematischen Lettern. Die Selbständigkeit der Wissenschaft von der Natur, darin man immer ein unterscheidendes Moment der Neuzeit gesehen hat – hier bei Roger Baco liegt ihr Beginn; und doch steht immer hinter dem Erkenntnistrieb das religiöse Suchen. Die Reform der Theologie ist Rogers Ziel, ihr soll die neue Einsicht in das allzuwenig beachtete und genutzte Buch der Natur zum Mittel dienen. Und das ist dann die tiefste Triebkraft in all denen, die nach ihm zur Natur sich wenden, in ihr zu forschen; – den Spuren Gottes nachzugehen in der äußeren Welt und ihrer Ordnung, in den verborgenen Gesetzen des Geschehens und in der Fülle der Gestalten die göttliche Idee zu fassen, in diesem großen Buch das Wort des Ewigen zu lesen: dies ist das Begehren nicht nur jener mystischen Naturphilosophen in der Zeit des Übergangs, sondern ganz ebenso der großen Führer der neuen Wissenschaft, bis hinauf zu Leibniz, Newton, Kant. Eine religiös indifferent gestimmte Zeit ist später gern bereit gewesen, in den unzähligen und unzweideutigen Aussagen jener Forscher bloße Redeweisen zu sehen, Anpassungen an den Stil der Zeit, Nachklänge ungeklärten Übergangs und theologischer Gebundenheit. Bacon von

Verulam, an dem die eigentlich sachliche Entwicklung der neuen Wissenschaft vorbeigegangen ist, hat dieser späteren Zeit mehr als Prophet und Bahnbrecher gegolten als der Mönch des 13. Jahrhunderts – von dem doch, wie wir heute wissen, die Fäden der neuen Forschungsweise stetig weiter laufen, über die Pariser Occamisten zu Lionardo und zu Galilei. Die Frage ist eben falsch gestellt, wenn man die Freiheit der Wissenschaft von theologischer Bevormundung in eins setzt mit der Abgelöstheit des Naturinteresses von religiösen Antrieben. Vielmehr ist es gerade dies, was damals Naturforschung zum Selbstzweck werden läßt: die Überzeugung vom eigenen Offenbarungswert alles Natürlichen – dem Schöpfungsgedanken gemäß! Nun kann nicht mehr genügen, was Aristoteles über die Welt gesagt. Wer in den Tiefen der Seele allein oder den Büchern der Schrift nach Gottes Wesen suchte, bedurfte nicht eigener Forschung und Erfahrung im äußeren Sein; jetzt aber galt es, eine neue Offenbarungsquelle zu erschließen. – Eckehart selbst, der Seelenmystiker, blieb solcher neuen Wendung des gottsuchenden Blickes fern, obgleich er wie kein anderer zu seiner Zeit den spekulativen Ausdruck für die neue Weltbedeutung fand. Darin war ihm sein Lehrer Dietrich von Freiberg (der gewiß auch für die Vereinigung des Emanationsgedankens mit dem der Schöpfung von bedeutsamem Einfluß auf Eckehart gewesen ist) voraus gewesen. – Wenn aber dann der Dichter unter Eckeharts Schülern, Heinrich Seuse, davon singt, wie alle Kreaturen um ihn her, „die Gott je schuf im Himmelreich, im Erdreich und in allen Elementen … Vögel der Luft, Tiere des Waldes, Fische des Wassers, Laub und Gras des Erdreichs, und der unzählige Sand in dem Meer und dazu all das kleine Gestäube, das in der Sonne Glanz scheint, und all die Wassertröpflein, die von Tau oder Schnee oder Regen je fielen oder immer fallen…" – wie diese alle, die unsägliche Zahl aller Kreaturen, ihr Saitenspiel ein Jegliches anstimmen und Gottes Lob erklingen lassen, Jedes auf seine Art…: so spürt man schon voraus, wie auch diese Seelenmystik ihre Stimmung übertragen wird auf alles Leben der Natur, auf alle Kreatur bis hinab zum Staub der Materie, bis in das Kleinste und Unscheinbarste hinein. Man glaubt es fast vorauszusehen, wie Paracelsus und die ganze reiche Welle der Naturphilosophie des 16. Jahrhunderts hervorgeht aus dem Strom der Mystik, der in Eckehart entsprang. Und es ist schon ein voller Vorgang auch der Leibnizschen Naturanschauung und Monadenlehre in jener Dichtung – wo ja dann wirklich jedes Kleinste im Kleinen, die Kreaturen alle bis hinab ins Unendlichkleine der Materie den Reichtum Gottes in sich widerspiegeln, aus sich erkennen lassen!
Aus religiösen Quellen stammt die neue Naturliebe und der Forschungseifer, der zur Naturphilosophie des Übergangs und zur Naturwissenschaft der Neuzeit führt. Auch die ästhetische Naturbegeisterung der Renaissance, die man so gern in den Mittelpunkt der Frage nach dem Ursprung der mo-

dernen Wissenschaft und Weltansicht stellt, ist nur eine besondere Phase in jenem großen Werden. Bei niemand ist das leichter zu spüren als bei Kepler, bei dem in greifbarer Deutlichkeit die neue mathematische Naturerkenntnis herauswächst aus der mystisch-ästhetischen Naturphilosophie der deutschen Tradition.

Das Wort vom Buche der Natur wird immerfort neu variiert, von Roger Baco ab bis hin zu der Natur-Theologie des Raymond de Sabonde (die den Gedanken so ausführlich auseinanderlegt), zu Campanella dann, zu Galilei – dessen berühmter Brief an die Großherzogin-Mutter Christine so herrlich die eigene Forschungsfreiheit gegen kirchlich-theologische Beschränktheit zu verteidigen weiß in eben diesem Zeichen! Und wieder auch von jenen deutschen Naturphilosophen, von Agrippa und Paracelsus, bis zum jüngeren van Helmont: sie alle vermissen dies bei den Gottsuchern und Gottesgelehrten der vorangegangenen Zeit, daß sie nicht viel gewußt von der Gottesoffenbarung in den Werken der Natur; dies sei auch durch die heiligsten Bücher sonst nicht zu ersetzen. Bekannt ist auch die schöne Stelle aus den Tischreden Luthers (der ja sonst weltlicher Wissenschaft so fremd und ablehnend gegenübersteht wie kein Scholastiker): „Wir sind jetzt an der Morgenröte des künftigen Lebens, denn wir fahen an wiederum zu erlangen die Erkenntnis der Kreaturen, die wir verloren haben... jetzt sehen wir die Kreatur gar recht an, mehr denn im Papsttum etwan. – Wir beginnen von Gottes Gnade seine herrlichen Werke und Wunder auch aus den Blümelein zu erkennen... in seinen Kreaturen erkennen wir die Macht seines Wortes, wie gewaltig das sei." Seuses Stimme klingt in solchen Worten.

Eine eigentümliche Doppelstellung nimmt in dieser Entwicklung der Nominalismus des 14. Jahrhunderts ein. Tiefe Skepsis gegen die Zulänglichkeit alles weltlichen Wissens ist ein Grundzug im Wesen Wilhelms von Occam – aus der dann um so strahlender die Glorie des Glaubens, der übernatürlichen Gnade und Offenbarung leuchtet. Vom Nominalismus kann sich Luther seine Feindschaft gegen die „Bestie Vernunft" bestärken lassen. – Und doch ist wiederum mit Recht immer der Zusammenhang der neuen Wissenschaft mit der nominalistisch-empirischen Tendenz des ausgehenden Mittelalters betont worden; hier wurde die antik-scholastische Schematik, das System der „substantiellen Formen", zuerst durchbrochen, der Realitätsanspruch festgegebener Begriffe geleugnet zugunsten des unmittelbaren Zeichenwertes der sinnlichen Erfahrung. So haben sich, im Kampfruf der Erfahrung gegen überlebte Begriffswissenschaft, die Führer der neuzeitlichen Wissenschaft den Nominalisten immer verwandt gefühlt. Und wirklich ist denn ja auch im Kreis der Schüler Wilhelms von Occam der Grund zu dem gelegt worden, was von Galilei und Descartes ab das Naturbild der Neuzeit wesentlich bestimmt hat. –

Der Philosoph, der jenen spekulativen Weltgedanken des Meister Eckehart wirklich fortführte, die Frage nach dem Wesens- und Wertzusammenhang von Gott und Welt erneut in Angriff nahm – ist Nikolaus von Kues. Die beiden Grundpfeiler seiner Lehre erwachsen mit neuer systematischer Bestimmtheit aus jenen mystischen Intuitionen: die coincidentia oppositorum in Gott, und die Welt als explicatio Dei.

Die Einheit der Gegensätze, ihr völliges Zusammenfallen im Ureinen – das war gewiß an sich kein neues philosophisches Motiv. Ein Grunderlebnis in der Mystik aller Zeiten treibt darauf hin. Plotin vor allem hatte das Thema groß gefaßt, und von ihm geht es dann über die neuplatonisch gebildeten Kirchenväter, Synesius etwa und besonders den Pseudo-Dionysius, auch Augustin, ins Mittelalter, wo vor allen andern der große Scotus Erigena seine Gotteslehre danach bildet. Eckehart und Nikolaus stehen in dieser Tradition. Mit Nikolaus aber beginnt eine neue Phase in der Geschichte des Problems.

Im Leben der Menschen, wie Eckehart es faßt, stehen noch ganz unvermittelt die beiden Erlebnisse nebeneinander, und keine Brücke führt da von dem einen aufs andere: die tägliche Erfahrung des Wirklichen, in dem wir stehen und wirken, mit Vielheit, Mannigfaltigkeit und Gegensatz – und die so seltene, nie dauernd festzuhaltende Erleuchtung des Gottsuchenden, mit der er eingeht in die Einheit, für die kein Gegensatz mehr gilt. Alle Vermögen der Seele, ihre „Kräfte", sind nicht imstande, über die scheinhafte Spaltung sie hinauszuführen; sie bleiben wesenhaft gebannt ins Unzulängliche. Nicht nur die niederen Kräfte, die sinnlichen, deren Betätigung ja geradezu darin besteht, uns ins Zersplitterte ganz zu zerstreuen, nein, auch die höheren, die höchsten bleiben ins Gegensätzliche verstrickt. Denn selbst die reinste einheitstiftende Vernunft bleibt doch noch in der Zweiheit, im Gegenüber eines Erkennenden und des Erkannten stehen – und auch der edelste Wille, die höchste Liebe, so innig hier Berührung gefühlt, so heiß Vereinigung ersehnt sein mag, bleiben in dieser nie aufzuhebenden Spannung von Ich und Du, Mensch und Gott, Subjekt und Sein. Mit ihren „Kräften" kommt die Seele nie ins wahre Einige. Erst wenn der Mensch dies alles von sich löst, Begehren, Wahrnehmen, Sinnlichkeit nicht nur, sondern auch alles geistige Wollen, Lieben und Erkennen, wenn er ins Innerste des Seelengrundes sich zusammenzieht und, von der Welt tief abgeschieden, den eigenen Kräften abgestorben, das „Fünklein" leuchten und von ihm sein Ich aufzehren läßt, – dann tritt die mystische Gotteinung ein, dann wird ihm Einheit ohne Gegensatz: er und die Gottheit sind da eins und ungeteilt. Was alles die Kräfte in Vielheit faßten, was verlassen werden mußte und verschmäht, das ist mit einem Mal nun in der Einheitsfülle wieder da; verschmolzen, ganz und gar geeint mit dieser „abgeschiednen" Seele, die in der Gottheit aufgegangen ist. Die Welt verlieren, um sie zu gewinnen – man kann die beiden Wege, die damit gewiesen sind, und deren unbekannte Einheit man dabei noch voraussetzt, nicht schroffer gegeneinanderstellen, als es Eckehart getan.

Eine schwere Ungelöstheit klafft hier, im Leben wie im Denken. Auch mit dem Edelsten und Tiefsten bleibt der Mensch verhaftet an die Vielheit; von ihm nicht minder als von allem Sinnlich-Zersplitternden muß er sich abkehren, will er zur Einheit kommen. So scheint dem Denken auch das Todesurteil gesprochen: wenn alle Wissenschaft nach ihrem Wesen nur das Scheinhaft-Zerspaltete ergreift, nicht anders schließlich als die Sinneswahrnehmung und tägliche Erfahrung, wenn selbst Philosophie, Erkenntnis der Vernunft aus letzten Gründen der Dualität verhaftet bleibt und niemals etwas spüren kann von wahrer Einheit – dann hat wohl alles Forschen keinen Wert; Begriff und Wort, Begründung und Beweis sind nichtig, haben zu verstummen, um Platz zu machen nur der mystischen Ekstase.

Hier schlägt die Brücke Nikolaus von Kues, der Philosoph unter den Nachfolgern Eckeharts, mit seiner Lehre von der docta ignorantia, dem wissenden Nichtwissen. Der Verstand (ratio) allerdings, indem er erfahrene Wirklichkeiten zusammenstellt, vergleicht, Begriffe daraus zieht, die Dinge durcheinander mißt – bleibt immer an das von den Sinnen Gegebene gebunden, und damit unauflöslich verstrickt in Vielheit und Gegensatz. Verstandeswissenschaft für sich allein ist also allerdings kein Wissen vom wahren Sein, das Eines ist; ein Nichtwissen also. Aber das heißt nun keineswegs, daß alle Erkenntnis zuletzt wertlos sei und preiszugeben, daß man die Welt „verlieren" müsse, indem man ihr den Rücken kehrt, die Sinne, den Verstand zuschließt und deren Sehen und Suchen verachtet. Denn zwischen diesem Verstande und dem Unsagbaren der Gotteinung wirkt eine höhere Kraft des Geistes, und die v e r m i t t e l t zwischen ihnen, bringt es dazu, daß auch die Mannigfaltigkeitserkenntnis Sinn und Wert für alles letzte Suchen nach dem einen Sein, nach Gott erhält! Die Vernunft (bei Nikolaus: intellectus) nämlich weiß darum, daß jenes Einzelwissen ein Nichtwissen ist. Zwar hat sie selbst auch nie die Allheit; darin sah Eckehart recht, daß die „größte Gleichheit", die von nichts verschieden ist, die All-Identität hinausliegt auch über jeden Begriff. Dennoch erhebt sich die Vernunft über das Vielheitserkennen durch ihr Wissen um dessen Nichtwissen und zielt hin auf das Vielheitslose! Und dies ist nun nicht etwa nur eine einzige Mahnung, den Verstand und seine Aussagen nicht für das Letzte zu nehmen, ein einziger Hinweis bloß auf die sonst unandeutbare mystische Gotteinung – sondern von allen Inhalten des Einzelwissens führen Vernunftnotwendigkeiten, die mit aller Strenge des Begriffs in ihnen und an ihnen aufzuweisen sind, über die Vielheit hinaus auf die Einheit, von den Gegensätzen zu ihrem Zusammenfallen, zur Koinzidenz. Die gerade Linie und der krumme Kreis fallen ganz in Eins, wenn nur der Radius des letzteren unendlich groß gedacht wird. So ist's mit Ruhe und Bewegung, so mit allen Gegensätzen, welche die Wirklichkeit durchziehen: nur im Endlichen schließen die Glieder einander aus; in der vollendeten Unendlichkeit geht alles zusammen in Eins. Und alle Forschung treibt mit Notwendigkeit auf das Unendliche; denn immer doch bezieht sie Unbekanntes auf Bekanntes, vergleicht Gesuchtes mit Gegebenem, Fragliches mit Gewissem – wobei doch niemals vom Verstand ein schlechthin Unbedingtes, nie ein durchaus Zusammenstimmendes erreicht wird, vielmehr das Suchen ohne Ende ist. So wenig die Vernunft nun ihrerseits das Unbedingte und die reine volle Wahrheit im Begriff erfaßt, – so weiß sie doch darum und weiß daher auch um das prinzipielle Ungenügen jedes bedingten Wissens, das ihr deshalb eben Nichtwissen heißt. Sie kann das Unbedingte denken, kann die Folgerungen ziehen, die sich ergeben, wenn man das Endliche sich gesteigert denkt ins ganz Unendliche hinein.

So geht ein stetiger Weg und Zusammenhang hinauf von den Sinnen über Verstandeswissenschaft und Vernunfteinsicht bis an die Grenze noch des Unbegreiflich-Einen. Von allen Einzelinhalten der Wirklichkeit, all ihren Spaltungen und Gegensätzen (die der Gottsuchende daher jetzt nicht mehr überspringt!) zieht menschliche Erkenntnis ihre Linien aus: die laufen alle aufeinander zu und lassen deutlich merken, wie sie jenseits aller Sichtbarkeit in Einem Punkt sich einen – in der Koinzidenz der Gegensätze, der konkreten allerfüllten Einheit des Unendlichen, wo keine Negation mehr trennt, verfeindet. Durch ihr Wissen des Nichtwissens, durch ihre Einsicht in das Unendlichkeitsgesetz führt die Vernunft all unsere Erkenntnis, die an sich immer endlich und zersplittert bleiben muß, doch auf den Weg zum absoluten Einen, auf den Weg zu Gott. Das ganze Buch der Natur bleibt nur für den stumm, der bei der Endlichkeit der Buchstaben und Sätze stehen bleibt. Wer aber die Gedanken ausweitet und vom Erfaßten aus die Linien hinauszieht ins Überendliche – für den spricht Gott aus jedem Einzelsein des Wirklichen, aus aller Kreatur. So dient am Ende alle Arbeit der Wissenschaft und der Philosophie wirklich dem höchsten Ziel. Naturerkenntnis ist kein Sich-Hängen an Zersplitterndes, das von dem wahren Ziel der Seele nur abzöge; Spekulation ist immer mehr als Sich-Bewegen im Nur-Endlichen und Ungeeinten! In aller Welterkenntnis (wird sie nur recht geleitet durch Vernunft und recht verstanden) liegt der Weg zu Gott. –

In dieser neuen positiven Wendung zieht das Motiv der Koinzidenz der Gegensätze sich dann durch die Geschichte der neueren Metaphysik; die Bejahung des Gegensätzlichen und die Beschäftigung damit in Leben und Forschung ging nicht mehr verloren. Die Naturanschauung und Naturphilosophie der folgenden Jahrhunderte lebt in dieser Stimmung und ringt in ihrem Zeichen mit den dualistischen Tendenzen. Die Renaissance verwendet gern (wie schon Plotin und Augustin) das Bild der Harmonie: Schönheit ist Einheit des Verschiedenen, Eintracht in Gegensätzen. In seinen

Widersprüchen selbst und gerade in ihnen läßt das ewig reiche Buch der Natur den Einheitssinn des Schöpfers ahnen. Alle variieren das Motiv, Humanisten wie Theosophen, Italiener wie Deutsche, von Pico della Mirandola und Reuchlin an. Und nicht nur der Naturhymnus Giordano Brunos, in dem am großartigsten der Begriff des Nikolaus sich in die Formen der ästhetischen Begeisterung kleidet, sondern nicht weniger Keplers Weltbild ist davon bestimmt – er selbst betont, daß seine Entdeckung von der Ellipsenform der Planetenbahnen (an Stelle der alten Kreise) ihm erwuchs aus dieser Überzeugung: daß die große Harmonie der Sternenwelt nicht im Einförmig-Gleichen, sondern im Mannigfaltig-Gegensätzlichen zum Reichtum ihres Einklangs komme. – Mit neuer Kraft setzt dann wieder der Gedanke gegen den Zwiespalt sich durch, den Luthers religiöses Gegensatzerlebnis ins Weltbild einzuführen droht. Die Nachkommen der alten Mystik wenden auch hier das Gegensätzliche ins Positive, Allbejahende. Schon Paracelsus betont es neu, daß gerade die Unterscheidung sein muß, damit wir Gott erahnen, daß niemand um das Gute wissen kann, der nicht das Böse auch erfuhr, und daß doch alle die verschiedenen, in Gegensätze auseinandertretenden Weltdinge in einer großen Harmonie zusammenklingen, in ihrer Wechselbeziehung und gegenseitigen Durchdringung ihren Sinn ganz zeigen. So haben die deutschen Naturmystiker, bis hin zum jüngeren van Helmont, verlangt, was später Hegel so eindrucksvoll lehrte: den „Schmerz der Trennung" nicht zu scheuen, die Arbeit im Negativen nicht zu überspringen – weil nur im Widerspruch des Wirklichen der Weg sich aufschließt zur konkret-erfüllten Einheit des Absoluten, als der Einheit der Gegensätze. Sie alle lehren, daß wir uns tief in diese Welt hineinarbeiten müssen, auch in ihr Böses und alle Gegensätze sonst, um zu dem wahren Reichtum der Gotteinheit zu gelangen. Am tiefsten ist das Ringen des Motivs mit der dualistischen Tendenz bei Jakob Böhme, der, von Luthers Sündenangst und Teufelsglauben innerlichst ergriffen, doch dem Gedanken Eckeharts von der unersetzlichen Bedeutung der Welt für Gottes Sich-Erkennen den Sieg erstreiten will: auch der Urgegensatz, das Gut und Böse, und selbst das Übermaß des Bösen in der Welt ist ihm notwendig für die Selbstoffenbarung Gottes, der die Schöpfung dient.

Wie das alles dann in Leibniz' Theodizee und überhaupt in der Entwicklung des Theodizee-Gedankens von der Wertbedeutung auch des Bösen und des Übels in der Gotteswelt im 18. Jahrhundert weiterklingt – soll hier nun nicht mehr angedeutet werden. Und auch die neue große Phase in der Geschichte des Koinzidenz-Motivs, die Joh. Georg Hamanns aphoristische Intuitionen einleiten, und die in Hegels Lehre vom „konkreten Allgemeinen" gipfelt, wollen wir nur grad noch streifen. Es ist bekannt, wie Schelling in der Anknüpfung an Böhme die Lösung des Rätsels suchte: wie aus der Indifferenz der Gegensätze das gespaltene Sein hervorgehen könne;

wie seine ganze spätere Philosophie mit dem Schöpfungsgedanken in unserem Sinne ringt, den Ursprung nun der Negation, des Gegensatzes ganz ins Absolute selber, in Gottes „Ungrund" zurückverlegend. Bei niemand aber ist das alles so tief verarbeitet in begrifflicher Spekulation wie bei Hegel, der den „Widerspruch" zum Grundprinzip der Welt und alles Lebens macht, und dessen Dialektik (ganz im Sinne jener Lehre des Nikolaus von dem Hinweis der Vernunft auf die Koinzidenz) zu zeigen suchte, wie gerade in den Gegensätzen ein jedes Endliche über sich selbst hinaustreibt und aufs Unendlich-Eine unausweichlich führt. „In allem Endlichen die Endlichkeit aufzuzeigen und durch Vernunft die Vervollständigung derselben zu fordern" – wird diese Aufgabe der Hegelschen Dialektik nicht aus demselben Geist gestellt, der einst den Nikolaus von Kues trieb? Von jedem der „unendlich vielen Tropfen" der Wirklichkeit (klingen darin nicht Seuse und Leibniz an?) wird die Vernunft mit Notwendigkeit zum Absoluten hingeführt. Darum muß der Mensch, der zu Gott will, in dieser Welt der Gegensätze leben, in ihr wirken, in ihren Spaltungen sie erkennen und verstehen lernen; die gottsuchende Weltweisheit muß immer darauf dringen, „daß der Unterschied nicht weggelassen werde, sondern ewig aus der Substanz hervorgehe, ohne zum Dualismus versteinert zu werden".

*

Die Lehre von der coincidentia oppositorum und den Wegen der Vernunft auf sie hin setzt sich bei Nikolaus fort in seinem Begriff von der Welt als explicatio Dei. Was immer sonst dazu Anlaß gibt, die Welt im Gegensatz zu Gott zu fassen, das ist der Umstand, daß doch eben in ihr selbst die Gegensätze wirken, Gut und Böse, Hell und Dunkel, Züge des Seins und des Nichtseins. Wenn aber nun die Überfülle Gottes alle Gegensätze in sich schließt, wenn Gott, wie Nikolaus ausführt, als Größtes zugleich das Kleinste ist, Zentrum zugleich und Peripherie, Vergangenheit und Zukunft, ja selbst Koinzidenz von Sein und Nichtsein, von Alles und Nichts, Licht und Finsternis – so muß die Welt, in der nun Gegensätze auseinandertreten, ihm nicht mehr fremd gegenüberstehen, sondern sie kann als Auseinanderlegen dessen verstanden werden, was Gott in seiner abundantia schon in sich trägt. Die Welt mit den Gegensätzen in ihr kann nun überhaupt nicht mehr als Gegensätzliches zu Gott verstanden werden, der aller Gegensätze Einheit ist. So ist nach Nikolaus die Welt Entfaltung, Auseinanderlegung dessen, was Gott „complicite" in seiner Ureinheit enthält. In Gott ist das Viele, aber ohne Vielheit; in ihm ist der Gegensatz, doch als Identität. Deus ergo est omnia c o m p l i c a n s in hoc quod omnia in eo, est omnia e x p l i - c a n s in hoc quia ipse in omnibus – wie Gott die Ursprungseinheit für alles Viele ist, so lebt er auch in allem Einzelnen der Welt; was in der Gottesfülle nur als Einheit ist, das heißt „entfaltet als Kreatur – Welt", breitet sich aus in Raum und Zeit, Geschiedenheit und Gegensatz. In diesem Sinne ist die Welt das Bild, die volle Offenbarung Gottes.

Nun kommt das weltbejahende, dem Dualismus feindliche Motiv der Schöpfungslehre ganz ans Licht. Wenn Gott die Welt bildet, so tut er es nicht als „Form", der die zu formende Materie gegenübersteht, sondern als „Ursache und Grund". Gott ist der „e i n z i g e Grund" des Universums. Wenn die Kreaturen mit Recht Gottes Spiegelbilder heißen, so darf man, betont Nikolaus, bei diesem Gleichnis nicht vergessen, daß hier nicht, wie bei unseren Spiegeln, noch ein Äußeres, für sich Bestehendes ist, in welchem erst das Bild sich bildet, in dem es aufgefangen wird; sondern das Dasein des Geschöpflichen ist gar nichts Anderes als Spiegelung, der bunte Widerschein des Einen. Kein Medium ist da, in dem das Abbild schwebte, keine Finsternis, aus der es sich erhebt. Nichts anderes ist die Welt, als sichtbare Erscheinung Gottes, eine Vervielfältigung gleichsam des Einen Wesens – wie ja in Paulus' Römerbrief Gott als die Unsichtbarkeit des Sichtbaren bezeichnet werde. – Lessings Wort: „Gott dachte seine Vollkommenheit zerteilt, das ist: er schaffte Wesen", klingt hier vernehmlich an; der Weg führt auch von Nikolaus über Leibniz direkt auf ihn.

Anderes also als Gottesausdruck ist nicht in der Welt. Das Zusammengesetzte wie das Einfache, Materie wie Form, Vergängliches wie Unzerstörbares – alles gehört gleichermaßen zur Entfaltung Gottes. Was da als Unvollkommenheit, als Gegensätzlich-Negatives uns begegnet, kann keine Ursache haben außer Gott, geht nicht auf Widerstand und Dunkel der Materie zurück, sondern ist bloße Folge der Endlichkeit als der Weise der Entfaltung! Die Welt „ist gleichsam ein vollendetes Kunstwerk, das ganz von der Idee des Künstlers abhängig ist und kein anderes Sein hat, als das der Abhängigkeit von dem, daraus es das Sein hat und durch dessen Einfluß es erhalten wird". Dies Kunstwerk-Schaffen ist eben Tun nicht eines an Materie gebundenen Weltbaumeisters, sondern des Weltschöpfers. So scheut denn Nikolaus nicht die kühne Wendung: die Welt sei „gleichsam eine endliche Unendlichkeit oder ein geschaffener Gott (Deus creatus)". –

Damit ergibt sich höchste Weltverklärung. Dieses Universum ist die beste aller möglichen Welten. Es ist bekannt, wie diesen Ausdruck höchster Wirklichkeitsbejahung (auf den auch sonst die christliche Metaphysik, von Augustin bis Thomas, zielte) Leibniz zum Grundprinzip seines Systems und der darin enthaltenen Schöpfungslehre gemacht hat. Der „zureichende Grund" dafür, daß alle unbegrenzten Möglichkeiten von Weltbildung sich gerade nun zu unserer Welt verdichteten, kann nur der „Grund des Besten" sein, ein Abzielen gleichsam auf ein Maximum an Realität und Vollkommenheit. Die Schöpfung ist bei Leibniz das eine Mal mehr nach dem Bild persönlicher bewußter Tat, dann wieder mehr als Ausstrahlen (fulgurations, effluere) beschrieben, oder als ein Tendieren der unzähligen Essenzen auf Existenz; – aber was immer gleichbleibt in seiner Lehre und ihren Kern ausmacht, das ist: daß eben diejenigen von den Ideen und Essenzen unsere Welt konstituieren, die eine größte Allvollkommenheit im Zusammenbestehen (der Kompossibilität) ergeben, eine höchste Harmonie. Dies Grundprinzip des Optimismus, das dann von Leibniz (und Shaftesbury) an eine so große Rolle gespielt hat in der Metaphysik und Weltanschauung des 18. Jahrhunderts, ist das Ergebnis jener Lehre von der Gottentfaltung. Zwischen Nikolaus und Leibniz bilden den Übergang die Philosophen der Renaissance, Ficinos Schöpfungslehre und Bruno vor allem, und gleichzeitig die deutsche Naturphilosophie, am wirksamsten wohl Valentin Weigels Lehre von der Allvollkommenheit des Wirklichen. Schon bei dem deutschen Kardinal des 15. Jahrhunderts, nicht erst bei Leibniz, ist es vollkommen klar geworden, wie solche Rede von der besten a l l e r m ö g l i c h e n Welten sich unterscheidet von dem ganz gleich klingenden Gedanken etwa Platos. Bei diesem ist diese Welt die beste, die eben unter der Voraussetzung der Raummaterie mit ihrer nie ganz zu bewältigenden Unbestimmtheit, ihrem haltlosen Mehr und Weniger, dem Zufällig-Mechanischen in ihr noch möglich war! Von dieser Fassung des Gedankens ist es dann nicht weit zur Weltverleugnung, selbst zum Pessimismus. Bei Nikolaus aber (und bei Leibniz) ist der Sinn: daß Welt als Entfaltung Gottes eben nicht Gotteinheit selbst, das Unentfaltete, sein kann; und nur insofern liegt Einschränkung in den Worten „aller möglichen"! „Als wenn der Schöpfer gesagt hätte: es werde!, und weil Gott, der die Ewigkeit selbst ist, nicht werden konnte, so ist geworden, was Gott am ähnlichsten werden konnte." Die Welt schließt sich an „den Ursprung und Grund, durch den sie das ist, was sie ist, so nahe und so ähnlich an als möglich"; sie ist „größtmögliche Nachahmung des Absoluten".

Wenn also auch hier wohl die Rede ist von den Mängeln, Unvollkommenheiten, Übeln in der Welt der „Zufälligkeit", von Vergänglichkeit und Abfall, Finsternis und Nichtsein – so bleibt es immer doch dabei, daß auch dies alles aus dem einen Gott, als Ausdruck und Entfaltung seines Wesens, stammt. Das Nichtsein, das alles Geschöpfliche an sich trägt (Andersheit, Auseinander, Vergänglichkeit), ist eben in der Koinzidenz zusammen mit dem Sein! Auch die Welt ist als Ganzes Einheit, nicht Koinzidenz zwar, aber Harmonie der Gegensätze. Darin erfüllt sich ihr Entfaltungssinn. „Alle Wesen rufen einstimmig und verkünden das Eine und Dasselbe, und dieses einstimmige Rufen ... ist die vollere und reichere Darstellung des Einen und Selben." „Indem das Eine sich in größtem Gegensatz der Kräfte manifestiert, entsteht ... ein Kampf der Kräfte und aus diesem neue Zeugung und Zerstörung."

Ein Anderes ist die Welt als Gott; und insofern sie Entfaltung sein soll, muß sie die Spaltung, die Zerstörung, den Gegensatz und alles das in sich aufnehmen, was wir als Unvollkommenheit erleben! In diesem Sinne bleibt sie immer hinter Gott zurück, „erreicht das Universum nie das Höchste des absolut Größten". Wirklich vereinigen kann die Natur die Gegensätze nicht. Insofern ist die Welt nur die beste aller möglichen, und nicht das Beste überhaupt. Aber diese Beschränktheit ist notwendig, und nicht, weil da ein fremdes Schicksal, eine träge Materie unvermeidlich und blind sich aufzwingt; sondern sinnvoll-notwendig ist sie: gegeben durch die große Aufgabe selbst, die sie erfüllt – Gottes Reichtum offenbar zu machen. „So hat denn das Universum eine vernünftige und notwendige Ursache seiner Konkretheit" (d. h. des Auseinandertretens in Vielheit und Gegensatz). „Alle Mißgunst ist weit entfernt von dem, der die höchste Güte ist und dessen Wirken nicht mangelhaft sein kann; sondern wie er das Größte ist, so ist auch sein Werk soviel als möglich dem Größten angenähert." Jedes Geschöpf ist daher so geschaffen, „daß es auf die bestmögliche Weise existiere"; also ist, bei aller Wertverschiedenheit im Seienden, „jedes Geschöpf als solches vollkommen". Es gibt wohl Stufenordnung auch in dieser durch und durch vollkommenen Welt, aber das Höher und Geringer dieser Stufen ist nicht allmähliches Aufsteigen aus einer gottfremden Materie und Unbestimmtheit zu der reinen Form – sondern die Stufen alle sind an ihrer Stelle nötig zum Entfaltungssinn, und somit auch in sich vollkommen. Es kann nicht jedes Ding das Ganze sein, sonst wäre es Gott selbst; wenn Gottes Fülle ausgebreitet werden sollte, so konnte nicht alles eins und gleich sein; „deshalb schuf Gott alles in verschiedenen Stufen". Auch hier gilt, daß Gott „ohne Verschiedenheit und Mißgunst das Sein mitteilt", und so ruht „jedes geschaffene Sein in der Vollkommenheit, die es freigebig von dem göttlichen Sein erhalten hat, und begehrt kein anderes Geschöpf zu sein, als wäre es dann vollkommener". Keine Stufe könnte sein, was sie ist, und ihren Zweck in der großen Entfaltungsordnung erfüllen ohne die andere; alles trägt sich gegenseitig. So ist, nach Nikolaus, auch nicht zuerst Intelligenz entstanden, dann die Seelen und dann erst die Natur (wie in allmählichem Abstieg), sondern mit einem Mal tritt aus Gott alles das hervor, ohne welches ein Universum und ein vollkommenes Universum nicht bestehen könnte. Ob wir nach unten gehen oder noch oben in der unendlichen Stufenleiter aller Dinge, – wir gelangen so oder so zum Ursprung aller Dinge. In allen Stufen, Unterschiedlichkeiten, Gegensätzen entfaltet sich Gott. Das Größte wie das Kleinste, das Edelste wie das Geringe, der Geist wie die Materie spiegeln den, in dem die Gegensätze Eins sind. –

*

Mit dieser Ablösung von den Gegensätzen, insofern sie „zum Dualismus sich versteinern" wollen (wie Hegel sagt), ist nun verbunden eine völlige

Wandlung im Begriffe der Materie. Die Schöpfung aus nichts kennt keine vorausgegebene und dauernd widerstrebende Materie, die gleichsam von außen in Bewegung gesetzt werden und das Göttlich-Geistige von oben empfangen müßte. Auch eine letzte Lichtgrenze der göttlichen Ausstrahlung kennt sie nicht, wo wesensmäßig das Wirkliche ins Dunkel abfiele. Sondern aus dem vollkommenen Weltplan und der Hand des Schöpfers gehen, wie das Formhaft-Beseelte und Lebendige, so auch Materie und Raum hervor. Dann aber müssen nun die Unwertprädikate alle weichen, die der Materie von der Antike her anhaften! Im Grunde mußte auch die christliche Lehre von der Wiederauferstehung des Leibes dazu führen: sie setzt voraus, daß auch das Körperliche der Verklärung fähig, dem höchsten Reiche einzugliedern ist! Die Sünde kann danach nicht in der Sinnlichkeit, dem Leib, den materiellen Mächten selbst gelegen sein: sie wird denn auch in einem eigenen geistigen Verhalten definiert – als Abwendung des frei geschaffenen Willens von Gott. Der Leib selbst ist nicht böse, wie ja das unvernünftige Tier doch auch nicht schlecht genannt wird, so führt es, nach Origenes und Methodius, besonders Augustin dann aus; in der natürlichen Ordnung der Dinge sind sie notwendig und gut. Solange das Sinnliche dem Geist gehorcht, als das Niedere dem Höheren, hat es seinen Wert an seinem Platz. Was aber die Gefahr des „Fleisches" in die Welt bringt, der Begierde als Laster, der Sinnlichkeit als der Verführung und Gegnerschaft des Geistes, das ist der Stolz des Menschen, sein Hochmut gegen Gott. Die Seele zieht ihr eigenes Selbst der Gottesliebe vor – dieser Urakt der Sünde ist eine Willenstat von geistiger Ordnung, nicht ein natürlicher und weltnotwendiger „Abfall" des Emanierten von dem Ursprung.

So suchen alle Kirchenväter, Theophilus von Antiochia und Irenäus wie Tertullian, Origenes wie Augustin, Dasein und besondere Funktion der Materie ganz hineinzuziehen in den Sinn der Schöpfung. Den Griechen unter ihnen, in denen die antike Tradition am festesten eingewurzelt ist, wird der Schritt am schwersten. Die Auferstehung des Leibes findet bei Origenes hartnäckigen Widerstand. Erst in erbittertem Kampf gegen Plato und die Platoniker um sich drängt dann Methodius die Vorstellung zurück, nach welcher die Seele, ursprünglich immateriell präexistierend, durch Fall und Abstieg in den Leib als ihren Kerker kommt, aus dem sie also dann sich loszureißen suchen muß, – die Vorstellung zugleich, wonach schon mit dem Leib als solchem die Sünde und das Schlechte sich einstellt.

Aber immer bleibt doch, durchs ganze Mittelalter, der Materie jener Stempel des Negativen, des Unzulänglich-Mangelhaften aufgedrückt, der besonders auch im Aristotelischen Begriff ihres Nichtseins als bloßer unbestimmter Möglichkeit zu allem Wirklichen gegeben war. Zwar Augustin legt Wert darauf, daß auch das Formbare notwendig ist für Gottes Weltbildung, daß auch die Möglichkeit notwendiges Requisit ist für eine Welt, die ihrem Schöpfungssinn nach werden, d.h. doch aus der Möglichkeit zur Wirklichkeit gelangen soll – daß also auch Materie ein Sinnvoll-Gutes ist. Und dennoch bleibt der Makel. Bei Thomas von Aquin ist sie, ganz Aristotelisch, immer das Prinzip des Leidens nur und der Beraubung, des bloßen Formung-Duldens und aus eigenem Vermögen Existenz-Unfähigen.

Aber die Wendung kündet sich schon an bei Thomas' großem Lehrer Albert. Der Einfluß des arabischen Naturalismus auf die Philosophie der Zeit hat hierbei mitgewirkt, wie in der neuen Zuwendung zur äußeren Natur; aber es handelt sich auch für diese Frage weniger um ein Übernehmen der arabischen Gedanken als um bereitwilliges Aufgreifen dessen, was der eigenen, langsam herangereiften Tendenz zur Erhöhung des Welt- und Materiebegriffs dienlich sein konnte. Auf Averroes' Lehre, nach der die Formen schon in der Materie liegen und nur herausgezogen werden müssen, berufen sich alle bis hinauf zu Bruno; aber es ist keine naturalistische Tendenz, die bei den christlichen Denkern dazu führt! So lehrt Albert der Große gegen Aristoteles, daß die Materie doch immerhin „Beginn" der Formen sei und den Anfang des Werdens in sich trage, so daß die Form nur die Ergänzung, das Komplementum dessen darstelle, was dort schon als Beginn vorhanden war. Er bringt das in unmittelbaren Zusammenhang mit der Schöpfungslehre: Gott, der keinen vorgegebenen Stoff für die Welterschaffung braucht, schuf auch das Niedere, aus dem das Höhere entsteht – so ist er denn nicht nur der Seele gegenwärtig, sondern auch in jedem materiellen Ding.

In der „Verfallszeit" sucht besonders Heinrich von Gent (und ihm folgt, gegen Thomas streitend, Duns Scotus) von der Materie den Makel des Bloß-Möglichen, für sich nicht Seienden, zu nehmen. Sie ist ihm ein wirklich existierendes Substrat für Formungen, ein tamquam per se creabile; der Schöpfer könnte sie auch von aller Form getrennt hinstellen. Nicht in der Mischung mit der Form gewinnt Materie Existenz, sondern ihr „erstes Sein" hat sie unmittelbar schon durch ihr Teilhaben an Gott, als seine Wirkung. So gibt es auch von der Materie eine eigene Idee im Geist des Schöpfers. Die Fähigkeit zur Aufnahme der Formen heißt schon ihr „zweites Sein", und in der Formung selber wächst ihr ein drittes zu – die Wirklichkeit des Aristoteles. – Bei Roger Baco und den Naturforschern nach ihm wird die Materie dann auch die andere Unvollkommenheit genommen: die Trägheit und Passivität. Nicht äußerlich werden ihr die Formen aufgedrückt, so lehrt man jetzt, sondern in der Materie selbst liegt schon die Tätigkeit; die äußeren Einflüsse regen sie nur dazu an, aus inneren Kräften sich zu verändern, aufzustreben zu den Formen.

Im Weltbegriff des Nikolaus von Kues kommt diese Wandlung dann zu klarem Ausdruck. Auch ihm ist das Bezeichnende für die Materie, nach Aristoteles, das Moment der Möglichkeit zum Sein. Aber die Möglichkeit darf doch – so streitet er ausdrücklich gegen die „Alten" und ihr „verkehr-

tes Denken", ihre „Unwissenheit" in dieser Sache – nicht als Unvollkommenes, Mangelhaftes und bloß Leidendes verstanden werden. Gibt's eine absolute Möglichkeit, so ist diese – Gott selbst, aus dem doch alles Wirkliche stammt und ins Sein gelangt. In Gott ist der Grund aller Materie und aller Wirklichkeit aus ihr; er ist die Möglichkeit wie das Sein von allem. In ihm, dem „Possest", fällt Möglichkeit als Können und Formwirklichkeit als Sein zusammen. Gott ist hier nicht mehr bloße Form wie im Aristotelischen Dualismus, Materie von sich ausschließend, von ihr nichts wissend! Die Möglichkeit ist, als das absolute Können, sogar das Grundmoment im Gotteswesen, bezeichnet durch Gottvater; aus ihm also stammt die „Materie" des Wirklichen. Gott bedarf nicht, wie der menschliche Künstler, des gegebenen Stoffes; Materie und Form, im Endlichen auseinandertretend, fallen in Gott zusammen. Auch Körper und Seele, die „Möglichkeit" und das „belebende Prinzip", wenn sie selbst völlig auseinandergehen im Tode, jener zum Zentrum absinkend, diese aufsteigend zur Peripherie – fallen im Unendlichen zusammen wie Dreieck und Kreis. –
Die Renaissance geht weiter auf dieser Bahn. Telesio, auch er ausdrücklich sich berufend auf das Hervorgehen der Materie aus der Hand des Schöpfers, sieht Positives, Kraftbeweisendes in dem Moment der Trägheit selbst: sie ist Tendenz zur Selbsterhaltung. Daher wirken ja die Körper aufeinander ein, berühren und begrenzen sich im Raum. Keine Materie ist also ohne eigene Kraft! Nicht erst das Angezogenwerden von der Form bringt sie zur Bewegung, sondern die inneren Kräfte. So ist denn keine Mitwirkung Gottes (als der Form der Formen) in der Natur mehr nötig; sondern, nachdem er die Materie geschaffen hat, überläßt er sie der eigenen Tendenz zur Selbsterhaltung, in der die Teile, kämpfend um ihr Dasein, sich zu den Bildungen der Körperwelt zusammenfinden. – Ähnlich tritt Campanella, von der Gedankenrichtung des Nikolaus her, für das Kraftmoment in der Materie, als des Seinkönnens oder des Vermögens zu Sein und Wirkung, ein. Und immer deutlicher wird nun versucht, diese Kräfte als rein physische zu fassen, anstatt der äußerlich herangetragenen geistigen und immateriellen. Ein kausales Naturbild rein immanent-materieller Art beginnt sich abzulösen von der alten dualistischen Teleologie.
In dieser Reihe ist es Giordano Bruno, der das Motiv am breitesten entwickelt. Mit Nikolaus führt er die Materie als Möglichkeit zurück auf die Macht, das Können in Gott. Aber er geht weiter als jener: ihm fällt nicht nur in Gott Materie und Form zusammen, sondern auch im Universum sind sie ursprunghaft geeint. Materie ist niemals tot und schlechthin träge, in ihr liegt immer auch positive Anlage zur Form. Nur verschiedene Ansichten desselben einheitlichen Wesens und Werdens bezeichnen Materie und Form; keines hat absoluten Vorrang vor dem anderen. Materie kann kein prope nihil sein wie bei den Alten! Sie ist für Bruno schließlich nicht nur gottent-

stammt, sondern damit selbst auch von göttlicher Art, – er scheut nicht die Berufung auf Pantheisten wie David von Dinant, gegen dessen Ineinssetzen von Materie und Gottheit Albert und Thomas so gekämpft. Göttliche Kraft ist die Materie, und damit Quelle alles Werdens, der unerschöpflichen Zeugungskraft und alles Reichtums der Natur.

*

Es bedarf keines besonderen Hinweises darauf, wie diese Wendung im Begriff der Materie das Entstehen einer neuen Naturansicht und -forschung begünstigen mußte, welche an die Stelle der alten Lehre von den „substantiellen Formen" (die von der Aristotelischen Physik her den Naturbegriff des Mittelalters festgelegt und alle Antriebe zu neu ansetzender Forschung schwer gehemmt hatte) eine Prüfung der Natur auf die ihr wirklich immanenten, in ihr erfahrungsmäßig aufweisbaren Kräfte und Gesetze anstrebt. Die mechanistische Naturansicht der Neuzeit ist nicht, wie ihre Vorläuferin in der antiken Atomistik, entstanden auf dem Grunde und mit der Tendenz einer materialistischen Philosophie! Sie hat wohl vielfach auf den Materialismus geführt, wie besonders bei Hobbes und im Frankreich des 18., im Deutschland des 19. Jahrhunderts. Aber die großen Führer der neuen Wissenschaft sind dem Materialismus immer abhold gewesen. Bei ihnen bedeutet die Selbständigkeit der Materie keine Ablösung vom göttlichen Weltgrund, sondern nur die Aufhebung des Dualismus im Naturbegriff, Abwendung also von jedem Wirken in ihr, das nicht dem in sich selbst geschlossenen und selbstgenugsamen Sein der Schöpfungswelt entstammte. Die Kräfte kommen nicht von außen, sind nicht Ausdruck einer Sehnsucht nach der welttranszendenten höchsten Form, stehen nicht der Materie entgegen als ein System substantieller Formen, sondern aus der Materie selbst heraus quillt ihre Wirkung und damit alle Ordnung der Natur.

So entsteht der mechanistische Naturbegriff bei Galilei und Descartes. Mit Galileis Entdeckungen war der Bann gebrochen, den das Prinzip der substantiellen Formen auf die Forschung gelegt. Nicht immaterielle Formen, Erklärungsgründe zugleich für Körpergestalten und Geistiges, von oben gleichsam ins Natursein eingedrückt, sondern beobachtbare Kräfte und Gesetze des Materiellen selbst sucht nun die Wissenschaft; nicht Formprinzipien qualitativer Wertigkeit und Idealität, sondern Strukturgesetze des Raumzeitlich-Quantitativen. In mathematischen Lettern ist das Buch der Natur geschrieben, und gerade in dieser Selbständigkeit des Mechanismus, in der homogenen Geschlossenheit dieser mathematisch-materiellen Ordnung offenbart sich die eine Gotteskraft – aus der ja die Materie stammt wie ihre Form, das mathematische Gesetz. War für Plato die Raummaterie das Gebiet des Nur-Mechanischen, damit des bloß Zufälligen, der Sinn-

Notwendigkeit der Formen widerstrebend, so wird hier gerade das mechanische Geschehen zum Ausdruck innerer Gesetzlichkeit.

Das weitet dann Descartes zuerst zu einem ganzen Weltbild aus. Von allen geistig-immateriellen Kräften wird die Materie und alles Sein der äußeren Natur gelöst; aus eigenen Gesetzen gliedert sich die Welt im Raum bis hinauf zum Organismus. Nun wird sogar, um nur die Tendenz rein durchzuführen, alles Seelische ganz abgetrennt vom Räumlich-Materiellen. Daß aber dieser berühmte „Dualismus" des Descartes kein Dualismus ist im Sinne unseres Gegensatz-Problems, daß darin keine Wertspaltung sich ausdrückt, ist offenbar. Beide gehen sie nebeneinander aus der göttlichen Substanz hervor: die res cogitantes wie die res extensae. Beide bilden im Miteinander die gesamte Natur- und Menschenwelt, – aber nicht in der Überordnung wie bei den substantiellen Formen und der Möglichkeitsmaterie, sondern in voller Koordination, die vor allem darin sich ausdrückt, daß beide gleichermaßen Substanzen heißen und daß danach Materie der Seele, das Materielle des Immateriellen genau so wenig bedarf zu Dasein, Bewegung, Bildung, wie umgekehrt Seele des Körperlichen. Die immer deutlicher hervortretende Tendenz der vorangegangenen Jahrhunderte, Materie als Selbständiges zu fassen mit eigner Existenz und eignen Kräften, sie als das Räumlich-Körperliche abzuscheiden im Begriff vom Seelisch-Immateriellen (eine Tendenz, die eigentümlich sich durchkreuzt mit dem phantastischen Bedürfnis nach Allbeseelung und Naturmagie) kann bei Descartes zu vollem Austrag. Wenn bei den Griechen einst der Übergang zum Schöpfungsmotiv begann in Anaxagoras' Lehre vom Nus, der, der Materie beigegeben, Bewegung und Ordnung in sie einführt; wenn damit dort die Lehren von der selbstbewegten, innerlich belebten Materie durch einen neuen Weltgedanken abgelöst wurden, – so ist es in der Neuzeit nun umgekehrt der Schöpfungsbegriff, im neuen Sinne der creatio ex nihilo, der der Materie Selbständigkeit und Eigenkraft zurückgibt! Und doch wird damit nicht der vernünftige Sinn, die „intelligible" (d. h. begrifflich rein erkennbare) Ordnung der Welt preisgegeben zugunsten eines blind-zufälligen Geschehens; denn die Materie selbst mit ihren Kräften, mit den mathematisch-erkennbaren Gesetzen und Wirkungen, die zum Aufbau des ganzen äußeren Kosmos führen, ist ja hervorgegangen aus dem Geist des Schöpfers! Der ordnend-bewegende Nus liegt nun nicht neben der Materie oder über ihr, in sie eingreifend, ihr aufnötigend das oder sie hinziehend zu dem, was werden soll, – sondern es ist Materie mit ihren Ordnungskräften in sich selber schon ein eigener, in sich geschlossener und ganzer Ausdruck vom Nus des Schöpfers, explicatio Dei, Schöpfung nach ewigen (mathematischen) Ideen ohne widerstrebende Gegebenheit.

So faßt denn auch Descartes den Gedanken einer Welt-Evolution nach eignen rein mechanischen Gesetzen. Es ist bekannt, daß erst der junge Kant in der Allgemeinen Naturgeschichte und Theorie des Himmels eine wissenschaftliche Theorie von dauernder Bedeutung daraus gemacht hat (die später sogenannte Kant-Laplacesche Weltentstehungshypothese). Und nun ist es von besonderem Reiz, im Werke Kants zu sehen, wie ihm die Überzeugung von der Durchführbarkeit solcher mechanischen Entwicklungslehre erwächst in der metaphysischen Diskussion des Schöpfungsmotivs, im Kampf mit Newton, der dessen Konsequenzen nicht ganz überblickte. Schon Augustin oder Albertus Magnus hatten betont, daß die geordnete Welt als Gottes Bild und Schöpfung keine solchen Wunder duldet, die der Naturordnung zuwiderliefen; ein Wirken Gottes gegen die Natur, die er selbst in die Dinge gelegt, würde ein Angehn gegen sich selbst bedeuten. In scharfer Durchführung dieses Gedankens sagt nun Kant: es heiße das Wesen der Schöpfung verkennen, wenn man der Annahme irgendwelcher übermateriellen Eingriffe zu bedürfen glaube, um die große Ordnung des materiellen Kosmos zu erklären. Newton, der große Systematiker des Weltalls, der zuerst das ganze Weltgeschehen zurückgeführt habe auf eine einheitliche materielle Grundverfassung – das mechanische Gesetz der Attraktion – habe doch insofern gegen die eigene Tendenz gefehlt, als er die überwältigende Ordnung des Himmelsgebäudes aus einer unmittelbaren Einwirkung Gottes, nicht mehr durch Wirkung materieller Naturkräfte also, glaubte erklären zu müssen. Derselbe Newton also, der so stark in der Tradition des neuen Schöpfungsmotivs stand, daß er den Raum (denselben Raum, den Plato und die andern als das wesenhaft Gott-Ferne und eben b l o ß Materiell-Mechanische ansahen) als das Sensorium Gottes bezeichnete, – glaubt dennoch die Ordnung der Gestirne im Weltenraum auf außerordentliche Art enstanden, durch äußeres Ein- und Übergreifen eines teleologischen Wirkungsprinzips. So hatten selbst hier noch, in ihrem höchsten Triumphe seit Galilei und Descartes, die mechanischen Prinzipien und die Materie etwa zurückbehalten von der antiken Abwertung – es scheint, daß sie allein aus sich selbst nicht zu Schönheit und Ordnung führen können.

Das eben ist es, was Kant bekämpft. Er zeigt, daß solche Vorstellung von der Materie nicht dem wahren Begriff des Weltschöpfers, sondern nur dem des Weltbaumeisters entspricht, der an gegebene Materie sich zu halten und der Widerstrebenden die Ordnung aufzupressen habe. Es sei dies eben „ein fast allgemeines Vorurteil der meisten Weltweisen gegen die Fähigkeit der Natur, etwas Ordentliches durch ihre allgemeinen Gesetze hervorzubringen ... gleich als wenn es Gott die Regierung des Weltalls streitig machen hieße, wenn man die ursprüngliche Bildung in den Naturkräften sucht, und als wenn diese ein von Gott unabhängiges Prinzipium und ein ewig blindes Schicksal wären". Es dürfe doch nicht die Tendenz, das Ganze der Weltbildung aus rein mechanischen Prinzipien herzuleiten, verwechselt werden mit der Anschauung der alten Atomisten von Leukippos bis Lukrez: wo aus dem blinden Zufall die kosmische Ordnung, aus Unvernunft das Vernünftig-Gegliederte entstehen sollte! Es handle sich darum, ob es einen guten Sinn haben und der Größe Gottes angemessen sein könne, vom Schöpfer der Materie und ihrer mechanischen Grundkräfte und -gesetze anzunehmen: er habe nur durch weiteres Eingreifen die Form des Weltgebäudes aus ihr ziehen können. Man verewigt bloß den Streit mit den Naturalisten und bietet ohne Not ihnen eine schwache Seite dar, wenn man nur auf diese Art den Hinweis der Natur auf Gott (den physikotheologischen Beweis) verstehen will. „Wenn die Naturen der Dinge durch die ewigen Gesetze ihrer Wesen nichts als Unordnung und Ungereimtheit zuwege bringen, so werden sie eben dadurch den Charakter ihrer Unabhängigkeit von Gott beweisen; und was für einen Begriff wird man sich von einer Gottheit machen können, welcher die allgemeinen Naturgesetze nur durch eine Art von Zwange gehorchen und an und für sich dessen weisesten Entwürfen widerstreiten?" Indem man durch das Vorurteil, die materiellen Kräfte könnten „an und für sich selber nichts als Unordnung zuwege bringen ... genötigt wird, die ganze Natur in Wunder zu verkehren" – verliert man den Naturbegriff überhaupt; es wird dann „nur ein Gott in der Maschine die Veränderungen der Welt hervorbringen"! Der Sinn des Schöpfungsgedankens wird damit verfehlt. Den wahren Begriff von der Natur (die als Schöpfungswelt „eine allgemeine harmonische Beziehung zu dem Wohlgefallen der Gottheit hat"), und ebenso den wahren Begriff von ihrem Schöpfer erhält nur der, welcher alle Pracht und Ordnung des Weltsystems entstanden denkt aus der Materie nach den von Anfang an ihr mitgegebenen, ihr Wesen selbst ausmachenden Gesetzen. Wie könnte die Mechanik der natürlichen Bewegungen „abirrende Bestrebungen und eine ungebundene Zerstreuung in ihrem Beginnen haben, da alle ihre Eigenschaften, aus welchen sich diese Folgen entwickeln, selbst ihre Bestimmung aus der ewigen Idee des göttlichen Verstandes haben, in welchem sich alles notwendig aufeinander beziehen und zusammenschicken muß?" Daß alles in der rein mechanisch sich entwickelnden Natur zu einer so einzigartigen Systematik sich zusammenfügt, ist eben das deutlichste und durch keinen Hinweis auf besondres Zweckgeschehen und Eingreifen zu überbietende Anzeichen für die Einheit ihres Ursprungs. Der wahre physikotheologische Beweis ist nicht jener, welcher den göttlichen Akt, der die Materie schuf, ergänzen lassen muß durch einen zweiten, in welchem ihr – ganz so, als wenn sie an sich selbst zur Unform neigte, unvollkommen wäre von Anbeginn – Ordnung und Form erst aufgezwungen wird. „Wenn die allgemeinen Wirkungsgesetze der Materie gleichfalls eine Folge aus dem höchsten Entwurfe sind, so können sie vermutlich keine andere Bestimmung haben, als die den Plan von selber zu erfüllen trachtet, den die höchste Weisheit sich vorgesetzt hat." Erst so wird eigentlich das Schöpfungswerk in seiner ganzen Einfachheit, Weisheit und Größe, erst so der Schöpfer nicht bloß als „groß und mächtig", sondern als „unendlich und allgenugsam" begriffen.

Wenn also die Weltbildung gedacht werden muß als eine Evolution des Kosmos aus dem Chaos, so fordert der Schöpfungsbegriff, daß schon „in den wesentlichen Eigenschaften der Elemente, die das Chaos ausmachen, das Merkmal derjenigen Vollkommenheit zu spüren ist, die sie von ihrem Ursprung her haben ... Die einfachsten, die allgemeinsten Eigenschaften, die ohne Absicht scheinen entworfen zu sein, die Materie, die bloß leidend und der Form und Anstalten bedürftig zu sein scheint, hat in ihrem einfachen Zustande eine Bestrebung, sich durch eine natürliche Entwicklung zu einer vollkommneren Verfassung zu bilden". „Die Materie, die der Urstoff aller Dinge ist, ist also an gewisse Gesetze gebunden, welchen sie frei überlassen notwendig schöne Verbindungen hervorbringen muß. Sie hat keine Freiheit, von diesem Plan der Vollkommenheit abzuweichen ... und es ist ein Gott eben deswegen, weil die Natur auch selbst im Chaos nicht anders als regelmäßig und ordentlich verfahren kann." So folgt für Kant die Selbständigkeit der Natur, der materiellen Evolution, und damit die Notwendigkeit rein mechanistischer Naturerklärung, ohne Zuhilfenahme teleologischer Eingriffe, unmittelbar aus der Lehre von der Schöpfung, aus dem Begriff der Welt als Ausdruck Gottes, nicht als Gegensatz zu ihm. Eine Weltverfassung wie die Newtons in jener Annahme göttlichen Eingreifens und In-Ordnung-Haltens, die also „sich ohne ein Wunder nicht erhielt, hat nicht den Charakter der Beständigkeit, die das Merkmal der Wahl Gottes ist".

*

Das alles sind Zusammenhänge, die viel zu wenig noch gewürdigt sind nach ihrem historischen Gewicht, und an denen man nicht, als an Redewendungen im Geschmack der Zeit, vorbeigehen sollte; Zusammenhänge, die ganz offensichtlich auch mehr sind als nachträgliche Aneinanderpassung unabhängig herangewachsener Reihen des geistigen Lebens. – Mehr Aufmerksamkeit dagegen hat man immer schon der Einwirkung jener mit den Anfängen der Neuzeit einsetzenden Zuwendung zu Natur und Diesseits auf die Umwälzung der astronomischen Weltansicht geschenkt. Für unser augenblickliches Problem handelt es sich nur um den einen Hauptpunkt: Werteinheit gegen Dualismus auch in der Fassung des astronomischen Weltsystems als solchen. Das ganze Mittelalter hielt sich auch hierfür, und gerade hierfür, an die Lehren der antiken Tradition. Da war zugleich mit der ersten Herrschaft des Gegensatzmotivs, in der Metaphysik der Pythagoräer, auch dessen astronomische Auswertung zum Leitgedanken der For-

schung geworden. Zweiteilung und Wertgegensatz beherrschen von da an die Weltansicht der griechischen Wissenschaft, wie sie, besonders in der Darstellung der Aristotelischen Physik, bestimmend wurde für das mittelalterliche Bild vom Kosmos. Die sichtbare Welt ist in sich gespalten: der Sternenhimmel mit den ewig in geordneten Bahnen kreisenden Gestirnen weist, als das Reich des Äthers und der Sphärenharmonie, auf die Götter und das Gute; in der „Welt unter dem Monde" dagegen, dem Bereich der vier materiellen Elemente, herrscht Unordnung, das Bloß-Mechanische, Zufall, Vergänglichkeit. Es kann hier übergangen werden, wie das im mittelalterlichen Weltbild zusammenwuchs mit jener Stufenordnung, die der Neuplatonismus als allmähliches Absteigen vom Göttlich-Einen zu den materiellen Dingen beschrieb, wie dort die Hierarchie der Wesen zugeordnet wurde der kosmischen Gliederung, die Sphären der Gestirne selbst nach den Abstufungen der geistigen Wesen sich ordneten, die Engel als Beweger der Gestirne galten usw. Für unsern Zweck genügt der allgemeine Hinweis auf das Ineinanderwachsen des metaphysisch-geistigen Dualismus mit dem astronomisch-kosmischen. Diese metaphysisch-physische Gegensätzlichkeit hat sich dann hartnäckig und erbittert gegen alle Versuche einer Neuerforschung und Neuordnung des Weltgebäudes, wie sie seit dem späteren Mittelalter in immer größerer Bedeutung sich hervorwagten, gestemmt. Noch Kepler, dem die Astronomie der Neuzeit so Entscheidendes verdankt, konnte sich den Ursprung der Planetenbewegungen und ihrer von ihm selber aufgedeckten mathematischen Gesetzlichkeit nicht als mechanische Ursache (wie bei Bewegungen auf unsrer Erde), sondern nur als Zwecktätigkeit intelligenter Wesen deuten! Die Einheit des Naturgesetzes in Galileis Fallregel und den Planetenläufen konnte er nicht denken; die Schwere galt ihm noch als nur terrestrische und von den ordnungdurchwalteten Kräften der „Weltharmonie" spezifisch unterschiedene Kraft – wie eben „Erde" und „Himmel" verschieden gegeneinander sind.
Erst durch Huyghens und Newton kam der Gedanke einer Himmelsmechanik, den doch zuerst schon die Pariser Occamisten des 14. Jahrhunderts klar gefaßt, zum vollen Siege in der Wissenschaft – erst Newton faßt die Schwere nun als die allgemeine gegenseitige Anziehung aller Teile der Materie, und kann damit ein Weltsystem errichten auf der Grundlage einer einzigen alldurchwaltenden Gesetzlichkeit. Nun erst (ja eigentlich so ganz, wie wir gesehen, erst beim jungen Kant) verlor das „Mechanische" den letzten Rest von „Himmels"-Fremdheit; nun liefen erst die Wege Keplers und Galileis zusammen in einen. Mechanisch und bloß-zufällig darf nun nicht mehr ineinsgesetzt werden; die mechanische Gesetzgebung im fallenden Stein ist genau so von mathematischer Ordnung bestimmt, wie die seit Urzeiten bewunderte Gleichförmigkeit der Gestirnumläufe. Über-

all, „oben wie unten", am weiten Himmel wie auf der Welt unter dem Monde, ist das Buch der Natur geschrieben in mathematischen Lettern! Um diese wissenschaftliche Entwicklung zum Ausreifen zu bringen, bedurfte es der jenem Dualismus schroff widerstreitenden Überzeugung von der Homogeneität, der Gleichartigkeit des Universums in allen seinen Teilen. Gott hat a l l e s „nach Maß, Zahl und Gewicht geschaffen", lautete das alte Schöpfungswort; – so lehren Leibniz und der junge Kant, im Kampf gegen die Materialisten und Naturalisten, den Weisungen von Galilei und Descartes entsprechend, den Mechanismus selbst verstehen als Mittel und in sich geschlossenen Ausdruck der geistig-zwecktätigen Welturschache. „Tout comme ici" – diese Formel von Leibniz für die Gleichartigkeit des ganzen unendlichen Universums bedeutet nicht, daß die Sphärenharmonie des Himmels ins Mechanisch-Irdische herabgezogen, sondern daß dieses Irdische zum vollen Gottesausdruck gesteigert, daß auch im Gewirr molekularer Vorgänge und des täglichen Geschehens das ganze Wunder absoluter Ordnung und Gesetzlichkeit sich wiederfindet! Im Staubkorn und im kleinsten Teilchen der Materie noch eine Welt vollkommener Gesetzlichkeit und geregelter Bewegung zu finden, wie sie die Alten nur an den Himmelssphären kannten, das ist die tief beseligende Perspektive, die sich für Leibniz mit der neuen Wissenschaft ergab.

So ist es denn kein Wunder, daß Nikolaus von Kues, der Metaphysiker der Welt als Dei explicatio, auch für die Umwälzung der astronomischen Weltansicht entscheidende Bedeutung hat. Nicht von Kopernikus hat Giordano Bruno den alles Weitere bestimmenden Anstoß zu seiner Weltauffassung erhalten, sondern dem Nikolaus entnahm er den Grundgedanken – mit jener astronomischen Entdeckung ihn nur neu verbindend! Die Abwertung der Erde ist schon ganz überwunden bei dem Deutschen. Sie ist ihm nicht mehr der unbewegte Mittelpunkt, das „Unten", zu dem alles fällt, im Gegensatz zur Peripherie und dem Oben der Himmelssphären. Das Universum hat nicht Peripherie und Zentrum, unten und oben; Gott ist Peripherie für sie wie Zentrum, zu ihm gelangt man auf dem Wege nach unten wie auf dem nach oben! Unwahr muß es also sein, „daß diese Erde der geringste und unterste Teil der Welt ist", die angeblichen Beweise dafür sind alle widerlegbar. Die Erde ist ein „edler Stern" unter den anderen und in Wechselwirkung mit ihnen – wie ja doch überhaupt der gütige Gott „alles so geschaffen hat, daß jedes Wesen, indem es sein Sein wie einen göttlichen Beruf zu erhalten strebt, dieses in Gemeinschaft mit anderen vollzieht". Daraus folgt dann auch, daß diese Erde nicht, von den kreisenden Gestirnen sich unterscheidend, zu ihnen gegensätzlich r u h t, sondern daß sie in Wirklichkeit nicht ohne jegliche Bewegung sein kann! Folgt weiter auch, daß die Planeten Leben und vernünftige Bewohner tragen, ganz wie unsere Erde. – So ruht die neue Stellung zur sichtbaren Welt, die aus den Werken Brunos oder Leibniz' oder des jungen Kant mit so hinreißendem Pathos spricht, durchaus auf jener völligen Durchführung des mit der Schöpfungslehre angeschlagenen Themas und auf der Ablösung vom alten Dualismus.

*

Daß nun auch eine neue Wertung des Leibes, und der Sinnlichkeit überhaupt, mit solcher Weltauffassung sich durchsetzt, liegt auf der Hand. Die Sinnlichkeit kann jetzt nicht mehr als bloßer Gegensatz zum Geistigen gefaßt, sie muß als eine eigene unverächtliche Funktion in unserem Leben neu gewürdigt werden. Nicht kann sie böse sein an sich und irrtumbergend; sondern auch sie, auf ihre Art, wirkt mit zum Wahren und zum Guten. Dem Schöpfer aller Dinge, so sagt Kepler, entstammt das Sinnliche wie das Geistige. Eben daher kann ja der „natürliche Instinkt" und die sinnliche Erfahrung uns zum Erfassen der Wirklichkeitsgesetze und der geistigen „Gründe" im Geschehen führen. Was der Verstand klar durchschaut, das faßt bereits, obzwar nur erst verworren, die Sinnlichkeit. – Bekannt ist, wie diesen Gedanken dann die Erkenntnistheorie des Leibnizischen Systems entwickelt, ausgebaut und ihn dem ganzen 18. Jahrhundert bis auf Kant aufgeprägt hat. Wie die sinnliche Empfindung und Wahrnehmung, so ist auch die sinnliche Affektion in Lust und Schmerz nichts Zufällig-Gehaltloses, sondern wirkt in verworrener Form Erkenntnis des Seienden und birgt so im Grunde schon die geistigen Zusammenhänge des Intelligiblen. Es sind darum eben so sehr die Elemente sinnlicher Erfahrung Vorstellungen, die nur zur Klarheit und Apperzeption erhoben werden müssen, um Intellekt, um Geist zu werden – als „die Elemente der sinnlichen Vergnügungen geistige Genüsse, die aber nur verworren erkannt werden". Entsprechendes gilt für das Begehrensleben. Wenn also bei den Alten die Sinnlichkeit als eine Trübung der Ideen durch Materie erscheint, so ist hier auf dem neuen Boden die Sinnlichkeit des Geistigen erster und mit nichts anderem vermischter Ausdruck.

Selbst bei dem Kant des kritischen Systems, der diese Theorie bekämpft und einen neuen Trennungsstrich zieht zwischen sinnlicher Erscheinung und dem rein Intelligiblen, zwischen Sinnlichkeit und Denken – erhält die erstere doch eine neue Würde durch den Wert des „Reinen", der auch auf sie fällt. Es gibt ein Apriori, d. h. Vernunftgesetzlichkeit, auch schon in den Prinzipien der Sinnlichkeit. Sind Raum und Zeit nur Formen der Erscheinung, so zeigt doch die Mathematik, daß hier schon wahre geistige Erkenntnis möglich ist. Und die Erscheinungen selbst in Raum und Zeit, wenn sie gleich nie das Letzte geben und bedeuten können, nicht Anspruch machen dürfen auf Realität im absoluten Sinne – sind doch der Boden der Erfahrung, auf dem sich unser Leben, auch mit dem Übersinnlichen darin, entwickeln kann, bewähren muß! Die Erscheinungswelt, die Welt der „Sinnlichkeit", ist die entscheidende Stätte unseres zum Geistigen berufenen Erkennens und Handelns: diese Überzeugung ist dem Kantischen System gemein mit Leibniz; – wie ja die ganze Zeit um Kant, mit Hamann, Herder und den anderen (zum Teil im Kampf mit Kants Trennung von Vernunft und Sinnlichkeit) für solche Immanenz des Lebens kämpfte. Der Gegensatz des Altertums mußte in asketischer, weltflüchtiger Lebenslehre gipfeln; in der Welt der Schöpfung geht der Weg zum geistigen Heil durch die Etappen einer sinnlich ausgebreiteten Welt.

Fichte hat dann in einem neuen großen, religiösen Aufschwung diese Absicht, das Übersinnliche „ins irdische Tagwerk zu verflößen", als Grundmotiv der neuen Weltanschauung und religiösen Lebenslehre ganz in den Vordergrund gestellt. Er ist damit, bei aller scharfen Spannung des sittlichreligiösen Willens, zu einer Würdigung auch des sinnlichen Lebens und besonders der materiellen Arbeit gelangt, die von dem Altertum mit seiner Geringschätzung des Handwerklichen und von der Ethik des antiken Idealismus ebenso wie von den weltabgewandten Richtungen des Mittelalters sich abscheidet. Zugleich bemüht er sich mit neuer Kraft um den Begriff vom reinen ideellen Sinn des L e i b e s. Er gibt die erste philosophische Bewältigung dieses mit der Diesseitswendung der neuzeitlichen Religiosität aufgegebenen Problems seit Leibniz' erster systematischer Eingliederung. Wie für diesen der Leib als körperlich-sinnliches Phänomen vor allem den äußeren Ausdruck von der einzigartigen Stellung der in ihm sich darstellenden Einzelseele zur Gesamtheit der übrigen Seelen und Monaden bedeutet, in räumlicher Erscheinung einen geistig-intelligiblen Ordnungswert ausprägend – so ist der Leib für Fichte, der den Gedanken nun ganz ins Ethische wendet, Ausdruck der einzigartigen Aufgabe, die diesem individuellen Ich in der sittlichen Weltordnung gestellt ist, Mittel und Werkzeug zugleich für ihre fortschreitende Erfüllung. Auch hier liegt, wie im Problem der Sinnlichkeit und des sinnlich-materiellen Wirkens, Fichtes Bedeutung mehr im grundsätzlichen Erfassen der neuen Fragestellung als in der Durchführung. Viel blieb und bleibt in dieser Sache noch zu tun; man kann es nicht genug bedauern, daß die vielen Ansätze in diesem Sinne, die das 19. Jahrhundert von den Romantikern oder Feuerbach an bis hin zu Nietzsches Predigt des „schaffenden Leibes" und vom „Sinn der Erde" gemacht hat, so gern in Naturalismus abgeglitten sind und ihre ursprüngliche Direktion verloren haben.

*

Der Reichtum der Motive, die aus dem Schöpfungsthema nach der hier gemeinten Seite aufgeklungen sind, ist nicht erschöpft durch diese Andeutungen. Doch soll es damit sein Bewenden haben. Nur eine letzte Konsequenz

muß noch zur Sprache kommen, ein Paradoxon. Wir haben immer schon hingewiesen auf die innere Problematik, die doch zuletzt immer den Weltoptimismus der Schöpfungsmetaphysik in Widerstreit bringen muß mit dem gleichzeitig durch das Christentum vertieften Lebensgegensatz von Sünde und Erlösung, gut und böse. Nun hatte schon das Altertum in allen seinen Denkern, von Plato an bis in die letzte Zeit, versucht, die Welteinheit zu erzwingen, indem es das Böse nur als „Privation" des Guten, als bloßen Mangel und relatives Nichtsein faßte, anstatt als positives Sein und Wirken. Die stoische und plotinische Theodizee führt das breit aus, und alle späteren Theodizeen haben deren Argumente übernommen. Die christliche Zeit mußte, eben vom Schöpfungsgedanken aus, die Aufgabe mit neuer Wucht auf sich lasten fühlen; und so ringen gleich die Patristiker, besonders Augustin, mit dieser Schwierigkeit – die eben doch damit allein nicht zu heben war, daß man die Sünde von der Materie verlegte in die Willenstat, denn gerade diese Willenstat ist offenbar etwas eminent Positives ... Wie könnte sie mit Gottes Schöpfung und Voraussicht, mit dem Gedanken von der besten Welt vereinigt werden? Wir sahen schon, wie man das Böse aus dem Ende aller Dinge wenigstens entfernen wollte, ihm also nur beschränkte Existenz im Zeitlauf zubilligte. Aber allen solchen Versuchen zum Trotz blieb dieses Kernproblem des Lebens ungelöst und ungeeint mit jenem Weltgedanken. So ging es dann auch in der Zeit des ausgehenden Mittelalters, wo immer neue Versuche auftreten, das Böse irgendwie doch als auch von Gott Gebilligtes und Gewolltes zu verstehen. Solche Versuche traten auf als Konsequenz des theologischen Determinismus und der Schöpfungslehre, aber auch aus der neuen Lebensstimmung selbst heraus. Wenn Eckehart in den wundervollen „Reden der Unterscheidungen" sagt, der rechte in Gottes Willen gesetzte Mensch solle nicht wünschen, daß die Sünde, in welche er gefallen war und die nun vergeben ist, gar nicht geschehen wäre (insofern nämlich daraus um so inniger in Reue und Gnade ihm die Gottesliebe aufblüht), – so liegt das ganz in dieser Richtung; die Sünde ist, von hier gesehen, wie ein Durchgangsmoment im Prozeß der Selbstoffenbarung Gottes. So hat dann Valentin Weigel gelehrt, daß auch der Teufel gut in seinem Wesen sei, daß alle Sünde ihn nur in weltlichen Zufälligkeiten, nicht in der ewigen Substanz geändert habe. Aber gerade hier, bei den Mystikern, war doch wiederum die erlebte religiöse Spannung von besonderer Heftigkeit und drängte, der metaphysischen Konstruktion entgegen, zur vollen Anerkennung des Bösen als eines Wirklichen, als einer positiven Macht.
Auch von dem Schöpfungsoptimismus des Leibnizschen Systems aus mußte es zu solchen Reaktionen kommen. Und es ist von ganz besonderem Interesse, wie diese innere Problematik den jungen Kant schließlich aus der Metaphysik, in der er aufwächst und auf die er lange schwört, hinaustreibt in das spätere System. In jenem Stufenreich der besten aller Welten, wie seine

ersten Werke es im Fahrwasser der Leibniz-Wolffschen Metaphysik beschreiben, ist das Böse im Grund nicht mehr als ein Verfehlen der richtigen Stelle in dieser Gliederung – von der an sich doch alle Stufen in ihrer Art vollkommen sind. „Die Vollkommenheiten Gottes haben sich in allen Stufen deutlich offenbart und sind nicht weniger herrlich in den niedrigsten Klassen als in den erhabeneren." In dem Sinne, wie das Altertum vom Aufstieg und Abfall in der Stufenordnung sprach, kann also hier nicht mehr nach Wert und Unwert, Geringerem und Höherem unterschieden werden. Wenn also jetzt Sünde darin definiert wird, daß der Mensch, geschaffen als vernünftig-sinnliches Wesen, nicht (wie es vorgezeichnet ist in jener Stufenordnung) die Einsicht herrschen läßt über das Begehren, also das Höhere über das Untergeordnete, sondern gerade umgekehrt Vernunft stellt in den Dienst der Leidenschaft, das Klare und Aufklärende hinabsetzt unter das Verworrene – so muß damit der Sündengedanke ganz verblassen.

Kant müßte nicht so tief von pietistischer Frömmigkeit durchdrungen sein, wie er doch war, wenn diese Fassung ihm genügen sollte. Und es scheint geradezu dies ein entscheidendes Motiv, wenn nicht das letztentscheidende, gewesen zu sein für seine Wendung zur Kritik der rationalen Metaphysik und zum Primat der praktischen Vernunft. Der für die Kantische Entwicklung so bedeutungsvolle Grundgedanke seiner Schrift über die „negativen Größen" zielt letztlich nicht auf die „Realrepugnanz" von Plus und Minus im Mathematischen, von Anziehung und Abstoßung in der Natur – sondern auf die von Gut und Böse im sittlichen Leben. Untugend, heißt es, ist nicht Mangel an Tugend nur, sondern selbst ein Zuwiderhandeln dem Gesetz. „Liebe und Nicht-Liebe sind eines das kontradiktorische Gegenteil vom andern. Nicht-Liebe ist eine wahrhafte Verneinung, aber in Ansehung dessen, wozu man sich einer Verbindlichkeit zu lieben bewußt ist, ist diese Verneinung nur durch reale Entgegensetzung ... möglich. Und in einem solchen Falle ist n i c h t z u l i e b e n und h a s s e n nur eine Verschiedenheit in Graden." Wenn auch in diesem Zusammenhang noch die Sünde als „Beraubung" (Privation) bezeichnet wird, so ist doch jetzt der Sinn ein völlig anderer. Der Gegensatz, die Realrepugnanz, ist das Gesetz des geistig-sittlichen Lebens! In Gott allerdings kann es einen solchen Gegensatz nicht geben; für das endliche Wesen aber ist er konstitutiv. – Damit rückt Kant endgültig ab von der Versöhnungsmetaphysik seiner Zeit, den bloßen Gradunterschieden nach dem Prinzip der Kontinuität, der Darstellung der besten aller Welten als in unendlichen Stufen sich ausbreitend und mit dem Licht den Schatten selber fordernd – und wendet sich mit neuer Energie zum Lebensgegensatz, von dem aus dann alle Dualitäten des Systems sich bilden: Erscheinung und Intelligibles, Vernunft und Sinnlichkeit, Natur und Freiheit.

Andere aber sind nicht nur stehen geblieben bei jener ausgleichenden Tendenz der Weltvollkommenheit, sondern haben sogar die letzte paradoxe Konsequenz gewagt: die das Bestehen des sittlich-religiösen Gegensatzes am Ende leugnet! Zwei große Denker (die sonst wenig gemein zu haben scheinen) sind diesen Weg gegangen – beide bezeichnenderweise der rein religiösen Tradition des Christentums ferner stehend, der Schroffheit ihres Lebensgegensatzes feind, und dennoch andererseits genugsam eingesponnen in die große metaphysische Entwicklung der Neuzeit, um von der weltbejahenden Tendenz (der Konsequenz der Schöpfungslehre) ganz erfaßt zu werden: Spinoza und Nietzsche. Der Einheitsgedanke der Allvollkommenheit will hier so gänzlich siegen über den Streit der Lebensgegensätze – daß sie vernichtet werden.

Spinozas berühmtes Wort, wonach die menschlichen Affekte und Handlungen nicht zu belachen, noch zu beklagen, noch zu verabscheuen, sondern zu betrachten seien, als ob es sich um Linien, Flächen und Körper handele, daß Leidenschaften, wie Liebe, Haß, Zorn, Mitleid nicht als Fehler, sondern als Eigenschaften der menschlichen Natur angesehen werden müßten, zur letzteren gehörig, wie zur Natur der Luft Hitze, Kälte und andere Erscheinungen, die zwar unbequem, doch notwendig seien, und alle ihre sichere Ursache hätten – dies Wort ist man zu gern geneigt, als Ausdruck einer theoretisch-kalten Weltansicht, eines vollkommenen Naturalismus zu verstehen, der von der Welt der Werte absieht, weil sie ihn nicht packt. Und in der Tat fährt auch Spinoza fort an jener Stelle: „und die wahre Betrachtung dieser Objekte gewährt dem Geist dieselbe Freude, wie die Erkenntnis der angenehmsten Dinge".

Zwar könnte es auch hier schon aufhorchen lassen, daß eine ganz besondere F r e u d e von der Erkenntnis der Naturen und ihrer Wesenseigenschaften erwartet wird. Freude bezieht sich immer doch auf Werthaftes – und wenn hier diese Freude den sonstigen des „Angenehmen" sich gegenüberstellt, so ist vielleicht auch hier ein Wertmoment im Zubetrachtenden gemeint, nur daß dies abgelöst ist von dem Subjektiv-Zufälligen des einzelnen? Bezeichnend scheint auch, daß die Wertung jener Leidenschaften und Affekte ganz offenbar insoweit weggewiesen wird, als sie A b wertung ist; – ob irgendwie neben Belachens- und Beklagenswürdigem, neben den „Fehlern" ein positiv und ganz nur positiv zu Wertendes im menschlichen Gemüt und in dem Gegenstand seines Erlebens auftauchen mag, scheint damit noch nicht vorentschieden!

Und wenn Spinoza dann immer betont, daß jene Wertgegensätze gut und schlecht, Verdienst und Sünde, Ordnung und Verwirrung, Schönheit und Häßlichkeit bloße Vorurteile seien, entstanden aus dem falschen Zweck-Gedanken, der auf den Menschen und sein subjektiv-willkürliches Interesse alles zuschneiden wolle, Produkt nur der Begierde und der Einbildung der Willensfreiheit sei – wenn er hinzufügt, nie wären wohl die Menschen aus solchem Aberglauben herausgewachsen, hätte nicht Mathematik ihnen eine andere Norm der Wahrheit aufgezeigt, Mathematik, die nicht mit Zwecken, sondern nur mit Wesen und Eigenschaft der Figuren sich beschäftige, – so spürt man bald, daß diese Begeisterung für reine Erkenntnis, im Kampf gegen die Wertrelationen des menschlich-allzumenschlichen Zweckbegriffs, keineswegs so ganz wertindifferent, wertfeindlich ist. Zwar sagt Spinoza nur, wenn Menschen einmal wirklich solche mathematischen Wesen erkannt hätten, so würden diese sie, wenn auch nicht anlocken, so doch überzeugen; – aber in diesem „Überzeugen" liegt offensichtlich mehr als bloße theoretische Evidenz. Es hieße eine U n v o l l k o m m e n h e i t in Gottes, der unendlichen Substanz, Begriff hineintragen, wenn man sich Gott als handelnd nach Zwecken, will sagen die Natur auf den Zweck des Menschen einrichtend denke. Die Welt der endlichen Dinge ist vielmehr unmittelbarer Ausdruck und unmittelbare Folge aus dem Wesen der Substanz. Und zwar die Dinge alle, gleichermaßen; kein Modus steht dem unendlichen Wesen näher als ein anderer! Nichts ist da bloßes Mittel für ein anderes. Nicht nach dem Nutzen für die menschliche Begehrlichkeit, sondern nach ihrer Natur und ihrem eigenen Vermögen sind die Dinge zu verstehen und zu schätzen. In dieser Hinsicht aber sind sie alle aufzufassen als die notwendigen Folgen und Modi der einen und unendlichen, der göttlichen Substanz – die für Spinoza eben Allvollkommenheit bedeutet! Die „Ethik" dieses pantheistischen Mystikers gipfelt darin, die „intellektuelle Liebe" zu dem Unendlichen über alles zu preisen, in ihr die Überwindung aller endlichkeitsbefangenen subjektbezogenen Affekte, damit aber die Quelle aller tiefsten und wahrsten Glückseligkeit zu finden. – So werden also die Gegensätze negiert, um das ganze unzerteilte Sein als Ausfluß des Vollkommensten verehren zu können. Die Lust des Erkennenden an den Gründen mathematischer wie an den Zusammenhängen der Welterkenntnis sub specie aeternitatis ist höchstes Werterleben und zeugt als solches intellektuelle – Liebe! Liebe und Haß im allzu menschlichen Sinne werden belacht, sollen erkannt und dem Zusammenhang notwendigen Geschehens eingeordnet werden: Liebe aber in diesem ewig-objektiven und keinen Gegensatz sich gegenüber duldenden alleinenden Sinne ist des Lebens wahrster Kern, ist selbst Erkenntnis, Wahrheit.

So fehlt denn auch nicht eine Wendung, die ganz in den Zusammenhang der Theodizee-Versuche gehört. Auf die Gegenfrage, warum es solche Täuschung durch Einbildung und Zweckvorstellung überhaupt denn gebe, wenn alles doch vollkommen sei, warum denn Gott die Welt nicht so geschaffen, daß sich alle Menschen wie die Mathematiker allein nur von Vernunftgründen, von objektiver Seinserkenntnis leiten ließen – erwidert Spinoza: „Weil er Stoff hatte, a l l e s zu schaffen vom höchsten Grade der Vollkommenheit bis zum niedersten. Oder, um eigentlicher mich auszudrücken, weil die Gesetze seiner Natur so weit angelegt sind, daß sie ausreichten, alles hervorzubringen, was von einem unendlichen Verstand begriffen werden kann." – Auch hier muß also, wie bei so vielen Weltverklärern der Neuzeit, die Fülle des unendlichen Seins, die Forderung des höchsten Reichtums in der Harmonie der Welt, das Dasein auch des Mangelhaften und der Unvernunft rechtfertigen, hinaufheben ins Allvollkommene. Gott ist nicht „bloß" Natur jenseits von Wert und Unwert für Spinoza; sondern umgekehrt liegt der Akzent: die Natur ist ganz göttlich, ist Gott, die unendliche höchste Fülle ohne Spaltung und Gegensatz. Wie der Vollkommenheit der Gott-Natur, so ist auch jenem amor dei intellectualis (wie gegen Schluß der Ethik noch gesagt wird) nichts mehr entgegengesetzt im Wirklichen. So klingt Spinozas scheinbarer Immoralismus in eine Lehre von der höchsten Tugend aus – als von der Liebe, mit der der Allvollkommene sich selbst, den Einzelnen durchströmend, liebt. –

Sehr ähnlich ist die Grundtendenz bei Nietzsche. Man faßt den Widerspruchsvollen nicht in seinem Kern, wenn man den Immoralismus, den er forderte, nur als Protest versteht gegen die Moral des Christentums und aller „alten Tafeln". Noch weniger versteht man seinen eigentlichen Willen, wenn man sich hält an zeitweilige Äußerungen eines „freigeistig"-positivistischen Naturalismus („Réealismus sagt Nietzsche gern, weil er darin einst P. Rée gefolgt). Ein letzter metaphysischer Weltoptimismus, Allverklärung und Theodizee sind schon das Ziel des jungen Nietzsche – trotzdem er sonst im Banne Schopenhauers steht! Die Welt „rechtfertigen als ästhetisches Phänomen" nimmt sich der Autor der „Geburt der Tragödie" vor. Von da stammt dann sein Haß gegen das Christentum und bald auch seine Abwendung von Schopenhauer und der Kampf gegen alle Metaphysiker als die Weltverleumder und „Hinterweltler". Überall sieht er die gleiche lebensfeindliche, diesseits-ungläubige Tendenz – an die Gegensätze von Sünde und Heil, Gut und Böse knüpfen sie an, zerspalten das Dasein in Diesseits und Jenseits, Welt und Hinterwelt, wobei dann immer auf unsere Wirklichkeit der Schatten fällt, die Negation. Überall fehlt der Mut zum letzten ganzen Ja, der volle reiche Sinn für die Heiligkeit der Erde. So stellt der späte Nietzsche dann dem christlich-schopenhauerischen Welt-Pessimismus aus Schwäche seinen Pessimismus der Stärke entgegen: der auch am Bösen und am Übel noch sein Entzücken findet. „Auch dieser Pessimismus der Stärke endet mit einer Theodizee, d. h. mit einem absoluten Ja-sagen zu der Welt... und dergestalt zur Konzeption dieser Welt als des tatsächlich erreichten höchstmöglichen Ideals." „Eine Höhe und Vogelschau der Betrachtung gewinnen, wo man begreift, wie alles so, w i e   e s   g e h e n   s o l l t e, auch wirklich geht: wie jede Art ‚Unvollkommenheit' und das Leiden an ihr mit hinein in die h ö c h s t e   W ü n s c h b a r k e i t gehört." „Hierzu gehört, die bisher verneinten Seiten des Daseins nicht nur als n o t w e n d i g zu begreifen" (Spinoza klingt an!), „sondern als wünschenswert, und nicht nur als wünschenswert in Hinsicht auf die bisher bejahten Seiten (etwa als deren Komplemente oder Vorbedingungen), sondern um ihrer selber willen, als der mächtigeren, furchtbareren, w a h r e r e n Seiten des Daseins, in denen sich sein Wille deutlicher ausspricht." „Typus eines die Widersprüche und Fragwürdigkeiten des Daseins in sich hineinnehmenden und e r l ö s e n d e n Geistes ... die religiöse Bejahung des Lebens, des ganzen, nicht verleugneten und halbierten Lebens ... Dionysos gegen den ‚Gekreuzigten‘: da habt ihr den Gegensatz."

„Meine Absicht, die absolute Homogeneität in allem Geschehen zu zeigen und die Anwendung der moralischen Unterscheidung nur als p e r s p e k t i v i s c h bedingt..." „Der Begriff ‚verwerfliche Handlung‘ macht uns Schwierigkeit. Nichts von alledem, was überhaupt geschieht, kann an sich verwerflich sein: denn man dürfte es nicht weghaben wollen: denn Jegliches ist so mit Allem verbunden, daß irgend Etwas ausschließen wollen Alles ausschließen heißt. Eine verwerfliche Handlung heißt: eine verworfene Welt überhaupt ... Wenn das Werden ein großer Ring ist, so ist Jegliches gleich wert, ewig, notwendig. – In allen Korrelationen von Ja und Nein, von Vorziehen und Abweisen, Lieben und Hassen drückt sich nur eine Perspektive, ein Interesse bestimmter Typen des Lebens aus: an sich redet Alles, was ist, das Ja." „Große Befreiung, welche diese Einsicht bringt, der Gegensatz ist aus den Dingen entfernt, die Einartigkeit in allem Geschehen ist gerettet – –."

So läuft in Nietzsche eine letzte Konsequenz der durch die Schöpfungslehre freigewordenen neuzeitlichen Tendenz zur Weltverklärung, ein selbst bei diesem „Atheisten" religiös empfundenes und gesteigertes Verlangen nach Freiheit dieses Seins von allem Negativen, aller Spaltung hinaus auf den – „Immoralismus". Und wie so oft, ist hier noch einmal die Fülle und die Mächtigkeit der Welt das Theodizeemotiv, von dem auch das Fragwürdigste und Böseste hineingezogen wird in die Allseligkeit und Allbejahung; von dem Erlebnis dieses überwältigenden Reichtums aus, der auch das Furchtbarste und Leidenvollste dieses Lebens in sich selig klingen läßt, kommt Nietzsche zu dem höchsten Ausdruck, den er für sein Ja zur Welt gefunden hat: zu dem Mysterium der „ewigen Wiederkunft".

II.

UNENDLICHKEIT IM ENDLICHEN

Mit der bisher geschilderten Umwandlung im metaphysischen und wissen-schaftlichen Weltbegriff geht Hand in Hand eine bedeutsame Entwicklung in der Bestimmung des Verhältnisses von Endlich und Unendlich. Auch hier liegt die entscheidende Wendung in einer Ablösung der neuen, im Grunde schon für Patristik und Scholastik wirksam gewordenen gedanklichen Ten-denzen von Begriffsformen, die jene sich von den Systemen der Antike hat-ten aufprägen lassen. Die Geschichte des Unendlichkeitsproblems ist, als ein besonders interessantes und verhältnismäßig leicht zu umgrenzendes Kapi-tel aus der Entwicklungsgeschichte der Begriffe, vielfach behandelt worden. Doch gilt es auch hier, unter der neuen historischen Perspektive die ent-scheidenden Motive neu ins Auge zu fassen.

Immer schon hat man den Wertvorzug des Endlichen vor dem Unendlichen in Weltgefühl und Denken der Antike betont. Und so viel da auch Kritik zu üben ist an allzusehr vereinfachenden Konstruktionen des Griechentums – der Kern jener Wahrnehmung bleibt doch bestehen. Wenn auch die gro-ßen F o r s c h e r des Altertums die Wege zum Erfassen des Unendlichen ge-sucht und selbst noch aufgeschlossen haben, so bleibt es doch bis in die letzten Zeiten bei der Prävalenz des Klar-Begrenzten, Formhaft-Anschaulichen in Religion und Kunst, Weltanschauung und Philosophie. Und, was für unsere Frage das Maßgebende ist: es sind gerade diese Endlichkeitszüge in der klas-sischen Wissenschaft und Metaphysik der Griechen, die von den späteren Zeiten, ja schon von Aristoteles an betont und dem Suchen der neuen Völ-ker übermittelt wurden! Auf das Unendlichkeitsmotiv im alten Weltbild ist doch so recht erst die beginnende Neuzeit aufmerksam geworden – von ihrem eignen neuen Suchen aus.

Was die Baukunst der Griechen und ihr Ornament, was die Plastik ihres Polytheismus mit seiner Fremdheit gegen alles Formlos-Ungeheure oder Verschwimmend-Eine überall fühlen läßt, das formuliert die Philosophie: das Vollkommene ist das Formhaft-Geschlossene, ist immer das Begrenzte. Das Grenzenlose ist das Unbestimmte, Ungewisse, ist wie ein Chaos, wel-chem Maß und Formen fehlen. So will es auch von sich aus der Erkenntnis-wille der Metaphysik. Dem Denken, dem Begriff fügt sich, so scheint es, nur das irgend zu Umgreifende, das De-finierbare. Ein unbedingter Glaube an die Seins-Zulänglichkeit des Denkens schließt daraus, daß ein Ungreifbares, ein über Maß und Grenze wesenhaft Hinaustreibendes gar nicht sein kann; oder daß es doch jedenfalls nur ein halbes schlechtes und geringes Sein, ein μὴ ὄν ist. – Daß etwa vielmehr der Begriff als bloß endlich abgrenzendes Denken zurückbleibt hinter dem Sein als dem Unendlichen, dieser Gedanke liegt da völlig fern.

So steht denn auch in der Gegensatz-Tafel der Pythagoräer das Unendliche als das Grenzen-lose auf der Seite des Schlechten. Und von da an sind die Begriffe Endlich und Unendlich fest verwurzelt in dem Dualismus, den wir früher schilderten. Immer ist das Unbegrenzte ein Mangelhaft-Unbestimmtes, aus dem erst nach dem Vorbild ewig klarer Formen die Gestalten der Wirklichkeit sich bilden, und von dessen Haltlosigkeit sie doch, zurückbleibend stets hinter dem wahren Sein des Formhaft-Ideellen, nie ganz loskommen können. Als ein Begrenztes, fest Geschlossenes, als grenzsetzende Ordnung erhebt sich der Kosmos aus dem Chaos, aus dem Zufall und unbestimmten Schwanken des Grenzenlosen. Es fehlt dem Apeiron mit der äußeren Beschlossenheit auch die innere Regel und Ordnung.

Für alles Geschehen gilt die geschlossene Kreisbewegung, für alles Sein die Kugel als Urtypus. „Die starke Notwendigkeit (so formuliert es klassisch Parmenides) hält das Sein in den Banden der Schranke, die es rings umzirkt. Darum darf das Seiende nicht ohne Abschluß sein. Denn es ist mangellos. Fehlte ihm der, so wäre es durchaus mangelhaft... Aber da eine letzte Grenze vorhanden, so ist es abgeschlossen nach allen Seiten hin, vergleichbar der Masse einer wohlgerundeten Kugel." – Man hat es, sehr mit Recht, in Frage gestellt, ob Parmenides sein Eines Sein noch räumlich dachte (was der V e r g l e i c h mit der geschlossenen Kugel ja keineswegs bedeuten muß), und es ist vielleicht ganz im Sinne des Meisters gewesen, wenn Zenon aus der Schwierigkeit, das Unendliche auszudenken, folgerte, daß der Raum (den man doch immer wieder nur vom Raum umschlossen sich denken kann, bis ins Unendliche) nicht existiere. Daß aber Parmenides eintrat für die Endlichkeit, die Grenze, daß er das Festumschlossene als das allein Vollkommene, Vollendete entgegenstellen wollte allem was das Denken nicht zur Ruhe kommen läßt, weil es hinaustreibt über Form und Grenze – das geht ebensowohl aus seinen klaren Worten, wie aus der Weiterwirkung seiner Gedanken bei Zenon hervor. Denn alle Argumente, welche dieser zur Verteidigung der Lehre beibrachte, laufen hinaus auf die Undenkbarkeit und folglich die Nichtexistenz des Unendlichen, vor allem jeder Unendlichkeit im gegebenen Endlichen, des Unendlichen der Teilung. Wo man in eine Zählung hineingerät, die nicht zum Ende führen kann, da kann nur Schein und Irrtum sein, nicht Sein und Wahrheit.

Aber es ging auch hierbei so, wie wir es früher sahen: die Ungelöstheiten in der Seinslehre des Parmenides trieben die klassischen Systeme in die Bahn des pythagoräischen Dualismus. Auch das Unbegrenzte muß anerkannt werden als mit der Wirklichkeit irgendwie verbunden; auch das Räumliche z. B. existiert, – wenn auch nur als Erscheinung, nicht als „wahres" Sein! Und so fällt dann bei Platon wie bei Aristoteles das Unendliche auf die Seite des Kaum-Seienden, der Materie; das wahrhaft Seiende aber, das aller Wirklichkeit zum Sein, zu Ordnung und Bestand Verhelfende ist die bestimmt-bestimmende Idee, Form, die begrenzt. So bestehen bei Plato (und das entspricht durchaus dem, was wir wissen von der Schulmetaphysik der Pythagoräer) alle Dinge aus Beidem: dem Unbegrenzten und dem Begrenzenden oder der Grenze; indem dies Letztere das andere bestimmt, entsteht Geordnet-Wirkliches, der Kosmos. Die Raummaterie ist das Prinzip, bei dem es immer noch ein Mehr gibt und ein Weniger in Ausbreitung und Teilung, und selbst in den Gegensätzen der sinnlichen Qualitäten (wärmer und kälter); so bleibt sie selber ihrem Wesen nach ein Unbestimmtes, Unerkennbares, μὴ ὄν. In sich selbst Bestand hat nur die Idee: das für den geistigen Blick Umschließbare! Sofern also Erscheinungswelt Sein hat und Schönheit – ist sie begrenzt; nur das Moment des Nichtseins an ihr ist unbegrenzt, ohne Abschluß, also durchaus mangelhaft. –

Aber es darf nun doch auch nicht verkannt werden, daß neben solcher unbestreitbaren und für das ganze Weltgefühl der Griechen höchst charakteristischen Bevorzugung der Grenze auch der Unendlichkeitsgedanke in einem positiven Sinn von Anfang an die griechische Philosophie durchzieht. Bevor die Pythagoräer mit dem Gegensatz-Motiv den Faden angesponnen, den wir jetzt verfolgen, hatte Anaximander Anfang und Prinzip der Dinge in das Apeiron verlegt. Zwar bleibt es ungewiß, ob er in diesem grenzenlos-unbestimmten Ursprung wirklich das höhere Prinzip über dem Wirklichen sah, oder ob nur Chaos und dunkle Materie damit bezeichnet werden sollte. Daß es als S t r a f e für die formgewordenen Einzelwesen gilt, ins Ungeschiedene wieder einzutauchen, als Folge ihres Frevels – das könnte wohl auch auf die letztere Deutung weisen. Wenn aber es vom Apeiron noch heißt, daß es alles umfasse und lenke, unsterblich sei und unzerstörbar, wenn ferner die Begründung für den Unendlichkeitscharakter des Prinzips ausdrücklich lautet: damit das Werden sich nicht erschöpfe – so ist dadurch ganz offenbar ein anderer Weg gegeben, dessen Bedeutung für die Weltansicht der Griechen nicht unterschätzt werden darf. Immer wieder ist, von Anaximander, von Heraklit und Empedokles ab bis auf die späte Stoa, die Lehre von der Weltperiodik aufgetreten, von einer unbegrenzten Folge von Welten in der nie abreißenden Zeit, so daß an jeden Untergang unmittelbar ein neues kosmisches Entstehen sich knüpft. – Der Endlichkeitszug fehlt zwar auch hier nicht: denn dies unendliche Geschehen fügt sich zusammen als Kette aus geschlossenen Kreisläufen, die einander in keinem Sinn fortsetzen, ergänzen, steigern. Der Abstand vom Unendlichkeitspathos etwa des Welten-Werdens bei Fichte ist ungeheuer groß! Und doch ist eben diese Unbegrenztheit im Zeitverlauf für die Griechen mehr als bloße Unbestimmtheit; daß dies Geschehen ohne Abschluß ist, drückt ihm keineswegs den Makel des Mangelhaften auf! Selbst der Gedanke einer inneren Ordnung, einer Form und Gesetzlichkeit auch für das Unumschließbare ist in jenen Lehren, seit Anaximander und Heraklit schon, angelegt.

So dringt denn auch bei Anaxagoras und mehr noch bei den Atomisten die Welt-Unendlichkeit in einem positiven Sinne durch. Zwar ist auch für den ersteren noch der Kosmos selbst begrenzt; aber zur Erklärung seiner Bildung (die durch den formenden Nus geschieht) wird doch gegebene Unendlichkeit umgebenden Stoffes, unendliche Zahl der Stoffarten und selbst Unendlichkeit der Teilung angenommen. Und wenn Leukipp und Demokrit dann auch mit dem Atom hier wieder feste Grenze setzen und die Elemente des Seienden in geometrisch klar umschriebenen Formen sich denken, so haben sie doch andrerseits nicht nur unendliche Anzahl solcher Atome zur Erklärung der Weltmannigfaltigkeit gefordert, sondern auch unendlich viele Welten angenommen, die im Unendlichen des leeren Raumes ihr Nebeneinander haben, nicht nur im Fluß der Zeit das Nacheinander. –

Und doch ist diese Wendung zu voller gegenwärtiger Unendlichkeit nicht bestimmend geworden für den Weltbegriff der Griechen, wie er auf spätere Zeiten überging. Mit Aristoteles gewann noch einmal das Endlichkeitsverlangen ganz die Oberhand. Nicht anders als für Zenon ist ihm von vornherein jede Sache widerlegt, bei der das Denken in unendlichen Regreß gerät. Unmöglich kann das Apeiron, das Unvollendete sein. Seiende, aktuelle, gleichsam vollendete Unendlichkeit ist dem Aristoteles ein Unding, ein Widerspruch in sich. Selbst Platon hat, so scheint ihm, dem Unendlichen noch zuviel an Sein zugestanden. Das Endlose selbst ist nie, sondern stellt nur ein Moment am Werden dar. Nur der Potenz, der Möglichkeit nach kann man mit Sinn vom Unbegrenzten sprechen. Die bloße unbestimmte unerfüllte Möglichkeit zum Dasein heißt mit Recht unendlich. Die unbegrenzte Möglichkeit des Fortgangs in allem Werden zum Sein (und entsprechend dann in unserem Denken darüber) – das meint man, wenn man vom Apeiron spricht; nicht aber einen vollendeten Inbegriff unendlich vieler Dinge oder Teile. Immer weiter geht es in der Zeit, immer kleinere Teile werden im räumlichen Teilungsprozeß entstehen. So fällt die Unendlichkeit ausschließlich auf die Seite der Materie, des μὴ ὄν, des Unbestimmt-Formlosen, das für sich selbst auch schlechthin unerkennbar bleibt, ja das überhaupt niemals selbst an sich schon ist! Die pythagoräisch-platonische Abwertung des Unendlichen wird fortgeführt und noch gesteigert.

Der wirklich existierende Kosmos also ist notwendig begrenzt. Zwar in

der Zeit ist auch für Aristoteles nicht Anfang noch Ende. Die Welt ist ewig ungeworden und unzerstörbar, und so auch die Bewegung, in der die Dinge sich bilden. Die Lehre von den Perioden selbst wird allerdings bestritten, und in der Frage nach der ersten Ursache, die den Regreß ins Unendliche für das „Woher" des Werdens abschneidet, wird eine feste Bindung auch nach dieser Seite gesucht. Mit der Ewigkeit der Welt a parte ante glaubt Aristoteles vollendete Unendlichkeit nicht eingeführt zu haben. Die Zukunft aber ist ja ihrem Wesen nach das Unvollendete – ihre Unendlichkeit ist bloße Möglichkeit des Weitergangs. – Klar und fest begrenzt aber ist der Kosmos nach seiner räumlichen Bildung. Hier soll sogar auch von der unbeschränkten Möglichkeit des Hinausgehns, von der potentialen Unendlichkeit nicht mehr die Rede sein: mit der Welt ist auch der Raum selbst begrenzt; der Raum ist die Grenze der Körper! Als Attribut des formhaft begrenzten Kosmos kann der Raum nur endlich sein. Den unbegrenzten Körper gibt es nicht; nichts Wirkliches ist grenzenlos – nicht die vier Elemente und auch nicht jenseits ihrer das Himmelsgebäude: in welchem ja, hinausgehoben über die Unabgeschlossenheit gradliniger Bewegungen, die in sich vollendete vollkommene Kreisbewegung herrscht, begrenzt in ihrer Formgeschlossenheit. In diesem Himmelskreislauf ist aller Raum und alles Wirkliche beschlossen; nur als Begrenztheit ist die Welt ein Kosmos. –
Es ist bekannt, wie diese Auffassung vom Weltgebäude die Naturlehre und Astronomie auf zwei Jahrtausende hinaus bestimmt hat. Was in der griechischen Philosophie und Wissenschaft zur Unendlichkeit gedrängt hatte, trat dagegen ganz zurück. Unendlichkeit blieb, was die Welt anlangt, der Ausdruck für chaotische Unbestimmtheit, für Mangel an Sein, Unvollendetheit im Werden.
Aber nun tritt hierzu im späten Altertum ein anderes Unendliches – dem Grundmotiv nach wohl dem Orient entstammend und doch auch als begriffliches Prinzip schon vorbereitet durch den höchsten Seinsgedanken der klassischen Systeme. Je weiter nämlich der Versuch fortschreitet, von dem All-Einen des Parmenides aus auch das Viele des Daseins, die unerschöpfliche Mannigfaltigkeit der Bildungen und das unaufhörliche Geschehen zu erklären, je mehr dabei auch die Tendenz an Kraft gewinnt, von diesem einen Urprinzip aus das Gegensätzliche zu überwinden – um so dringlicher wird dem antiken Denken die Anforderung gestellt, nun doch den Gedanken eines Vollendet-Unendlichen zu fassen und in ihm die Unendlichkeit als das Höchste und Umfassendste zu bejahen. Schon in der Eleatenschule selbst forderte Melissos für das eine Sein (dem, als dem Einzigen was ist, auch nichts Begrenzendes entgegenstehen kann) die räumliche Unendlichkeit. Doch ging darin wohl Zenon reiner in der Bahn des Meisters, wenn er die Räumlichkeit überhaupt dem Einen absprach. Und so ging denn die Entwicklung darauf hin, ein Überräumlich-Überzeitlich-

Eines als höchstes Seinsprinzip zu fassen. Platos Idee des Guten tut den ersten großen Schritt. Jenseits des Seins gelegen ist sie „der Vater der Ideen" und die Sonne, von deren Lichtkraft alles Seiende lebt. Der Ideen aber sind (nicht anders als der Formgestalten bei den Atomisten) unendlich viele, und unter ihnen befindet sich sogar (nach den Bemühungen von Platos später Dialektik, im Weltbegriff die Spaltung zu überwinden) auch eine Idee des Unendlichen selbst! Ist also jenes Urprinzip, aus dem dies alles stammt, nicht selbst unendlich – zwar vielleicht nicht in jenem alten Sinne räumlicher Grenzenlosigkeit, aber in einem höheren, vom materiellen Dasein abgelösten Sinne?

Die Frage (der „Parmenides" enthält sie) blieb bei Plato offen, und selbst bei Aristoteles kam sie nicht zur Entscheidung. Zu tief war jene alte Stellung zum Unendlichen als dem der Form Entbehrenden im Seinsgefühl und den Begriffen griechischer Philosophie verwurzelt. Der Nus des Aristoteles, Nachfahr jenes ordnenden Prinzips des Anaxagoras und der Ideen-Sonne Platos, hat keine Größe, keine Teile, ist nicht im Raum und lebt nicht in der Zeit. Insofern ist er weder endlich zu nennen noch unendlich. Als höchste Form, als fest in sich geschlossenes Sein möchte dieser eine Gott des Aristoteles eher auf das Prädikat der Grenze schließen lassen – obgleich er nichts begrenzt, keine Materie formt, sondern in sich ruht, rein auf sich selbst bezogen. Und doch ist daran etwas von Unendlichkeit; denn für das endlose Werden der Welt seit Ewigkeit und in alle Zukunft hinaus soll dieser Nus doch die bewegende Kraft sein. Und wenn, wie Aristoteles noch streng betont, unendliche Größe ein Unding ist in sich, so liegt doch der Gedanke nahe, hier eine Über-Endlichkeit der Kraft zu sehen, ein Unendliches also von höherer Art und Ordnung! Anaximanders Apeiron schon konnte lehren, daß der endlose Fortgang in der Zeit auf ein Prinzip zurückweist, das über allem Formhaft-Abgeschlossenen steht. Doch auch die Theologie des Aristoteles wagt sich nicht da hinaus; daß das Unendliche nur in der Möglichkeit und nie in Wirklichkeit bestehen kann, blieb ihm ein selbstgewisses Axiom.

Zur vollen Wandlung im Unendlichkeitsgedanken kommt es dann erst im späten Altertum durch den Einstrom orientalischer Mystik und Religiosität. Von Philon etwa ab, in Alexandrien, vollzieht sich die Verbindung. Die göttliche Vollkommenheit ist hier Unendlichkeit. Und das bezeichnet nicht nur vage ein Hinausgehn über alles, was wir fassen und umgreifen können, auch nicht allein eine höchste Steigerung sittlich-geistiger Prädikate (wonach dieses gleichsam Qualitativ-Unendliche dann gar nichts zu tun haben müßte im Grunde mit der quantitativen Grenzenlosigkeit des Weltenseins) – sondern indem der Gott bezogen ist in Wissen und Aktivität auf alles Sein und Werden aller Zeiten und Räume, faßt er all dieses Ausgebreitete in sich zusammen. So ist das eine Urprinzip unendlich, doch auf ganz andere

Art wie die Materie unendlich heißen darf. Was im Philebus Platos anfing, tritt hier klar heraus: ein doppelter Unendlichkeitsbegriff. Im neuplatonischen System ist diese Doppelwendung dann breit ausgeführt und aller Folgezeit übergeben worden.

Zwischen zwei Unendlichkeiten liegt alles Dasein: dem Einen, das über alle Zahl und Größe hinausliegend unermeßliche Kraft bedeutet, nicht Mangel also an Grenze und Form, nicht Versagen des Gegebenen gegenüber dem Begriff, sondern umgekehrt: ein alle Erkenntnis (wie alles gewöhnliche „Sein") Überragendes, an dem die Unbestimmtheit, die Unfaßbarkeit gerade der Ausdruck höchster Urkraft und Erfülltheit ist, – und der Materie, die als das Grenzen-lose das Prinzip des Schlechten bleibt, des Nichtseins, des noch nicht Bestimmten, das noch nach Form, Ordnung, Zahl begehrt, um Wirklichkeit zu werden. Das erste (das Vollkommenheits-Unendliche) liegt gleichsam oberhalb, das zweite gleichsam unterhalb des Wirklichen. Ausdrücklich kämpft Plotin für die reine Durchführung jenes neuen Unendlichkeitsbegriffs: durch welchen dem Einen nichts genommen, nicht etwas abgesprochen werde (Grenze und Form) – wird doch Unendlichkeit hier geradezu bezeichnet durch die „Abwesenheit alles Mangels" –, sondern wo im qualitätslos Einen alles, was ohne Ende sich ausbreiten mag, ursprunghaft zusammengefaßt wird in einem Zentrum. Vollendete Unendlichkeit also wird hier gedacht, ein Ganzes (wenn auch eben kein Ganzes der Größe), das unendlich ist!

Nur weil das Eine unendlich in sich selbst ist, kann auch alle Fülle der Welt in der unermeßlichen Reihe der absteigenden Stufen daraus hervorstrahlen, geht unerschöpfliche Kraft ungezählter Formen für die ewig unbestimmte zu bestimmende Materie und diese selbst aus ihm hervor. Das höchste Vollkommene und Wert-Unendliche ist, als die Quelle alles Wirklichen, auch auf Unendlichkeit in Raum und Zeit, auf das Unendliche der Quantität bezogen; obgleich das Eine selbst als solches in sich selber bleibt, wie jener Nus des Aristoteles, nichts weiß vom Vielen, entrückt ist aller Größenordnung. Als das vollkommen, das unendliche Gute ist dieses Göttlich-Eine eben zugleich auch nach der Kraft unendlich (die nie sich aufbraucht in der Ausstrahlung); und durch die Kraft des Ausstrahlens hat eben dies Licht, so sehr es in sich selber bleibt und selbst sich nicht zersplittert, ursprüngliche Beziehung auf das Viele Ausgebreitete bis zur Materie hinab.

*

Wie sehr die in der christlichen Gemeinschaft heranwachsende Philosophie von ihrem Ursprung her gewiesen war, an diese neue Fassung des Unendlichen sich zu halten, bedarf kaum eines Wortes. Die Vorstellung ihres Einen Gottes enthält nicht nur als ein Wesentlichstes jene absolute Steigerung geistiger Mächtigkeiten ins Vollendete, die sie hinaushebt als das Unsagbare schlechthin über alles Begreifen und begriffliche Umgrenzen, über Anschauung und Form – sondern sie ist, in den Gedanken von Schöpfung, Erhaltung, Regierung der Welt, immer auch bezogen auf Raum und Zeit und das in ihnen Wirkliche, auf alle Kreatur. Wie die neue Forderung unerschöpflicher und durch Nichts einzuschränkender Liebe von der antiken Ethik des Aristoteles, der Ethik des M a ß e s in allen Regungen des Gemüts – so unterscheidet sich der christliche Gott von jenem weltabgewandt in sich beschlossenen Nus. Die Attribute der Ewigkeit (soweit in ihr nicht bloß Zeitlosigkeit und Erhabensein über Zeitliches gemeint ist, sondern auch Durchwalten durch alle Zeiten) und der Allgegenwart beziehen überall die Wert-Unendlichkeit auch auf die Welt der Größen und des Endlosen.

Aber es kostet doch noch Kampf, bis solche vollendete Unendlichkeit Gottes von den Kirchenvätern schlechthin angenommen wird. Es sind die Griechen unter ihnen, die dem Begriff am meisten widerstreben! Origenes warnt ganz ausdrücklich: man solle doch nicht „um der schönen Rede willen" die Umgrenztheit der Gotteskraft verneinen! Wo keine Grenze sei, da gebe es auch kein umfassendes Begreifen. Und also würde Gott, wenn er unendlich wäre – sich selber nicht erkennen können . . . So wirkt die zähe Tradition des alten Finitismus selbst noch hier: das Endlich-Abgeschlossene soll das Vollkommne und geistig Sinnhafte sein, nicht das Unendlich-Unumgrenzbare. Gott als der Allvollendete hat Maß und Grenze, begrenzt sich selbst und faßt sich im begrenzenden Begriff! Auch seine Wirkung in der Schöpfung und Erhaltung besteht in einer Selbstbegrenzung seiner Macht durch seine Güte. Wie alles wahre Sein Maß haben muß, so wird auch Gottes Macht g e m e s s e n durch seine Weisheit und Gerechtigkeit.

Dagegen aber kämpfen dann die Anderen, vor allem Augustin. Es hieße Gott nach Menschen-Maßen messen, sagt er, wenn man seinem Begreifen die Fähigkeit abspreche, das Grenzenlose zu umfassen. Die Menge aller Zahlen etwa geht schon über alle Endlichkeit hinaus – soll Gott ihre Gesamtheit darum nicht überblicken können? In Wirklichkeit faßt Gottes Allwissen auch jede Unendlichkeit und zählt das Unauszählbare, nur ohne Wandel des Gedankens, ohne vor und nach! Es kann also Gott auch um die eigene vollendete Unendlichkeit wissen, sich selbst als den Unendlichen erkennen, der er ist.

Von da an ist nicht mehr mit Erfolg gerüttelt worden an der vollendeten Unendlichkeit des göttlichen Seins (wenn auch der Kampf um den neuen Unendlichkeitsbegriff, Verteidigung und Widerlegung der antiken Gleichung zwischen Vollkommenheit und Begrenzung noch bis in die Renaissance-Philosophie, zu Campanella und anderen, sich fortsetzt). Als gegen Ende des Mittelalters Duns Scotus ganz neu unsere Fähigkeit in Frage stellte, die Glaubensdogmen durch Vernunft zu fassen, da ist es doch gerade dieses Prädikat der einfachen Unendlichkeit, das ihm als noch durch menschliche Vernunft beweisbar gilt – dem Wort vom Ende der Patristik ganz entsprechend: „unendlich ist das Göttliche und unbegreiflich; und das Einzige, was von ihm zu begreifen ist, ist seine Unendlichkeit und Unbegreiflichkeit" (Joh. Damascenus). Und im Beginn der Neuzeit ist für Nikolaus von Kues bei der Fortsetzung der alten „negativen Theologie", die Gott nur durch Verneinungen bezeichnen will, dies doch das einzige positive Prädikat Gottes: seine absolute Unendlichkeit, die in sich geschlossen ist und insofern ein „Ende" ihrer selbst zu haben scheint – aber in Wirklichkeit eben schrankenlos ist, ein „Ende ohne Ende", das „unendliche Ende", während „jedes andere Ende ein endliches" ist. Der positive Wertbegriff eines gleichsam geschlossenen Unendlichen, das Wirkliches und nicht bloß Mögliches, aktuell und nicht bloß potentiell Infinites ist, liegt allem Denken über das Absolute seit dem Ausgang des Altertums, im Mittelalter wie in der Neuzeit überall, zugrunde.

Aber die Welt selbst – sie gilt noch lange Zeit als schlechthin endlich, so wie sie Aristoteles und noch Plotin gedacht (für den trotz aller Lehren von unendlichen Stufen doch der Kosmos selbst als ein Begrenztes mitten inne lag zwischen dem Unendlichen-Einen und dem endlosen Chaos der Materie). Und selbst jenes Unendlichkeitsmotiv, das dort noch in dem Zeitverlauf gegeben war, glaubt die Patristik und Scholastik nun unverträglich mit dem Gedanken der Schöpfung: den man in dieser Hinsicht nach dem Vorbild der platonischen Weltschöpfungslehre faßt – die Welt hat ihren Anfang in der Zeit, und diese selbst ist erst mit ihr entstanden. So hat sie denn auch ihr Ende in begrenztem Zeitabstand. Die Endlichkeitstendenz der alten Weltenlehren, besonders auch der astronomischen Weltvorstellung, wird allenthalben übernommen. Nur das Wert-Vorzeichen ändert sich: was einst als Ausdruck der Vollendetheit und Ordnung gepriesen wurde, dient jetzt mehr dazu, den ungeheuren Abstand des Geschaffenen vom Schöpfer zu betonen. So kommt es, daß der alte Dualismus (der, wie wir gesehen, zunächst überall fortlebt in der Metaphysik der christlichen Zeit) sich jenes Gegensatzes von Grenze und Grenzenlosem, nun ganz im umgekehrten Sinn, bemächtigt: die Endlichkeit der Welt in Raum und Zeit ist Unvollkommenheit, Geringfügigkeit dem göttlichen Urwesen gegenüber, das deutlichste aller Zeichen für die absolute Abhängigkeit von ihm, dem schlechthin Über-Endlichen. Die andere Unendlichkeit, die bloß potentielle der Materie, wird beibehalten, tritt aber (wenigstens so lange, als die Materie noch der alten Abwertung unterliegt) völlig zurück gegen diesen Gegensatz von wirklichem (wirklich-unendlichem) Gott und wirklicher endlicher Welt.

So ist denn nicht nur dem grundsätzlichen Finitismus des Origenes die

Welt der Kreaturen endlich. Origenes begründet auch hier die Endlichkeit damit, daß Gott sonst selbst die Welt der Schöpfung nicht begreifen und mit dem geistigen Blick umfassen könnte; unbegrenzte Fortdauer in der Zeit widerspreche der Forderung göttlichen Vorherwissens ebenso, wie unbegrenzte Zahl erschaffener Seelen dem Gedanken seines Allüberschauens, der Allgegenwart. Aber auch Augustin (und nach ihm das ganze Mittelalter) hält an der Endlichkeit des Kosmos fest! Nicht einmal unbegrenzte Zeiten vor der Weltentstehung und unbegrenzte Räume außerhalb des Kosmos darf man denken; nur in der überall begrenzten Welt bestehen Zeit und Raum. So wird Platos Gedanke von der Schöpfung der Zeit zugleich mit der Welt mit jenem Raumbegriff des Aristoteles (der nur als Attribut der Körper das Räumliche fassen wollte) zusammengefügt zur unbedingten Überzeugung von der Endlichkeit der Welt. Die alte (von der Stoa noch einmal breit ausgeführte) Lehre von der endlosen Weltenfolge wird auch aus einem anderen Motiv heraus verworfen: das Tun und Streben der Menschen will, in solchen Unendlichkeitsablauf gesetzt, einem Denken nutz- und hoffnungslos erscheinen, das immer nur zu endlich-erreichbaren Zielen hinstrebende Prozesse sich verständlich machen kann.

Noch auf dem Höhepunkt des Mittelalters, bei Albert und Thomas, gilt es für ausgemacht, daß alles Kreatürliche durch bloße Endlichkeit sich definiere. Trotz jener Gotteslehre behält der Aristotelische Grundsatz bestimmende Kraft: ein aktual Unendliches kann es nicht geben. Auch die gedanklichen Motive, welche den Gegensatz der Welt zu Gott zu mildern streben, in jener als der Schöpfungstat den Abglanz göttlicher Vollkommenheit betonen und so auf die unendliche Mannigfaltigkeit der Wesen, besonders auch der Intelligenzen, weisen – auch sie führen nicht eigentlich hinaus über diese Stellung. Als eine festumschlossene Kugel wird das Weltgebäude vorgestellt, in deren Mittelpunkt die Erde ruht (auf der der Mensch, das geistige Zentrum aller Schöpfung, lebt); die Fixsternsphäre ist des Weltalls Grenze. Geschaffenes Infinitum, sagt Thomas, ist ein Widersinn; das „Natürliche" als solches kann nicht unendlich sein! In der materiellen Welt gibt es doch immer nur Dinge, welche, jedes für sich, bloß innerhalb einer zusammenhängend-geschlossenen Raumfläche Dasein haben; die Einzelheit der Körper ist doch eben ihre äußere Begrenztheit. Auch kann es wirklich unendliche Mengen nicht geben; selbst im Kontinuum der Raumstrecke sind nur potentiell, nicht wirklich, unendlich viele Punkte. Auch Thomas kann für diese Sphäre ein Unendliches nur als ein Unvollendetes sich denken. Die Welt sei eben doch ins Sein gerufen von einem Wesen, dem es unmöglich war, nicht restfrei abzählbare Mengen materieller Dinge zu erschaffen; in ganz bestimmter Intention handle der Schöpfer, nicht aber ins Unbestimmt-Leere (vanum) hinaus! Selbst, daß unendlich viele Seelen nicht aktual existieren können, wird ohne weiteres angenommen; vor

allem aber gilt es, getreu nach Aristoteles, für unmöglich, daß im Bereich der Größen und des Räumlichen wirkliche Unendlichkeit bestehe. Noch immer stehen die zwei Unendlichkeitsbegriffe einander diametral gegenüber. Gott ist (wenn auch die Kraft des menschlichen Intellekts ihm gegenüber unzulänglich bleiben muß) an sich gerade das im höchsten Grade Erkennbare: denn er ist reine Form, nicht durch Materie getrübt, ist actus purus, ohne unerfüllte Möglichkeit – erkennbar aber ist eben alles doch nur, insoweit es actu existiert. Die formlos-unbestimmte Materie aber ist im Gegenteil das am meisten Unbekannte, das Unerkennbare, Irrationale im alten abwertenden Sinne. Hier herrscht die „privative" Unendlichkeit: Unendlichkeit im Sinne eines Mangels – als bei einer Sache, die „ihrer Natur nach Begrenzung haben sollte, sie aber nicht hat", die eben noch nicht zu Abschluß und voller Existenz gediehen ist. Gott aber ist „negativ unendlich": er liegt hinaus über alle Schranken! Das Unendliche im Reiche der Materie, des räumlich Ausgedehnten, der Quantität ist Unvollkommenheit; aber wenn wir von Gott als dem Unendlichen sprechen, so weist das auf die Allvollkommenheit. Und so ist es, in einer merkwürdigen Mischung der Motive, immer zugleich die Formbestimmtheit der Gottesschöpfung und andererseits der Abstand und Gegensatz zwischen Gott und Welt, von denen die Begrenztheit des Wirklichen gefordert wird! Gott und den Geschöpfen kann nichts gemein sein, sagt Albert der Große gegen die pantheistischen Versuche seiner Zeit, die Welt als ewige zu fassen – also auch nicht die Anfangs- und Endlosigkeit. Die Wirkung muß, nach dem alten Satz, eben doch geringer sein als die Ursache. Und so drückt für Thomas die totale Unvergleichbarkeit von Welt und Gott sich geradezu aus als die des Endlichen gegenüber dem Unendlichen. –
Bei dieser Gegenüberstellung der Welt als des bloß-Endlichen zum schrankenlosen Gottessein bleibt auch das ausgehende Mittelalter, trotz aller neuen Betonung der Gottesbildlichkeit des Wirklichen. Selbst die Franziskaner, die (nach Cantor) auch in der Folgezeit und bis ins 18. Jahrhundert hinein immer den Vorsprung hatten im Begreifen eines neuen Aktual-Unendlichen, blieben in jener Antithese stecken. Wie Bonaventura gesagt: die Himmelsbewegungen müßten ausgehen von einem Anfangspunkte in der Zeit (weil eben doch ein der Zahl nach Unendliches unmöglich in bestimmter Weise geordnet sein könne), und damit bei der alten Gleichung blieb von Ordnung und begrenzter Form – so stritt selbst Roger Baco noch gegen die zeitliche Unendlichkeit der Welt: weil diese damit doch unendliche Macht erhalten und selber Gott werden würde! Wilhelm von Occam zwar, der in so vielen Punkten die überlieferten Begriffe, wenigstens als durch Vernunft erweisliche, in Zweifel zog, erklärte jenen regressus in infinitum in der Reihe der wirkenden Ursachen, den Aristoteles so gescheut (und mit ihm auch Thomas und die anderen) und von dem aus auch die

christlichen Denker immer den Weltanfang in der Zeit erweisen wollten – für nicht undenkbar! Aber den großen Schritt auf die Unendlichkeit der Kreaturenwelt (der ja doch kommen mußte, wenn in der Welt Gottes Vollkommenheit ganz sich offenbaren, wenn aus dem Buche der Natur der Schöpfer selbst vernehmlich sprechen sollte!), den ging dann erst ein Späterer. –

*

Der erste Vorstoß dazu ging, wie das ja ganz in der Entwicklung der Interessen und des Weltgefühls angelegt war, nicht von der Spekulation über den Kosmos, sondern von dem Begriff der Seele und ihres Verhältnisses zum Schöpfer aus. Immer schon hatte es geheißen, daß die Welt die Spuren der göttlichen Kraft und Weisheit – die Seele aber das Abbild Gottes in sich trage. So kann doch wenigstens die seelisch-geistige Kreatur nicht schlechthin und in jeder Hinsicht endlich und also nicht der Unendlichkeit des Schöpfers gegenüber ganz inadäquat sein! Ist nicht auch damit offenbar Unendlichkeit im Endlichen selbst zu spüren: daß Menschen von Gott wissen, sich ihm zuwenden, ihn in der Gnade in sich wirken fühlen? Das war wohl immer anerkannt; doch sah der Dualismus darin nur ein Übergreifen des Unendlich-Übernatürlichen in die endlich-natürliche Daseinssphäre. So wie bei Aristoteles der Nus „zur Tür hinein" in die empfindende Seele von außen eintrat, so war die Gnadenwirkung des Gotterlebnisses ein höherer Eingriff, den die „Natur" des Einzelwesens nur in vollkommner Passivität über sich ergehen ließ.

Duns Scotus aber will sich damit nicht begnügen. Selbst jene übernatürliche Erhöhung setzt doch eines voraus, das noch zu wenig beachtet wurde: die Fähigkeit der Seele, das Unendliche zu empfangen! Und diese Fähigkeit, unendliches Vermögen zu empfangen, muß also ihr natürlicher Besitz sein, ihrem Wesen von Natur schon zugehören. Von seiten des empfangenden Subjekts muß selbst der übernatürliche Akt des göttlichen Geschenks ein natürlicher sein – Gott kann nur in uns fallen, wenn unsere Natur die Fähigkeit ihn aufzunehmen hat. So steht der Zweck, zu dem uns Gott geschaffen, in Übereinstimmung mit unserem Vermögen, steht also Gottes Wirksamkeit in der Natur, Gott als der Schöpfer in Übereinstimmung mit seinem Wirken in der Gnade, dem Werk des Heiligen Geistes. Wenn Gott den Menschen schuf zu seinem Bilde und dazu, daß er ihn erkenne, so gab er ihm auch die unendliche Empfänglichkeit für das Unendliche ursprünglich mit.

In diesem Sinne sagt auch Eckehart: „nichts offenbart sich der Seele, als was in der Seele inbegriffen ist". Der Mystiker geht weiter als Duns Scotus: im „Seelengrunde" ist Gott selbst; in ihrem Grunde ist die Seele selbst unendlich, „formlos und unbeschlossen", „ohne Maß". Dietrich von Freiberg gibt, an die aristotelisch-scholastische Lehre vom intellectus agens und an Augustin anknüpfend, den Übergang: ins innerste Versteck der Seele hat Gott, nach seinem Bilde die vernünftige Kreatur erschaffend, das Gottförmige des Intellektes eingepflanzt – die ewigen Ideen und Regeln und Wahrheiten, nach denen Gott die Welt geschaffen, liegen so in uns und werden, wenn wir nach ihnen forschen, in uns selbst gefunden und erschaut. Das geht dann als ein Grundthema ein in die Geschichte der neueren Philosophie. Überall betont die Renaissance (Ficino etwa) das unendliche Verlangen und die unendliche Kraft der Seele, zu erkennen und zu wollen. Bekannt ist Descartes' Lehre von der eingeborenen Idee Gottes im endlichbeschränkten Ich und die entscheidende Stellung des Gedankens im Deduktionsgang seiner Argumente. Hier greift schon der Gedanke des vollendeten Unendlichen hinüber in die Erkenntnistheorie. Der Zweifelnde weiß in seinem Fragen selbst schon um das Nicht-Beschränkte, um die Existenz der ganzen Wahrheit; nicht erst aus Endlichem, das man gesteigert, kommt uns die Idee des Unendlichen, sondern im Gedanken des Begrenzten liegt immer schon, als das sachliche prius, Unendlichkeit, aus der dies Abgegrenzte ausgeschnitten ist. Was in dem endlichen Verstand, als dem Vermögen Wahr und Falsch zu scheiden, positiv, real ist – das ist nur eine Beschränkung der Wahrheit, die der unendliche Verstand vertritt. Ganz allgemein: wenn ich von einer Sache spreche, ohne noch zu überlegen ob sie unendlich oder endlich ist, so ist es das Unendliche, auf das ich ziele. Und so ist auch in gewissem Sinne „früher in mir die Idee des Unendlichen als die des Endlichen, das ist die Gottes als die meiner selbst!"

Ganz ebenso ist für Descartes die Willensfreiheit des endlichen Wesens unmittelbarer Abdruck göttlicher Unendlichkeit. Schon immer war dies als Hauptzug anerkannt, in welchem Gott sein Ebenbild der Seele eingeprägt; – und durch die unermeßliche Bedeutung dieses Geschenks höchster Gottähnlichkeit schien selbst die aus dem Mißbrauch dieser Gabe entsprungene Sünde versöhnlich überstrahlt. Descartes' Erkenntnislehre legt den Ton darauf, daß hier Unendlichkeit im Endlichen gegeben sei. Wir irren in der Forschung und denken fehl im Leben nicht deshalb, weil wir nicht von Allem wissen, sondern weil der von aller Begrenztheit des Blicks wesenhaft abgehobene Wille, der überall die Freiheit hat, ja oder nein zu sagen, zuzugreifen oder zu hemmen) sich vom Begrenzten binden läßt. In sich selbst ist der freie Wille, zum Unterschiede vom Verstande, ein unendliches Vermögen – bei mir wie bei Gott. Auch hier ist das Unendliche das Ursprüngliche in uns, Beschränkung erst das Sekundäre! Das ursprüngliche Begreifen wie das ursprüngliche Wollen auch der res cogitans finita ist unendlich nach Inhalt oder Vermögen. – So hat also auch das Endliche Teil am Unendlichen, wie Malebranche dann sagt. Die eigentümliche Verwandlung am alten Begriff der Teilhabe ist damit vollzogen: wenn im Platonischen System die dem

Grenzenlos-Unbestimmten enttauchenden Dinge in der Begrenzung teilhaftig werden der ewigen Form – so hat nun umgekehrt das Endliche als Gotterschaffenes teil an der vollendeten Unendlichkeit des Schöpfers. Das wirkt sich durch bis hinauf zu Fichte und Schelling: wo immer in der Freiheit des Einzel-Ich, im Wissen und Wollen des wahrhaft freien Menschen das Absolut-Unendliche zum Durchbruch und ihm selber zum Bewußtsein kommt. Für jetzt soll aber diese Linie nicht verfolgt und nur über Leibnizens Seelen-Unendlichkeit ein Wort noch angefügt werden. Auch hier ist die Spontaneität in Vorstellen und Wollen das schlechthin Gottähnliche des Monadenseins: Substanz ist ja die Seele wie Gott, weil sie „Selbstand" ist, nicht zwar aus sich entstanden (denn Gott schuf sie), aber, als einmal geschaffene, nun aus sich selbst allein ihr Leben wirkend. Die Seele spiegelt alles, was da ist, in seiner ganzen Fülle, Welt wie Gott, raumzeitliche Realität wie ewige Ideen – wenn auch nicht alles (ja nur das Wenigste) in klar bewußter Form. Dies alles treibt sie selbst aus sich hervor, und zwar nach einer alle Zeit und Welten übergreifenden Gesetzlichkeit! Es ist Unendliches (wir kommen noch darauf), was hier in jedem Zeitmoment von der Seele vorgestellt, repräsentiert wird, und auch die Reihe selbst der Zeitmomente, durch die die innere gottebenbildliche Spontaneität sie treibt, ist unendlich. Dabei waltet in dem ganzen Lebenswerk der Einzelseele das Gesetz dieser ihrer unendlichen Entwicklung; das eigentümliche Gesetz, das eben ihre Individualität für alle Ewigkeit bestimmt. Nach diesem verläuft die „Reihe ihrer Operationen" streng geordnet, ganz so wie alle Windungen der ins Unendliche verlaufenden Kurve bestimmt sind durch ein einziges Funktionsgesetz, das ihre Wesensart ausdrückt. So ist die Einzelseele, auch als Kreatur und beschränkte einzelne, wahrhaft unendlich – und doch nicht ohne „Form", ohne Bestimmtheit und grundsätzliche Begreifbarkeit! Wenn Thomas von Aquino noch sich an die Körper hielt und nur im Endlich-Abgegrenzten Festumschlossenen die Unterscheidungsmöglichkeit für Einzelwirklichkeiten sah – so ist hier (nach dem Muster einer mathematischen Bestimmung, die nicht anschaulich-feste Form ist, sondern funktionale Gesetzlichkeit, die auch Unendliches bindet) die strengste innere Determination der Einzelseele in aller mit der Einzelheit gegebenen Beschränkung – und doch zugleich auch volle wirkliche Unendlichkeit des Gottesbilds gegeben. Die gottentstammte Ordnung des Geschaffenen muß gar nicht Anordnung des Endlich-Abgegrenzten nur sein, wie noch das Mittelalter immer meinte; denkt man vielmehr nur recht den Gedanken aus, daß Gott sich offenbart hat in der Welt, vor allem in der Menschenseele, so muß man notwendig auf den Unendlichkeitssinn im Kreatürlich-Endlichen selber stoßen, auf endliche Unendlichkeit also, und selbst auf die „Form" des Unendlichen. –
Aber es bleibt nun nicht bei der Seele allein, an deren Unendlichkeitszügen

das ausgehende Mittelalter den Ausblick auf einen neuen Weg gewonnen hatte; was man für sie nur zuerst gefunden, breitet rasch dann sich aus auf alle anderen Kreaturen – und auf die ganze Welt in Raum und Zeit. In jener schönen Seuse-Stelle, die wir anführten, ist es mit Händen zu greifen wie überallhin von der Seele aus nun der Unendlichkeitsgedanke dringen mußte; und wirklich ist ja die Leibnizsche Monade (bis zu der wir eben vorgegriffen haben) nicht nur Menschenseele, sondern ebenso auch Element und Urtyp alles anderen Seins. – Die ersten, aller weiteren Entwicklung die Wege weisenden Bestimmungen gibt auch hier wieder Nikolaus von Kues. In seiner Darstellung der Welt als Gottesausdruck sagt er es gerade heraus: „Alle Kreatur ist gleichsam eine endliche Unendlichkeit." – Um so mehr muß also die Gesamtheit aller Kreaturen, das Universum, ein Unendliches sein; wie könnte die Welt als beste aller möglichen Welten und dem unendlichen Schöpfer so nahe sich haltend als möglich – begrenzt sein im Raum und in der Zeit! Muß nicht ganz streng genommen werden, was man wohl früher schon gesagt (in der Zeit der Kirchenväter z. B. Gregor von Nyssa): daß wir in der unermeßlichen Größe des Himmels die göttliche Unendlichkeit im Widerschein erblicken?

Die mathematischen Betrachtungen führen zuerst auf den Zusammenhang von Endlich und Unendlich. Während bei Aristoteles das Unendliche immer das bloß Potentielle, alle Aktualität aber endlich ist – heißt es bei Nikolaus nun, daß erst die unendliche Linie alles das actu sei, was die endliche bloß in der Potenz darstelle. Während den Alten das Maß und das mit ihm zu Fassende immer das schlechthin Begrenzte hieß, gilt nun als das eigentliche, das „adäquateste Maß" und als die ratio der endlichen Linie die unendliche! Und so ganz allgemein: die absolute Unendlichkeit ist der Grund und also auch das adäquateste Maß von allem, was ist. Wir erkennen immer nur durch Berührung mit der Unendlichkeit, in ihr und durch sie das Endliche. – So wird der alte Gedanke, wonach Gott, das unendliche Sein in der logischen Ordnung das primum cognitum ist (im Mittelalter hatte das besonders, in der Fortsetzung Augustins, Bonaventura ausgeführt), Voraussetzung für die Erkenntnis und die volle Definition jedes geschaffenen Seins – in neue Form gefaßt und der Erkenntnistheorie der Neuzeit übermittelt: in der ja überall dann diese Lehre vom Vorrang des Unendlichen wiederkehrt, bei Campanella und Patrizzi, bei Descartes und Malebranche und Pascal, bei Geulincx und Spinoza. Wie eigentümlich steht das bekannte Wort Spinozas ab von der Seinslogik eines Aristoteles: omnis determinatio est negatio! Die göttliche Substanz ist jetzt das ens absolute indeterminatum. Also nicht die Grenzsetzung ist das Positive in Sein und Erkennen, gegenüber dem Nichtsein der potentiell unendlichen Materie, sondern der schlechthin positive Seins- und Erkenntnisgrund ist immer das

Wirklich-Unendliche, von dessen Sein alles Bestimmte und Begrenzte immer nur Einschränkung, partielle Negation sein kann. –

Mit dem Maße der Unendlichkeit muß also auch die Kreatur, die Welt gemessen werden nach der neuen Auffassung des Nikolaus von Kues. Gott ist nun aber, wie wir früher sahen, in diesem neuen Sinne „Grund" der Welt: daß er in sich complicite befaßt, was die Welt dann auseinanderlegt. Es nimmt also nicht nur der Menschengeist, „das erhabene Ebenbild Gottes, möglichst Anteil an der Fruchtbarkeit des schöpferischen Wesens" und hat demnach in sich unendliches Verlangen nach Wissen, ein in allem Fortschreiten der Erkenntnis immer wieder sich selber neu befruchtendes und somit schöpferisch-unendliches Vermögen (so daß alle menschliche Erkenntnis bei aller Beschränktheit doch zugleich in unendlicher Annäherung begriffen ist zur vollunendlichen Wahrheit und Vernunft, die jeder Schritt der Forschung, jede „Mutmaßung" und Hypothese als vorhanden voraussetzt und als Ziel im Auge hat) – sondern es muß auch das Universum in Zeit und Raum unendlich sein, weil es Unendlichkeit ausdrückt, entfaltet!

So lehrt die Metaphysik und Naturphilosophie des Cusaners als erste in der christlichen Zeit die Unendlichkeit der Welt. Zwar knüpft er an die alte Unterscheidung, die das ganze Mittelalter besonders von Augustins Erörterungen her durchzieht und die wir bei Thomas noch erwähnten, an: die Welt ist privativ unendlich, nicht absolut und „negativ" unendlich wie Gott! Aber die altaristotelische Abwertung und Beziehung auf den Mangel der Materie ist hier ganz verlassen! Die Welt ist nicht Gott selbst und kann nicht jene Unendlichkeit ohne Teile und mögliche Teilung für sich in Anspruch nehmen, die man immer schon als das Unvergleichliche des göttlichen Wesens gepriesen hatte. Was man die „Teile" Gottes nennen könnte, seine Attribute, das ist selbst wieder unendlich. Dagegen enthält die Welt in Raum und Zeit ganz offensichtlich endliche Abschnitte, begrenzte Teile. In ihr gibt es doch immer, wie das ja Plato so betonte, ein Mehr und Minder. So ist sie nicht das absolut Größte – das ist Gott –, sondern nur das „konkret Größte", konkrete Unendlichkeit: wo die Einheit nicht ohne Vielheit und Zusammensetzung, wo „das Unendliche beschränkt ist" – endliche Unendlichkeit. Es ist eben das Universum nicht alles was sein kann, sondern es ist nur ohne Grenze; nicht Infinitum, sondern Indeterminatum; nicht ewig ist es, sondern nur von unendlicher Dauer. Aber wenn das ein „Mangel" heißen soll, so ist dies keineswegs jetzt mehr ein Mangel an Form und Grenze, an Wirklichkeit, sondern nur das Sichabheben vom göttlichen Wesen selbst. Und wir sahen schon, daß dieser Gegensatz zugleich doch einen Wertzusammenhang bedeutet: im Universum entfaltet sich die Gottesfülle. So ist die konkrete privative Unendlichkeit der Welt das „Abbild" – ist das Indeterminatum die „größtmögliche Nachahmung" und der unmittelbare Ausdruck jener absoluten negativen Unendlichkeit

Gottes, des Infiniten. Auch private Unendlichkeit (das Grenzenlose in Raum und Zeit, das überall ein Hinausgehen, „Ausschreitungen" ins Mehr und Weniger hat, ohne Anfang bleibt und Ende) trägt den vollen Wert eines Vollkommenen. Da es nichts gibt, was die göttliche Macht begrenzen könnte, muß zu jeder gegebenen Größe ein Größeres oder Kleineres denkbar sein. So hat die alte Wertung sich jetzt schließlich auch im Begriff des privativ Unendlichen gänzlich ins Gegenteil verkehrt. – Es ist bekannt, wie, auf dem Wege über Bruno, der auch die Forschung des Kopernikus zugleich verwerten konnte, diese Tat des großen Deutschen das Bild des Kosmos für die ganze neuzeitliche Wissenschaft und Metaphysik bestimmt hat. Kopernikus selbst blieb darin noch ganz im Bann der alten Weltvorstellung: die Fixsternsphäre war auch ihm die Grenze des kugelförmigen Weltalls. Nur galt sie ihm, der nun die Erdbewegung lehrte, als unbewegt. Damit war also, so sehen Bruno und Galilei, hinfällig geworden jener Beweis des Aristoteles, wonach die Endlichkeit der Welt aus der Kreisbewegung des Himmels sich ergab. Während aber der bedächtigere Galilei die Frage noch in der Schwebe läßt, ob nun das Universum also unbegrenzt sei, greift Brunos kosmische Phantasie mit Begeisterung die neue Bestätigung der metaphysischen Gedanken des Cusaners auf. Und er zieht denn auch alles, was an Ansätzen zum Gedanken wirklicher Unendlichkeit im Altertum gewesen war, ans Licht, besonders die Lehre der Atomisten von den unendlich vielen Welten im unendlichen Raum. Des Aristoteles Gleichsetzung des Vollkommenen mit dem Endlichen bekämpft er ausdrücklich als ein unbewiesenes Vorurteil. Gerade die göttliche Vollkommenheit zwingt uns zur Annahme auch unendlichen Weltenseins. „Ich lehre ein unendliches Universum, die Wirkung der unendlichen göttlichen Macht", so beginnt seine Rede vor den venetianischen Inquisitoren. Mit Nikolaus hält er es für unverträglich mit der Vollkommenheit und der Güte des Schöpfers, daß dieser seine Allmacht nicht auch unendlich in unendlichem Werke, das eben doch vorzüglicher ist als endliches, auswirke. Unendlich ist der welterfüllte Raum, endlos das Werden in der Zeit, unendlich die Zahl der Wesen. Und da das Weltall (wie wir früher sahen) nun homogen geworden, so sind die andern Gestirne nicht Ort für gottähnliche Intelligenzen und Engel, sondern bewohnt von lebendigen Wesen unserer Art. Dieses ganze in unendlichem Neben- und Nacheinander von Welten bestehende Universum ist Einheit des Seins und Lebens, Ausdruck des einen göttlichen Allseins in der Form der Vielheit. Ein religiöses, und auch den alten Lehren von unendlichen Welten gegenüber vollkommen neues Pathos der Unendlichkeitsvorstellung ergreift hier Besitz vom Weltbegriff.

Und es ist siegreich geblieben in der Metaphysik von da an gegen alle Nachwirkungen des alten Finitismus. Kepler noch scheut zurück: ihm bringt es noch, im Gegensatz zum heroischen Jubel des Giordano Bruno, geheimen Schauer, wenn man sich irren finde in solcher Unendlichkeit – in der es keine Grenze, keine Mitte also und keine bestimmten Orte gäbe: die „Harmonie" der Welt kann auch er noch nur als Ordnung des Umschlossenen denken! Brunos Weltorganismus aber betonte schon, wie später dann Leibniz' Monade, das innere Gesetz, das auch das Grenzenlose binden kann. So ist denn bei Descartes, bei Leibniz und Newton, beim jungen Kant und all den anderen auch diese äußere Natur des Räumlich-Materiellen unendlich, wie es die Seele und das Erkennen ist; und jeder von ihnen betont auch den Zusammenhang mit der Unendlichkeit Gottes und dem Sinn der Schöpfung. Descartes unterscheidet zwar auch noch zwischen Infinitem und Indefinitem, um daran Gott und Welt gegeneinander abheben zu können: nur Gott sei infinit schlechthin zu nennen; an den Dingen sei doch immer auch Unvollkommenheit und Grenze (die Grenze ist jetzt also, auch noch am Weltlichen, ein Mangel!); aber auch ihm ist wie dem Nikolaus (auf den er sich ausdrücklich beruft) das Indefinite in Welt und Erkenntnis der Ausdruck göttlicher Unendlichkeit. Es erscheint dabei auch dieser Ausdruck des Indefiniten mehr nur als bedingt durch die Perspektive des endlichen Verstandes, der nun einmal nicht mehr hier sagen kann, als daß die Zahl der Dinge oder ihrer Teile oder die Weiten des Raumes jede angebbare Grenze grundsätzlich überschreiten, daß es hier schlechthin „keine Gründe" gebe zum Ansetzen von Grenzen – während beim Infiniten des göttlichen Wesens, das wir natürlich ebenso wenig umfassen können in der Erkenntnis (comprehendere), wir doch mit Gründen einsehen (intelligere), klar und deutlich wissen, daß hier keine Grenze sein kann! Je größer wir die Werke Gottes uns denken, sagt Descartes, um so besser bemerken wir die Unendlichkeit der Allmacht. – So sehr also für Descartes die denkenden wie die ausgedehnten Dinge sich von Gott unterscheiden als „endliche" Substanzen gegenüber den unendlichen, so ist doch in den Seelen wie auch in der Körperwelt Unendlichkeit gegeben. Da der Körper für Descartes zusammenfällt mit dem Raum, den er einnimmt, so ist unendliche Größe des Universums, unendliche Teilbarkeit des Materiellen ihm unmittelbar schon gegeben mit der wesenhaften Unendlichkeit und unendlichen Teilbarkeit des mathematischen Raumes. Der Finitismus des Atoms, dem noch die ganzen Jahrhunderte vorher gefolgt waren, beginnt sich aufzulösen. Leibniz führt das dann mit besonderem Nachdruck durch. –

So rücken Gott und Welt einander immer näher und die Gefahr entsteht – daß beide schließlich gar zusammenfallen. Giordano Bruno schwankt; der Pantheismus steht in seinem Werke immer vor der Tür, und wird er manchmal auch sehr schroff verwiesen, so tritt er dafür doch ein anderes Mal ganz unverhüllt hervor. Die Unterscheidung, die Bruno von Nikolaus übernahm zwischen dem absoluten Maximum und dem konkreten, will oft verschwinden – und Gott erscheint (wie in jenen arabischen Lehren, die das Mittelalter so bekämpfte) als die Natur selbst in ihrer schaffenden Kraft (natura naturans). Spinoza schreitet diesen Weg zu Ende: so ist ihm mit der Gottsubstanz zugleich die Welt des Raumes (wie auch die des Denkens) voll-unendlich. Wenn später Newton, dem auch schon der unendliche Raum nicht mehr als bloß Erschaffenes galt, sondern als ein zu Gott selbst Gehöriges, als sein „Sensorium" (der Newtonianer Kant spricht schon im Frühwerk lieber nur vom Raum als dem „unendlichen Umfang der göttlichen Gegenwart") – wenn Newton doch die Welt im Raum als Gottes Tat und Wirkung faßte, so glaubte Spinoza geradezu die Räumlichkeit und Materialität der göttlichen Substanz selbst, als ihrer Attribute eines, zusprechen zu dürfen. Was Malebranche und andere Schüler Descartes' als gefährliche Konsequenz aus dessen Substanzen- und Unendlichkeitslehre vor sich sahen und mit Sorgfalt zu vermeiden suchten – das führt Spinoza ohne Bedenken durch. Das Weltall ist unendlich, weil Gott selber die Natur ist. Unendlich sind die beiden Reihen: die der Dinge und die der Ideen, unendlich in ihrem Folgen, ihrer Fülle, ihrer Teilung. Die Welt ist ewig wie Gott; Zeit ist nur Schein. Parmenides' Alleinheitslehre tritt wieder auf, aber ins Infinitistische gewendet! Endlich kann nur sein, was durch ein anderes von gleicher Natur zu begrenzen ist – also doch niemals die Substanz, das Eine Sein! Endlichkeit ist „im Grunde genommen eine teilweise Verneinung"; absolute Bejahung und Position einer Wesenheit bedeutet immer ihre volle Unendlichkeit. So hatte schon der junge Spinoza gefolgert: Gott könne nicht unterlassen zu tun, was gut sei – daher müsse die Welt die Eigenschaften Gottes übernehmen. Entsprechend fallen dann im reifen Werk Vollkommenheits-Unendlichkeit (der Wertqualitäten absolutes Maximum) und Raumzeit-Unendlichkeit (Unendlichkeit der Quantität) schlechthin zusammen. Das Attribut unendlicher Räumlichkeit drückt das Wesen der göttlichen Substanz unmittelbar aus als an ihr selber haftend und zu ihrem eigenen Wesen gehörig. Und was uns als endlose Zeit erscheint, ist in Wahrheit die Ewigkeit zeitlosen Folgens in Gottes Wesen selbst.

Die Gott-Natur ist „das absolut unendliche Wesen". Und diese absolute Unendlichkeit, Position schlechthin und ohne alle Verneinung, wird nun nicht mehr gegenübergestellt einer „privativen", einem Grenzen-losen; davon ist gar nicht mehr die Rede. Sondern das Gegenstück ist eine Unendlichkeit, wie die des Raumattributs, das als Unendliches doch sozusagen auf die eigene Dimension beschränkt bleibt. Die göttliche Substanz dagegen ist eben nicht nur Raum-Unendlichkeit, sondern zugleich Unendlichkeit des Denkens – und noch Anderes mehr. Als ob es mit den Unendlichkeiten, die Descartes' Substanzenlehre als von uns faßbare aufgedeckt hatte, noch nicht genug wäre zum Preise der Gott-Natur, als ob noch zuviel „Determination" und also Negation in dieser Zweiheit der Attribute läge (und Gott soll doch das ens absolute indeterminatum sein!), forderte Spinoza nun unendlich viele Attribute für die unendliche Substanz, „absolut unendliche" Attribute, von denen eine jede in ihrer Dimension und auf ihre Weise das unendliche Wesen so „ausdrücken", wie die grenzenlose Ausdehnung und das schrankenlose Reich des Geistes, als die einzigen unter den Attributen, von denen wir Menschen wissen. – Absolut unendliche Attribute, und jedes von diesen in seiner Dimension und Art wieder voll unendlich, unendliche Verkettung und Zusammenhang: so folgt aus Gottes Notwendigkeit „Unendliches auf unendliche Weise". In solchem Unendlichkeitszusammenhang wird auch das Endliche im Grund unendlich. Wie die Attribute die Substanz „ausdrücken", so drücken die Modi, die endlichen „Erregungen" wiederum jene unendlichen Attribute auf ihre „gewisse und bestimmte Weise aus". Das einzelne i s t nur als Glied der notwendigen Seinsordnung, der unendlichen Kette der Modifikationen; und damit hat es selber Teil auch an der wahren, der absoluten Unendlichkeit. Das Bloß-Endliche, das Zufällige gibt es nicht. –

Aber es bleibt nicht etwa nur das Vorrecht des Pantheisten, die volle aktuale Unendlichkeit auch für die Welt in Anspruch nehmen zu dürfen – sondern auch Leibniz, der Gott und Welt scharf unterscheidet, ganz im Sinn des christlichen Theismus und schärfer auch als Bruno oder Nikolaus, zieht diese letzte Konsequenz aus den Gedanken der Unendlichkeits-Vollkommenheit und der besten aller Welten. Daß eben eine aktuell unendliche Welt die Gottesunendlichkeit „ausdrücke", das läßt sich doch auch ohne die Ineinssetzung von Gott und Welt durchführen. Auch Leibniz schwankt gewiß noch vielfach zwischen den Ausdrücken des Infiniten und Indefiniten (von dem man nur das Hinausgehn über jede angebbare Grenze behaupten könne). Aber deutlicher als bei Descartes ist es jetzt immer nur die Schwierigkeit für unseren Verstand, das aktual Unendliche zu denken, was den zweiten Ausdruck als den geeigneteren ihm erscheinen läßt. Leibniz hat so, vor allem in der exakten Wissenschaft und besonders in der Infinitesimalrechnung, immer die Definition von der Art des Indefiniten vorgezogen. Und doch steht seine metaphysische Überzeugung durchaus bei der Existenz des Aktual-Unendlichen auch in der Welt! Nicht Gott allein heißt ihm unendlich, sondern es gibt auch Unendlichkeit als das in seiner Gattung Größte: den ganzen Raum, das Maximum alles Ausgedehnten und die Ewigkeit als das Größte für alle Zeitfolge. Und diesem stellt er als das Indefinite dann nur etwa die Asymptoten der Hyperbel und alles bloß über angebbare Größen Hinausliegende gegenüber. So sehr Leibniz dabei einerseits die Möglichkeit betont, ein unendliches Ganzes auszudenken, so streitet er andererseits doch immer gegen das mittelalterliche, das „bloß synkategorematische" Unendliche. Was für Descartes aus der Identität von Raum und Körper folgte, ergibt sich ihm, der zwar hiergegen streitet, doch ebenso aus seiner eigenen Auffassung des Raumes als einer Ordnungsform der Dinge: mit dem unendlichen Raum muß auch die Welt als unendlich angenommen werden. Nur so ist eben auch die Welt der Macht des Schöpfers angemessen. So wenig es uns möglich ist, ein unendliches Ganzes auszudenken, so wenig ist doch andererseits ein letztlich begrenztes Ganzes denkbar! In einem Briefe an Foucher spricht Leibniz es ganz unmißverständlich aus:

„Je suis tellement pour l'infini actuel, qu'au lieu d'admettre que la nature l'abhorre, comme l'on dit vulgairement, je tiens qu'elle l'affecte par-tout, pour mieux marquer les perfections de son Auteur."

Die ganz besondere Bedeutung der Leibnizschen Metaphysik für das Unendlichkeitsproblem besteht nun aber darin, daß er das neue Unendlichkeitspathos, das alle jene anderen Denker schon beseelte, nun auch auf die Betrachtung der Welt im Kleinen und Geteilten ausdehnt. Die Endlichkeitstendenz des Atomismus alter und neuer Observanz hatte in der Renaissance schon Campanella und später dann vor allem Descartes' Ausdehnungsmaterie überwinden wollen. Aber Leibniz greift dies nun mit einem neuen Schwung und mit der ausdrücklichen Betonung auf, daß auch ins Kleine hinein sich die Spuren göttlicher Unendlichkeit müssen verfolgen lassen! „So glaube ich", fährt jene Stelle fort, „daß es kein Stück Materie gibt, das nicht, ich sage nicht nur teilbar, sondern aktual geteilt ist; und folglich muß das kleinste Teilchen betrachtet werden wie eine Welt, die erfüllt ist von einer Unendlichkeit verschiedener Kreaturen." Was Bruno vor allem am Makrokosmos, an der Himmelswelt beseligte, das kehrt nun wieder in der Welt des Kleinsten. In jedem Staubkorn, jedem angeblichen „Atome" wieder eine Welt, unzählige Geschöpfe, die selbst wieder Welten in sich schließen ins Unendliche – das ist die neue Ausweitung des Unendlichkeitsgedankens, die ihn so tief beseligt. Ein Irrtum scheint ihm, was bisher die Meisten angenommen (Nikolaus und Bruno nicht anders als die alten Atomisten), daß irgendwo im Räumlichen Diskretes, Abgegrenztes, gleichsam Punktuelles sei; es gibt da schlechterdings nichts Unstetiges und Unteilbares. Und auch das (aristotelisch-scholastische) Sich-Beschränken auf die Möglichkeit endlosen Teilens kann nicht zugelassen werden: unendliche Teilbarkeit setzt nach Leibniz immer schon aktual unendliche Geteiltheit der Sache selbst voraus! Der schon im Altertum erhobene und seitdem immer wiederholte Einwand, daß ohne die Annahme der Atome jedes endliche Stück Materie aus unendlich vielen Teilen bestehe – daß dann also kein Unterschied mehr sei zwischen dem Kleinsten und dem Größten – schreckt Leibniz nicht mehr. Für ihn sind in der Tat nicht nur der Wesen in der Welt aktual unendlich viele (das nehmen ja selbst die alten Atomisten an), sondern in jedem kleinsten Teil und Einzelding der Welt lebt wieder aktuale Unendlichkeit. Die Welt ein Mechanismus, in welchem jedes Glied und Rädchen selbst wieder eine Welt ist und unendlich zusammengesetzt: so unterscheidet sich das Universum als das Werk des unendlichen Schöpfers, als die beste aller möglichen Welten, in der das Maximum an Realitätsgehalt verwirklicht ist, von irgendeinem Menschenwerk.

Und alles dies wird selbstverständlich nicht entwertet dadurch, daß alles Räumliche für Leibniz nur Erscheinungswirklichkeit hat; denn jedem „Teil" im Quantitativ-Räumlichen entspricht genau ein Abschnitt in der unräumlich-intelligiblen Ordnung der Monadenwelt. Wenn in der Sphäre der Erscheinungen das Staubkorn ins Unendliche geteilt zu denken ist, so heißt das für die metaphysisch-reale Welt (auf welche jene Erscheinungen ja „gut fundiert" sind), daß dies Erscheinungsbild in seiner abgeleiteten Weise ein „Aggregat" von unendlich vielen Monaden zum Ausdruck bringt. Darum sagt Leibniz immer (nicht sehr genau und daher viel mißverstanden), daß „in" jedem Teilchen Materie eine Unendlichkeit von lebendigen Wesen sei – so wie ein von der Ferne tot und einheitlich-indifferent erscheinender Teich in Wirklichkeit doch voll von Fischen sei. Auch was das Mikroskop uns zeigt, ist immer doch nur räumliches Erscheinungsbild: nicht in dem Wassertropfen sind Monaden – das hieße ja, sie als Atome, als letzte Einheiten im Räumlichen denken, das eben doch grundsätzlich ins Unendliche geteilt ist – sondern den unendlichen Teilchen des Tropfens und den Teilchen der körperlichen Lebewesen selbst, die noch das Mikroskop entdeckt, e n t s p r e c h e n in der Welt des Realen unendlichmal unendliche Gruppen elementarer Wesen.

Daß nun aber auch das endliche Wesen teilhaben kann an dieser ins Große und Kleine aktual unendlichen Welt, die dazu noch in stetiger Entwicklung in unendliche Zeit hinaus begriffen ist, daß wir Menschen etwa auf sie bezogen sind in Erkenntnis, Wille und Gefühlen, daß auch die übrigen Wesen trotz aller In-sich-selbst-Geschlossenheit, die die Monade charakterisiert, doch diesem unendlichen Zusammenhange angehören, auf ihn bezogen sind in allem Sein und Leben – das wird für Leibniz eben dadurch möglich, daß auch das Innere des einzelnen realen Wesens, und sei es das elementarste primitivste, aktuale Unendlichkeit einschließt! Auch die „kleinste" beschränkteste der endlichen Kreaturen ist voll-unendlich auf ihre Weise. In den Zenonischen Diskussionen über die Unendlichkeit spielte bereits das Musterbeispiel vom Scheffel Korn seine Rolle: ein fallendes Korn macht kein Geräusch, wohl aber ein fallender Scheffel; wie kann das sein? Der antike Denker unterschied dabei nicht zwischen objektivem Vorgang des „Geräusches" und unserer Empfindung. (Aristoteles sucht daher gar eine Unstetigkeit in den objektiven Vorgängen nach ihrer qualitativen Seite.) Bei Leibniz ist die Frage aufs Subjekt gestellt: ihm ist kein Zweifel, daß in der Meeresbrandung jedes Wassertröpfchen für sein Teil die Luft erschüttere und daß alle diese Wirkungen sich addieren; woher aber, so fragt er nun, kommt es, daß wir von jenen kleinen Wirkungen nichts empfinden und nur die ganze Brandung wirklich vernehmen? Die Antwort ist: auch jene kleinsten Bewegungen haben ihr Gegenbild in der wahrnehmenden Seele; es gibt eben Perzeptionen in uns, die so „klein" sind, daß wir sie einzeln nicht bemerken, daß nur ihre Anhäufung über die Bewußtseinsschwelle tritt. Und da ja die bewegten Teilchen wieder teilbar und geteilt sind, so muß entsprechend in der Seele auf unendlich kleine Perzeptionen geschlossen werden! Das aber erklärt nun auch die Welterkenntnis der Seele (und selbst ihre Gotteserkenntnis), erklärt den Weltzusammenhang jeder Monade überhaupt (denn ihre Art von Perzeptionen hat eine jede): das aktual Unendliche des Universums in Ausbreitung wie Geteiltheit, in Raum und Zeit spiegelt sich im aktual Unendlichen des Einzelwesens, in der unendlich mal unendlichen Fülle von Perzeptionen, die in jedem endlichen Monadenwesen sind und sich folgen. Was aber diese Wesen eben doch zu endlichen macht (im Gegensatz zur göttlichen Zentralmonade, die als in jeder Hinsicht aktual unendliche sich selbst, die Welt und alle Kreatur begreift), das ist der Umstand, daß doch eben nicht alle diese Perzeptionen Erkenntnisse, klare und deutliche Einsichten sind, wie das bei Gott der Fall ist, sondern weitaus das Meiste dieser Innerlichkeit im Zustand der Verworrenheit, der Unbemerktheit und des Schlafes bleibt. Jedes Einzelwesen ist verschieden vom anderen, obgleich sie alle Spiegel dieser selben unendlichen Gotteswelt sind: denn in einer jeden Kreatur sind es wieder andere von den unendlichen Momenten des Weltseins, die zur Klarheit reifen; ein jedes Wesen trägt so sein auf ganz besondere Weise perspektivisch verschobenes (d. h. mit anderen Akzenten aufgehelltes) Bild vom einen Ganzen in sich. In dieser Differenzierung ihrer aktual unendlichen Innerlichkeit unterscheiden sich die aktual unendlich vielen Monaden und die unendlichen Abstufungen der Wesen (wo zwischen je zwei Stufen immer noch unendlich viele dazwischen liegen) alle voneinander. Ein jedes dieser Wesen stellt also die unendliche Welt ganz in sich dar – und doch in endlicher individuell begrenzter Weise; das Einzelwesen ist nicht bloßer Modus göttlicher Attribute, sondern eine eigene, in ihrer Art selbständige Kontraktion und Spiegelung der Unendlichkeit selbst. – So wird die Forderung erfüllt, die Leibniz immer wieder aufstellt: die Welt als Gotteswerk und der Allmacht des unendlichen Schöpfers gemäß zu denken! Seine Schöpfungslehre formuliert es plastisch so: Gott der Unendliche überschaut die unendlichen Möglichkeiten der Weltbildungen. Er wählt von diesen unendlich vielen möglichen Welten eine aus, die wirklich werden soll. Und seine Güte setzt dann die beste unter allen möglichen Welten, die, welche das Maximum an Realitäten in sich schließt, soweit solche miteinander möglich (kompossibel) sind. So ist die Welt der Schöpfung unendlich groß. Aber, „indem er nun gleichsam das Universum nach allen Seiten dreht und auf alle Arten, entsteht als Resultat jeder Ansicht des Universums, das gleichsam von einer gewissen Stelle aus betrachtet wird, eine Substanz, die das Universum dieser Ansicht gemäß ausdrückt". Auf diese Weise wird also die eine unendliche Welt nun noch unendlich mal gespiegelt. (Daß diese Welt Realität gewordener Blicke im Grunde dann identisch ist mit jenem Universum, auf das der Schöpfer, es gleichsam drehend nach allen Seiten, blickt – das ist eine besondere Schwierigkeit des Leibnizschen Systems, auf die wir hier nicht einzugehen haben.) –

So hat in dieser Unendlichkeitsphilosophie von Leibniz das „Endliche" selbst einen Charakter von Unendlichkeit erreicht, der in dieser Richtung nicht mehr zu überbieten war. Und doch war hier, trotz jener Lehre von der unendlichen Entwicklung der Monaden und der Welt, die Frage nach der Zeitunendlichkeit zurückgetreten hinter der gewaltigen Arbeit, die der Überwindung aller Endlichkeit oder bloßen Indefinitheit in Ausbreitung und Teilung des Koexistierenden galt! Den entscheidenden Schritt auch nach dieser Richtung nun tut der junge Kant.

Wie sehr das Hauptwerk seiner ersten Lebenshälfte, wie sehr die ganze Metaphysik und Naturansicht, die darin sich ausspricht, erfüllt ist von dem neuen Pathos des Unendlichen, wie in jeder Zeile die Unendlichkeit der Welt als unmittelbar notwendige Folge aus dem Schöpfungsgedanken hergeleitet wird, und wie in jedem Zuge die großen Traditionen aufklingen, die Nikolaus und Bruno geschaffen (und die nun über Metaphysik und Wissenschaft hinaus schon in die Dichtung und das allgemeine Weltbewußtsein des 18. Jahrhunderts eingedrungen waren) – wie sehr aber dann auch diese Weltansicht das Lebensgefühl des späteren Kant und sein Pathos vom „bestirnten Himmel über mir" bestimmte –, das soll hier nicht mehr erörtert werden. Nur auf die Zeitunendlichkeit wollten wir hier noch kommen.

Wir sahen, wie das Mittelalter (trotz Scotus Erigena) und schon die Zeit der Kirchenväter (trotz Clemens und Origenes) immer glaubte, der Schöpfungslehre die Entscheidung für eine zeitliche Begrenztheit des Weltgeschehens entnehmen zu müssen. Die „Ewigkeit" der Welt und der Bewegung anzunehmen (wie das so nahe lag, da doch Aristoteles gerade dafür eingetreten war), schien unmöglich, ohne den Unterschied zwischen Gott und der Welt zu verwischen. Weil Platos Demiurg für den, der mit Aristoteles die Welt als ewig annahm, überflüssig wurde, glaubte man auch den christlichen Schöpfer nicht vereinbar mit zeitlicher Unendlichkeit der Welt a parte ante. Und immer wieder wurde von hier aus auch die Weltgrenze am Ende des Prozesses angenommen. Immerhin lehrte Thomas, unter dem Eindruck eben des Aristotelischen Systems, daß von der Vernunft aus nicht entschieden werden könne über diese Frage, und daß die Anfangslosigkeit der Welt immerhin durchaus verträglich sei mit dem christlichen Gottesgedanken.

Entgegen seinem Lehrer Albert betont er, daß der Anfang in der Zeit zum mindesten nicht herzuleiten sei aus dem Gedanken der creatio ex nihilo. Ihm folgte darin besonders Dietrich von Freiberg, von dem aus (während noch Duns Scotus die Frage offen lassen wollte) Meister Eckehart die Welt und ihr Geschehen als ein Ewigkeitsmoment in Gottes Selbstentfaltung faßte. – Mit der Neuzeit, von Nikolaus an, klingt dann bei aller Vorsicht gegenüber der Frage nach der Zeitunendlichkeit der Welt a parte ante doch das Motiv zukünftiger Unendlichkeit immer vernehmlicher durch. Descartes spricht mehrmals von der durée infinie des Universums (nicht einmal aufs Indefinite soll also der Prozeß beschränkt sein!): der Glaube lehre uns, daß Himmel und Erde nicht eigentlich vergehen, sondern nur die Formen wechseln, daß die Welt, d. h. die Materie daraus sie zusammengesetzt sei, niemals vergehen werde. Es folge das daraus, daß nach dem Glauben eben doch auch unsern Körpern Auferstehung und ewiges Leben verheißen sei, „und folglich auch der Welt, in welcher sie sein werden". Auch für Leibniz verband sich ja dann die Unsterblichkeitslehre mit dem Gedanken der unendlichen Entwicklung.

Daß dies nun auch im zeitlichen Verlaufe eine aktuale Unendlichkeit bedeutet, wird dem jungen Kant klar bewußt. Ja diese zeitliche Unendlichkeit scheint ihm unmittelbarer einzusehen als selbst die räumliche. Ein Teil der Metaphysiker und alle Wissenschaft zu seiner Zeit kämpfte hartnäckig gegen den (durch Leibniz eben jetzt erst ganz akut gewordenen) Begriff des aktual Unendlichen. Dem hält nun Kant in einer Anmerkung entgegen: „Wenn diese Herren wegen der angeblichen Unmöglichkeit einer Menge ohne Zahl und Grenzen sich zu dieser Idee nicht bequemen können, so wollte ich nur vorläufig fragen: ob die künftige Folge der Ewigkeit nicht eine wahre Unendlichkeit von Mannigfaltigkeiten und Veränderungen in sich fassen wird, und ob diese unendliche Reihe nicht auf einmal schon jetzt dem göttlichen Verstande gänzlich gegenwärtig sei . . .“; so gut aber Gott diese Zeitunendlichkeit denke, habe er auch „den Begriff einer andern Unendlichkeit in einem dem Raume nach verbundenen Zusammenhange darstellen und dadurch den Umfang der Welt ohne Grenzen machen können". So wird Kant denn auch, wie den früheren mehr die räumliche Unendlichkeit in Ausdehnung und Teilung, jetzt ganz besonders diese Unendlichkeit der niemals abbrechenden Entwicklung ein unmittelbarer Ausdruck der Gottesunendlichkeit. Sein Werk vom Weltgebäude handelt „von der Schöpfung im ganzen Umfange ihrer Unendlichkeit sowohl dem Raume als der Zeit nach"! In den Ausführungen zu seiner berühmt gewordenen Theorie der Weltentwicklung heißt es: „das ist aber was Wichtiges, und welches . . . der größten Aufmerksamkeit würdig ist, daß die Schöpfung oder vielmehr die Ausbildung der Natur bei diesem Mittelpunkt zuerst anfängt und mit stetiger Fortschreitung nach und nach in alle fernere Weiten ausgebreitet wird, um den unendlichen Raum in dem Fortgange der Ewigkeit mit Welten und Ordnungen zu erfüllen . . . Ich finde nichts, das den Geist des Menschen zu einem edleren Erstaunen erheben kann, indem es ihm eine Aussicht in das unendliche Feld der Allmacht eröffnet, als diesen Teil der Theorie, der die sukzessive Vollendung der Schöpfung betrifft." „Die Schöpfung ist nicht das Werk von einem Augenblicke. Nachdem sie mit der Hervorbringung einer Unendlichkeit von Substanzen und Materie den Anfang gemacht hat, so ist sie mit immer zunehmenden Graden der Fruchtbarkeit die ganze Folge der Ewigkeit hindurch wirksam. Es werden Millionen und ganze Gebürge von Millionen Jahrhunderte verfließen . . ., die Unendlichkeit der künftigen Zeitfolge, womit die Ewigkeit unerschöpflich ist, wird alle Räume der Gegenwart Gottes ganz und gar beleben und in die Regelmäßigkeit . . . versetzen." Die Schöpfung „braucht nicht weniger, als eine Ewigkeit, um die ganze grenzenlose Weite der unendlichen Räume mit Welten ohne Zahl und ohne Ende zu beleben". „Indessen, daß die Natur mit veränderlichen Auftritten die Ewigkeit ausziert, bleibt Gott in einer unaufhörlichen Schöpfung geschäftig, den Zeug zur Bildung noch größerer Welten zu formen." –

Damit ist auch der Infinitismus jener alten Lehre vom unaufhörlichen Werden in den Weltperioden erst wahrhaft, und, dem Schöpfungsgedanken ganz entsprechend, ins Positive gewendet. Kein end-loser Ablauf, in dem jede Welt als solche immer doch nur endlich und von der andern gänzlich abgetrennt ist (womöglich als die eine gleiche Welt in immer neuem gleichem Ablaufe sich wiederholend) – sondern eine einzige kontinuierliche Reihe des Geschehens mit einem einzigen durchwaltenden und eben ins Unendliche sich auswirkenden Sinne, das ist die neue Lehre von der Unendlichkeit des Werdens der Systeme in dem einen unendlichen Universum.

Das hat dann Fichte fortgeführt. Er, der allen kosmischen Spekulationen der systematischen Tendenz nach und von Natur fern stand, ging mehr von dem Unendlichkeitsgedanken des späteren Kant aus, der, nach der kritischen Wendung mit ihrer Überzeugung von der Unzulänglichkeit endlichsinnlichen Erkennens gegenüber den Unendlichkeitsproblemen der Erscheinungswelt, sich auf die menschlich-geistige Unendlichkeit im unbegrenzten Fortgang der Erkenntnis und der sittlichen Vervollkommnung beschränken wollte, und dabei auf die „wahre Unendlichkeit" des sittlichen Reiches, der unerkennbaren intelligiblen Welt hinausgekommen war. Jenes ganze unermeßliche All der Natur, vor dessen Gedanken der sinnliche Mensch zurückschaudere, ist für Fichte nichts als „in sterblichen Augen ein matter Abglanz" unserer eigenen geistigen Unendlichkeit, unseres nach Ursprung und Aufgabe unendlichen, in alle Ewigkeit hinaus zu entwickelnden Daseins. Schöpfung gilt ihm identisch mit der unaufhörlichen Fortentwicklung der Menschheit, des Ganzen aller geistigen Wesen in unendliche Zeiten.

Auch er spricht von dem dereinstigen Ende dieser Welt, in der wir jetzt leben, und dem ihm folgenden Beginn einer neuen Wirklichkeit. Aber diese neue Welt ist ihm nun unmittelbare Fortsetzung der vorangegangenen und der in ihr begonnenen Entwicklung; ein weiteres höheres Stadium im einsinnigen Gesamtverlauf des geistig-metaphysischen Geschehens. Und so gibt es auch für Fichte „nicht Eine künftige Welt", wie der in der sinnlich-begrenzenden Vorstellungsweise befangene Religiöse sich die Zukunft vorstelle, „sondern eine unendliche Reihe künftiger Welten über Welten, welche insgesamt von der gegenwärtigen ersten nicht der Art nach, sondern nur der Stufenfolge nach unterschieden sind". Der „jüngste Tag" ist nicht als Abschluß und Grenzsetzung für die Zeitentwicklung zu verstehen. Im schöpferischen Lebenswandel jener Menschen, die das Fortschreiten im Reiche des Geistigen wirken, ist die lebendige Schöpferkraft des Unendlichen selber immerfort tätig zur „Verklärung Gottes", zum sichtbaren Heraustreten seines Bildes aus seiner ewigen Unsichtbarkeit in immer neuer, immer höherer Klarheit.

Der alte Weltgedanke Eckeharts wird wieder nun lebendig. Mit Fichte lehren Schelling und Hegel die Selbstentwicklung der unendlichen Gottheit in der Herausbildung von Natur- oder Geisteswelten, die sie spiegeln, durch welche sie zur Selbstdurchleuchtung kommt. Das Endliche ist selbst ein Moment in dem unendlichen Prozeß des Absoluten. Unendlichkeit ist alles, auch das Endliche. In der unendlichen Tätigkeit des Absoluten bilden sich die scheinbar nur-endlichen Produkte der Natur- und Seelenwelt – die aber immer wieder überwunden, überholt und überhöht werden durch sich selbst und die in ihnen treibende unendliche Produktivität. Die Grenze schiebt sich immer neu hinaus: das eben ist die Art, wie sich das Absolut-Unendliche offenbart. Es schaut sich selber an als ein unendliches Werden, als ein Produzieren, das in keinem endlichen Produkte sich erschöpft, sondern in diesen Produkten selber Unendlichkeit aufleuchten läßt. Endlichkeit und Unendlichkeit sind in beständiger Wechselbezüglichkeit nicht nur miteinander, sondern ineinander gesetzt; alles Wirkliche schwebt gleichsam im Ineinander beider Wesenheiten.

Hegels Logik faßt dann diese ganze letzte Phase aus der Geschichte des metaphysischen Unendlichkeitsgedankens in der wundervollen Kraft ihrer Begrifflichkeit zusammen und läßt zugleich noch einmal voll die neue Wertung aufklingen, deren Entstehen wir vom späten Altertum und den ersten christlichen Zeiten her verfolgten. – Es widerspricht nach dieser Logik jene Selbstgenugsamkeit des Endlichen, an die die Alten glaubten, dessen eigenem Begriffe. Das Endliche ist nicht in sich selbst bestimmt und bestimmbar, sondern immer nur im Übergehen in ein Anderes; als Bestimmt-Begrenztes hat es Grenze immer gegen Anderes (der Quantität wie der Qualität nach). Das Anderssein ist sonach nicht ein gleichgültiges

Außer-ihm, sondern sein eigenes Moment. Nie also kann man stehen bleiben bei Endlichem; es i s t geradezu nur als Hinausgehen über sich selbst. „Etwas mit seiner immanenten Grenze gesetzt als der Widerspruch seiner selbst, durch den es über sich hinausgewiesen und getrieben wird, ist das Endliche."

Das Endliche also ist immer das Beschränkte, Vergängliche; Endlichkeit, die „hartnäckigste Kategorie des Verstandes", erweist sich der Vernunft als ein Moment, das nie sich selbst genügt. Alle wahrhafte Bestimmtheit ergibt sich nur im logischen Wechselspiel zwischen einem Etwas und seinem Anderen, im fortwährenden Umschlagen der Begriffe. Damit entsteht der Fortgang ins Unendliche. „Es ist die Natur des Endlichen selbst, über sich hinauszugehn, seine Negation zu negieren und selbst unendlich zu werden." – Noch Kant und Fichte bleiben, so sagt Hegel, bei diesem privativ Unendlichen im Grunde stehen. Das Sollen treibt nur immer neu hinaus über die jeweiligen Grenzen, und immer nur um einen Schritt – dann liegt es wieder fest für diesen Augenblick auf einem Endlichen. Das Sollen ist also selbst nur endliches Hinausgehn, wenn auch dies wiederholend ins Unendliche. Hier also ist das Unendliche immer selbst bezogen auf das Endliche ihm Entgegengesetzte – d. h. aber doch dann: dadurch bestimmt, begrenzt . . . als ein selbst endliches Unendliches! Der Fehler ist eben, daß hier das Endliche für unverträglich und unvereinbar mit dem Unendlichen angesehen wird, daß Dieses Jenem schlechthin und „perennierend" entgegengesetzt sein soll. Kant und Fichte beharren mit dem Sollen, dem Streben ins Unbestimmt-Unendliche noch in der Endlichkeit und damit im Widerspruch des „Verstandes".

Die Unendlichkeit, so verstanden, in ihrer Wechselbestimmung mit dem Endlichen, ist bloß die „schlechte oder negative Unendlichkeit" (weil nur Negation des Endlichen), Unendlichkeit des abstrakten einseitigen Verstandes; erst der wahrhafte Begriff der Unendlichkeit, das „Unendliche der Vernunft" bringt die konkrete Einheit, die auch das Endliche begreift, und mit ihm zugleich auch jene Unendlichkeit des Sollens, des Fortgangs ohne Ende. Dieses aktual Unendliche (von dem jener unendliche Prozeß immer nur eine Veräußerlichung ist) steht nicht als ein für sich Fertiges ü b e r dem Endlichen, so daß das Endliche a u ß e r oder u n t e r Jenem sein Bleiben hätte. Auch ist es nicht so, daß gegen das Endliche, den Kreis der seienden Bestimmtheiten, der Realitäten, das Unendliche stände als das unbestimmte Leere, das Jenseits des Endlichen, in unerreichbarer Ferne. Sondern es ist diese Unendlichkeit geradezu die affirmative Bestimmung des Endlichen, das was es wahrhaft ist. „So ist das Endliche im Unendlichen verschwunden, und was ist, ist nur das Unendliche." „Das Endliche ist nicht das Reale, sondern das Unendliche." Sowohl das Endliche wie das „schlechte" Unendliche, Begrenztes und Grenzen-loses, sind nur Momente an der Bewegung des aktual Unendlichen, darin es immerfort tätig ist „zu sich durch seine Negation zurückzukehren". Das wahrhaft Unendliche ist, wie diese seine beiden Momente, wesentlich nur als Werden: als ein durch sein Übergehn in Anderes nur Insichzurückkehren und -zurückgekehrtsein; damit wird es konkrete Realität. Das Absolute ist für sich selbst schon ebenso sehr endlich als unendlich. So ist nach Hegel der „Hauptsatz der Philosophie" der des Idealismus: die Idealität des Endlichen und des endlichen Prozesses. Der „Grundbegriff der Philosophie" aber ist ihm „das wahrhafte Unendliche", in welchem Begriffe die absolute Realität selbst eine neue Definition gefunden habe. –

III.

SEELE UND AUSSENWELT

Mit den bisher angedeuteten Wandlungen des Weltbegriffs von der Gottes-
vorstellung her verbindet sich eine Problementwicklung von nicht geringerer Tragweite; in dieser ist das treibende Motiv die Frage nach dem Wesen
der Seele und dem Verhältnis des Seelenseins zur äußeren Natur. Auch in
dieser Sache stehen Mittelalter und Neuzeit auf gemeinsamem Lebensboden
und heben scharf sich ab von dem grundsätzlich andersgearteten Weltgefühl
der klassischen Antike; auch hier wird daher mit dem Erstarken des eignen
Denkens durchgreifende Ablösung nötig von gewissen Überlieferungen
des Altertums. Und wenn erst die neuere Philosophie von Descartes an die
Wandlung mit vollkommner systematischer Klarheit zum Austrag bringt,
so erfüllt sie damit doch die Forderungen, die schon seit der Zeit der Kirchenväter, seit Augustin vor allem, die ganze christliche Philosophie des
Mittelalters durchzogen und ihre Auseinandersetzungen mit der philosophischen Tradition ganz wesentlich bestimmten. Auch hier aber ist jene
„Verfallszeit" der ausgehenden Scholastik von entscheidender Bedeutung
für die Gewinnung der neuen Selbständigkeit. Hier endlich beginnt die
Seelenlehre (wie Siebeck ganz im Sinne der allgemeinen philosophiehistori-
schen These, die wir hier vertreten, betont hat) sich wirklich abzulösen von
der antiken Überlieferung; die Anfänge der neuzeitlichen Psychologie sind
hier, und nicht erst in den Lebensreflexionen der Renaissance-Zeit, zu
suchen.
Der Philosophie des Altertums galt die Seele zunächst und vor allem als
ein Wesen in der Welt, in der Natur, als Teil oder Glied des Kosmos. Die
Anschauungen vom Wesen des Seelischen sind einer physischen Weltansicht
unter- und eingeordnet, in Übereinstimmung von Anfang an gefaßt mit
den Begriffen von Materie und Körper. Die Seele ist eines unter den Natur-
objekten; Psychologie ist Physik von diesem besonderen Naturobjekt, ein
Abschnitt aus der Lehre von der äußeren Natur. – Was man vor allem in
der Seele sah und suchte, das ist die Erklärung für Bewegung, Lebendigkeit,
organische Entwicklung in der Welt, im räumlich Gegebenen. So setzte
Thales im Magneten, der Kraft hat zu bewegen, ohne seinerseits gestoßen
und bewegt zu sein, Seele voraus; und ganz allgemein dachten die Natur-

philosophen seiner Zeit sich die Materie als belebt-beseelt („Hylozoismus").
„Alles ist voll von Seelen" – das ist ganz anders empfunden und gemeint
damals, als man es heute wohl verstehen würde. Da ist noch nicht Materie
abgelöst vom Psychischen, vom Bewußten, vom denkenden Geist; da sind
noch nicht Subjekte in unserem Sinne entgegengestellt den Dingen. Im
lebendig bewegten Kosmos ist der Mensch ein Wesen unter vielen anderen,
und so auch seine Seele. Wie die Naturkräfte seelenartig gedacht werden,
ohne daß damit ein Riß in das Naturbild käme, so haben wiederum die
Vorstellungen von der Seele leicht einen stofflichen Charakter. Es sind die
zartesten, leichtesten Stoffe, die das Sein der Seele ausmachen; die Seele
ist flüssig oder luftförmig, warm und von der Art des Feuers. So noch bei
Heraklit und bei Empedokles.
Wenn dann bei Anaxagoras das bewegend-ordnende Prinzip sich ablöst von
den Stoffen und so dem Hylozoismus ein Dualismus entgegentritt von in
sich bewegungslos-träger Materie und bewegend-gestaltendem Nus – so ist
doch auch hier beides durchaus in der gleichen Objekt-Ebene gesehen! Der
Nus ist nicht „Geist" in unserem Sinne; er ist sinnvoll wirkende, harmonisch
ordnende Weltkraft neben den Weltstoffen. So eng bleibt, trotz der Unterscheidung, der Zusammenhang, daß man die Frage stellen konnte, ob nicht
der Nus des Anaxagoras selbst eine Art von Stoff bedeute. – Daher war
damals auch der Übergang zum Materialismus der Atomisten kein so
schroffer Schritt, bedeutete ihre Beschreibung der Seelenvorgänge als Atom-
bewegungen nicht den Sprung in eine dem Seelischen zunächst ganz heterogen erscheinende Sphäre, wie für die, welche etwa in der Neuzeit vom
Dualismus des Descartes (der allem Ausgedehnt-Materiellen gegenüber
das Geistige durch das Ich denke charakterisierte) zum Materialismus über-
gingen. Die Seele Demokrits, aus Feueratomen als den beweglichsten von
allen bestehend, blieb noch in enger Verwandtschaft mit der Feuerseele etwa
Heraklits. Und so konnten in der Folgezeit nicht nur die Epikuräer, sondern selbst die Stoiker auf ihre Weise Materialisten bleiben oder den alten
Hylozoismus erneuern: ihr göttliches Pneuma, daraus auch die Seele des
Menschen stammt, die Weltkraft des alldurchpulsenden Feuers ist von kör-
perlich-physischer Art wie alles Wirkliche sonst.
In Platos Philosophie kommt eine ganz andere Tendenz des antiken Seelen-
gedankens zum Austrag. Wenn in der Seelenvorstellung etwa der home-
rischen Gedichte stets nur im Zusammenhang mit dem lebendigen Leibe
das Seelische gedacht wird, die Seelenkräfte wesentlich als Lebenstätig-
keiten nur gefaßt und geradezu in eins gesetzt sind mit Teilen des Leibes,
wenn hier die Seele nach dem Tode nur noch als langsam schwindender,
weil blutloser Schatten gilt – so hatten dagegen die orphischen Mysterien,
hatte die pythagoräische Seelentheologie die unsterbliche Seele gelehrt, für
die der Leib mehr eine Prüfung ist, ein Kerker, Durchgang in der Seelen-

wanderung! Hier ist die Seele also nicht ein Moment nur im Naturprozeß, sondern selbständig ist und bleibt sie gegenüber aller Materie und Leiblichkeit, ablösbar davon und höheren Ranges; einem überirdischen hyperphysischen Dasein im Grunde zugehörend. – In dieser Tradition steht Platos Seelenlehre. Dem Dualismus von Ideen und Materie fügt die Dualität von unsterblicher Seele und Leiblichkeit sich ein. Eine Zwischenform ist ihm die Seele zwischen den reinen unvergänglichen Ideen und der Welt des Materiell-Sinnlichen mit ihrem Entstehen und Vergehen; unsterblich ist sie, aber doch nicht ewig-unbewegt wie die Ideen selbst, sondern nur ohne Untergang lebendig.

Aber auch so ist doch die Seele nur ein Glied der Welt, genauer: ein Vermittelndes zwischen zwei Welten, zwei Reichen von Objekten! Denn das Ideenreich ist Welt, immaterielle zwar und keineswegs dingliche, aber darum doch nicht weniger objektive. Dies Immaterielle der Ideen ist von dem „Geistigen" im neuzeitlichen Sinne nicht minder weit entfernt, wie jener Nus des Anaxagoras; Intelligibles ist es – nicht Intelligentes! Platos „Idealismus" ruht nicht auf einem Begriff vom Seelisch-Subjektiven, nicht auf dem Vorrang des Bewußtseins vor dem äußeren Sein, des Ich vor den Dingen, wie das vom Idealismus der Neuzeit gilt! Das wahre Sein sind die Ideen; und wie die Dinge der raumhaften Wirklichkeit gemischt sind aus dem Nichtsein der Materie und jenen Formstrukturen, so schlägt das Seelen-Sein die Brücke zwischen jener Welt des reinen Seins und diesem schwankenden Dasein der Erscheinungen. Die Seele ist wie eine Mischung aus objektiv gefaßtem Vernunftsein und leibhafter Existenz. – So bleibt bei Plato trotz aller religiösen Erahnung einer spezifischen Innerlichkeit des Seelischen, trotz seiner Lehre von der Unsterblichkeit der Menschenseele dennoch die Seele gänzlich eingespannt ins Weltensein. Sie ist der Welt, den Welten nicht gegenüber, sondern in und zwischen ihnen ein Glied. Und das wirkt sich aus bei ihm ebenso sehr in der engen Verhaftung aller seelischen Funktionen an körperliche Organe, wie in der Lehre von der Welt als einem ζῷον, die dann Ursprung aller Gedanken von der Weltseele im späteren Platonismus wurde. Weltseele, das ist da immer ein Prinzip für die Lebendigkeit, das unerschöpfliche ursprüngliche und sinnvolle Werden in der Welt als einem Ganzen. Seele ist dabei nichts, was von der Welt, als einem Gegenüber, wüßte und aus solcher Distanz gleichsam erst darauf wirkte, sondern sie ist ein treibendes Moment des Weltseins selber, so wie das Lebensprinzip in jedem Organismus keinen Abstand hat von dessen räumlich-körperlichem Dasein, sondern ganz darein verwoben ist, wenn es auch selbst nicht räumlich und nicht Körper ist.

So definiert dann Platos großer Schüler, die Lehren der Naturphilosophie vereinigend mit Gedanken seines Meisters, die Seele geradezu als erste Entelechie, als Kraft und Wirklichkeit des Körpers. Aristoteles ist der Va-

ter der Seelenlehre als einer besonderen philosophischen Disziplin; aber diese seine Psychologie ist selbst ein Abschnitt der Physik, ist Physik des Lebendigen, Biologie. Die Schrift „Über die Seele" untersucht die Lebenserscheinungen in Pflanze, Tier und Mensch, vom bloß Vegetativen an bis hinauf zum überlegenden Denken, das im Dienst des Lebens sich herausbildet. Belebt und beseelt – das liegt hier ganz in Einer Richtung, soweit damit nicht überhaupt Identisches besagt ist. Zweck, Form und Bewegungsursache ist die Seele für den Körper; so hat sie Dasein nur in steter Korrelation mit der Materie; sie ist die Form, welche den Leib organisiert; immanenter Naturzweck im Lebendigen, Ziel seiner Entwicklung, unsichtbare innere Lebenskraft. Alles Leben ist ein Übergehn aus der Materie, welche alles werden kann, in bestimmte begrenzend-ordnende Form. – So unbedingt ist die Leib-formende Funktion des Seelischen betont, daß von der Unvergänglichkeit der Einzelseele, wie sie Plato nach jenen religiösen Überlieferungen gelehrt, nicht mehr die Rede sein kann. Die Seele ist nicht trennbar von dem Leibe, dessen Form sie ist, und ihre Affektionen sind immer zugleich solche des Leibes. Nie können die höheren, dem bloß Intelligiblen zugewandten Funktionen der Seele bestehen ohne die niederen, durch die sie ganz hineinverflochten ist in den Naturzusammenhang. Mit der Auflösung des Leibes muß auch die Seele zugrunde gehen. Was sich erhält, ist nur die allgemeine Form, die als Prinzip ja unvergänglich ist. Der Mensch als Einzelwesen aber ist ein einheitlich organisches Ganzes, von dem die Seele nur eine bestimmte, nicht wirklich ablösbare Seite darstellt. So handelt auch die Psychologie des Aristoteles nie eigentlich von der seelischen Innerlichkeit als solcher, sondern von der Betätigung des Menschen in der Wechselwirkung mit der äußeren Natur und der Gesellschaft! Die Seele steht im Kosmos, nicht ihm gegenüber; sie ist nicht eine Welt in sich. Das Ich ist an die Außenwelt verloren.
Ein Ewiges allerdings wohnt doch der Menschenseele im besonderen ein – darin folgt Aristoteles den religiösen Weisungen und dem Platonischen Gedanken. Der Mensch steht eben nicht nur, durch Wahrnehmung und Handlung, in Wechselwirkung mit der umgebenden Wirklichkeit, sondern er erkennt doch auch die höchsten Grundsätze in reinem begrifflichen Denken. Dieses Denken liegt höher als alles Überlegen im praktischen Leben, das seinerseits noch in die Leistungen des organischen Seelenprinzips hineingehört. Das wissenschaftliche rein theoretische Erkennen des Abstrakten und Intelligiblen hat seinem Inhalt nach nichts mehr zu tun mit dem Leibe, gehört nicht mehr in biologische Betrachtungen hinein. Was an reiner theoretischer Vernunft im Menschen ist, entsteht nicht durch Zeugung und wird nicht vom Tod betroffen, vermischt sich nicht mit Leiblichem – wenn auch das Denken auf den Leib einwirken kann. Für Aristoteles heißt dies nun aber: es haftet nicht am einzelnen Menschen. Daß

innerhalb des Einzelnen sein höchstes Denken noch wesenhaft gebunden ist an niedere Funktionen und den Leib, dabei bleibt es. Liegt also die Vernunft als solche über Leiblichkeit und Tod hinaus, so hat sie eben in sich selber nichts zu tun mit der Beschränkung auf die Besonderheit der individuellen Seele. Mit dem Tode des Individuums kehrt das Vernünftige aus ihm zurück zum stofflosen beweglichen Äther des Himmelsraumes. So tritt es auch in den Lebenden gleichsam von außen ein, θύραθεν, als ein an sich von ihm ganz Unterschiedenes. Die Vernunft ist Eine, einzig und universal; und die vernünftig tätige Seele hat nur für die Dauer ihrer vorübergehenden Existenz Anteil an der ewigen Vernunft, die selber nichts von Einzelheit und Sonderleben weiß. Also löst sich zwar auch bei Aristoteles in der Menschenseele ein eigentlich Geistiges ab vom bloßen Lebensprinzip; aber indem es zugleich ins Universale der einen Vernunft verfließt, verliert es auch ganz den Charakter spezifischer Innerlichkeit und Subjektivität, auf den die religiösen Unsterblichkeitsgedanken doch an sich tendieren. – Und so bleibt auch des Aristoteles Begriff vom göttlichen Nus noch weit entfernt vom Begriff des „Geistes", wie ihn spätere Zeiten faßten. Zwar die Vereinigung, die Platos Ideenlehre erst anbahnte, ist hier wirklich schon vollzogen: die des Geistigen mit dem Immateriellen; und es heißt auch schon von diesem Gott, daß er sich selber denkt. Aber wie Spinozas Substanz (die ja unter ihren Attributen auch eben dies des „Denkens" hat) als causa sui dennoch in unüberbrückbarem Abstand bleibt von dem „Sich-selbst-Setzen" des Fichteschen Ich – als ein Objektiv-Substanzielles auch noch in der Tätigkeit des Denkens gegenüber dieser absoluten Innerlichkeit und aktmäßigen Subjektivität –, so ist auch die Selbstbezogenheit des Aristotelischen Nus nicht gedacht als ein subjektiv-seelisches Geschehen, als eine Art persönlichen Selbstbewußtseins gar, sondern mehr nur als Ausdruck seiner Selbstgenügsamkeit und Abgelöstheit von allem Weltlichen. Dieses „Denken" des göttlichen Nus denkt eben n i c h t die Welt, sieht nicht den Kosmos sich gegenüber oder in sich; die Reinheit dieser höchsten ewigen Form wäre dann ja doch irgendwie vermischt mit der Materie, bezogen auf das Vergänglich-Mannigfaltige! Sondern es bleibt bei sich, kreist in sich selbst; als höchster unberührter Endzweck ragt der Nus hinaus über alles Wirkliche, das sehnsüchtig zu ihm hindrängt als zur Vollendung, als zum Urbild alles wahrhaft Seienden. Wie jenes eine Sein der Eleaten und die Ideen Platos, so stellt auch dieser Gott des Aristoteles als ideales Sein sich dar, als Urbild und substanzielle Form. Der Kreis des Objektiven wird auch hier nicht eigentlich durchbrochen. –

Erst in dem Seelenbegriff der alexandrinischen und neuplatonischen Philosophie bahnt sich in dieser Sache eine Wandlung an; entscheidend wirkt dabei auch hier der Einstrom orientalischer Religiosität und Lebensstellung. Zwar ist auch bei Philo etwa die Seele noch eine unter den Kräften, die

Gott in die Materie einführt, um sie zu formen, ohne sich selbst mit Stofflichkeit zu beflecken – also ein Moment vor allem im objektiven Weltprozeß. Und auch Plotin faßt seinen Seelenbegriff durchaus im Zusammenhang einer nach physischen Kategorien gedachten Seinsmetaphysik; seine Psychologie entsteht im Rahmen einer mystischen Naturphilosophie! Aus dem Einen emaniert der Nus, aus ihm die Weltseele, darin die Einzelseelen alle enthalten sind. Auch hier ist die Seele nur ein schwächerer Abglanz vernunfthaften Seins! Aber sie ist doch immerhin nicht ein Moment und Glied wie jedes andere im Weltprozeß, sondern – den religiösen Überlieferungen entsprechend – ein wahrer Angelpunkt des kosmischen Geschehens. In ihr biegt der Prozeß sich um: πρόοδος wird zur ἐπιστροφή. Und diese Sonderrolle kann die Seele spielen kraft einer einzigartigen Besonderheit ihres geistigen Wesens, die erst jetzt so recht zu philosophischer Erkenntnis kommt.

Im griechischen Denken der klassischen Zeit fehlte es durchaus an einem eigentlichen Begriff des Subjektiven, des Subjekts – soweit unter diesem Ausdruck eben nicht nur das „untergelegte" Substantielle, Träger von Prädikaten zu verstehen ist, sondern jenes Eigentümliche und schwer Beschreibbare, das jeder Mensch doch kennt im Sein und Leben seines Ich, in der bewußten Tätigkeit des eigenen Innern. Zwar hatte Heraklit gesagt, daß er sich selbst gesucht in seinem Forschen, zwar hatte Sokrates Jeden gemahnt zur Selbsterkenntnis; aber unter dem Übergewicht der physisch-biologischen Motive und wiederum auch der Begriffe vom übersinnlichen Sein kam es doch nie zu einer wirklichen Besinnung auf die Seele als Subjekt, als Ich, als in sich selbständiges Gebiet von Bewußtseins-Tätigkeiten und -Tatsachen, das ablösbar ist insofern ebenso von aller Naturwirklichkeit wie von dem Reich des Ideell-Immateriellen, beiden sich gegenüberstellend als Subjekt zu Objekten. – Den ersten bedeutsamen Ansatz zum philosophischen Begriff der Subjektivität, des Bewußtseins enthielt Platos Wahrnehmungslehre, wo die ψυχή als einheitlich-vergleichende Funktion den Inhalten gegenübertritt, die uns durch die körperlichen Organe übermittelt werden. Aber so sehr an sich dies erkenntnistheoretische Motiv berufen war, die Seele als Subjekt abzuheben von der Außenwelt und allem objektiven Sein überhaupt, so hat doch erst das Ringen sittlich-religiöser Innerlichkeit zur vollen Erfassung des Problems geführt. Als ein „Mit-Wissen" des Menschen von der eigenen seelischen Lage im sittlichen Kampf, das neben dem Wissen um das äußere Gegebene einhergeht, entdecken die Stoiker die conscientia; das Erlebnis des Gewissens treibt den Begriff vom Bewußtsein hervor. Damit erst wird eigentlich Bresche gelegt in den Objektivismus jener Lehren von der Vernunft, vom Nus, vom Geistigen. Deutlicher als das νοεῖν des Plato weist nun die διάνοια der Stoa auf das Bewußtsein. Die späten Stoiker besonders haben das Motiv ins Individuell-Persönliche zugespitzt und zur Geburt des Ichbegriffs entscheidend beigetragen.

So kommt denn bei Plotin, der Platos und der Stoa Ansätze zusammenbringt mit den Erlebnissen orientalischer Mystik, an jenem Wendepunkt des Weltprozesses die Eigenart der Seele als Subjekt zum Durchbruch. Dies eben, daß die Seele um sich weiß, daß sie „sich selbst begleitet", macht die Umkehr möglich und löst sie ab von der Gebundenheit an Körper und Materie. Das Höhere und Eigentliche der Seele ist jenes Innere, in dem wir von uns selber wissen. In diesem ihrem Kern ist die Menschenseele eigene Aktivität, Erfassen alles Anderen, auch der eigenen Inhalte, die durch die Sinne etwa oder sonstwie ihr übermittelt sind. Die eigentümliche spontane Einheit des Bewußtseins stellt sich allem Vielfältig-Objektiven gegenüber, wie dessen Spiegel. Das Äußere wird im Innern reflektiert. So kann die Seele, selbst ein Glied im kosmischen Geschehen, doch in der inneren Einkehr selbständig sich dem Prozeß entgegenstemmen und zum Einen sich, vom Körperlichen abgewandt, durch ihre Selbstbesinnung einen Weg bereiten. –

*

Ganz neu aber stellt sich nun, und völlig auf anderem Boden, das Problem von Seele und Welt bei den christlichen Denkern. Wenn selbst noch bei Plotin (der doch am weitesten vorgedrungen war zu der Einsicht in die Eigentümlichkeit des Seelischen als des von allem Äußeren und Seienden sich abhebenden Subjektiven, Bewußten, Selbstbewußten) die Seele als ein Gebilde unter den andern galt im Kosmos, in einem wesenhaft physisch gedachten Weltprozeß, so daß denn auch die Fragen der Menschenseele noch in dem allgemeinen Rahmen sich hielten, in welchem über Weltseele und Gestirnseelen als kosmische Mächte spekuliert wurde – so löste für die christliche Anschauungsweise die Seele ganz sich heraus aus solchem naturhaften Zusammenhang. Der Schwerpunkt aller Lebenslehre nicht nur, sondern auch der Weltbetrachtung wird ganz vom Physisch-Kosmischen ins Persönliche verlegt. Auf den sittlich-religiösen Prozeß allein kommt es hier an, und während dieser auch bei den letzten Denkern des Altertums noch sich ganz einfügte in das große physische Weltgeschehen und die Spannungen des Seins, tritt dieses Objektive hier ganz zurück, wird kaum betrachtet, gilt als völlig sekundär. Worauf es ankommt, das sind nun nicht mehr die Dinge und die Wesenheiten, die Körper oder die Ideen, sondern allein die Einzelseelen, als Personen mit inneren Konflikten und inneren Schicksalen. Ihrer reinen Innerlichkeit wird die gewaltigste Aufgabe gestellt; nicht wie sie darinstehen und Anteil haben an einem sichtbaren oder unsichtbaren All, entscheidet über ihr Sein und ihren Wert, sondern wie sie sich stellen, sich verhalten innerlich zu dem aller Weltobjektivität enthobenen, ihr überlegenen Geiste – der wiederum Person ist, persönlicher Gott, welcher weiß um das, was in den Menschen vorgeht. Die Schöpfungslehre bringt allein schon den absoluten Vorrang des Geistigen in diesem neuen subjektiv-persönlichen Sinne mit sich: nicht sind Verstand und Wille hier als höhere Funktionen gedacht in einem Natursein, das aufsteigt von der Materie zur Lebenstätigkeit und weiter zum vernünftigen Tun – sondern die ganze äußere Natur, der Kosmos selbst ist erst Produkt persönlicher, in Denken und Wollen sich vollziehender Tat! Dachte das Altertum bis zuletzt in Naturbegriffen und objektiven Seinskategorien (die Welt als Lebensauf-stieg etwa oder als Licht-Ausstrahlung), so geht hier alles aus vom Zentral-begriff der Person und den „Kategorien der Innerlichkeit" (die Welt als Schöpfung, und zwar dies, ganz im Gegensatz zu Plato, ohne vorgegebenes, der geistigen Tat vorausgelegenes Sein von Ideen oder von Materie)! Das Urprinzip, das Eine Gute ist nicht Sein im Sinne des Parmenides, ist nicht „Idee" des Guten, nicht Nus auch als vollendete Form und unbewegt-bewegender Zweck, sondern göttliche Person, die weiß und will, liebt und vergibt. Die Subjektivität des persönlichen Gottes wird nicht „vermischt" mit dem Materiellen und Einzelnen, wenn sie es denkt, sich innerlich darauf bezieht, so wie sich Form und Idee vermischen mit dem Stoff, wenn sie darauf bezogen sind in ihrem Wirken – so muß denn dieser Gott nicht abgekehrt nur in sich selber kreisen, um seine Höhe, seine Reinheit zu behaupten.

Die Krone aller Schöpfung aber ist eben nun der Mensch, die Einzelseele; auf sie kommt alles an. Der Mensch steht zwar, auch noch als Mittelpunkt und Zweck des Ganzen, „in" der Natur, in dieser Welt des äußeren Seins; aber das heißt nun nicht mehr, daß die Welt naturhaft-seelischer Zusam-menhang in sich, die Seele sozusagen ein Produkt des Kosmos neben an-deren sei – sondern die Welt ist Schauplatz nur, Umgebung; Körper und Dinge sind Mittel für eben jene Entwicklung, auf die allein es ankommt: den Heilsprozeß der Seele! So ist die Seele aller Natur, aller Welt, aller Objektivität weit überlegen; das Sein hat hier Bedeutung nur in Beziehung auf das Innere persönlichen Erlebens. Natur ist Werk des Geistes um des Geistes, um der Seele willen. – Aus dem Naturzusammenhang dem tief-sten Wesen nach herausgelöst, ist so die Seele wesenhaft Subjekt, Person wie der Schöpfer selbst, nach dessen Bilde sie erschaffen ist. Wie sie sich stellt zu Gott, was ihr Bewußtsein, ihr Gewissen sieht und fühlt und sucht: danach bestimmt sich erst ihr „Sein"! Die innere Spontaneität in Akten der Liebe und des Hasses, der Reue und Ergebung, im Akt des freien Willens vor allem bestimmt ihr Wesen. Gemüt und Wille, dem inner-sten Kern der Subjektivität verwurzelt, gewinnen den Vorrang vor dem Erkennen und der „Vernunft" – in denen gern ein unpersönlicher Zusam-menhang des Menschen (als eines Spiegels gleichsam) mit der Außenwelt betont, und von denen aus die subjektive Eigenart der Seele nicht immer recht begriffen wurde – ja die auch selbst in objektiver Wendung, als Seinsform und Seinsfunktion im Nus sich hatten fassen lassen. Nun ist das wahrhaft Seiende nicht mehr ein System von intelligiblen Gestalten, nicht mehr substantielle Form, erst recht nicht mehr der Kosmos kreisender Gestirne oder geballter Atome, sondern ein Reich von geistigen Personen, von Intelligenzen, von wollenden und fühlenden Subjekten, die alle miteinander und mit der göttlichen Person in den Gemütsbeziehungen der Liebe und Hingabe, einer selbsttätigen Zu- oder Abwendung stehen. Unsterblich ist die Seele; aber nicht, wie bei Plato und den Platonikern des Altertums, auch darin noch zurückbleibend (weil noch lebendig und dem Werden nah) hinter der Reinheit ewiger Ideen – sondern als unsterbliche Person mit ihrer lebendigen Aktivität des Gemüts und Willens ist sie das getreuste Gegenbild des göttlichen Seins, das selbst Person-Sein ist; solche Unsterblichkeit kann nicht überragt werden von der Ewigkeit eines anderen Seins, das nicht von Gott selber ist. So steht auch die unsterbliche Seele in der innigsten Gemeinschaft mit dem lebendigen Gott, nicht bloß im Abhängigkeitsverhältnis eines getrübten „Teilhabens" oder abblassenden Ausgestrahltseins. Demgegenüber ist dann alles objektive Sein, alles Naturhaft-Weltliche vor allem, nur das Äußerliche Sekundäre und, davon abgelöst, ganz Nichtige. Im Quellen rein innerer Gesinnungsakte hebt die Seele sich zuletzt heraus aus allem objektiv-bedingenden Weltgefüge. Ihr Heilsweg wird nun gar nicht mehr erkannt aus dem allgemeinen Gang des Weltprozesses, sondern umgekehrt: aus dem inneren Wissen um Wesen, Sinn und Ziel des Seelischen ergibt sich erst, was man vom äußeren Sein, von Kosmos und Gestalten überhaupt zu halten hat ... von ihrem Wert und selbst von ihrem Sein! Der Weltprozeß, das Schicksal aller Dinge ist wesenhaft abhängig von dem Verhalten der Subjekte; das Weltgesetz ist nicht ein kosmisches, sondern ein ethisches, das Weltziel ist die Vereinigung der Seelen mit dem Schöpfer. So kann denn auch die Seele sich nicht mehr wesenhaft definieren als die Form des Leibes: der Leib ist Mittel, Werkzeug oder Ausdruck für das selbständige selbsttätige Eigenleben der Seele, und es muß vielmehr die Frage ganz neu aufgeworfen werden, wie die Verbindung zwischen Leib und Seele, wie ihre offenbar vorhandene Gemeinschaft möglich sei. –

Die Philosophie der Kirchenväter zeigt diese neue Ordnung in eigentümlichem Kampfe mit den Anschauungen der Antike. So sehr in der Patristik die moralischen und theologischen Fragen in den Vordergrund treten gegenüber dem Interesse für den äußeren Kosmos, so sehr ihr ganzes Ringen nach dem Begriff der Menschenseele sich dreht um die Fragen der Unsterblichkeit, der Übersinnlichkeit, der Freiheit, so kann sie doch der alten Fassungen noch nicht entraten. Am eigentümlichsten ist das zu sehen bei

Tertullian (und ähnlich bei Arnobius und anderen), der als der erste Philosoph der Seele und des inneren Bewußtseins in der christlichen Zeit doch auch noch ganz im Banne des stoischen Hylozoismus oder Materialismus und jener alten Einordnung der Seele in den raumweltlichen Zusammenhang steht. Ihm ist die Seele noch ein zarter luftartiger Stoff, verbreitet durch den ganzen Körper. – Aber auf der anderen Seite nimmt eben doch auch die Einsicht in die Eigenart des Seelisch-Subjektiven allenthalben zu. Passive Wahrnehmung und spontanes Denken, die ja besonders in der Aristotelischen Tradition so auseinanderklafften trotz vermittelnder Instanzen, so daß der Nus sich abzulösen strebte von der lebendigen Besonderheit des Einzelmenschen, werden in ihrer inneren Verflochtenheit erkannt. Die Selbsttätigkeit der Seele in allen ihren Funktionen wird mehr betont, und zugleich dies, daß wir von dieser inneren Kraft und Tätigkeit eine ganz eigene Art von Wahrnehmung, ein inneres Wissen haben. Je mehr das aber fortgeht, um so mehr löst sich der neue Seelenbegriff auch ab von den Spekulationen über die Weltseele, die besonders in der spätantiken Zeit so sehr sich vorgedrängt hatten.

Die Aristotelische Definition kann nun nicht mehr genügen. Gregor von Nyssa besonders kämpft ausdrücklich an gegen sie. Die Seele als das Ziel leiblichen Werdens und Wachsens beschreiben, heißt ihre eigentliche Bestimmung von der Bedingtheit durch den Leib ganz abhängig machen. In Wirklichkeit ist aber die Seele ihr eigener Zweck, in sich selbst bestandhaftes Sein. Besonders hat das noch Nemesius späterhin betont: wie sehr jene alte Fassung der Substantialität und der unsterblichen Lebendigkeit der Seele gegenüber versagt. – Zum Ausgleich der Motive sucht man dann, in Fortführung jener Aristotelischen Lehre von der Sonderstellung des Nus und dann auch hellenistischer Unterscheidungen, des Menschen Wesen dreiteilig zu verstehen: nicht Leib und Seele bloß, sondern Leib, Seele und Geist wirken da ineinander. Von der leibbelebenden Psyche, die auch den Tieren zukommt und in ihren Instinkthandlungen sich betätigt, mit ihrem Tode dann vergeht, löst sich als Höheres Unsterblich-Geistiges das Pneuma ab. Der Ausdruck, der noch bei den Stoikern gerade den bewegenden Hauch der göttlich-stofflichen Weltkraft und dementsprechend die leibseelische Lebendigkeit bezeichnet, wird hier im Anschluß an Philo und das Neue Testament zum Prinzip des Innerlich-Seelischen, darin das eigentliche Wesen der Person beschlossen liegt, und verbindet sich mit jenem Nusgedanken. Die Psyche spielt hier die Vermittlungsrolle zwischen Geist und Körper, wesenhafter Unsterblichkeit und natürlicher Vergänglichkeit. So lehrt schon Tatian, und weiter Irenäus und Origenes und viele andere. Der Dualismus der Manichäer machte daraus gar seine Lehre von den zwei Seelen in der Brust des Menschen, der Lichtseele und der Leibesseele.

Entscheidend ist in dieser Frage Augustin. Man hat ihn gerade mit Bezug auf das Problem der Subjektivität nicht ohne Übersteigerung des Ausdrucks den ersten modernen Menschen genannt. In der Tat legt er mit seiner Lehre von der Selbstgewißheit des Bewußtseins den Grund für die Entwicklung von Jahrtausenden. Die ungeheure Kraft des neuen religiösen Lebens in diesem vielfach sonst dem späten Altertum noch zugehörenden Manne bringt hier in dieser Sache die große Wendung noch vor allem Mittelalter, und zwölf Jahrhunderte vor Descartes' berühmtem Anfangssatz, zu vollem Ausdruck. – Schon dadurch rückt die Seele ganz neu ins Zentrum des metaphysischen Interesses, daß Augustin, in Fortsetzung der Weisungen besonders des Gregor von Nyssa, die Trinitätsspekulationen immer wieder anknüpft an die unmittelbare Selbstgegebenheit des Seelischen und einer Dreiheit seines innern Wesens. Der Mensch, d. h. die Menschenseele, ist Gottes Abbild; so muß von ihr aus das Mysterium der Gottheit sich umreißen lassen. Wie in der Seele der allbefassende Gedächtnisgrund vereint ist mit den Tätigkeiten des Denkens und des Wollens, wie die Seele nach unserer unmittelbaren inneren Erfahrung, die keiner Täuschung unterliegt, zugleich Sein ist und von sich selber Wissen und sich selbst Bejahen und Lieben als solches Sein und Wissen, so sind in Gottes Wesen Vater, Sohn und heiliger Geist in Ewigkeit verbunden. Das Wissen der Seele von sich selbst führt sie so zur Erkenntnis Gottes und damit auch weiterhin zum wahrhaften Begriff vom Sein und Sinn des Daseins und der Welt; nicht aber kann uns solches Wissen werden in der Erfahrung des Kosmos selbst, durch die Physik! Nicht genug kann Augustin sich wundern, wie es möglich war, daß immer doch die Menschen nach außen geblickt und, ihrer selbst vergessend, immer nur die Größe des Kosmos, der Berge, Meere und Gestirne angestaunt; daß sie nicht eher in sich selbst und durch das eigene Innere die wahre Unendlichkeit und ursprüngliche Größe fanden. Im innern Menschen wohnt die Wahrheit; von Gott und Seele muß man Wissen suchen, nicht von der Außenwelt.

In solcher Blickwendung nach innen stellt sich dem Augustin das Seelenwesen in ganz neuer Klarheit dar. Was er vom Stufenbau der Aristotelischen Lehre von den seelischen Funktionen weiß, verwirft er nicht. Die Seele hat wohl auch mit dem Leibe zu tun. Aber darüber hinaus liegt doch die Seele in ihrem In-sich-Sein und ihrer Stellung zu Gott. Von hier aus faßt man erst die ganze Ungleichartigkeit des Seelischen und Körperhaften; keinerlei Ähnlichkeiten bestehen zwischen inneren Vorgängen wie Empfinden, Denken oder vor allem Wollen und räumlich-physischem Geschehen! In ihrem Wissen von sich selbst stößt die Seele nie auf Körperartiges. Um die eigene Funktion recht beobachten und verstehen zu können, muß man sie auch wirklich ganz ohne Rücksicht auf das Äußere betrachten; um so mehr wird das vom letzten substantiellen Sein der immateriellen Seelen selber gelten. Psychologie ist hier bei Augustin schon nicht mehr Lehre vom leibseelischen Zusammenhang, vom Tun und Wirken zwischen Mensch und Außenwelt in Natur und Staat, sondern das wirklich Innerste des Seelenlebens wird ins Auge gefaßt, die Regungen des Herzens, des Gewissens; ins Subjektivste des Gemüts- und Willenslebens versenkt sich Augustin, wie das niemand noch bisher getan, die Leib- und Außenweltbeziehungen ganz beiseite lassend. Was aber positiv das Seelische für ihn charakterisiert und eindeutig abhebt von allem objektiven Sein, das ist die nur der Seele eigentümliche Fähigkeit, sich auf sich selbst zurückzuwenden, in innerer Lebendigkeit von ihrem eignen Sein und Sinn zu wissen, und in sich selbst zu wollen. Was so Subjekt des Denkens und Erlebens ist, kann doch nicht wiederum selbst nur Erscheinung eines andern dinglich-materiellen Trägers sein. Auch im leibseelischen Zusammenhang ist noch die Unterscheidung scharf und klar: das Auge selbst als leibliches Organ kann nie sich auf sich selber wenden, nicht seine eigne Affektion empfinden; nur die empfindende Seele weiß zugleich mit ihrem Funktionieren von ihrem eignen Sein und Berührtsein.

Von hier aber tut nun Augustin den großen Schritt, der ihn in vollen Gegensatz bringt zu der allgemeinen Denkgewohnheit der Antike. Für diese lag im Sein des Kosmos, in der räumlich oder ideell gedachten Objektivität die unmittelbarste ursprünglichste aller Gewißheiten; die Seele lebt darin als ein besonderes Glied, hat Anteil daran, vermittelt zwischen jenen Sphären, ist Knotenpunkt des Weltprozesses. Die Sophisten allerdings und dann vor allem die Skepsis der Spätzeit hatten an der Sicherheit des Fundaments gerüttelt und überall die Weltgegebenheit und mit ihr alle absolute Wirklichkeit in Relativitäten und Scheinhaftes aufzulösen sich bemüht. Das führte sie mit sachlicher Notwendigkeit bis an den Bewußtseinsbegriff heran und ließ auch den Gewißheitsvorzug ahnen, der von dem Zweifel an der Welt aus auf das Subjekt fallen mußte. Aber das Schwergewicht lag immer doch in jenen Untersuchungen auf dem Negativen, dem Zerstörenden; das Interesse bleibt auch darin noch der Außenwelt verhaftet. Aber nun findet Augustin, dessen Jugend ihn durch alle Zweifelswege der Akademie geführt hatte, den Kernpunkt einer neuen unbezweifelbar-unmittelbaren Sicherheit (und damit zugleich den Ausgangspunkt für alle sichere Erkenntnis überhaupt) in jenem Wissen der Seele um sich selbst. Was immer scheinhaft ungewiß und relativ sich zeigte an der Gegebenheit der Dinge und Gestalten, was immer man bezweifeln mag – im Zweifel selber, ja in der offenbaren Täuschung noch, liegt doch als erste unerschütterliche Gewißheit die Existenz der in dem Zweifel überlegenden Seele und der als Schein entlarvten Perzeptionen, als der inneren Bestimmtheiten der Seele. Daß wirklich nicht die Außenwelt das absolut Gewisse und unmittelbar Verbürgte ist, das ist der Skepsis zugegeben und von ihr zu lernen. Aber die Verneinung geschieht um des Positiven willen: die Seele, deren Sein zunächst mit dem Kosmos, als in dem sie lebt, dem Zweifel zu verfallen scheint – sie offenbart sich nun als die nur am falschen Ort gesuchte unmittelbar gewisse Wirklichkeit. Nicht in der ungewiß gewordenen Außenwelt darf man die Seele suchen, sondern umgekehrt von der sich selbst gegebenen, unmittelbar erlebten Seelenwirklichkeit aus muß man die Frage stellen nach Sein und Sinn des Objektiv-Realen! Die innere Erfahrung hat den unbedingten Evidenzvorzug vor aller äußeren – darin drückt sich die neue Lebensstellung des christlichen Denkers erkenntnistheoretisch aus. Die lang verkannte Urgegebenheit des Bewußtseins ist nun klar gewonnen, und die Tatsachen des Bewußtseins drängen sich ganz in den Vordergrund. Was existiert und lebt und ewigen Bestand hat, das ist vor allem die Seele und das Geistige von ihrer Art; was sonst noch Sein beansprucht, muß von da her erst sich prüfen lassen. –

Von dieser inneren Selbsterkenntnis führt der Weg zunächst zu Gott; und dies nicht nur nach jenen Analogien der innerseelischen Funktionen zur geistig-persönlichen Wesenheit Gottes und zur Trinität – sondern bereits darin, daß alles zweifelnde Überlegen notwendig hinweist auf die darin vermißte sichere und unumstößlich-ewige Wahrheit. Es wird im Zweifel selbst schon der Gedanke Gottes als der absoluten Wahrheit mitgedacht und sein Bestand vorausgesetzt; so denken und urteilen wir schon immerdar in Gott! Wie von der innern Ungewißheit des Gewissens, führt auch vom Suchen des Erkennenden der Weg direkt zu Gott, nicht zu der Welt zuerst und zu den Körpern. Gott ist das einzige unmittelbar und mit absoluter Sicherheit von der als wirklich seiend innerlich erlebten Seele aus zu Fassende. – Die Außenwelt dagegen und selbst der Leib stehen uns ferner. Sie sind wohl auch real für Augustin, von eigenem Bestand neben den seelischen Subjekten, den Personen; nicht nur die Geisterwelt, auch der Kosmos hat reale Existenz. Aber zum Unterschiede von der Ewigkeit und dem Selbstwert jener Wesen gilt ihm das Weltensein doch immer nur als vergängliches Mittel seelisch-sittlicher Wirksamkeit, als eine Sphäre, die wir auf die Dauer eben doch zu überwinden haben durch Willenskraft und Tat; die zum höchsten Gut erhobene Seele läßt das Objekt-Sein hinter sich. Unser Wissen von der Welt beruht auch eben nicht auf unmittelbarer Selbstgegebenheit, sondern nur auf einer Art von Glauben, dessen Wahrheitswert in jener sittlichen Beziehung liegt. Das Äußere hat nur Bedeutung und wirkliche Gewißheit für uns, insoweit es für das Innere, für das Gesinnungsleben und seine Auswirkungen Schauplatz ist.

Und nun ist weiter, wie die körperliche Raumwelt, so auch die andere Welt des Alterums, die des Intelligiblen, dem Subjektgedanken unterstellt. Bei Plato hielt die Seele sich noch gleichsam nur an der Grenze jenes Reiches der Ideen; erst insofern sie die Ideen sucht und in sich wieder bildet, Ideen liebt und schaut, gewinnt sie Anteil an dem eigentlich und wahrhaft Seien-

den. Auch der Weltbaumeister blieb unterhalb der Sphäre jener ewigen Gestalten, auf deren von ihm selber gänzlich unabhängige Seinskraft all sein Schaffen angewiesen ist. Jetzt aber wird, was schon in den religiös-mystischen Strömungen des orientalisierenden Hellenismus gelehrt und von Eusebius dann und andern übernommen wurde, durch Augustin zum Zentrum der Beziehung zwischen Gott und Welt: Platos Ideen gelten jetzt als die Gedanken Gottes! Das Intelligible wird hineingezogen ins Intelligente. Nicht mehr als reine Wesenheiten einer idealen Sphäre, sondern als Inhalte geistig-persönlicher Akte, als Produkte des göttlichen Intellekts treten von nun an die Ideen auf! Nicht die I d e e des Guten ist der „Vater der Ideen", sondern der persönliche Gott, die göttliche Intelligenz; und so fällt dann der Ursprung der Ideen zusammen mit dem der Welt – der Demiurg wird zum Weltschöpfer, dessen Allwissen Ursprung ist von allem Intelligiblen Ideellen, und nicht erst dessen Abbild. So ist von nun an jede reine Vernunfterkenntnis, jede Erkenntnis von Intelligiblem an ihrem Teile Gotterschauen, Berührung und Nachtasten gleichsam der göttlichen Intelligenz in ihrer ewigen Struktur. Nun ist der Nus ganz Subjektivität geworden. Und das wird dann zum Allgemeinbesitz der christlichen Denker; so sehr, daß die folgenden Zeiten, das ganze Mittelalter namentlich, ganz unbefangen Platos Ideen selbst in diesem Sinn verstehen. –
Die neue und für alles Welterfassen tief umwälzende Lehre Augustins vom unbedingten Gewißheitsvorzug und dem metaphysischen Vorrang des Inneren ist für weite Strecken des Mittelalters maßgebend geworden. Die Pflege der inneren Erfahrung, die Forderung der Selbsterkenntnis, die Untersuchung der seelischen Funktionen in ihrem Aufstieg bis zur Gottesschau trat immer wieder in den Mittelpunkt des Denkens. Im Kampfe um die religiösen Güter klärte sich der Begriff des Seelischen, des Subjekts, des Bewußtseins. Am tiefsten haben die Mystiker der Zeit, von Bernhard von Clairvaux an, die Weisungen Augustins und der ihm geistesverwandten christlichen Neuplatoniker verstanden. Im Gegensatz zum biologischen Stufenbau des Aristotelischen Seelenbegriffes (wobei dann schließlich das Aktiv-Vernünftige der Seele „von außen" kommt und hart geschieden ist gegen die niederen Funktionen) sucht man hier überall die innere Einheit des Seelischen als stetiges Übergehen von den niedersten Bewußtseinstätigkeiten bis zu den höchsten zu erfassen. Die Geschichte der Seele in der Heilsentwicklung wird festgelegt in ihren Etappen, und dabei auch das übrige entwickelt; schon in der Wahrnehmung, in allem sinnlichen Erleben liegt der Keim zum Höheren, liegt eine Art von spontaner Tätigkeit, von Denken. Die Seele kann nicht auseinanderfallen in eine ihren letzten Zielen völlig fremde Sinnlichkeit und den rein geistigen Teil ihres Innenlebens.
Die Viktoriner, Hugo vor allem, bringen diese Augustinische Richtung zur

reichsten Blüte. Der Unterschied des Seelisch-Subjektiven vom Räumlich-Materiellen tritt immer schärfer heraus. Kernpunkt der Unterscheidung ist die innere Freiheit des menschlichen Subjekts. Im Menschen, als Gottes Ebenbild, geschieht das Wesentliche nicht durch Druck von außen, nach blinder Notwendigkeit, wie bei den Körperdingen, sondern aus innerer Tendenz und Tat! Das Seelenwesen löst sich jetzt ab vom äußeren Notwendigkeitszusammenhang des Kosmos, in dem es auch für den Neuplatonismus noch gestanden. Was für das sittliche Leben gilt: daß das Gute kein äußerlich Aufgenötigtes, sondern ein dem Innersten Entquellendes nur sein kann, das überträgt sich auf das Übrige der seelischen Lebendigkeit. Auch das Erkennen ist, in allen Graden, ein eignes Bilden! Die Gottesebenbildlichkeit der Seele beweist sich in nichts anderem deutlicher, als durch dies Aus-sich-selber-Schöpfen, durch diese Selbsttätigkeit. Eine Wand, ein Spiegel kann von außen sich ein Bild aufdrücken lassen; die Seele aber muß mit eigner innerer Betätigung die Vorstellungen gewinnen, muß sie aus eigner Kraft in sich entwickeln. Zugleich scheidet auch noch dies das Seelische scharf ab von allem Körperhaften: daß für das letztere stets eine feste Form maßgebend ist, die jede andere verdrängt – ein Ding kann nicht zugleich eine andere Form haben als die eine, die es hat; aber im seelischen Erfassen ist immer ein Miteinander vieler, ja oft entgegengesetzter Formen, die Seele kann Eins und das Andere zugleich begreifen. – Je schärfer aber so Seele und Leib sich scheiden, mit um so größerer Dringlichkeit tritt nun die Frage in den Vordergrund, die für die Alten, wo sie etwa (aus religiösem Ursprung) anklingt, keine eigene metaphysische Bedeutung gewann – jene Frage, die für die Seelendefinition des Aristoteles ganz ihr besonderes Gewicht verlor und die erst im Gedankenkreis der Kirchenväter neu und dringlich sich auftat: wie die Verbindung möglich ist von Leib und Seele! So tief ist nun bei Hugo von St. Viktor schon die Einsicht in die wesenhafte Unvergleichbarkeit von seelischem und körperhaftem Sein durchgedrungen, daß er, auch darin Augustinischen Weisungen folgend, den Zusammenhang dazwischen nur als ein unbegreifliches Gotteswunder ansehen kann.

Der Heilsweg, der Entwicklungsgang der Seele geht daher auch vom Äußeren zum Inneren und damit erst zu Gott. Daß im Alltäglichen des Lebens das Äußere, die Welt so vorwiegt (so daß sie als das eigentliche Reale scheinen kann, in das die Seele selber gliedhaft eingefügt ist), daß im natürlichen Erkennen immer das Auge des Fleisches und der Welt sich vordrängt, das ist für Hugo schon die Folge einer sündhaften Verkehrung des im höheren Sinn „Natürlichen"! Und für den Wahrheitsstrebenden gilt es gerade, diese Einstellung ins Gegenteil zu kehren durch entschlossene Neuwendung des Blicks: durch die Schau nach innen, durch Selbsterkenntnis endlich auch zur Gottesweisheit zu gelangen. Auch ihm ist die materielle

Welt im Grunde nur ein Mittel für die Ausbildung und erste Anregung des inneren Lebens. So kann man sogar über sie selbst erst auf dem Wege der Selbsterkenntnis sich Klarheit verschaffen. – Aber zugleich gelingt es doch dem Mittelalter nie, sich freizumachen von der antiken Auffassung von Seele und Natur. Der Aristotelismus hemmt die volle Auswirkung der Augustinischen Tendenzen immer wieder. Trotz aller neuen Einsicht in die Sonderart des Inneren und aller Überzeugung von dem einzigartigen Vorrang des Seelenhaft-Geistigen versucht man noch, das Verhältnis von Leib und Seele zu fassen unter dem objektivierenden, den eigentlichen Gegensatz verwischenden Begriffsschema von Form und Materie. Der Leib ist Möglichkeit nur, vom Seelischen belebt, gebildet um mit ihm volle Wirklichkeit zu werden; sein eignes aktuelles Sein muß von der Seele kommen. Das nimmt dem Leib die substantielle Existenz, zieht aber damit auch die Seele in den physischen Prozeß ganz wesenhaft hinein. Und diese Denkrichtung nimmt nun nicht etwa ständig ab im Fortschreiten abendländischen Denkens, sondern wie in so viel andern Punkten bringt erst das bis zum Höhepunkt des Mittelalters immer wachsende Einströmen der Aristotelischen Überlieferung und Schriften das ganze Schwergewicht der alten Tradition und der damit gegebenen Konflikte. Vor allem mit dem Einfluß der arabischen Gelehrsamkeit, durch welche übrigens die Seelenforschung auch sehr bedeutsame Anstöße erhielt, tritt noch einmal ganz die objektivistische Anschauung, vielfach selbst mit naturalistischen und materialistischen Tendenzen, in den Vordergrund. Im gleichen Maße, als das Interesse an der äußeren Natur wieder neu sich belebt, droht vielfach auch der Seelenbegriff wieder an diese sich zu verlieren. Die seelischen Kräfte werden gern nach Aristotelischer Weise, als volle Entwicklung körperlicher Organfunktionen verstanden, bis hinauf zu der „empfangenden" Vernunft; und das rein Geistige der Vernunft, das offenbar sich darüber erhebt, der „aktive Intellekt" hat wieder die Tendenz, sich von den Einzelwesen abzulösen und wird dann wohl gar auch, der christlichen Lehre von der unsterblichen Einzelseele strikt zuwiderlaufend, zum allbefassenden Gesamtgeist – in welcher Vorstellung, wie in allen Begriffen von der Weltseele, der Subjektivitätscharakter gänzlich unterzugehen droht. – Das war natürlich eine Konsequenz (im „lateinischen Averroismus" ausgebildet), die die Scholastik trotz aller Abhängigkeit von Aristoteles bekämpfen mußte vom religiösen Dogma aus. Albert und Thomas haben diesen Kampf geführt. Aber im Bann des Aristotelischen Seelenbegriffs bleiben sie dabei doch. Mit Aristoteles und den Arabern definieren auch sie, wie vorher aus den gleichen Einflüssen ein Wilhelm von Auvergne oder Alfredus Angelicus, die Seele als allgemeine Entelechie, volle Wirklichkeit des Körpers, als Prinzip des organischen Lebens. Nach Thomas ist daher auch die Vereinigung von Leib und Seele im Menschen keineswegs ein Wunder, sondern ein natürlicher Zusammenhang von Form und Stoff. Besondere Verbindungsglieder zwischen beiden (wie sie gewisse Begriffe vom Pneuma oder vom Äther darstellen wollten) braucht man nach seiner Lehre nicht zu suchen.

Ausdrücklich vielmehr stellt Thomas gegen alle Tendenzen zur Ablösung des Innerseelischen vom Lebensprinzip des Körpers seine Lehre von der „Einheit der Form". Ein und dieselbe Form ist es danach, wodurch der Mensch lebendiges und wiederum vernünftiges Wesen ist; die nährende und empfindende Seele ist eins mit der denkenden. Nur so ist ihm der Mensch substantielles Wesen, substantielle Einheit; sonst wäre er doch nur unum per accidens. Der Körper ist für sich noch nicht Substanz, nicht volle Wirklichkeit; er wird dazu erst durch die Seele – die immaterielle Seele ist die substantielle Form des Leibes. So ist denn auch die menschliche Erkenntnis immer körperlich bedingt, fängt mit den Sinnen an, kann ohne sinnliche Vorstellung nichts denken. Auch die rein innere Selbsterkenntnis, die Augustin ans Licht gezogen hat, ist doch nur möglich durch ein Selbstbemerken von seelischen Tätigkeiten, die an gegebenem sinnlichen Stoff sich vollziehn. So ist der Zusammenhang mit Leib und Außenwelt ein das ganze Seelenleben des Menschen durchaus bedingendes Moment. Wie die Erkenntnistheorie des Aristoteles betont auch die des Thomas durchaus die leidende Abhängigkeit des Erkennenden von der äußeren Gegebenheit. Während alle jene Versuche zur Ablösung des Seelisch-Inneren vom Raumkörperlichen, seit dem Hellenismus und Augustin bis hin zu den Viktorinern, immer stärker auf die seelische Selbsttätigkeit verweisen und auch in der körperlich bedingten Sinneswahrnehmung schon die geistige Aktivität aufsuchen, – lenkt Thomas wieder zum Passivismus der antiken Lehren zurück, der seinen ungehemmtesten Ausdruck einst gefunden hatte in der Bildchen-Lehre Demokrits, wonach Erkenntnis von den Dingen so entsteht, daß von den Dingen sich materiell-objektive Bilder, Häutchen gleichsam, ablösen und durch die Sinne wie durch Kanäle in die Seele eindringen. Zwar diese krasse Form, die aus der Seele selbst dann ein Behältnis und den Schauplatz nur für die Vermischung der so eingedrungenen Körperteilchen macht, in ihr ein Räumliches sieht, Ding unter Dingen, konnte nur innerhalb der materialistischen Doktrin der Atomisten sich behaupten. Aber auch sonst ist in der Erkenntnistheorie des Altertums und ihren Fortsetzungen im Mittelalter immer ein Grundzug die Analogie zu körperlichen Wirkungsvorgängen; von der Betrachtung der Wahrnehmung aus, die doch unmittelbar die Einordnung der Seele in den Weltzusammenhang zu zeigen scheint, wird immer irgendwie die Seele nach der Art der Wachstafel verstanden, auf welche die objektive Wirklichkeit ihre Formen abdrückt. So bildet Thomas wohl die Bildchenlehre um, paßt sie der Überzeugung von der Immaterialität der Seele an; aber den passivistischen und objektivierenden Zug behält er bei. Die sinnlichen Spezies, die von den Dingen kommen, sind bei ihm körperlos, entstofflicht; aber sie drücken sich so sehr der Seele ein wie das Siegel dem Wachs. Der tätige Verstand aber und auch die Selbsterkenntnis können nur auf Grund solcher durch Außenwelt und Leiborgane bewirkte Erfüllung des Bewußtseins mit Erkenntnisstoff in Wirkung treten. Immer also bleibt danach die Seele, als Einheitsform, ganz wesenhaft eingespannt in die Außenwelt.

Es gliedert sich dann auch, ganz wie bei Aristoteles und bei Plotin, die Seele einem umfassenden Stufenbau des Weltseins ein. Vom bloßen Ding geht diese Objektsschichtung, nach in gewissem Sinne homogenem Fortgang, über Pflanzen und Tiere (mit ihrer Art von „Seele") zum Menschen und von da zu höheren Intelligenzen, bis hinauf zu Gott. Die Menschenseele hat in dem Zusammenhang die Mittelstellung; sie steht am Übergang vom Belebt-Beseelten zum rein Geistigen. Und hier versucht nun Thomas, den Augustin mit Aristoteles zu einen; dem christlichen Gedanken von der unsterblichen und also auch in ihrer bloßen Geistigkeit schon substantiellen, von allem Körperlichen ablösbaren Seele trotz jener Aristotelisch orientierten Lehre von der Formeinheit gerecht zu werden. Die Schwierigkeit ist groß, der innere Konflikt der Motive dringt überall durch, und nur durch neue Unterscheidungen kann Thomas, nach der Art scholastischer Methodik, sich helfen. Danach gibt es auch Formen, die nicht erst im Formen der Materie (als „inhärente" Formen also) die eigentliche Substantialität gewinnen, sondern die rein in sich selber schon wirkliche Substanzen („subsistente" Formen, formae separatae) sind. Von dieser Art sind die intelligenten Wesen aller Stufen. Sie sind reine Formen ohne Materie und doch für sich bestehend; ihr Erkennen ist daher nicht auf die sinnlichen Abbilder angewiesen. Von diesen Wesen ist der Mensch das niederste. Er steht zugleich als oberstes Geschöpf in jener Reihe der Form-Materie-Substanzen, ist selbst zusammengesetzte Substanz. Zum Unterschiede von den reinen höheren Intelligenzen muß in die Definition der Menschenseele eben doch der Körper aufgenommen werden. In der „Einheit der Form" ist die intellektuelle Substanz zugleich auch wieder beseelende Form eines Leibes, und daher mit diesem und der Körperwelt verbunden; obgleich die Seele wirkliche Substanz in sich und insofern auch hinaus ist über alles Körperliche, ist sie doch andrerseits auch wieder Form des Körpers, der erst durch sie die volle Wirklichkeit gewinnt. Sie ist unsterblich in sich selbst und kommt doch zum ganzen Leben erst in der Gemeinschaft mit dem Körper. So ist im Gegensatz vergänglich-sinnlicher Materie zur reinen abgelösten Geistigkeit und in der zwitterhaften Zwischenstellung der Menschenseele jener alte Dualismus – und in der Lehre von der Formeinheit der Seele trotz substantieller Eigenart ihres unsterblich-geistigen Wesens der alte weltgebundene Seelenbegriff in Wirksamkeit neben den Augustinischen Tendenzen. Die künstlich hergestellte Einheit der Motive konnte wohl nicht von Dauer sein. – So hat denn auch die folgende Entwicklung, die „Verfallszeit" der Scholastik gegen nichts schärfer angekämpft im Thomistischen System, als gegen diese Lehre von der Einheit der Form! Im Zentrum des Kampfes stehen die berufenen Vorkämpfer der Augustinischen Tradition, die Franziskaner. Schon Roger Baco, der Prophet der neuen Forschung in der äußeren Natur, der Rufer nach Erfahrung und Experiment, lenkt doch den Blick zugleich auch mit ganz neuer Kraft auf die Unmittelbarkeit der inneren Erfahrung, in der die Seele sich und alles Übermaterielle faßt; und er betont dabei ganz scharf den grundsätzlichen Unterschied des Seelischen vom Räumlich-Materiellen der Natur. Die vollkommene Unzulänglichkeit des Form-Materie-Schemas dieser Zweiheit gegenüber wird wieder sichtbar. Daß in dem Seelischen als solchem überhaupt keine Einordnung und Zugehörigkeit zu räumlichem Dasein angelegt ist, daß die geistigen Substanzen keinen Ort im Raume haben, weder den ganzen teilbaren Körper noch eine unteilbare Stelle darin, betont er schärfer als je einer zuvor. So gut man sagen kann (wie das so vielfach in der Form-Materie-Betrachtung geschah), die Seele sei im Körper überall, muß man auch zugestehen, daß sie nirgends ist in ihm. Wenn die Seele Form ist für den Körper, ihn belebt und bildet, so liegt darin doch jedenfalls nicht ihr ursprüngliches und eigentliches Wesen. So schließt sich Roger Baco, wie in der alten Franziskanerschule schon Bonaventura und später dann Duns Scotus und viele andere, lieber der Betrachtungsweise an, die unter dem Einfluß des Avicebron die Zweiheit von Materie und Form auch für das Seelische in sich allein (wie alle sonst schon für das bloße körperliche Sein) für sich in Anspruch nahmen – wobei dann der Begriff Materie sich vom Räumlich-Materiellen ablöst und nur ein Prinzip der Endlichkeit, Veränderlichkeit, Passivität bedeuten wollte. Jetzt gibt es in der Seele schon, vom Körper abgesehen, die Zweiheit von Materie und Form; so kann dieses Begriffspaar die Seele nicht mehr einseitig binden an die biologischen Funktionen. In gleicher Richtung und in gleicher Betonung der Eigenart der inneren Erfahrung tritt nun, gegen den Thomismus kämpfend, Heinrich von Gent ein für die Mehrheit der Formen im leibseelischen Wesen des Menschen. Nur in der unbelebten und der organischen Natur kann man von der Einheit der Form sprechen; im Menschen aber liegt die forma corporeitatis neben der vernünftigen und unsterblichen Seele und ist davon grundsätzlich ablösbar. Die alte Dreiteilung tritt wieder vor; aus raumkörperlicher Materie, Körper-Form und eigentlicher Seele besteht der Mensch. – Duns Scotus hat das weiter ausgestaltet; wohl ist ihm noch die Seele Wesensform des Körpers; aber neben ihr, und zwischen ihr und der Materie vermittelnd, wirkt die forma corporea organica. Wie diese Form ist für die organische Materie, so ist sie selber wiederum Materie für die Seele. Der Leib ist so an sich bereits ein von Materie und Form gebildetes Ganzes und gibt in solcher eigenen Geschlossenheit die Unterlage und den Anlaß für die eigentliche Tätigkeit der Seele, für Empfindung, Denken, Wollen. Entsprechend wendet Duns sich gegen die Meinung des Thomas, als sei die mit dem Tode sich vollziehende Ablösung der Seele vom Körper etwas „Gewaltsames" – im Gegenteil, hier kommt die Seele erst ganz zu sich selbst, zu ihrem Wesen, zur Vollendung. Mit ganz besonderer Energie aber betont nun Duns wieder das für die Ablösung des Seelenbegriffs vom objektiven Sein so ausschlaggebende Moment der Spontaneität in der Erkenntnis auf allen ihren Stufen, von der Sinneswahrnehmung und der Empfindung an, die als aktive Tätigkeiten des Subjekts gefaßt werden, deren Veranlassung nur die äußeren Reize und Eindrücke bilden, bis zu dem Anteil des Willens und der freien Zustimmung im Urteil (wovon wir später noch zu handeln haben). Niemand hat vor der Neuzeit so wie er die dahingehenden Ansätze der Augustinischen Erkenntnispsychologie zur Durchführung gebracht. Die Bedeutung der *species sensibiles* wird nun ganz abgeschwächt, sie sind nur Mitursachen neben dem aktiv zugreifenden Prinzip der Seele; nicht erst der Möglichkeit nach ist der Intellekt aktiv, und nicht erst durch die *species* zu der Betätigung gelangend, sondern an sich selber ist er, als Ganzes, schon tätige Kraft, die nur durch die gegebenen Eindrücke auf bestimmte Inhalte gelenkt wird. In aller sinnlich-anschaulichen Erkenntnis ist Verstandestätigkeit, Leistung des Subjekts als entscheidendes Moment darin, nur nicht so deutlich wie in der höheren, der eigentlichen Vernunfterkenntnis. – Überhaupt tritt jetzt die Einsicht in die Sonderart und in die überragende Bedeutung des Willens- und Gemütslebens für das Wesen des Seelischen, gegenüber der überwiegenden Betonung des Erkenntnisvorgangs und des Intellekts im Altertum, tritt besonders auch die Untersuchung der so sehr vorher vernachlässigten Sphäre des Gefühls mit Duns in eine neue Phase ein; die Eigentümlichkeit des Seelisch-Subjektiven wird damit immer schärfer aufgefaßt. In der Seelenauffassung des Duns Scotus liegt, wie schon Siebeck betont hat, die entscheidende Ablösung von der Vorherrschaft des Altertums in diesen Fragen und der erste Beginn zur Psychologie der Renaissance und der ganzen Neuzeit. –

Auch Wilhelm von Occam scheidet dann, gegen die Lehre von der Formeinheit ankämpfend, die denkende und vom Leib abtrennbare Seele scharf vom Formprinzip des Körpers und der anima sensitiva, die selber ausgedehnt und mit dem Leib in räumlicher Ausbreitung, Teil zu Teil, verbunden ist. Doch bleibt er, insofern der Trennungsstrich danach doch innerhalb der bewußten Seele selbst gezogen wird, ungewiß noch auf dem Übergange stehen; die Sonderexistenz des Aristotelischen Nus setzt sich hier ins Individuelle fort. Es wird noch nicht erkannt, daß die Bewußtheit oder

Subjektivität das Auszeichnende der Seeleneinheit, das sie von allem Räumlich-Materiellen klar Abgrenzende ist auf allen Stufen des Erlebens, auch in der sinnlichen Empfindung. – Von großer Wichtigkeit aber für die Entwicklung dieser Fragen wird dann die nominalistische Erkenntnistheorie Wilhelms von Occam und der Seinen. Denn hier wird mit der alten Anschauung gebrochen, wonach die Außenwelt ihr Abbild eindrückt irgendwie ins Seelische. Die Sinnesbilder, die Empfindungen sind nicht Nachbildungen der wirklichen Dinge und Vorgänge, sondern lediglich Zeichen für dieselben und von bloß symbolischem Wert! Die alte Bildchentheorie mit allen ihren Konsequenzen für die Auffassung der Seele, die schon Duns Scotus so stark entwertet hatte, fällt nun ganz dahin; ausdrücklich wird auch Thomas' Theorie verworfen. Das vorgestellte Sein der Dinge löst sich nun völlig ab von dem Ansichsein; die Heterogeneität des psychischen Gebildes dem Räumlich-Körperlichen gegenüber, das es repräsentieren soll, wird scharf betont. Das Innere ist von der Außenwelt total verschieden! Bis hin zu Berkeleys (nominalistisch orientiertem) Spiritualismus und weiter noch hat diese Neuwendung der Erkenntnislehre in der „Verfallzeit" der Scholastik gewirkt im Sinne völliger Ablösung des Psychischen vom Physischen und einer klareren Einsicht in die eigentümlich geschlossene Innerlichkeit alles seelischen Seins, das sich der bloßen Einordnung in den räumlich-kausalen Weltzusammenhang schlechthin widersetzen will. –

In der Übergangszeit der Renaissance mischen sich noch einmal alle die Motive, die alten und die neuen, in buntem Wechsel. Die Wiederbelebung der antiken Lehren trifft auf das neue reiche Lebensinteresse an der inneren Eigenart der Persönlichkeiten, an der Mannigfaltigkeit der seelischen Affekte, an der eigentümlichen Bewegtheit gesteigerten Innenlebens; und allzusehr muß sich das Neu-Gefühlte in die alten Einteilungen und Begriffe kleiden. Zugleich wirkt auch die religiöse Fragestellung nach der Seele weiter und trennt die Schulen nach der Stellung zur Unsterblichkeit. Die Naturphilosophie, die italienische wie die deutsche, versucht es überall mit der alten Dreiteilung; Leib, Geist und Seele werden unterschieden, wobei der „Geist" etwa beschrieben wird als ein feiner Körper kosmischen Ursprungs, der die Seele mit dem Leibe und den Menschen mit dem ganzen Universum verbindet. In dieser Richtung nimmt besonders auch die aus der stoischen Anschauung vom Pneuma stammende und durch das ganze Mittelalter sich hinziehende Lehre von den Lebensgeistern, den spiritus animales, welche den Einfluß von Leib auf Seele und Seele auf Leib vermitteln, breiten Raum ein. Da überall ist immer wieder die Tendenz, die Seele in den kosmischen Zusammenhang hineinzustellen, den Übergang der körperlichen Welt zur geistigen irgendwie doch in Kontinuität zu denken. Entsprechend treten denn auch überall alte und neue Begriffe von der Weltseele auf; und dabei wird gar leicht die schon gewonnene Einsicht in die absolute Sonderart seelischer Innerlichkeit aufgegeben – das Allgemein-Bedeutsame des Seelenseins wird wieder mehr gesucht in einer Kraftfunktion, in dem Beleben und Bewegen körperlicher Wesen.

Erst mit dem Sieg der mechanischen Naturansicht tritt eine neue große Klärung ein. Schon in der ganzen Zeit ringt die Tendenz sich durch, den alten vieldeutigen Begriff der Materie (dessen Aristotelische Prägung besonders die mannigfachste Anwendung bis ins rein Seelische hinein erlaubte) einzuschränken auf das durch das Grundmerkmal der räumlichen Ausdehnung charakterisierte Sein. So hatte z. B. Marsilio Ficino, in Fortsetzung der erwähnten mittelalterlichen Lehren, die unsterbliche Seele abgehoben als unteilbar-aktives Wesen vom teilbaren und trägen Ausdehnungssein der Körperwelt. Aber auch hier noch wird die bewegende Kraft der körperlichen Vorgänge und überhaupt aller Bewegungen in der Ausdehnungswelt gesucht im Seelischen. Bei Kepler erst vollzieht sich der Übergang ins rein mechanische Denken, das dann endlich auch den Seelenbegriff freimacht von aller objektivierenden Belastung mit Bewegungs- und Belebungsaufgaben. Zuerst steht er noch ganz im Bann der alten Anschauungen; im bewegenden Magnet wirkt Seele, und der Umlauf der Planeten wird erklärt ganz nach der Art der alten und mittelalterlichen seelisch-geistigen Gestirnbeweger. „In späteren Schriften dagegen setzt er mit vollem Bewußtsein an Stelle von einer die Planeten bewegenden anima das Wort vis und erklärt diese Kraft für körperlich, da sie den geometrischen Gesetzen unterworfen sei." Es war nun nur ein Schritt noch bis zur klaren Scheidung von Ausdehnungswelt und Bewußtsein bei Descartes. Darauf trieb auch die neue Wissenschaft hinaus: wenn nach ihrer Ansicht von der Natur die äußeren Dinge von rein quantitativer Artung sind, das Buch der Natur rein in mathematischen Lettern geschrieben ist, dann können unsere Wahrnehmungsvorstellungen vom Wirklichen mit ihrer Fülle von sinnlichen Qualitäten nicht Abbilder, Bildchen, species intentionales sein, ein schlechthin aus der Außenwelt im Abdruck Übernommenes und ihr noch Homogenes – sondern zwischen Sinnesvorstellung und räumlichem Ding ist der Zusammenhang mehr nur von der Art der nominalistischen Repräsentation durch Zeichen! Auch Demokrit hatte einst den Sinnesqualitäten das wahre Sein abgesprochen; aber es fehlte noch viel bei ihm dazu, daß er die bunten Bilder dann hineingenommen hätte in die Subjektivität des Psychischen, wie das jetzt bei Kepler, Galilei, Descartes, Locke und weiterhin die Lösung wurde. Bei Demokrit war ja die Seele Körper unter Körpern; jetzt aber wird sie eben in der Lehre von der Subjektivität der Sinnesqualitäten schärfer abgehoben von dem räumlich-materiellen Sein als je zuvor.

Descartes' rücksichtslose und wohl auch manches wichtige Problem beiseite schiebende Entschlossenheit hat, wie bekannt, die große Klärung und die letzte Schärfung des Gegensatzes zwischen Innerem und Äußerem, Bewußtem und Ausgedehntem heraufgeführt. Nun ist der Leib erst, auch mit allen Lebensfunktionen und Bewegungen, eigene, auf keine Seelen-„Form" mehr angewiesene Substanz, sondern volle Wirklichkeit in sich. Und damit ist nun auch die Seele frei von aller Wesensbindung an die äußerliche Welt, an Körperform und Pneuma oder Lebensgeist. Descartes' Begriff der spiritus animales läßt alles unbestimmte Ineinanderfließen von Innerseelischem und Leibdurchflutendem in diesem Hilfsbegriff des psychophysischen Zusammenhanges fallen; sie sind als ausgedehnte ganz zum Stofflichen gehörig, den mechanischen Gesetzen unterworfen, und bilden keinen Wesensübergang zum Immateriellen. Von Gestirnbewegern, Weltseele und Allbeseelung ist nun gar keine Rede mehr. Die Außenwelt kreist selbstgenugsam nach mechanischen Prinzipien in sich selbst. Sie ist durch eine absolute Kluft geschieden von der Innerlichkeit des Bewußtseins, von den denkenden, wollenden Seelen. Kein gradweiser Aufstieg verwischt, wie bei Aristoteles, Plotin oder Thomas, die spezifische Differenz der zwei Substanzen. Das Leben ist Mechanismus; und um alle Zweideutigkeit ganz sicher auszuschließen, verbannt Descartes selbst den Begriff der Kraft; zuviel von seelischer Tendenz liegt ihm darin. – Nun aber wird, viel prinzipieller als bei jenen Denkern der Patristik und des Mittelalters, die im Menschen offenbar gegebene Vereinigung der heterogenen und dem Wesen nach getrennt bestehenden Substanzen zum großen Rätsel – an dem Descartes noch selbst und alle Denker dann der Folgezeit sich mühen. Die absolute Eigenart des subjektiv-bewußten Innenseins ist jetzt erkannt. Ob ich Ideen und Prinzipien denke (wie der „tätige Verstand" des Aristoteles) oder mich spazierengehend weiß, ob ich Sinnliches wahrnehme oder in körperlichem Schmerze leide – identisch ist doch überall, daß Ich da weiß und fühle, Ich Bewußtsein habe. Dies Grundmoment des inneren Bewußtseins, des „Denkens" im weitesten Sinne des Wortes, kann nie vom Ich-Wesen abgetrennt gedacht werden; während alles Leibliche, und was dazu gehört, ganz ohne weiteres schon in Gedanken sich abtrennen läßt vom wirklich Seelischen. Die „res" cogitans, sei es nun die unendliche des Gottseins oder die endliche meiner Einzelseele, ist nicht ein ideelles, intelligibel-objektives Sein, sondern Subjektivität, Bewußtsein.

Das Augustinische Prinzip bricht jetzt, nicht mehr belastet von der Gegenmacht antiker Weltauffassung, klar hervor. Der zweifelhaften und erst nach Existenz und Wesensart von uns aus zu erschließenden Außenwelt stellt sich die unmittelbare Selbstgewißheit der Seele, des bewußten Ich entgegen. Descartes hat selbst, so scheint es, zuerst nicht um die große Tradition gewußt, in der er mit seiner „Entdeckung" des Archimedischen Punkts für alle Erkenntnis und Gewißheit stand. Und noch bis heute sind die geschichtlichen Zusammenhänge ungenügend nur erforscht. Zwar der Vergleich mit Augustin ist oft gezogen worden. Aber wie die Augustinische Tradition in dieser Sache (im Mittelalter ganz besonders durch Hugo von St. Victor und später durch Wilhelm von Auvergne fortgeführt) mit der „Verfallszeit" dann, der Hochflut des Aristotelismus entgegenlaufend, eine ganz neue Bedeutung gewinnt, wie da von Roger und Duns an über Wilhelm von Occam, Pierre d'Ailly und Gerson die Fäden laufen zu Raymond de Sabonde, Montaigne, Charron, Sanchez, zugleich zu Campanella, die ja alle unmittelbare Vorläufer der Cartesianischen Grundlegung sind – wie da auf allen Wegen das große Thema von der Eigenart und dem Gewißheitsvorzug innerer Erfahrung variiert wird, das hat noch niemand dargestellt. –

In Leibniz' Monadenprinzip erreicht dann der neue Seelenbegriff einen höchsten Gipfel. Die Seele als Monade ist vollkommenes Für-sich-Sein, eine ganze innere Welt für sich, in sich geschlossen, unbedürftig alles äußeren Einflusses und raum-körperlichen Weltzusammenhangs. Im Gegensatz zum alten Passivismus, nach dem die Seele, wie bei Aristoteles oder Demokrit oder der Stoa, vor allem ein Empfangsorgan für äußere Eindrücke ist, ein Treff- und Sammelpunkt für die durch den Zusammenhang mit Leib und Außenwelt in sie hineingeschickten Bildchen, wird nun die Überzeugung von der allem Weltsein spontan sich entgegenstellenden Aktivität des Seelisch-Inneren, die erst mit dem Christentum ganz in den Vordergrund getreten war, hinausgeführt zu einer letzten Konsequenz. Die Seele ist nach Leibniz schöpferische Kraft, von keinem äußeren Widerstande eingeengte Spontaneität, und dies nicht nur in dem Gemütsverhalten des freien sittlich-religiösen Menschen, sondern in der – sonst so gänzlich anders aufgefaßten – Wirklichkeitserkenntnis durch Wahrnehmung selbst. Die Entwicklung des Spontaneitätsgedankens von Augustin an über Hugo und Duns Scotus hatte schon bei Valentin Weigel, dem deutschen Mystiker und Naturphilosophen, auf die Ansicht hingedrängt, die der Monadenbegriff von Leibniz nun mit aller Schärfe herausstellt: nichts kommt von außen in die innere Substanz hinein, nicht einmal als Anlaß und Auslösung soll äußere Einwirkung auf die Seele angenommen werden! Sondern rein aus dem Innern entsteht ihr alles, was sie denkt und fühlt und sieht, die ganze ungeheure Mannigfaltigkeit der Welt, „in" der der Mensch sein Dasein lebt. Wenn die Materie Descartes' nur räumliches Sein war, nur Zuständliches, selbst in der Bewegtheit ohne alle Tätigkeit und Kraft – so ist im äußersten Kontrast dazu die Seele Tätigkeit durch und durch, ständiger Übergang aus eigenem Vermögen, eigenem Antrieb, Veränderlichkeit rein durch sich selber! Unmöglich nun, sich diese Seele noch hineingestellt zu denken in die räumliche Außenwelt, wie doch Descartes immerhin noch die mit dem Leib verbundene Seele sich in Wechselwirkung dachte mit demselben, ja ihr gar einen ganz bestimmten Sitz anwies im leiblichen Zentralorgan. Die Seele ist nicht mehr „im" Raum, in dieser Außenwelt der täglichen Erfahrung, darin die Dinge aufeinander wirken, sondern die Außenwelt als räumliche und selbst der eigene Leib als Raumgebilde ist ein Erscheinen in der Seele, sich darstellend einzig in der inneren und ganz im Inneren beschlossenen Bewußtseinsspontaneität.

Wie weiterhin die Folgezeit sich müht um den Begriff der inneren Welt, wie im Verlauf erkenntnistheoretischer Besinnung der immer klarer durchgebildete Gedanke des Bewußtseins sich abzulösen strebt von dem Begriff der Einzelseele mit der darin verflochtenen religiösen Problematik, wie Kants Lehre von der transzendentalen Einheit der Apperzeption und der synthetischen Spontaneität alles Erkennens den Boden bereitet für die Klärungen bei Reinhold oder Maimon, die große Weiterbildung dann durch Fichte, der nun ganz neu das Moment der Willensfreiheit in Zusammenhang brachte mit dem Zentrum der Bewußtheit und der Subjektivität – das alles soll ebenso wenig mehr hier verfolgt werden, wie die allmähliche Herausbildung der inneren Erfahrung, das Entstehen der neuen Psychologie. Uns kommt es immer wieder doch nur darauf an, den inneren Zusammenhang zu zeigen, in welchem die Probleme einer neuen Lebenswelt aus frühgebildeter, durch das ganze Mittelalter und besonders seine Spätzeit fortgeführter Tradition der neueren Philosophie entgegenreifen. – Für diese Einsicht ist in den besprochenen Lehren noch ein Moment von eigentümlichem Interesse.

In der Patristik entwickelt sich aus der geschilderten Lebenshaltung der Gedanke, daß unsere so nach innen umgeschlagene Erkenntnis Gott unmittelbar erfasse, die Welt aber erst weiterhin durch ihn. Alle Vernunfterkenntnis von der Außenwelt, sagt Augustin, ist ein Ergreifen von Ideen; also – da die Ideen nur Momente im göttlichen Verstande sind – ein Berühren Gottes und dadurch erst ein Wissen um die Welt! So setzt die Lehre Platos von der Wiedererinnerung sich fort in eine metaphysische Erkenntnislehre, nach welcher das Entscheidende des Wissens in einer innergeistigen Berührung von Intelligenzen, der endlichen mit der unendlichen, entsteht. Die Welt und jener abbildliche Eindruck auf das Subjekt, woran das Altertum (auch Plato selber doch, beim Sinnlichen wie beim Intelligiblen) sich vor allem hielt, tritt ganz zurück. Im Mittelalter haben das die Augustinischen Mystiker fortgesetzt, Hugo von St. Victor vor allem, und weiterhin Bonaventura und die Franziskanerschulen, Dietrich von Freiberg dann und Meister Eckehart. Bei ihnen allen ist der Weg derselbe, den man gewöhnlich in der Form der Cartesianischen Schlußketten kennt: vom Selbstbewußtsein und der inneren Gewißheit zur Gottesidee und ihrer allumfassenden Unendlichkeit und Wahrheit, und erst von da zur Außenwelt, zum körperlichen Sein. Ein Ding wirklich erkennen, es in seiner ratio schauen, es also nach den ewigen Regeln erfassen, die der Mensch in sich selber findet und aus sich selbst entwickelt, heißt es im Lichte der ersten Wahrheit schauen, die Gott selber ist, sagt Dietrich von Freiberg; mit Gott stehen wir bei solcher Erkenntnis in unmittelbarer Verbindung. Und diese Ansicht spitzt sich in dem Maße zu, als überhaupt die Vorstellung als Psychisches dem Physischen der Außenwelt heterogen erkannt wird, besonders also mit dem Nominalismus Wilhelms von Occam. Wir haben, so wird da ausgeführt, in der Erkenntnis nie die Dinge (oder ihre Bildchen), sondern immer nur unsere Vorstellungen, als Zustände oder Tätigkeiten in uns selbst. Das steigert eben wieder das Vertrauen in den Vorrang innerer Erfahrung. Die Welterkenntnis ist in ihrem Grunde Selbsterkenntnis und durch sie hindurch Erkenntnis Gottes. Nicht nur ein Wissen um das wichtigere und dem erkennenden Subjekt am nächsten stehende Sein ist dann die innere Erfahrung, im letzten Sinne aber doch koordiniert der äußeren Erfahrung von der gegebenen Natur – sondern hier kommt es so heraus, daß jegliche Erfahrung ursprünglich innere, und daß die innere Erfahrung auch die Quelle aller sogenannten äußeren Erfahrung sei. Die Erkenntnisse des inneren Sinnes liegen danach überall denen des äußeren zu Grunde. (Es ist bekannt, wie das Problem des „inneren Sinnes" in eben dieser Richtung sich bei Kant so kompliziert gestaltet.) Im Ich die Welt zu finden, auf dem Wege über Gott, das ist danach nicht nur ein mystisches Erlebnis oder (wie dann bei Descartes) ein Beweisgang für den Zweifelnden, sondern der selbstverständliche Weg aller Erkenntnis überhaupt in jedem ihrer Akte. Das hat besonders breit das 17. Jahrhundert ausgeführt (die Wirkung des Motivs reicht noch bis in die Erkenntnistheorie der deutschen Idealisten hinein); Geulincx und Malebranche und Leibniz sind die Erben Augustins und jener auf ihn weiterbauenden Denker der „Verfallzeit". Bekannt als Schlagwort, aber weniger gewürdigt und erforscht ist Malebranches Lehre, die bis in Kants Inaugural-Dissertation hinein direkt noch fortwirkt: „daß wir alle Dinge in Gott schauen" – daß wir in Gott (mit dem wir, auf uns selbst gewendet, in innigster Verbindung stehen) nicht nur die „Ideen" in jenem alten Sinne als die ewigen Wahrheiten, sondern auch die sinnlichen Inhalte, auch die Bilder der Wahrnehmung sehen und dadurch allein, vermittelt also, ein Wissen von dem körperhaft realen Sein der Dinge haben. Auch die Erkenntnistheorie von Leibniz ist allzuwenig bisher in diesem Zusammenhang gesehen worden. Und doch spricht Leibniz sich oft genug und deutlich über diese Frage aus. Für ihn, dessen Monadenbegriff eben ausging von jener vollen Einsicht in die Eigentümlichkeit des Bewußten, und der bis zum äußersten davon die Konsequenzen zog, ist ein Berühren zwischen Ich und Ding, ein Einfließen und Hinüberwandern des Äußern in das Innere, vollkommen ausgeschlossen. Kausale Vermittlung, eine Brücke zwischen Außenwelt und Innenwelt im Sinneseindruck kann es da nicht geben. Die Seele bleibt in ihrer reinen Innerlichkeit für alle Zeit beschlossen. Ihr kann die Außenwelt im letzten Grunde nicht die äußere Schranke und Umfassung sein, sondern nur im eigenen mitgegebenen Lebensreichtum hat sie jene. Der Urtyp alles Erkennens ist die Reflexion, die Selbstschau der Seele, ihr Wissen von dem eigenen Innern. Nur auf diesem Wege kommt die Erkenntnis zum Sein selber, erfaßt es unmittelbar. Die Idee in mir ist das „unmittelbare innere Objekt" – vom Äußeren aber wissen wir nur durch Vermittlung eben dieser „Ideen", der Vorstellungen in uns. „Die Sonne und alles was ist, sehen wir in uns selbst und in unserer Seele!" Denn diese Bildinhalte der sinnlichen Vorstellungskraft oder auch die Begriffe unseres Denkens beziehen ihrerseits sich repräsentierend und in eindeutiger Zuordnung auf Seiendes „außer mir" (dies nun nicht mehr im räumlichen Sinne verstanden!). Diese ideelle Entsprechung aber, durch deren Vermittlung also unser Selbsterfassen auch über das eigne Seelensein hinaus zur (mittelbaren) Seinserkenntnis wird, hat ihr Fundament in dem Realzusammenhang der Seele mit Gott als ihrem Schöpfer. Gott ist „das einzige unmittelbare äußere Objekt" – in dem Sinne, daß in der Seelen-Selbstschau eben Gotteswerk und Gotteswirkung uns zum Bewußtsein kommt. Auch in dem Wissen um Gott greift die Seele nicht eigentlich hinaus über den Ichbereich, der „ohne Fenster" ist; auch hier läuft der Erkenntnisweg noch über die vermittelnde in mir gegebene Repräsentation – insofern ist auch Gott nur „mittelbares" Objekt! Die Einzelseele faßt nicht unmittelbar die göttliche Person in sich, sondern nur deren Projektion auf ihre eingeschränkte Ebene, auf den Spiegel ihres eignen Innern. Der Unterschied ist aber der, daß hier Realzusammenhang besteht und miterlebt wird; die Seele als in sich selbst beschränkte unvollkommene Existenz weist über sich hinaus auf die unendliche Vollkommenheit als ihren Urgrund. An der Realität und der realen Schöpfungs- und Erhaltungswirkung Gottes hängen dann weiter auch das System der Dinge, ihre Harmonie, die wechselseitige Entsprechung alles Seienden – durch welche es erst möglich wird, daß eine Einzelseele mit dem Erfassen des in ihr Gegebenen mittelbar auch das „Äußere", die andern Seelen und Wesen erkennt, im Selbsterfassen der inneren Welt das Universum selbst, wie im Blick auf einen konzentrierenden Spiegel, erschaut. Nicht „in Gott" also schauen wir die Dinge und die Wahrheiten (wie das Malebranche lehrte), sondern in uns selbst; aber die Brücke zwischen uns und allem andern in der Welt schlägt die Realität der göttlich-geistigen Substanz. Wenn Platos Seele eingeordnet war oder angegliedert wurde der sinnlichen und der intelligiblen Welt – so ist bei Leibniz umgekehrt sowohl die ganze unendliche Außenwelt, von der wir in den Sinnesbildern Kenntnis haben, wie die Gesamtheit der Ideen im alten Sinn (der ewigen Wahrheiten, wie er sie selber nennt), die Allheit der Essenzen oder der intelligiblen Möglichkeiten und möglichen Welten hineingezogen in die Seele, trotzdem sie auch noch selbst als eignes Dasein außerhalb der Einzelseele ihr Bestehen haben. Die Seele ist in der Welt; aber die Welt ist auch wiederum in der Seele! Der alte Gedanke vom Zusammenhang des Mikrokosmos mit dem Makrokosmos (sonst wesentlich bezogen nur auf die Identität der Stoffe und der Kräfte, auf die Analogie der Vorgänge und Bildungen in Welt und Mensch) erhält von diesem ausgereiften Begriff der Subjektivität her eine neue Fassung: die große Welt ist abgespiegelt, einzigartig kontrahiert in der Einzelseele.

Es hängt mit dieser metaphysischen Erkenntnistheorie und jener von dem christlichen Erleben aus geforderten Neuordnung von Seele, Gott und Welt (auf welcher sie beruht) zusammen, wenn in der neueren Philosophie vielfach so wenig scharf geschieden wird zwischen innerer Erfahrung im Sinne empirischer Innen-Wahrnehmung der individuellen psychischen Gegebenheiten, und in dem Sinne eines innergeistigen Erfassens und Anschauens von Intelligiblem, von metaphysischem oder logisch-idealem Sein. Die Zweideutigkeit, die schon in Platos Lehre von der Erinnerung angelegt war, gewinnt eine ganz eigene und oft verhängnisvolle Bedeutung. Immer ist die „innere Erfahrung" eben zugleich empirisches Selbstbewußtsein des Einzelmenschen – und (in dem Vermittlungsweg vor allem des „Gewissens") religiös-metaphysischer Zusammenhang mit Gott und der ganzen Geisteswelt. Zwar sah man früh schon ein, daß jener Evidenzvorzug des Inneren sich wesentlich nur auf das „Daß" der eignen Existenz, nicht aber gleichermaßen auf das „Was" bezieht (denn was die Seele eigentlich im Ganzen ist, das ist doch offenbar nicht selbstgegeben!), daß die Selbsttäuschungen uns Anlaß geben, auch für die innere Erfahrung zu unterscheiden zwischen Vorstellung und Sein, Erscheinung und Existenz; besonders von Duns Scotus an hat man das immerfort betont. Und das mußte ja ganz besonders deutlich werden in der Zeit der neuen Naturwissenschaft: wo nun auf einmal alle zuverlässige und exakte Seinserkenntnis sich ganz vorwiegend, ja ausschließlich auf die körperliche Welt bezog, die man doch gleichzeitig so weit abrückte von dem eigentlichen unmittelbar-intuitiven Daseinswissen, das eben nur im Selbstbewußtsein des Ich sich findet; – eine Paradoxie des Zeitbewußtseins, die man besonders deutlich sich bei Malebranche vor Augen führen kann, wo denn auch nachdrücklich hingewiesen wird auf jenen Unterschied des Daß und Was. – Aber es blieb darum doch bei dem Zusammenhang (und der Verwechslung vielfach auch) des Seelisch-Tatsächlichen mit dem logisch-metaphysischen Intelligiblen. Duns Scotus selbst rechnet z. B. in die innere Erfahrung die Einsicht ein, was der Begriff sei, oder die, daß wir in aller Forschung aus Bekanntem das Unbekannte diskursiv entwickeln müssen. Empirische Selbstwahrnehmung und Anschauung vom zeitlosen Wesen der Erkenntnis, der Begriffe, der Ideen wird leicht vermischt im Doppelsinn des „Intelligiblen" als des durch äußere sinnliche Wahrnehmung nicht Erfaßbaren. So bei Wilhelm von Occam und allen anderen. Meist steht das „Übersinnliche" im religiös-metaphysischen Sinne hier noch im Vordergrunde (so ganz besonders auch in Roger Bacos Begriff der inneren Erfahrung); aber in dem Maße, als die Neuzeit sich der Erfahrungswirklichkeit, der Natur zuwendet, der äußeren wie der inneren, tritt die Gefahr hervor, daß jene Weseneinsicht in „Intelligibles" oder das Erfassen metaphysisch-geistiger Realitäten ins Empirische der psychischen Selbstwahrnehmung hineingezogen wird. Besonders von Locke an zeigt sich das; aber auch die Rationalisten geraten von da aus in große Unklarheiten hinein. Descartes nennt die Gewißheit von der eignen Existenz, als „intuitive", in einem Atem mit der Intuition der mathematischen Axiome; beides wird nach ihm „klar und deutlich" erkannt, im Gegensatz zu allen sinnlich-äußeren Erfahrungsdaten. Alle Unsicherheiten der subjektiv-idealistischen Tendenz bei Descartes hängen mit diesem Punkt zusammen. – Und auch bei Leibniz (der doch, ausdrücklich gegen Descartes sich wendend, das cogito sum nur zum Prinzip der Tatsachen- und Erfahrungswahrheiten macht) ist der Begriff der „Reflexion" von eigentümlicher Zweideutigkeit: die Fähigkeit der Seele, auf sich selbst zu blicken und ihr eignes Leben zu beobachten, ist ihm (auch unabhängig noch von jener metaphysischen Erkenntnislehre der Repräsentation im Innern) ganz ohne weiteres auch die Fähigkeit zur wesenschauenden Abstraktion, zur Hinwendung rein auf die ewigen Wahrheiten, zur Erkenntnis letzter Seinskategorien wie Substanz, Einheit, Kraft, Identität usw. An sich selber fasse die erkennende Seele zuerst diese ontologischen Wesenheiten. – Bei Kant setzt eine scharfe Scheidung ein: auch für die Seele selbst wird innere Erscheinung und substantielle Existenz getrennt! Doch wirkt auch da die Unklarheit noch vielfach nach und bringt dann neue Schwierigkeiten in der metaphysischen Erkenntnislehre Fichtes und der weiteren. –

*

Es liegt nun auf der Hand, welche Bedeutung das bisher verfolgte Ausreifen des Begriffs vom Seelisch-Inneren im Verein mit jener Auffassung des Zusammenhangs von Seele, Gott und Welt gewinnen mußte für die Ausbildung jener auf weiten Strecken der neueren Metaphysik vorwiegenden Welteinstellung, die man, in allzu unbestimmter Fassung, „Idealismus" nennt. Platos Idee ist „seiendes Sein", dem Seelisch-Subjektiven (das selber noch bei ihm nicht eigentlich erkannt ist in seiner Eigenart) gegenüberstehend und ihm selbst erst sozusagen zum Sein verhelfend; sein Idealismus ist ganz unabhängig vom Subjektbegriff. Die Neuzeit aber, der der große Gegensatz von erkennend-wollendem Subjekt und objektivem Sein nun aufgegangen ist, versucht, wie einerseits etwa im Materialismus, fortsetzend die alte Einstellung aufs Objektive, die Seele ganz im Sein aufgehn zu lassen, – so besonders aber nun andererseits das Sein, die Außenwelt ins Subjekt gänzlich aufzunehmen, sie zur „Idee" im neuen subjektiv-bewußten Sinne, zur Erscheinung im Subjekt zu machen. Die Prävalenz des Seelisch-Geistigen vor der Natur, der Person (Gottes und der Seele) vor dem Objektiven spitzt sich hier zur Behauptung von der alleinigen Realität des Subjektiven zu. Der große Gegenpol in dieser subjektiv-idealistischen Bewegung der Neuzeit ist Spinoza. Sein Gott ist Seinssubstanz im alten Sinne mit den Attributen der Ausdehnung (wodurch allein die „Welt" im objektiven Sinne schon die Oberherrschaft hat) und des Denkens – das seinerseits der subjektiven Eigentümlichkeit verlustig gehen und den Zusammenhang mit dem Bewußt-Persönlichen der christlichen Entwicklung ganz verlieren muß. So ist denn bei Spinoza Seele wieder definiert als das formale Sein des Körpers, als ein ihm (hier nun nicht mehr über-, sondern) beigeordnetes gleichsam objektives Seinsmoment. Die Seele ist hier die „Idee des Körpers". Das ist nicht mehr Platos Idee; vielmehr stammt der Begriff wirklich aus der (Cartesianischen) Bewußtseins- und Vorstellungslehre und soll auf die spiegelnde Repräsentation des Leiblichen im Psychischen weisen (psychophysischer Parallelismus); aber hier ist doch wieder die Vorstellung ins Objektive umgewendet, der eigentliche Subjektivitätsbegriff verlassen. Die von Descartes so in den Mittelpunkt gestellte Eigentümlichkeit des Selbstbewußtseins aber wird dann auf dem gleichen Wege abgeschwächt: das selbstbewußte Ich ist für Spinoza nur Idee der Idee, – womit natürlich auch (zuwiderlaufend aller Grundtendenz des neuen Seelenbegriffs) das Selbstbewußtsein wesenhaft geheftet wird an den Leib und an das Leibbewußtsein. Der Geist erkennt sich selbst nur, insoweit er die Ideen körperlicher Affektionen perzipiert. Denken und Sein rücken bei Spinoza nun wieder so nahe fast aneinander wie bei Parmenides. – Aber bei den meisten andern unter den großen Metaphysikern der Neuzeit geht die Entwicklung auf den neuen „Idealismus" hin. Er war schon angedeutet in den Lehren der Kirchenväter. Was in der neuplatonischen Philosophie angelegt war an spiritualistischen und objektiv-idealistischen Tendenzen, das bringt die Patristik zusammen mit dem eigenen Erlebnis von der Einzelseele, der Personalität des Schöpfers, der Nebensächlichkeit der objektiven Welt dem Austausch der Gesinnungsakte gegenüber. So ist schon in der Gnosis neben der Steigerung des alten Dualismus auch ein starker Zug auf den Idealismus hin wirksam; bei Origenes sind Außenwelt und Materie nur gleichsam nachträglich erschaffen um des das Reich der Geister spaltenden Abfalls der freien Seelen willen, die in der Sinnenwelt und ihrer körperlichen Bindung dann eine neue Einheit und Gemeinschaft finden und wieder von ihr aus zum Reiche Gottes sich aufschwingen sollen. Der Kosmos ist danach ein Mittel nur der Strafe und der Besserung, Mittel und Weg der geistigen Erziehung; ist die erreicht, so fällt seine

Existenz dahin. – Und wenn hier immerhin für die Erziehungszeit der Körperwelt noch eine eigene und kompakte Realität zugesprochen wird, so zielt Gregor von Nyssa deutlich darauf hin, sie selber, und mit ihr besonders den Leib, nun auch aufzufassen als von „geistiger" Natur, als einen Komplex immaterieller Qualitäten – um es verständlich zu machen, was sonst ein Rätsel schien, daß Gott als geistige Person dies scheinbar völlig andersartige Sein der ausgedehnten materiellen Dinge schuf. Der sinnliche Leib erscheint bei ihm als ein Produkt der Seele nach dem Sündenfall. Scotus Erigena hat diese Lehre dann ins Mittelalter eingeführt. – Immerhin hält sich das doch noch sehr nahe an die immaterialistische Tendenz der Platonischen Ideenlehre, und der Versuch, das ganze Weltsein aufzulösen in Erscheinungen der Subjekte (wobei auch eben dieser Begriff der Erscheinung eine vollkommene Neugestaltung aufs Subjektive hin erfährt gegenüber der Platonisch-objektiven Fassung) blieb erst der Neuzeit vorbehalten. Der Nominalismus des ausgehenden Mittelalters lehrte erst ganz scharf unterscheiden zwischen dem Ding in der äußeren Natur und dem Ding als Erscheinung im Bewußtsein, als „intentionales" Sein, zwischen der Welt also an sich und der Welt als Vorstellung. Als erster hat auf diesem Grunde dann Nikolaus von Autrecourt in jenem 14. Jahrhundert ernstlich die Frage aufgeworfen, ob von hier aus überhaupt noch eine eigene Existenz der Außenwelt, ein Sein an sich außer der Welt als Vorstellung in uns behauptet werden könne. Von da an reift das neue idealistische Motiv der grundlegenden Fassung entgegen, die ihm durch Descartes' Ausgang vom Selbstbewußtsein erwächst.

Descartes selbst war so wenig wie Augustin reiner Idealist in diesem neuen subjektiven Sinn des Wortes. Die ausgedehnten Dinge sind nach ihm real und von ganz selbständiger Existenz, nicht anders als die seelischen Subjekte; die Welt des Raumes ist von Gott geschaffen wie die Welt der Geister. Die großen Erfolge der neuen Wissenschaft vom Räumlich-Materiellen und ihre Entdeckung der Gesetze der Natur mußte die eigene Existenz der Außenwelt noch unterstreichen. – Aber mit solcher Nebenordnung der so heterogenen Substanzen wollten sich die Späteren nicht begnügen. Malebranche, der so tief von dem Übergewicht des Geistigen über alles Materielle überzeugt war als nur irgend einer von den Nachfahren des Gregor von Nyssa oder Augustins es sein konnte, neigt schon sehr deutlich zum Spiritualismus hin, und kann doch wiederum die äußere Natur der res extensae nicht für irreal erklären; seine vermittelnde Lehre von der intelligiblen Ausdehnung steht in der Mitte zwischen Augustin oder Descartes und Berkeley. Leibniz ist auch durchaus nicht eindeutig Idealist im neuen Sinne. Es gibt zwar nichts Materielles, sondern Immaterielles nur in der metaphysisch-realen Welt, wie er sie sieht; das Räumlich-Körperliche ist Erscheinung nur von Einheiten intelligiblen Wesens und von intelligiblen

Ordnungen derselben. Die Existenz der „Außenwelt" im Sinne von Descartes oder Spinoza oder Malebranche wird damit aufgelöst. Aber das heißt doch durchaus noch nicht, daß nun die äußere Natur hineingezogen würde in die Subjektivität der Seelen; das war ja auch beim Immaterialismus Gregors von Nyssa nicht der Fall. Das Immaterielle ist hier eben keineswegs identisch mit dem Seelisch-Subjektiven – wenn es auch ganz anders schon gemeint ist als das Immaterielle Platos. Die objektiv-immateriellen Einheiten, aus denen sich die Wirklichkeit und alles scheinbar Räumliche „zusammensetzt", – diese Monaden sind immerhin gedacht unter dem Vorbild und nach der Analogie des subjektiv-bewußten Seelenseins. Eindringlicher als je zuvor führt hier bei Leibniz der Vorrang des Seelischen zu dem Gedanken (dessen erste Andeutung im Altertum Heraklit, dessen erste Ausbildung Plotin gegeben hatte, und den dann an der Schwelle der Neuzeit besonders die deutsche Mystik und die Naturphilosophie der Renaissancezeit, Nikolaus vor allem und Bruno, eindringlich gemacht hatten): daß in der Innenreflexion der Seele man den Schlüssel zu dem Wesen der Welt und alles Seins besitze. Was immer ist, sagt Leibniz, muß Einheit sein oder aus Einheiten bestehen. Wirkliche Einheit aber ist nie im Räumlich-Materiellen anzutreffen. Dagegen faßt die Seele in sich selbst ein Einfach-Unteilbares, das Einheit ist von Mannigfaltigkeiten. Nach dem in solcher Selbstanschauung uns gegebenen Vorbild muß also alles Sein verstanden werden. Nicht so, daß überall nun Seelen und Subjekte hinter den Dingen stecken und sie gleichsam ausstrahlen, sie sich einbilden sollen – sondern man soll den Substanzbegriff in seiner Allgemeinheit orientieren an der unmittelbaren Selbstgegebenheit der Seelensubstanz und den fundamentalen Momenten in ihr selbst, darauf sich erst ihre Bewußtheit und ihr subjektives Innenleben aufbauen. Die Monaden sind keineswegs alle „Seelen" in unsrem Sinne, Bewußtseinszentren und Personen; sondern Subjekte sind sie nur in jenem alten Sinne der tragenden Substanzen. Aber es wird (während im Altertum das Seelensein möglichst der Objektivität angeglichen wurde) nun hier das objektive Sein so sehr dem Seelisch-Subjektiven angenähert – daß wiederum ein Stufengang hinaufzuführen scheint in homogenem Fortgang vom Stein (bzw. dem unräumlichen Aggregat „schlafender" oder „nackter" Monaden, das ihm zu Grunde liegt) über Pflanze und Tier zur Menschenseele. Auch hier bei Leibniz ist die Einordnung der Seele in den Stufengang des Seienden ein objektivistischer Zug (der ihn ganz scharf abtrennt vom subjektiven Idealismus eines Berkeley;) aber das wird zum Teil eben doch paralysiert durch seinen monadischen Seinsbegriff, der selbst schon seelenanalog gefaßt ist! So ist es kein Rückfall in den alten Seelenbegriff, wenn wieder hier, der auseinanderreißenden Tendenz Descartes' entgegen, die Seele in Zusammenhang gebracht wird mit Bewegungskraft und Lebensform; denn nun sind diese letzteren mehr eine Art von Vorstufe des Seelischen, als daß die Seele ihrerseits nur eine Sonderart des dinglich Seienden, oder Form für das Organisch-Lebendige wäre! Die Aristotelischen Begriffe von Energie und Entelechie werden auch bei Leibniz wieder auf die Seele angewandt; aber sie haben bei ihm ihre Bedeutung eben ganz gewandelt; sie sind nicht mehr Objektsprinzipien ihrem Ursprung nach, sondern aus der Reflexion aufs Seelische geschöpft. Die Seele ist nicht mehr die Form des Körpers, der als bekanntes Sein vorausgesetzt wird, sondern in der Monadenlehre ist der Körper selber eine Ordnung von Substanzen, die man nach Analogie zu Seelischem (wenn auch nicht geradezu als Seelen selbst) sich denken muß! – Ganz ähnlich ist späterhin bei Schelling etwa, der auch die Seele einstellt in einen großen Seinszusammenhang von Stufen, das Eigenrecht der Subjektivität dadurch gewahrt, daß die Natur selbst gedacht wird nicht als im Grunde Intelligibles etwa nur, als ideell fundiert im Sinne Platos oder erschaffen nach Ideen im Sinne Gregors oder Augustins und Malebranches – sondern als „unbewußte Intelligenz"! –

Wir wollen hier nun nicht mehr die Entwicklung des neuzeitlichen Idealismus von Descartes und Leibniz an verfolgen, mit seinen breiten metaphysischen und erkenntnistheoretischen Fundierungen und Konsequenzen, mit seiner Gipfelung in der Metaphysik des absoluten Ich (als einer äußersten Entfernung von der antiken Seinsauffassung – das „Ich" als philosophisches Prinzip gehört allein der Neuzeit seit Descartes und Leibniz an), mit seinen Versuchen auch, den „objektiven" Idealismus in sich einzuschmelzen, wie bei Schelling oder Hegel. Von allen den idealistischen Systemen und Tendenzen sollen hier nur noch zwei Weltfassungen besondere Erwähnung finden, die sich besonders nahe an den religiösen Ursprung dieser ganzen Problemstellung und an das alte christliche Bewußtsein von der einzigartigen Bedeutung der Einzelseele halten – und die aus jenem Weltgefühl eine äußerste metaphysische Konsequenz zu ziehen wagen: der Idealismus Berkeleys und der von Fichte.

Für Leibniz hat die „Außenwelt" noch eigene Realität, wenn auch nicht in der Form des Raumes, die unsere sinnliche Erfahrung ihr zuschreiben will. Den Tieren, Pflanzen und selbst der „toten" Materie kommt Eigenwert und Eigensein im Stufenbau des Weltalls zu – nur daß das alles von monadischer und seelenanalogischer Struktur im Grunde ist, „Materie" aber nur ein Moment der Endlichkeit, der inneren Gehemmtheit an den Einzelwesen jeder Art und Stufe bedeutet. Es ist in der Monadenwelt so, wie es jener schöne Traum des Heinrich Seuse einst dargestellt: das ganze Universum der Geschöpfe, vom Sand im Meer bis hinauf zum Menschen, spiegelt und preist gleichsam die Vollkommenheit des Göttlichen; auf alle Dinge fällt ein Teil des Glanzes, der sonst nur in der Menschenseele gesucht wurde; jede Monade ist immaterielle Einheit, spontane Kraft und unvergängliche

Substanz, auch die Tier-„Seelen", die individuellen Lebensprinzipien der organischen Wesen überhaupt sind auf ihre Art „unsterblich"! Aber das heißt doch nicht (wie schon gesagt), daß hier die Welt ganz in ein Reich von Seelen, von Subjekten umgedeutet würde; – das Analogische der niederen Monaden mit den eigentlichen Seelen, der Unzerstörbarkeit mit der persönlichen Unsterblichkeit, der „Repräsentation" und „Perzeption" im vorbewußten objektiv gemeinten Sinn der „Darstellung des Vielen im Einen" mit der bewußten Vorstellung und Erkenntnis – soll keineswegs den Unterschied verwischen. So hat denn auch die Menschenseele wirklich ihren Körper, nur daß sie nicht „in" ihm als materiellem Raumstück steckt (wie noch bei Descartes), sondern vielmehr zum Körper nur im Verhältnis einer intelligiblen Zuordnung lebt. Auch das leibliche Sein also, und alles Sein der untermenschlichen Natur hat eigene Realität und erfüllt in seiner Eigenart und seinem Eigenwerte, unersetzbar durch die höhern Stufen, die bewußten Seelen etwa, die große Weltaufgabe. –

In Berkeleys idealistischer Metaphysik dagegen wird die Konsequenz gezogen aus der neuen Lebensstellung, wonach die ganze äußere Natur mit all ihrer Schönheit, Mannigfaltigkeit, Lebendigkeit, wonach Materie, Gestirne, Pflanzen, Tiere und selbst der Leib des Menschen nur da ist „für" die Menschenseele und den Heilsprozeß, der sie zu Gott emporführt. Die mit dem geistigen Urprinzip des persönlichen Weltschöpfers gegebene, von Gregor von Nyssa schon gesehene Problematik: was diese geistige Person Gottes zu schaffen haben könne mit der ungeistigen Materie und allem Räumlichen – verbindet sich hier mit jenem für jedes denkende bewußte Ich sich auftuenden radikalen Zweifel an der „Außenwelt", der aus der Augustinischen Entdeckung vom Gewißheitsvorzug der inneren Erfahrung und aus der nominalistisch-subjektiven Fassung des Erkenntnisvorgangs bei den Denkern des ausgehenden Mittelalters und bei Descartes dann aufgewachsen war. Es bleibt noch zu erforschen, welche direkten Fäden etwa Nicolaus von Autrecourt (den man auch wegen seiner überraschend an die englische Erkenntniskritik der Aufklärungszeit gemahnenden Auflösung des überkommenen Substanz- und Kausalitätsbegriffs den mittelalterlichen Hume genannt hat) mit Berkeley, der ausdrücklich sich beruft auf „einige Scholastiker", oder mit dessen Zeitgenossen gleicher systematischer Tendenz, mit Robert Greville, Norris und Collier verbinden; daß da historische Vermittlungen aufzufinden sein müssen, geht aus der Lage des Problems, besonders auch aus Berkeleys prononciertem Nominalismus, klar hervor.

Bei Berkeley nun wird mit dem Begriff der körperlichen Substanz zugleich auch der einer in sich selber existierenden Natur und „Außenwelt", insofern darunter mehr verstanden wird als das reale Dasein andrer seelisch-geistiger Personen, gänzlich abgelehnt. Die Körper sind nichts andres als

Komplexe von „Ideen" – dies Wort nun nicht mehr verstanden in irgendeinem objektiven Sinne des Intelligiblen (wie trotz der Einschmelzung der
Platonischen Idee in den göttlichen Intellekt doch noch in der ganzen
Entwicklung von Gregor von Nyssa bis Malebranche und Leibniz ein
solcher Sinn lebendig war), sondern rein im subjektiven Sinne unsrer Vorstellungen, der wechselnden Inhalte in bewußten, denkend tätigen Subjekten. Die Welt der Dinge und der Organismen, der Himmelskörper und der
Elemente ist nichts als unsere Vorstellung, Erscheinung in den Einzelseelen.
Nicht sind die Seelen in der Welt, sondern die Welt ist nur in Seelen. Der
bei Leibniz zwiefältig schillernde Erscheinungsbegriff verliert nun ganz
den objektiven Beiklang, der ihn in der Antike fast allein bestimmte (Erscheinung als eine geringere, in sich selber blasse und schattenhafte Art von
objektiver Existenz); er wird nun eindeutig im neuen Sinn gefaßt als
Erscheinung in Subjekten. Dabei stößt er zugleich denn auch den objektiven
Ursprung ab: das Ding, das mir erscheint. Esse = percipi ist Berkeleys
Formel: ein Sein anzunehmen, das unabhängig von Subjekten und ihren
Perzeptionen existierte, als Existenz nicht-denkender Dinge an sich außerhalb der Geister, der res extensae „neben" den res cogitantes, ist für ihn
ein Widersinn. So wie Descartes und Locke die Sinnesqualitäten als bloß-
subjektiv erkannten, so will er nun auch jene primären Eigenschaften, die
man sonst immer in sich selber existierenden Dingen zuschrieb, ins Subjekt
hineinziehen – wodurch dann auch der Dingbegriff selbst hinfällt.
Nur Seelen also gibt es, d. i. unteilbare, immaterielle und immer tätige
Substanzen (denn auch für Berkeley ist, wie er ausführlich darlegt und in
seinen Forschungen zur Theorie des Sehens zu beweisen sucht, – in Fortsetzung der Linie Augustin-Duns Scotus – alles Vorstellen und Denken
vor allem Spontaneität der Seele); Substanzen, die alle von der Art sind,
wie in Leibniz' Stufenordnung nur die eigentlichen Subjekt-Monaden von
der Menschenseele aufwärts bis zu Gott. Die wahre Welt ist ganz ausschließlich eine Welt von „Geistern"! Die Fähigkeit, Ideen hervorzubringen und
in bezug darauf tätig zu sein, zeigt diese Geister als Willenswesen. Daß
aber die Erscheinungen weitgehend unabhängig sind von der persönlichen
Willkür, daß sie jene innere Stabilität und jenes Übereinstimmen der Vorstellungen in den verschiedenen Seelen zeigen, die uns zur falschen Annahme einer wirklich und an sich bestehenden materiellen Welt Anlaß
geben, das weist auf Gott, als auf das allumfassende und unendlich tätige
Subjekt, unter dessen Einwirkung wir stehen, wenn wir so „Objektives",
d. h. jetzt nur noch: subjektiver Willkür Entzogenes, in uns wahrnehmen.
Die ganze äußere Natur mit ihrer durch die Wissenschaft entdeckten inneren Gesetzlichkeit, mit allem Reichtum der Gebilde, der unbegreiflich
kunstvollen Mechanik der Organismen und aller Schönheit der Pflanzen
und Tiere – ist nur eine Vorstellungswelt, von Gott in uns gelegt. Durch

solche Einsicht, so betont Berkeley, geht der Natur, wie wir sie wirklich kennen, nichts verloren: der Unterschied des Wirklichen vom Phantasierten oder vom Traumbild wird in keiner Weise abgeschwächt (die Regelmäßigkeit und innere Gesetzlichkeit der Vorstellungsabläufe, die wir die Natur, das äußere Dasein nennen, bleibt von derselben Kraft und Schönheit, wenn wir ihre Existenz nicht als die eines materiellen Seins, sondern vielmehr als in unserem Innern sich abspielende Wirkung göttlich-geistiger Tätigkeit auffassen). Im Gegenteil werde so erst ganz unmittelbar der immanente Sinn des „Buches der Natur" begriffen. „Zeichen" nennt der Nominalismus die Wahrnehmungsvorstellungen in uns; und Zeichen sind sie, aber nicht für eine äußere Existenz, für ein „stupides gedankenloses" Etwas (das dann selbst erst wieder Erzeugnis und Ausdruck der Gotteskraft und Gottesweisheit wäre), sondern Zeichen unmittelbar für Gott und seine Tätigkeit in uns. Ein „heidnisches" Wahngebilde sei der Glaube an die objektive substantielle Wirklichkeit der Natur – die sich dabei als eine blinde nicht-denkende Vertretung und Vermittlung einschiebe zwischen uns und Gott, uns nur von ihm entfernend, und die dann allzuleicht, verselbständigt, zum Atheismus und zum Fatalismus führe, zum Glauben an eine alles subjektive Willens- und Gemütsleben überragende Eigenkraft des objektiven Seins und seiner ewigen Gesetze – zuletzt zum Materialismus. Was wir Natur gewöhnlich nennen, ist nichts anderes als die Sprache, die Gott mit uns, den endlichen Subjekten, spricht; durch die er uns belehrt über seine eigene Vollkommenheit und die sittlich notwendigen Wege unseres inneren Handelns! So wie sich in anderen Büchern die Worte aus Buchstaben, die Sätze aus Worten zusammenfügen, und alles nur darauf ankommt, den immanenten Sinn aus diesen Zeichen zu erraten – so ist das Buch der Natur eine endlose Mannigfaltigkeit und Kette von Vorstellungen, die miteinander verbunden, kunstvoll geordnet und von höchst gesetzmäßigem, sinnvollem Ablauf in uns allen sind; dies Zeichensystem lesen, in seiner Gesetzmäßigkeit erfassen, in seinem Gottessinn begreifen und unser eigenes Verhalten danach einrichten zu lernen, das ist die Aufgabe des Lebens. Was sollte uns dabei der Umweg über eine wirkliche selbständig existierende Natur noch helfen; wir fassen Gott und seine Sprache unmittelbar in diesen Zeichen unserer Weltvorstellung; so wie man etwa in dem Sinnesbild von einem Menschenantlitz das unsichtbare Innenleben dieses Menschen liest. So ist für Berkeley die wahre Realität ausschließlich von seelisch-geistiger Natur, ein Kosmos von Subjekten, unter dem sie alle überragenden und bindenden Einfluß der göttlichen Person; das objektive Sein aber, die sichtbare Natur ist eben nur die ideelle Sprache, welche zwischen Gott und den endlichen Subjekten die Fäden der Willenskundgebung und des Verstehens zieht, und die den Einzelseelen ihre Lebenswege und gleichsam das Material der sittlichen Entwicklung vorzeichnet. –

In diesem letzten, die christliche Lebensstellung so unmittelbar zu metaphysischem Ausdruck bringenden Sinne baut dann der Idealismus Fichtes weiter. Es sei hier übergangen, welche Änderung gegenüber Berkeley seine vom Prinzip der Ichheit anhebende Spekulation in dem Verhältnis der einzelnen Ich-Individuen zum göttlichen Sein, und damit im Begriff des Letzteren selbst, herbeiführt! Auch soll davon nicht mehr die Rede sein, wie dieser Idealismus Fichtes sich bemüht, den Realismus in sich aufzunehmen, wie damit vielfach die Natur (die nun ganz folgerichtig nur als Nicht-Ich noch erscheint) als reale Produktion der absoluten Intelligenz herauszukommen scheint. Wir wollen uns hier nur an jene Grundtendenz in Fichtes Lehre halten, welche ganz im Sinn der Berkeleyschen Metaphysik die Außenwelt zur Vorstellung der einzelnen Subjekte machen will (besonders wichtig dafür sind die „Tatsachen des Bewußtseins" von 1810/11).

Auch Fichtes Idealismus kämpft, wie der des Berkeley, gegen den zum Fatalismus und zum Atheismus hintreibenden Glauben an die selbständige Realität des Objektiven, gegen den Naturalismus und „dogmatischen" Realismus, der ihm vor allem im System Spinozas verkörpert ist. So konsequent und gegen alle logische Widerlegung gewappnet sich ein solches System des Seins auch aufbauen mag, es ist gerichtet, weil es die Freiheit und Selbständigkeit des menschlichen Subjekts und damit das Sinnzentrum unseres Daseins, das sittliche Leben schlechterdings vernichten würde. Die freie Seele kann niemals verstanden werden als ein Glied der objektiven Welt, als jene Stufe nur in der Seinsentwicklung, da die Natur sich ihrer selbst bewußt wird. Das Ich kann, wenn es als bloßer Spiegel eines vorgegebenen bewußtlos-trägen Seins gedacht wird, keine wahre innere Selbsttätigkeit besitzen und bedeuten. Ich handle dann nicht, mache nicht mich selbst in meiner sittlichen Entwicklung zu dem, was ich sein werde und sein soll, werde nicht, wie gefordert ist, Herr über die Natur; sondern bin ganz unterdrückt von den Dingen, von der Natur und ihren unfehlbaren Seinsgesetzen. Das Sicherste, das Wichtigste und Heiligste alles Daseins, der freie Wille, die lebendige Liebe, die sittlich-geistige Tat des Menschen werden geleugnet zugunsten einer sinnlichen Außenwelt, die unbedingt als real genommen wird.

Aber die nähere Untersuchung des Wissens, des Bewußtseins von angeblich Gegebenem zeigt, daß es so gar nicht sein kann. Bewußtsein ist ein eigentümlich und selbständig auf sich beruhendes, in sich geschlossenes Leben, das gar nicht toter leidender Spiegel eines Äußeren sein kann, sondern welches (wie das schon Leibniz lehrte) als in sich selbst Lebendiges und Kräftiges die Inhalte rein aus sich selbst entwickelt. Und so ist alles Erkennen, auch die sog. äußere Wahrnehmung, in Wirklichkeit nicht Wissen vom Objekt, sondern nur von der eignen inneren Bestimmtheit, ist Selbstanschauung der innerlich gebundenen Ich-Tätigkeit! In aller Wahrnehmung nimmt man zunächst und unmittelbar sich selbst und seine eigene Bestimmung wahr (vgl. Leibniz' „unmittelbares inneres Objekt"). Nicht der Dinge bin ich ursprünglich mir bewußt, sondern meines Sehens, meines Fühlens.

Und nicht nur „zunächst", – sondern das Wissen bleibt überhaupt im ganzen Umfang auf das Innere beschlossen. In Wirklichkeit gibt es das gar nicht, was man den „äußeren Sinn" gewöhnlich nennt; auch dieser ist vielmehr nur eine besondere Bestimmung des inneren Sinns, bezeichnet nur besondere Ich-Affektionen. „Das Bewußtsein des Gegenstandes ist nur ein nicht dafür erkanntes Bewußtsein meiner Erzeugung einer Vorstellung vom Gegenstande." „Und so ist a l l e s Bewußtsein nur ein unmittelbares, ein Bewußtsein meiner selbst." Nicht Dinge erscheinen mir durch ihre Repräsentanten (wie in der Lehre von den Bildchen und allen gewöhnlichen Wahrnehmungstheorien sonst), sondern das erfaßte Ding ist mein Geist selbst, herausgestellt gleichsam aus sich im Bilde. Die Dinge und die ganze Körperwelt um uns sind unsere eigenen Erscheinungsprodukte, sind Vorstellungsgeschöpfe. Alles was ich außer mir erblicke, bin im Grunde immer wieder ich; in allem Seinsbewußtsein schaue ich mich selbst in der besonderen Beschränkung meines innersten Vermögens, der in mir tätigen Lebendigkeit an.

Das heißt aber nun nicht, daß die Wirklichkeit dem Traume gleichgesetzt, die „Welt", als bloße Illusion ohne Bedeutung und Realität, verworfen würde. Sie hat zwar wirklich nicht „Realität" im Sinne des „gemeinen Realismus": so daß sie als ein eignes materiell existierendes Sein das Bewußtsein, das Wissen bestimmte. Nicht „von außen" kann nach Fichte das Wissen bestimmt sein; aber darum ist es doch nicht Traum, so wenig wie bei Berkeley! Es steht ja nicht in meiner Willkür, was ich als Außenwelt erlebe, „in" der ich tätig bin; sondern ich finde darin mich bestimmt ohne mein Zutun. Die „Realität" dieser Außenwelt oder dieser Welt-anschauung liegt in der geistigen Bedeutung und dem geistigen Zwecke dieser bestimmten inneren Erscheinungen, dieser aus mir selbst in ganz bestimmtem Ablauf produzierten Bilder. – „Bedeutung" und „Zweck" aber weisen aus dem Gebiete bloßen Wissens hinaus auf das Wollen und auf unsere innere „Bestimmung" im sittlich-religiösen Sinne. Die Realität der scheinbaren Außenwelt ist nach der Lehre Fichtes (der damit tiefer nun und deutlicher als Berkeley die christliche Grundstimmung von der zentralen und alleinigen Wichtigkeit des Heilslebens der Seelen metaphysisch ausnützt) eine praktische. Meine besondere Bestimmung, das Pfund mit dem ich wuchern soll, drückt sich aus in der konkreten Besonderheit meiner Weltvorstellungen, der Vorstellung meines Leibes und der Umgebung, daraus mir gleichsam Ansatzpunkte für mein Handeln, für mein sittliches Streben und Planen erwachsen. Die innere Bestimmtheit, deren ich mir im Wissen in der

Form des Gegenstandsanschauns bewußt werde, ist Bestimmtheit meiner Freiheit, besondere Einschränkung und Richtungszwang für meine ursprüngliche und durch kein äußeres Gehemmtsein durch gegebene Objekte verkürzte Selbständigkeit. Ich als reelle Tatkraft, als sittliches Wesen mit absoluter innerer Freiheit, die aber auf bestimmte Wege angewiesen ist, an bestimmten Aufgaben erst bestimmtes Wollen wird, habe „Realität" im eigentlichen Sinne; erst von mir aus gewinnt die Welt der Gegenstände, die Natur auch ihre Art von Realität – sie ist „Erscheinung" – nicht von „Dingen" an sich, sondern von meiner eignen sittlichen „Bestimmung". Aller positive Gehalt des Wissens ist, von hier aus gesehen, Selbstbewußtsein des wissenden Subjekts von sich, nicht als einer „res" cogitans – das wäre noch zu objektivisch-substantiell gedacht, sondern als eines individuellen Strebens, eines besonders eingestellten Triebes zur Selbsttätigkeit; Bewußtsein von sich und seiner sittlichen Bestimmung.

So ist die Sinnenwelt nur das „versinnlichte Materiale der Pflichterfüllung". Und dies ganz streng genommen: die Außenwelt kommt nicht etwa nur in dieser Hinsicht in Betracht für uns (wie das schon Augustin und viele andere betonten), sondern sie ist schlechthin nichts anderes, ist Erscheinung in den Individuen, als welche sie deren Lebenspflicht „versinnlicht", sie zur „Weltanschauung" macht – ganz so wie auch für Berkeley die Dinge nichts waren als ein geistiges Sprechen des Schöpfers mit den Seelen. Die freien Geister (und ihr geistiger Zusammenhang in Gott) sind das einzige Reale; und eine selbständige Sinnenwelt, durch welche sie aufeinander wirkten, gibt es nicht. Die Freiheit dieser Geister ist, bei jedem auf besondere Art, und doch bei allen in der harmonischen Einheit eines Sinnsystems, beschränkt, von vornherein gebunden in bestimmte Bahnen, an bestimmte Aufgaben und Widerstände, die es zu erfüllen und zu überwinden gilt. „Meine Welt ist Objekt und Sphäre meiner Pflichten, und absolut nichts Anderes." „Ich habe diese bestimmten Pflichten, welche sich mir als Pflichten gegen solche und in solchen Objekten darstellen; diese bestimmten Pflichten, die ich mir nicht anders vorzustellen und sie nicht anders auszuführen vermag, als innerhalb einer solchen Welt, wie ich sie mir vorstelle." Nicht also geht hier von der Welt und dem Darinsein meines Ich mein Weltbewußtsein und damit mein Handeln aus – so denkt der „Dogmatismus" – sondern umgekehrt: vom Bedürfnis des Handelns geht das Bewußtsein der „Wirklichkeit" und meiner Stellung „in" ihr, das Bewußtsein meines Leibes und der Handelnsmöglichkeiten aus! Im unmittelbaren Bewußtsein meiner sittlichen Bestimmung entsteht mir der „Glaube" an die Sinnenwelt und ihre „Realität" – an deren Widerständen und deren Gegensatz zum Übersinnlichen sich dann mein sittlich-geistiges Wesen und mein Wissen um die wahre geistige Realität, um das Reich der Geister und um das Leben Gottes, das sie trägt, herausarbeitet. So ist also die Natur, in welcher ich zu leben und zu wirken habe, kein fremdes und ohne Rücksich auf mich erschaffenes, in sich bestehendes Wesen; sondern, durch die eignen Gesetze der geistigen Tätigkeit in mir gebildet, drückt sie überall nichts andres aus „als Verhältnisse und Beziehungen meiner zu mir selbst"; es gibt aber nur eine Grundbeziehung auf mich selbst, und alle anderen sind Unterarten nur von dieser: meine Bestimmung sittlich zu handeln. In allem „Seienden", in aller „Welt" schaue ich immer mich selbst an und meine Stellung in der sittlichen Weltordnung, die besonderen Widerstände und Beschränkungen, an denen meine Absichten und Pläne sich anknüpfen. So hat der naive Realismus der lebendig-tätigen Menschen dennoch recht mit seinem Glauben an die „Realität" der Sinnenwelt; wie Berkeley meint, daß erst durch die Erdichtungen der Philosophen eigentlich aus der „Sprache Gottes" eine eigne Existenz und selbständige Substanz gemacht worden sei, so glaubt auch Fichte, daß dem unverdorbnen sittlichen Bewußtsein die Außenwelt nur als Material der Pflichten, als Gelegenheit zum Handeln ins Bewußtsein trete, daß der Glaube des sittlichen Menschen an diese äußere „Realität" nichts andres sei im Grunde als sein Glaube an die eigne sittliche Bestimmung; die falsche Spekulation erst habe daraus den Begriff eines toten, trägen, in sich selbst bestehenden ichfremden Seins gemacht.

Damit soll sich dann auch das seit Descartes so schwer lastende Problem von der Vereinigung des Leibes mit der Seele lösen. Der Leib ist eben keine eigene Realität, sondern das zentralste persönlichste Moment nur in der pflichtgebornen Welt-anschauung. Er ist nicht bloßes Mittel nur und Werkzeug für die Seele, sondern ist selber die Seele, das individuelle geistig-sittliche Ich – nur angeschaut in versinnlichter Vorstellung, erscheinender Verkörperung seiner Strebungen und Kräfte, Wege und Widerstände. Der unmittelbare Gegenstand meiner Anschauung ist auch hier, bei der Leibempfindung und Leibwahrnehmung, meine Freiheit und sittliche Bestimmung. „Erst innerhalb der Individuen und durch die Selbstanschauung ihrer Kraft entstehen sinnliche Welten" – erst innerhalb derselben auch das Leibliche, „in" dem für die gemeine Vorstellung die Seele steckt.

Wirklich beschränkt also ist das Individuum niemals durch äußerlich gegebene Realität, sondern nur von innen her und aus der Zugehörigkeit zum „Reich der Geister" – indem es eben nur ein Freiheitsindividuum ist neben den anderen und ganz bestimmte Aufgaben, zum Unterschiede von den andern, zu erfüllen hat. Der sittliche Endzweck ist gleichsam aufgeteilt, zerspalten in die Bestimmungen der Individuen; so sind die andern wirklich meine „Außenwelt"! Sie sind nicht nur Erscheinungsschöpfungen der eignen sittlichen Realität; sondern sie leben neben mir und außer mir – auf demselben Untergrund jenes Einen geistigen Lebensstromes, der in den Individuen zum Selbstbewußtsein und zur Vollentfaltung des eignen

Reichtums kommt (vgl. Eckeharts Prozeß der göttlichen Selbstoffenbarung im Werden der Kreaturen). „Kein Individuum schaut die Wesen seinesgleichen an in sich selbst und seiner Selbstanschauung, sondern es schaut sie an in der unmittelbaren Anschauung des Einen Lebens. Was weiter in der Natur ist, die physische Kraft usw. bis herunter auf die Materialität, schaut jedes Individuum allerdings an in sich selbst." So gilt für die Erkenntnis der andern geistig-seelischen Wesen außer mir auch bei Fichte jenes alte Prinzip des Schauens in Gott oder durch Gott hindurch; und insofern die „Welt" der freien Individuen, die große moralische Gemeinde, das Reich der individuell differenzierten Zwecke die einzig-reale Welt ist, und ihre Individuen alle aus dem Einen Lebensstrom entspringen, heißt es auch bei Fichte, daß im Grunde Gott das einzige Objekt unseres Wissens und Erlebens ist. – In diesem Gottzusammenhang aber liegt nun auch der Grund für die Gemeinsamkeit und den Zusammenhang der Weltvorstellung in den Individuen, bei aller Sonderperspektive jedes Einzelnen und seinem Sonderverhältnis zu dem Teil der Raumwelt oder Welt-anschauung, den er als seinen Leib empfindet; der Grund zugleich dafür, daß alles, was wir tun, die vorgestellte Welt in uns nicht nur, sondern entsprechend auch in allen anderen Individuen verändert und beeinflußt. Was bei Fichte die in sich beschlossenen Ichwesen zueinander stimmend macht, ist auch eine Art „vorausbestimmter Harmonie" wie bei den Leibnizischen Monaden; nur steht hier nicht die Gottesschöpfung ein für alle Mal in alle Ewigkeit vorausberechnet da, sondern die „Bestimmungen" entwickeln und differenzieren sich im Fließen seines göttlichen Lebensstromes selber, sie vernichten nicht die Freiheit der Individuen, sondern gewinnen erst Gestalt in deren Taten. Der geistig-sittliche Sinn von allem, was ich tue, wirkt ein auf jenes ewige Reich geistigen Lebens, zu dem ich gehöre; und während in Platos objektivistischer Weltfassung das Tun der Seele ohne Einfluß bleibt auf die intelligible Welt der ewigen Ideen, vielmehr nur in das Sinnenreich gerechnet werden kann, spricht Fichtes Metaphysik des absoluten Ich, das Intelligible ganz in die Intelligenz verwandelnd, dem geistigen Tun, dem Ringen der gottsuchenden Seele, der liebenden Erfüllung persönlicher Bestimmung ewige Wirkung in dem Reich des Ewigen selber zu.

IV.

SEIN UND LEBENDIGKEIT

Zu den letzten Problemen aller Daseinsgegebenheit und den Urgegensätzen in allen Äußerungen des „metaphysischen Bedürfnisses" gehört das In- und Gegeneinander von Beharren und Veränderung, Ruhe und Bewegung, von starrem bleibendem Sein und immer wechselnder Lebendigkeit. Kaum gibt es ein Moment, das allgemeiner die Struktur des unmittelbar Gegebenen um uns und in uns selbst bezeichnet, als das der ständigen Veränderung, des Wechsels in der Zeit; Entstehen und Vergehen, lebendige Entwicklung und Verfall sind Urtatsachen aller täglichen Erfahrung, die Quellen auch von aller Lust und allem Leid. Und in dem Maße, als wir etwa den Dingen um uns oder denen in uns näher kommen, scheinen sich auch die Momente des Beharrens und der Ruhe aufzulösen, als unbemerktes leise fließendes Geschehen zu erweisen. – Aber es widersetzt sich vieles in uns dieser Tendenz, die alle Dinge in den Strom des Werdens hineinzuziehen sucht; die nie verschwindende Erfahrung vom Bleibenden und Festen, an dem der Wechsel äußerlich vorüberrauscht, das sich behauptet, sich erhält und nichts von Anfang oder Ende spüren läßt, wird tief bestärkt durch Forderungen der Vernunft und des Gemütes. Das Fließende ist der Erkenntnis das Unfaßbare; ihr Interesse ist es, überall feste Ansatzpunkte, Bleibendes dem Werden gegenüber oder auch im Werden selbst zu finden. Das Denken aller Zeiten sucht nach der Substanz in diesem Sinne, nach dem Beharrlichen, das man be-greifen kann, und das sich nicht in der zufassenden Hand der ratio verflüchtigt. Das wirkliche Werden, ein Entstehen von Sein aus Nichts oder ein Vergehn von Sein in Nichtsein will, wenn auch der sinnlichen Erfahrung scheinbar vertraut, dem Verstand undenkbar dünken. Er hilft sich (und dies nicht etwa erst in der Begriffsbildung der wissenschaftlichen „Erhaltungs"-Prinzipien) so, daß er das Wechselnde als „bloße" gleichsam äußerliche Modifikation des in sich selber Ungewordenen und Unzerstörlichen, der „Substanz" zu fassen sucht. Aus Nichts wird Nichts, ist da der Wahlspruch, und: was ist, kann nicht zunichte werden. Womit das Rätsel allerdings nicht eigentlich gelöst, sondern auf eine andere Ebene nur zurückgeschoben ist. – Hinzu tritt die Sehnsucht des Gemüts: das immer Wechselnde, oft wohl die Quelle gesteigerten

Lebensgefühls bis zu Jubel und Rausch, wird auf die Dauer leicht als quälende Unruhe auch empfunden und läßt den Wunsch nach einem Lebenshalt, nach Unbewegtem, Ruhe, Gleichgewicht entscheidende Bedeutung gewinnen. Am Fluß der Wesen in Entstehen und Vergehen wird mit besonderer Wucht das letztere Moment erlebt; und der Zerstörung durch den Zahn der Zeit, dem ständigen Zerfall der überall außen und innen wahrgenommenen Vergänglichkeit entgegen sucht man das Unvergängliche, Unsterbliche, das allem Wandel in der Zeit entzogene Zeitlose; den ewigen Frieden statt des wechselnden Kampfes, das immer Gleich-Erfüllte statt des Wechsels von Begierde und Genuß.

Die griechische Philosophie ist wohlvertraut seit ihren ersten Anfängen mit der Urgegebenheit des Werdens. Das Seelenprinzip in ihrem Sinne wird überall im Sein gesucht, um die Bewegtheit alles Wirklichen zu deuten. Das Interesse ruht von Anfang an auf dem Lebendigen und auf dem unentwegten Wandel der Gestirne. Die Frage nach dem Weltursprung richtet den Blick, schon von den Mythen her, auf die Entwicklung auch von dem, was man als fertig Ruhendes vorgefunden hat. So überwältigend drängt sich das Fließen aller Dinge auf, daß der Gedanke an ein Ende weggewiesen wird; die Vorstellung von immer neu sich folgenden kosmischen Perioden im Wechsel von Weltwerden und -vergehn zieht sich von den Anfängen her bis in die letzte Zeit der griechischen Philosophiegeschichte. Damit es im Werden sich nicht erschöpfe, sagt Anaximander, müsse das Weltprinzip als das Unendliche begriffen werden.

Schon im Gedanken der Weltperiodik allerdings liegt der Versuch, den Fluß doch dem Bedürfnisse der ratio anzunähern. Immer gilt (wie das besonders bei Aristoteles sich zeigt) das in sich selbst verlaufende Geschehen, die Kreisbewegung etwa, als das Vollkommenere, dem unbegrenzt Fortfließenden gegenüber. Auch in dem Wandel der Gestirne bringt die Geschlossenheit der Bahn ein Moment der Form, in welchem sich das Unbestimmt-Unruhige der Bewegung gleichsam ins Ruhende verfestigt. Als immer neuer Kreislauf von Entstehen und Vergehen, besonders in der zugespitzten Form der Wiederkehr des Gleichen, wird das Unendliche des zeitlichen Geschehens faßbar, wird es aufs fertig Feste doch in gewissem Sinne reduziert. Das Maß-lose eines ewigen Fortgangs, unendlicher Entwicklung etwa nach einer Dimension, wird so vermieden. – Mit der Unendlichkeit zugleich, die in jenen Lehren und seit Anaximander mit dem Geschehn verknüpft ist, die aber auch (wie das besonders scharf Zenon herausgestellt hat) dem einzelnen nach außen abgegrenzten Prozesse als einem Fließen durch die ungezählten Zeitmomente innewohnt, wird das Geschehen selbst dann gern als Unvollkommenes, Unbestimmt-Unfertiges und daher nicht dem eigentlichen Wesen selber Angehörendes gedacht. In der Gegensatztafel der Pythagoräer steht die Bewegung auf der Seite des Grenzenlosen

und des Schlechten. Ihre Zahlenmetaphysik, obgleich sie allem Anschein
nach ausging von Bewegungsvorgängen der Astronomie und der Musik,
hat offensichtlich die Tendenz ins Geometrisch-Statische, auf die feste
Form.

Nur einer trat ganz für das Werden, für den Fluß ein: Heraklit, – der in
so vielen Punkten seinen eignen, ganz aus der griechischen Gesamtbahn sich
entfernenden Weg gegangen ist, der in der griechischen Entwicklung in
manchem Sinne fremd darinsteht, so wie etwa auch, in umgekehrter Richtung, Spinoza in der Neuzeit. Eine törichte Tradition der Spätantike hat
ihn zum Pessimisten, zum „weinenden Philosophen" stempeln wollen, weil
er mit so gewaltigem Pathos vom Werden und Vergehen geredet hatte, von
der Unbeständigkeit alles Wirklichen und der Unmöglichkeit, auch nur
zum zweiten Mal in denselben Fluß zu steigen; weil er im Krieg und Streit
den Vater aller Dinge sah. Aber in diesem Urteil verrät sich nur die Sehnsucht der Urteilenden nach dem Glück der Ruhe, des Gleichgewichts, des
Fertig-Abgeschlossenen. Heraklit selbst aber bejaht den Kampf, die Spannung in Gegensätzen und die Lebendigkeit im Streit; das Auf und Ab von
Werden und Vergehen, Geburt und Tod, das ewig Fließende, unendlich
Wechselnde, Bewegte des Weltprozesses ist ihm, als ein ewig flammendes
Feuer, das Hehrste, die Harmonie des Lebens selber. Daß die Sonne nicht
immer die alte – sondern daß sie neu ist an jedem Tag, daß der Fluß und
wir selber nie dieselben sind wie im Augenblick zuvor, darin gerade liegt
für ihn die Seligkeit, die Harmonie der Gegensätze, die verborgene Vereinigung, die besser ist als die offene. Die Weltordnung ist ewig als Sinn im
Wandel; nicht aber bleibt und beharrt ein ruhendes, geformtes Sein. „Sich
wandelnd ruht es aus."

So gut wie in der Frage nach der Einheit der Gegensätze, ist auch in dieser
Sache die griechische Entwicklung nicht den Weg gegangen, den Heraklit
gewiesen. Es haben nur auflösende Tendenzen der Sophistik sich seine Gedanken zu Nutze gemacht. Und erst in der Weltdynamik der Stoa sind
einige von seinen Hauptmotiven ausgewertet worden. – Den entscheidenden Einfluß auf die Bildung der großen Systeme gewann vielmehr auch
hierin Parmenides, der, wie alle Vielheit und das Unbegrenzte, so auch den
Wandel schlechthin leugnete, ihn als den Schein der Sinne ausschloß vom
wahren „Sein". Der Trieb zum Formhaft-Festen, das dem Denken greifbar
gegenständlich sich darbietet und das Bedürfnis nach vollkommener wech-
selloser Ruhe erfüllt, erreicht hier seine stärkste Ausprägung im Begriff des
Einen Seins als eines Ungeworden-Unvergänglichen, das auch in sich selbst
keinerlei Bewegung und Veränderung mehr duldet. Kein Gegensatz von
Nichtsein und Sein kann in Wirklichkeit bestehen und kein Übergang vom
Einen in das Andere und vom Andern in das Eine – kein Entstehen und
Vergehen. Leerer Schall sind Vergangenheit wie Zukunft, „Werden und

Vergehen, Sein sowohl als Nichtsein, Veränderung des Ortes und Wechsel der leuchtenden Farbe". Das wahre Sein ist ungeboren, unvergänglich, unerschütterlich; „unbeweglich liegt es in den Schranken gewaltiger Bande ohne Anfang und Ende ... als Selbiges im Selbigen verharrend ruht es in sich selbst." Bewegung jeder Art wird bei Parmenides und seinen Schülern bestritten, das wandellose starre Sein allein hat wahrhafte Realität. Das hat auf alle Späteren tief gewirkt; auch wo Bewegung als gegebene Wirklichkeit gewürdigt wurde, ist doch das Ziel immer die Zurückführung oder die Anheftung an das Feste, das Formhaft-Starre. Den Gegensatz des Heraklitischen Flusses gegen das Sein der Eleaten sucht Plato zu verstehen ganz im Sinn der Pythagoreischen Tafel. Das Werden gibt es, aber nur in der Sinnenwelt, die eben ständig wird und nie ist, in dieser Welt der flüchtigen Erscheinungen; das wahre Sein ist wandellos beharrend. Die Vielheit, die Parmenides so ganz verworfen, wird dem Ideensein von Plato zugesprochen; von den vielen Ideen ist eben eine jede ihrerseits Einheit für Vielheit von Erscheinungen. Aber das Fließen bleibt, vielmehr, es wird damit nun um so nachdrücklicher das Merkmal des bloß Sinnlich-Scheinhaften! Immer liegt der Ton, wenn vom Prozeßhaften die Rede ist, auf der Vergänglichkeit, der Flüchtigkeit, den Zeichen des Verfalls. Die Werdensfreude Heraklits liegt fern. Das Beste, was sich vom Geschehen sagen läßt, ist, daß in ihm ein Streben auf das Sein hin gelegen ist, daß jegliches Werden um eines bestimmten Seins willen, das Werden überhaupt um des wandellosen Ideenseins willen sich vollzieht. Wie die Vielheit und das Relative der sinnlichen Erscheinungen ihren Halt in der Ideeneinheit finden, so das Fließen und Geschehen in der ruhenden Festigkeit der ewigen Gestalten. Der Demiurg des Timäus findet die sichtbare Materie im Zustand haltloser, d. h. unregelmäßiger und unharmonischer Bewegung vor; auf die Ideen blickend bringt er feste Ordnung in das Fluten.
Allerdings strebt Plato über diese ausschließliche Betonung des starren Seins hinaus. Ein wichtiges Motiv klingt an im Seelenbegriff, der seinen Ursprung in den Lehren der Pythagoräer hat. Die Seele erweist sich als unsterblich, weil sie Prinzip des Lebens als der Selbstbewegung ist. Zwar heißt es nicht so sehr, daß sie selber ein wesenhaft Lebendiges und daher Unsterbliches sei, sondern mehr, daß sie Anderem (dem Körper) Leben und Bewegung gebe. Aber es liegt doch schon der Ansatz zum Gedanken eines Unvergänglich-Bewegten in dieser Seelenlehre – wonach dann das Geschehen nicht einzig auf Entstehen und Vergehen in Zeit und Sinnenwelt beschränkt und mit der letzteren entwertet, sondern vielmehr in einem besonderen Sinne auch in das Geistige hinaufgehoben würde. Aber andererseits gehört doch auch die Seele nicht zum Reich der ewigen Ideen, sondern – eben weil sie ein lebendig Bewegendes ist – zur Sinnenwelt, wenn auch als deren Oberstes; sie ist das Erste doch nur innerhalb des Gewordenen.

Schon vor der leibvermischenden Geburt ist sie geringer als das Sein, das sie erschaut; nur daher ist es möglich, daß sie jenen Absturz tut. Und so ist auch das höchste Leben, das die Seele gewinnen kann, der Eros als Aufstreben zu den reinen ewigen Gestalten; ihr höchstes Sein gewinnt sie in der stillen Schau des Unbeweglichen. Das eigentlich Emotionale, die Wallungen des Gemüts, soweit sie nicht der Antrieb und der Weg zu solchem unbewegten Schauen sind, hält sich noch nah am Reich des Sinnlichen.

Die späten Dialoge mit dem Gedanken von der „Bewegung der Begriffe" (als der inneren Tendenz der ideellen Gebilde zum Sichbeziehen aufeinander und zur Mischung, die sie hinabführt bis ans Konkrete, Wirkliche) treiben einer Fassung des Geschehens zu, die dem Prozeß bereits im Intelligiblen und Zeitlosen selbst ein gewisses Daseinsrecht und damit einen Eigenwert für alles Seiende verbürgt. Die Parmenideische Starrheit des Ideenseins wird damit überwunden und eine engere Beziehung zwischen Sein und Werden, dem ewigen Beharren und der Lebendigkeit des Sinnlichen und Seelischen angebahnt. Plotins System der Emanation hat hierauf aufgebaut. Sein letztes Seinsprinzip, das Eine, allerdings hebt sich, ganz wie das Eleatische Sein, hinaus über jede Art des Geschehens; es ist von absoluter Starrheit. Gott selber kann, so streiten die Neuplatoniker gegen die christlichen Denker, nicht „lebendig", das Eine kann nicht Energie sein. Aber mit dem Nus bereits beginnt die κίνησις und die ζωή. Es gibt im geistigen Sein selbst schon Lebendigkeit. Ein Dynamismus zieht von hier sich mit dem „Ausfließen" der Seinsstufen bis ins Sinnliche. Aber es bleibt darum doch bei der letzten Überordnung der starren Ruhe; und für das sinnliche Geschehen, die körperliche Bewegung etwa oder die Entwicklung des Organischen oder auch die innere Bewegtheit persönlichen Seelenlebens, ist keine neue Wertung eingetreten, so wenig wie bei Plato. Und dem entspricht auch die für das ganze Altertum und seine Ethik so bezeichnende Geringwertung des Tuns, des Handelns in der Wirklichkeit. Das stille, unbewegte Schaun des Unbewegten ist das ausschließliche Ziel alles höheren geistigen Lebens. Auch die seelische Lebendigkeit ist nur Übergang und Streben hin zum Sein.

Am deutlichsten ist dieser Übergangscharakter und damit das Bloß-Vorläufige in jeglicher Bewegung und Lebendigkeit von Aristoteles behauptet worden. In seinem Weltsystem spielt wohl Veränderung und Leben eine hervorragende Rolle, und gegenüber der Platonischen Idee hat er gerade sein Verdienst darin gesehen, daß er Prinzipien der Veränderung einführe und nicht Bewegung und Geschehen einfach als mit dem materiellen Sein ewiggegeben hinnehme, wie Plato (und wie die Atomisten). Entwicklung, Energie gehören zu den Wesenszügen des Aristotelischen Weltbegriffs. Aber es ist doch auch bei ihm Geschehen jeder Art nur Zeichen der Bedürftigkeit, des unvollendeten, nicht formgereiften Daseins. Der Fluß als eigene, in sich selber strömende Lebendigkeit ist ihm ein fremdes Bild. Alles Geschehen setzt ein „Wozu" voraus, ist Übergang nur auf ein Starres. Unendliche Bewegung kann es daher (dem Wesen nach verstanden) gar nicht geben; sondern jede Bewegung „hat ihr Ziel und ihre Grenze". Bewegung ist (sei es nun Ortsveränderung des Steins oder das Leben eines Tieres oder auch die Tätigkeit des Menschen) Verwirklichung des „Unerfüllten", Verwirklichung des Möglichen, insoweit es eben noch bloß Mögliches ist, ein Übergang aus der Materie, welche alles werden kann, in die Form, welche ist. In der Verwirklichung des ihm jedesmal gesetzten Zweckes erlischt notwendig das Geschehen. So gibt es denn, wo keine Materie ist, auch kein Geschehen; nur deshalb, weil alles Wirkliche gemischt ist mit Materie, ist überall in der Natur Bewegung. Selbst der ewige Umlauf des Himmels ist ein Zeichen für das Stoffmoment an ihm, beweist die in ihm unerfüllten Möglichkeiten. Lebendigkeit kann nicht im Teillosen, sondern immer nur im Reich des Teilbar-Materiellen sein. Ausdrücklich streitet Aristoteles gegen den Platonischen Seelenbegriff des Immerlebenden. Als Zweck und Form des Körpers, dem sie Leben gibt, sei die Seele selber vielmehr unbewegt. Nur äußerlich und nebenbei ziehe der Körper sie mit hinein in die Bewegung, so wie das fahrende Schiff den auf ihm unbewegten Steuermann. Leben ist also nicht ein Wesenhaftes in sich selbst, kein Ursprüngliches, sondern nur Übergang zum Seienden, nur Affektion (πάθος) an Seiendem; so weist es immer auf ein Unbewegt-Starres hin als auf das Eigentliche des Wirklichen. Dem Werden im engern Sinn des Wortes fehlt hier auch ganz der Wert des Neuerschaffens: nichts wird, was nicht schon war; das Werden sucht ja nur die ihm vorausgegebene seiende Form, die seine Zweckursache ist. – Und so sucht denn auch die Wissenschaft nach Aristoteles an allem im Geschehen Begriffenen doch immer nur das Ruhend-Allgemeine, auf welches jenes zielt; und die Seele wird in solcher Seinserkenntnis zu etwas Verständigem und Wissendem, vom Sinnlich-Materiellen Abgelöstem nur so, daß sie „aus der natürlichen Unruhe zum Stehen kommt".

Bei allem Leben und Bewegen und Geschehen muß die Frage aufgeworfen werden nach dem „Woher". Daß etwas „ist" und ruht, ist selbstverständlich; aber jede Art von Bewegung muß erklärt werden – aus einem Ruhenden. Auch Plato läßt (so meint Aristoteles) das aus sich selbst Bewegte, die Seele, wiederum erst mit der Welt entstehen. Für Seele und Welt, für alles, was da bewegt ist, aus sich selber oder durch anderes, muß sich die Frage nach dem allgemeinsten Ursprung der Bewegung stellen, nach dem „ersten Beweger". Und das ist nun die absolute, die von aller Unerfülltheit der Materie abgelöste volle Wirklichkeit des göttlichen Nus. Er ist selbst unbewegt; und das heißt nicht nur, daß er nicht selbst geworden, vielmehr ewig und allem Vergehen entrückt ist, – sondern daß hier überhaupt jedes Geschehen, jede Lebendigkeit und jedes Fließen, das nach Aristoteles eben immer nur als ein Übergehen zu Höherem aus unerfüllter Möglichkeit verstanden werden kann, grundsätzlich fehlt. Den ersten Beweger selber als bewegt zu denken, würde den Widersinn bedeuten, ihn als bedürftig der Bewegung, als strebend nach noch unerreichtem Ziele anzusehen! So ist dieser Gott des Aristoteles denn auch nicht in kausalem Sinne Ursache der Weltbewegungen, – dann würde er ja als Bewirkendes doch irgendwie hineingezogen in Geschehen! Nicht einmal denken kann dieser Gott die Welt, er kann um sie nicht wissen: auch das würde ihn ans Wechselnd-Fließende heranziehen. Mit der Freiheit von jeder unerfüllten Möglichkeit ist er in die absolute Ruhe und Starrheit der reinen Form, der Platonischen Idee, des Parmenideischen Seins erhoben. Wie sollte er, als volle Wirklichkeit die er ist, noch Fluß und Leben sein. Das Wort ζωή taucht allerdings (im Anklang wohl an andere religiöse Vorstellungen) noch auf; aber es bringt ebensowenig einen Charakter innerer Bewegtheit und Lebendigkeit mit sich, wie der Begriff der „Energie", der ja bei Aristoteles so ganz anders gemeint ist, als wir ihn heute verstehen. Auch das Denken, in dem der Nus sich selber denkt, zeigt nirgends einen Anflug von Bewegtheit, zeitloser Lebendigkeit. Vielmehr ist dieser „erste Beweger" selbst in jedem Sinne unbewegt, und er bewegt die Welt nur, insofern er letztes Ziel für alles Streben, für alles sich Entwickeln auf ruhende Form hin ist. Er bewegt sie, wie das Geliebte, selber ruhend und erfüllt, den sehnsuchtsvoll Liebenden, rastlos Begehrenden bewegt. Wenn Bewegungsursache im kausalen Sinne immer selbst auch Bewegtheit haben muß, so gibt die causa finalis Raum für ewig ruhendes und völlig starres Sein.

*

Die christliche Vorstellung des „lebendigen Gottes" ist dieser Fassung des Vollkommenen aufs tiefste entgegengesetzt. Mit dem Vorrang des persönlichen Lebens vor dem objektiven Sein erhält auch die Frage der Bewegung ein ganz anderes Gesicht. Was angelegt war im Pythagoräisch-Platonischen Unsterblichkeitsgedanken, aber zurückstehen mußte hinter dem Parmenideischen Seinsbegriff, kommt nun zu einer äußersten Entfaltung. Auch der Gedanke der abstrakten Dialektik von der Selbstbewegung auch im Intelligiblen gewinnt eine neue tiefe Kraft von der Verwandlung des Intelligiblen ins Intelligente aus (Plotin schon bringt den Übergang). – Schon mit dem Schöpfungsmotiv ist die ganze Statik des antiken Weltbilds umgeworfen. Der alles Dasein überragende Gott ist nicht die stille Form, die ewige Idee des Guten, ein in sich selbst gebanntes, unbewegtes Sein, sondern Wirkungskraft, die mit der Macht des Willens erst das Seiende erschafft. Der Demiurg des Plato kann Welten bauen und sich bauend regen, nur insofern er selbst schon hinter der ruhenden Vollkommenheit des Ideenseins zurückbleibt. Der christliche Weltschöpfer aber steht gerade als die unerschöpf- liche Lebendigkeit, als die wirkende Allmacht vor und über allem „Sein". Hier ist Bewegung (wenn auch nicht Entstehen und Vergehen, nicht zeit- liche Veränderung) in dem Einen Ungeteilten, das von Materie frei ist, Bewegung auf der Seite des Prinzips, der ewig unveränderlichen und un- bedürftigen Gottheit! Was der Grieche nur auf abhängigen Stufen der Seinsordnung sich denken konnte, fällt hier dem Absoluten selber zu: Gott schafft die Welt, er lenkt, regiert sie, greift vielleicht im Wunder in sie ein. Er weiß um sie, begreift sie, nimmt vorsehend und begleitend Anteil am Verlauf der Dinge selber. Mit der Vielheit der von ihm geschaffenen Krea- turen ist er auch auf ihr Leben innerlichst bezogen, wenn auch in eigener in sich zeit- und vielheitsloser Weise. – Und wie der Schöpfer, ist die Welt der Kreaturen vor allem ein Lebendiges. Ihr Leben stammt aus ihm, aus der causa efficiens für alles Wirkliche. Die Menschenseelen, die den eigentlichen Kern der Schöpfung bilden, sind selber eben darin Gottes Ebenbild, daß sie wirkende und innerlich sich auswirkende Kräfte, daß sie bewegtes Leben, nicht nur bewegende Prinzipien sind. Auch wenn der Körper hinfällt, den die Seele in Bewegung setzt, ja dann erst recht, zeigt sie sich als „lebendig". Ihr Wesen ist nicht jenes stille Spiegeln vorgegebenen Seins, sondern die Selbsttätigkeit, die als die eigentlichste Gottesgabe sie gottähnlich macht: der freie Wille! Auch hier also im Teillosen die innere Bewegtheit. Und zwar nicht als Hinstreben nur zum ruhenden Ziel, in welchem die Seele selbst erstarrt; erreichte Vollendung bringt hier nicht das Ende der Bewe- gung, sondern das „ewige Leben". Unter den neuen „Kategorien der Innerlichkeit" ist die Lebendigkeit die oberste und erste. Die Lebendigkeit selber ist das Bleibende. Gott selber ist die ewige Liebe, und so ist auch das Gottesreich, zu dem die freigewordenen Seelen kommen sollen – in dem sie freilich „Friede" wohl und „Ruhe" finden, dem Ungesättigten und Rast- losen alles Begehrens und Erstrebens ganz entzogen –, als Reich der Liebe ewige Bewegtheit. Diese lebendige Liebe ist Bewegung ohne Ziel, in dem sie, es erreichend, unterginge; denn nicht Begehren ist sie, sondern ein nicht aufhörendes, nie zu erschöpfendes Sich-Wenden zum Geliebten, sich ihm neigen, ihm sich darbringen. Die Liebe ist unendliche Bewegung, sie soll es sein. Sie kennt kein „Ziel" im Sinn des Aristoteles, auch keine Grenze, auch kein Maß. Wenn in der Ethik der Antike das Ruhn der Seele zwischen auseinanderstrebenden Affekten, Gleichgewicht und Maß den Leidenschaf- ten jeder Art gegenüber so gepriesen wurden, so wird hier die unendliche, die schranken- und maßlose Liebe gefordert, die ewig fließt und an nichts erstirbt. Die liebende Person ist das Unsterbliche.

Damit gewinnt nun aber auch das Werden in der Welt eine ganz neue Be- deutung. So groß die Rolle des Entwicklungsprinzips im Weltsystem des Aristoteles gewesen war, es blieb darin beherrschend doch das statische

Moment; nichts wird, was nicht schon war, die vorgegebene Form wird nur der schwankenden Materie eingebildet. Die Wesensfrage geht nur auf das Bleibende, nie auf das Werden selbst. Die Welt ist immer irgendwie schon fertig, ist immer Gegenwart. Die Formen alles Werdenden und Wirklichen sind fest gegebene fertige Substanzen; das Werden bleibt im Grunde immer nur zurück hinter dem was ist. – Mit der totalen Wandlung aber vom Natursein ins Seelisch-Innere, vom Kosmischen ins Ethische, mit der Zentralstellung der sittlich-religiösen Aufgabe der Heilsgewinnung fällt alles Schwergewicht nun gerade auf das Werden, gerade auf die Zukunft. Die Welt des Werdens ist nun nicht mehr so sehr die des Verfalls und der Vergänglichkeit, sondern die, in welcher jeder Mensch die Neugeburt des eigenen Seins vollziehen muß. Wie schon die Welt als Schöpfungstat ein Neu-Entstehen ist, Entstehen aus dem Nichts, wie es ausdrücklich heißt, und nicht Wiederholung nur von schon Gewesenem, so ist das Sein eines jeden Menschen Produkt erst seiner inneren Lebendigkeit, seines freien schöpferischen Willens. Die Seele macht sich erst zu dem, was sie dann, für die Ewigkeit, ist. Im Anfang steht die Tat, und nicht das Sein. Im Wollen und Sich-Wandeln zur Liebe, im aktiven Tun und werktätigen Handeln gewinnt die gottebenbildliche Seele unsterbliches Leben, mehr als im erstarrten Schaun, im bloßen Nachbild-sein von wahrhaft seienden Ideen, oder in der ekstatischen Verlorenheit ans starre Eine.

Ein ganz besonderes Gewicht aber erhält diese neue Betonung des Werdens und der Entwicklung nun noch dadurch, daß das Geschehen in den Einzelseelen zusammengefaßt wird zum Gedanken eines Werdegangs der Menschheit und des Aufbaus eines alle Einzelwesen einschließenden Gottesreiches. Dem ethischen Prozeß wächst damit gleichsam kosmische Bedeutung zu. Das Werden in der Zeit wird jetzt nicht so sehr im Kreislauf des Entstehens und Vergehens, im ewig gleichen Rhythmus der natürlichen Wandlungen, in periodischer Wiederkehr räumlicher Weltbildungen gesucht, als in der einsinnigen Entwicklung freier Wesen auf das ewige Reich hin. Was hier einmal wird, geht nicht verloren, sondern prägt sich ein ins Buch der Ewigkeit, und andrerseits ist es nicht vorher dagewesen, denn es ist freie Tat. Die zeitliche Entwicklung von der Vergangenheit (Sündenfall) zur Zukunft (der gemeinsamen Erlösung) löst jene ruhende Gegenwartsempfindung und jene in sich selbst zurückkehrenden Kreisläufe auf; hier eigentlich wird erst „Entwicklung" zeitlich. Auf das Neu-Werden kommt es an, die große Zukunftsforderung; nicht auf das schon Gegebene und Bleibende. Erneuerung von Grund aus ist die Forderung an Alle und an Jeden. Die Zeit aber, in der wir leben, ist der eine Weg zum ewigen Ziel; das ganze Schwergewicht des aufzubauenden ewigen Reiches fällt auf das Geschehen in dieser Zeit. Ein jeder Augenblick des Lebens ist von Wichtigkeit für das entscheidende Gericht. Die Zeit und das Geschehen in ihr ist mehr als ein blasses

Nachbilden des ewig Festgegebenen, mehr als ein Gleichnis nur des Immer-
seienden. In der G e s c h i c h t e , der Heilsgeschichte des einzelnen wie der
Menschheit überhaupt, erhält das Werden eine unermeßliche Bedeutung.
Schöpfung, Sündenfall, mosaisches Gesetz und Christi Opfertod bedeuten
die großen Wendungen des einen Weges, der in die Zukunft führt. Die
Schöpfungsaktivität des lebendigen Gottes setzt sich fort in der Gnaden-
wirksamkeit, die aller Menschheit ihre Wege weist und jedem Liebenden zum
vollen Leben hilft. Der Metaphysik des starren Seins, der formgebundenen
Natur, der gleichmäßig bewegten in der ewigen Wiederkehr geschlossenen
Welt stellt sich die metaphysische Geschichtsphilosophie des Seelen-Kosmos
entgegen. Über das Sein siegt, in der Ewigkeit wie in der Zeit, als höhere
Bedeutung die Lebendigkeit. –
Auch in dieser Frage steht die Zeit der Kirchenväter unter dem Zeichen des
ersten großen Kampfes der neuen mit den alten Weltmotiven. Nur lang-
sam ringt sich der Gedanke vom lebendigen Gott und Weltschöpfer durch.
Der alte Gegensatz von starrer Vollkommenheit und sinnlich-weltlicher
Bewegung will nicht weichen. Am schärfsten zeigt sich das in der Lehre der
Arianer: die zweite Person der Gottheit wird von ihnen eben darum dem
Vater untergeordnet und als nicht-ewig, als erschaffen angesehen, weil man
ein Mittelglied sucht zwischen der ewig unveränderlichen göttlichen Wahrheit und der zeitlich werdenden bewegten Welt, entsprechend Platos Demiurg.
Und überall, wo gegen Wesensgleichheit und für die Unterordnung des
Sohnes gestritten wird, ist dies ein Hauptmotiv; der selbst geborene oder
schon absteigend emanierte Sohn kann leichter, scheint es, den Zusammenhang mit dem Lebendig-Wechselnden übernehmen; auch die Weltschöpfung
wird daher ihm übertragen. Aber mit dem Sieg der Lehre von der Wesensgleichheit wird dann die Forderung der göttlichen Lebendigkeit in Schöpfung, Welterhaltung, Menschenleitung durchgesetzt. Die Gottesoffenbarung
selber wird nun (wie etwa bei Theophilus von Antiochia) als ein allmähliches Geschehen verstanden, sie ist ja mit dem einen Akt der Schöpfung
nicht vollendet. Was Menschen in der freien Selbstentwicklung ihres Lebens,
im Gehorsam gegen Gott und die Gebote seiner Offenbarung je erwerben,
ist die Fortsetzung von dem, was mit der Schöpfungstat begann. Und wenn
auch in der Unterscheidung Tertullians zwischen dem verborgenen und dem
offenbarten Gott der alte Gegensatz noch deutlich nachklingt, wenn hier
dem letzteren allein die Weltbeziehung und damit das Merkmal der Lebendigkeit gegeben wird, so ist doch beides hier verbunden in der Wesens-
einheit und Vollkommenheit des einen Gottes; und ganz ausdrücklich tadelt
Tertullian die Heiden, weil sie nach einem untätigen Gott verlangen. Der
wahre Gott ist ihm nicht nur Ursache des Werdens und der Gegensätze
überhaupt, sondern er wirkt als der ewig lebendige zugleich auch in veränderlicher Weise, indem er in das zeitliche Geschehen dieser Welt, in die

sukzessiven menschlichen Entwicklungen eingreift. Im gleichen Sinne tritt auch Clemens von Alexandrien für den lebendigen Gott ein; und Origenes betont, trotz aller Schwierigkeiten, die er im Zusammenhang und Übergang von Zeit zu Ewigkeit gelegen sieht, ausdrücklich doch, daß Gottes Allmacht es unmöglich mache, daß er je untätig sei und ohne Wirksamkeit. Bei ihm ist auch die positive Wertung spürbar, die vom Gedanken des lebendigen Gottes aus zugleich auf Werden und Lebendigkeit im Weltsein fällt. Anknüpfend an den pantheistischen Dynamismus der Stoa sieht er in der belebten Welt, der allbelebenden Kraft ihrer Bildungen und Wandlungen, den Ausdruck und die Offenbarung des lebendigen Gottes – nicht ohne Schwanken allerdings im Sinne jener Unterscheidung und Wertabstufung zwischen dem ruhenden Vater und dem schöpferischen und in das Bewegte selbst eingehenden „Worte". Auch Gregor von Nyssa dringt darauf, daß nichts in Gott vorhanden sei, was nicht tätig sich äußere und sich mitteile; der Logos seines Trinitätsbegriffes ist als ewiger und geistiger zugleich lebendig, lebendige Willenskraft; αὐτοζωή wie es ausdrücklich heißt, nicht nur ζωῆς μετουσία. Und so faßt Gregor auch die Menschenseele als ein seiner Natur nach stets bewegtes Leben; in toter Ruhe müßte sie untergehen. Wenn Aristoteles Bewegung nur am Unerfüllten (ἀτελές) sich denken konnte, so ist hier die Seele eben in sich lebendige nie ruhende Bewegtheit, οὐσία αὐτοτέλης! Die Lebendigkeit erlischt in keinem fremden Ziel, sondern lebt immer in und aus sich selber. Nemesius besonders hat von hier aus, streitend gegen Aristoteles, den Zusammenhang mit jener Unsterblichkeit des Lebendigen bei Plato gesucht. – Die ewige Lebendigkeit des Gotteswesens ist dann ein Grundthema auch bei Augustin (in dem doch andrerseits die alte Abwertung des Veränderlichen sehr deutlich nachwirkt). Der Schöpfer-Geist bewegt sich selbst. „Sein" ist in Gott zugleich Wissen nicht nur (das hatte ja auch Aristoteles gesagt und noch ins Unbewegte, Starre, wie auch ins Objektive wenden können), sondern vor allem auch Wollen und Handeln. Die Welterhaltung ist nichts anderes als eine immer wiederholte, immer neue Schöpfung in jedem Zeitmoment. In dieser Lehre, die ja dann durch das Mittelalter durchgeht und noch bei Descartes, Leibniz und vielen anderen ihres Jahrhunderts eine so große Rolle spielt, ist die alte Ordnung ganz besonders deutlich umgekehrt: „Sein" und Bleiben ist erst Folge der Lebendigkeit, Ausdruck der immer neuen Tat. –
Gleichzeitig gewinnt die Wertung des zeitlichen Werdens im Sinne einer einsinnigen Gesamtgeschichte stetig an Boden. In der christlichen Gnosis schon taucht innerhalb antiker Emanationsgedanken und kosmischer Periodik die Frage nach dem Sinnverhältnis der nacheinander erfolgten Offenbarungen im Alten Testament und in Christi Lehre auf. Und was hier vielfach noch als Kampf und Auseinandersetzung mehrerer Gottheiten gedeutet wird, das fassen dann die Kirchenväter, vom großen Gnosis-Gegner Irenäus an, als

planmäßige allmähliche Eröffnung des einen Gottes, der auch die Welt erschaffen. Die zweckvoll-führende Verkündung erst des mosaischen Gesetzes, dann des inneren Lebenswortes Christi ist Verheißung auch für weitere Entwicklung. Eine neue Zeit ist angebrochen, ein neues Leben zieht sich in die Zukunft, in der die ganze Welt, mit dem Menschlichen zugleich das Physisch-Kosmische, sich umgestalten wird. Theophilus, Tertullian erläutern diesen neuen Werdenssinn an der Entwicklung des Einzelmenschen von der Geburt bis zur vollen Reife; die drei Lebensalter bis dahin (das absinkende Greisenalter wird weggelassen, hier versagt das Gleichnis) werden projiziert auf drei große Perioden der Menschheitsentwicklung, deren letzte eben begonnen haben soll. Die notwendige Allmählichkeit dieser Entwicklung, als des im Lauf der Zeit sich steigernden Erwerbes der ewigen Güter durch die freien Menschen und als der unserer menschlichen Natur sich anpassenden stufenweisen Selbsteröffnung Gottes wird überall betont. Clemens von Alexandrien besonders weist den Blick in die zukünftige überirdische Entwicklung, sucht auch dort die Perioden, die weiterhin Etappen sind auf einem Wege bis zur Allerlösung. Daß ein Gesamtwerk sich vollzieht durch alle Einzelseelen und das Auf und Ab der besonderen Lebenswege, wird überall vorausgesetzt, ob man nun im Endziel die Erlösung aller Wesen oder die Scheidung der Guten von den Verdammten sieht. Die Wandlung der Menschen durch Christi Tat und Lehre ist nicht ein Übergehen in bloß ruhende Erkenntnis, sondern der Antrieb zur Liebe und zur Tat, zum Aufbau der umfassenden Gemeinschaft in der allgemeinen Kirche. Zu diesem Wirken sind wir Lebende in Leib- und Sinnenwelt; nicht aber ist der Leib bloß ein das Ruhende in wertloses Werden Verstrickendes. – Sehr eigentümlich streiten diese neuen christlichen Motive mit der alten Weltperiodik bei Origenes, der sich ja auch sonst von den Lehren der Antike so tief durchdrungen zeigt. An der Ewigkeit des Weltprozesses, am Kreislauf und Wechsel von Weltbrand und Weltwerden, wie ihn in so eindringlicher Form die Stoa noch zuletzt geschildert hatte, hält er fest; aber aus jeder dieser sukzessiven Welten und Entwicklungen geht eine neue Zahl von freien Wesen gereinigt und erlöst hervor und wächst dem Gottesreiche zu. Auch kann die Periodik keine Wiederkehr des Gleichen sein; der freie Wille der in diesen Welten lebenden und sie mitbildenden Menschen steht dagegen. Und endlich: Christus ist nur einmal erschienen in dem großen Lauf der wechselnden Weltzeiten; mit seiner Tat beginnt für alle Zeit die Rückführung zu Gott. – Von solchem Schwanken und Vermitteln ist Augustin ganz frei. Ein Lebensweg ist die „Weltgeschichte", vergleichbar dem dreifach gegliederten Aufwachsen des Menschen vom Säugling bis zum Manne, oder auch dem sukzessiven Werke der sechs Schöpfungstage, wonach dann auch sechs große Perioden unterschieden werden. Nicht nur den Stufengang vom Alten Testament zu Christi Lehre, sondern auch alles sonstige

Geschehen und Schaffen im Leben der Völker bis dahin sucht er hineinzuziehen in seine Auffassung vom einmaligen einsinnigen, in den ewigen Sabbath des Gottesstaats einmündenden Ablauf der Geschichte. Die stoische Lehre vom Kreislauf aber verwirft Augustin sehr nachdrücklich. Ihm würde das Geschehen damit sinnlos scheinen. Die Zweckstruktur, die die Antike nur als bleibende Ordnung der Natur, des Kosmos, der Lebensformen kannte, rückt jetzt ganz hinüber auf das Werden, auf die zeitliche Entwicklung. Nur einmal ist Christus uns gestorben. Und Eine Aufgabe steht nun vor allen Menschen: der Aufbau der einen allgemeinen Kirche. Sie, die lebendig Wachsende und Wirkende, ist Sinn und Inhalt alles Tuns und Werdens in der Zeit. –

So dringen die neuen Gedanken durch, und doch fehlt viel daran, daß sie das ganze Weltbild wirklich umgestalten. Der antike Kosmos mit allen statischen Momenten, die ihm anhaften, der alte Gegensatz zwischen Geistig-Vollkommenem als Unbewegtem (nicht nur als Ungeworden-Unvergänglichem) und dem Geschehen als Zeichen des Mangels wird nie völlig überwunden. Und so ist es auch im ganzen Mittelalter. Zwar ist es ein oberster Grundsatz in allen theologisch-philosophischen Gebäuden dieser Zeit, daß Gottes Sein ein operari, seine Essenz actio ist, innere Aktion in Denken und vor allem Wollen, und damit auch Schöpfungs- und Erhaltungstätigkeit nach außen, Gnadenwirkung usw. Auch wird der Zusammenhang mit der Weltbewegung gesucht: Scotus Erigena lehrt, daß, wie aus der Dinge Sein das Sein Gottvaters, aus ihrer reichen Ordnung die Gottesweisheit des Sohnes zu erschauen sei – so aus der nie aufhörenden Bewegung aller Dinge Gottes Leben, der Heilige Geist! Daß Gott selbst in der Welt beständig wirksam ist, nicht fremd und unbewegt darüberschwebt, wirksam aber im Sinne kausaler Tätigkeit, nicht nur als Vorbild und Prinzip – das wird auch auf der Höhe der Scholastik, bei Albert und Thomas, nachdrücklich betont. Albert vor allem wendet den Aristotelischen Begriff des „tätigen Intellekts" nun wirklich ganz ins Lebendig-Schaffende, ins frei und schöpferisch nach Art des Willens Wirkende; die heidnischen Philosophen, sagt er, hätten den rechten Tätigkeitssinn des höchsten Wesens den Geschöpfen gegenüber eben nicht verstehen können – der ein Wirken und doch nicht Veränderung, Vergänglichkeit bedeutet. Und Thomas sieht die Einheit alles Wirklichen vor allem darin garantiert, daß alle Dinge, weil hervorgegangen aus Gott, der wesenhaft tätige Ursache ist, auch ihrerseits tätige Ursachen sein müssen, von denen immer Wirkungen ausgehen, und die daher auch miteinander allseitig in ursächlicher Verkettung stehen. Auch von der Seelenlehre aus nimmt der Gedanke der Lebendigkeit beständigen Fortgang; je mehr die alte Seelen- und Erkenntnislehre verlassen, in der Seele nicht nur ruhendes Prinzip für den bewegten Körper, in der Erkenntnis nicht vor allem Rezeption von äußerlich Gegebenem gesehen wird, sondern innere Selbständigkeit, die als der letztbestimmende Wesenszug die Stufen alle von der Wahrnehmung hinauf bis zur Gotteserkenntnis und Gottesliebe durchwaltet, desto klarer tritt auch hier die Überlegenheit des Lebendigen vor dem Starren heraus. – Aber es behält dennoch die alte statische Weltordnung, zum wenigsten was die Natur und die in ihr gegebene Bewegung anlangt, das letzte Wort; sie stemmt sich – unterstützt auch hier von jenem Dualismus zwischen Gott und Welt, vollkommenem Sein und Wirklichem – der Durchführung entgegen, die der Gedanke des lebendigen Gottes fordern mußte. Ganz noch wie bei Aristoteles definiert auch Thomas von Aquino Bewegung als Überführung aus der bloßen Möglichkeit ins Wirkliche, als bloßen actus imperfecti. Sie sei, wie die Materie, Sache eines nur dem Vermögen nach Seienden. Der bewegte Körper strebt nach dem Ruhepunkt, in dem er das in Wirklichkeit dann ist, was er zuvor nur der Möglichkeit nach war. So wird die ganze Naturphilosophie und Wissenschaft beherrscht von dem Gedanken der „substantiellen Formen": dieser starren, bewegungslos-unveränderlichen und nur als Ziel wirksamen Prinzipien, denen gegenüber alle Bewegung, bis hinauf zu der Bewegung der Gestirne, alles Geschehen und organische Leben nur Hinstreben und Übergang bedeutet. Bewegung und Leben haben kein Sein und keinen Sinn in sich selbst.

Auch das geschichtsphilosophische Motiv dringt nicht eigentlich durch gegen den Glauben an das ein für allemal Gegebene. Zwar lebt der Gedanke selber immer fort und erhält große neue Inhalte, so besonders in Joachims von Floris Idee von der nun (mit diesem 13. Jahrhundert) anbrechenden neuen „Periode des Geistes", oder durch Thomas' Einordnung des weltlichen Staates in die Entwicklungsbahn der Menschheit auf den Gottesstaat hin. Aber immer stellt sich dagegen und bleibt unüberwunden die aus dem alten Weltgefühl hervorgewachsene Überzeugung, daß die Wahrheit, die religiöse wie die philosophische, nicht erst für uns im Werden, sondern längst fertig gegeben, und nur zu erhalten, zu verwerten sei. Wie die gesamte Heilswahrheit (soweit sie überhaupt dem Menschen zugänglich sein kann in diesem Leben) als geschehene Offenbarung, als ein für allemal gegeben in der Heiligen Schrift und den Erleuchtungen der Kirchenväter angesehen wird, so ist zugleich – nach der das ganze mittelalterliche Forschen so wesenhaft bestimmenden und es so schwer auch hemmenden Grundüberzeugung – auch alles Wesentliche der weltlich-philosophischen Erkenntnis durch die Heroen der antiken Weisheit ein für allemal gegeben. Das allbeherrschende Prinzip der Autorität nimmt gleich zu Anfang diesen starren, Werden und Zukunftsfortschritt eigentlich negierenden Charakter an. Darum wird hier die Syllogistik zur allein beherrschenden Methodik des philosophischen Denkens: die wahren Prinzipien von allem, was erkennbar ist, sind eben schon gefunden und stehen unerschütterlich und unvermehrbar fest; den Alten (dem Aristoteles besonders) braucht man nur zu folgen, aus ihren Grundsätzen ist nur zu deduzieren, was etwa neu an Einzelfragen noch in das Sehfeld menschlicher Interessen fällt. – Dem gegenüber scheint sich schon in der Geschichtsphilosophie des Joachim von Floris eine neue Lebensstellung anzukündigen. Wenn er die letzte reifste Periode der Menschheitsentwicklung erst mit seiner Gegenwart heraufkommen sieht – dieses Zeitalter des Geistes, das aus dem des Vaters (das mit der Schöpfung anfing) und dem des Sohnes (mit Christi Erlösungstat) nun herauswächst –, so liegt darin ein offenbarer Glaube an das allmähliche Sich-Steigern der religiösen Einsichten und Kräfte, an eine fortwirkende und immer sich erweiternde Lebendigkeit des Offenbarungsprozesses. Mit der einmal gegebenen Offenbarung der Schrift ist noch nicht alles fertig; das religiöse Suchen und Erwerben mußte und muß jetzt noch weiter gehen. – Ganz deutlich klingt aber dann die neue Zeit herauf in Roger Bacos Kämpfen für die neue Methode der Erfahrung: Wissen sei nicht Besitz einer bestimmten vergangenen Zeit und Erbgut seitdem, sondern die Aufgabe aller Jahrhunderte; auch Aristoteles und Avicenna hätten doch nach eigenem Geständnis nicht alle Probleme schon lösen können, und Averroes habe doch nicht etwa nur den Aristoteles erläutert, sondern auch dabei in Einigem verbessert! Das gibt ihm selber Mut zu neuen Wegen. – Und so dringt besonders Duns Scotus dann darauf, daß der heilige Geist immer noch und immer weiter fortlebe, fortwirke, fortbaue in der Kirche und der Entwicklung ihrer Lehren. Wie er auch sonst den Zusammenhang des Gnadenaktes mit der Schöpfung und der ständigen Lebensleitung durch Gottes Hand herauszustellen sich bemüht, in jenem eine Phase und Vollendung nur des Wirkens sieht, das immer schon in diesen letztern Akten tätig war, ein inneres, das eigne Tun nicht lähmendes Bewegen durch den heiligen Geist, nicht aber ein jähes Eingreifen wie von außen her, nicht ein Durchbrechen der von Gott selbst geschaffenen und geleiteten Natur, nicht einen Widerspruch in ihr – so faßt er auch des Geistes Walten in der Gemeinschaft der Gläubigen nicht als Geschenk, das einmal kam und nun für immer da ist, als feste Autoritätsgegebenheit, die es jetzt nur noch weiter zu bewahren und zu überliefern gilt, sondern vielmehr als ein noch immer Wirkendes und Zeugendes, das in die Zukunft weist und uns zu den alten immer auch neue Wege suchen heißt. Die Forderung an Jeden und an jede Zeit ist, daß man fortbaue am geistigen Leben, fortbilde an den Lehren in freier Tat und Forschung, innerlich geleitet und beschwingt durch die mit keiner Zeit aufhörende Lebendigkeit des heiligen Geistes. – Von da an wächst dann unaufhaltsam diese Überzeugung von der Fähigkeit und der Aufgabe der neuen Zeit, Neues zu werden und zu schaffen, den überkommnen Schatz zu mehren, die Lehren zu ergänzen, auch zu verbessern, und das, was an ihnen nicht mehr genügen will, durch andres zu ersetzen. Renaissance und

Reformation zwar wollten noch einmal sich ganz ans Altgegebene halten (es reinigend von der Entstellung, wie man meinte, der spätern Zeiten), an das Alte, das nachzuahmen und dem nachzufolgen die einzige Aufgabe aller Gegenwart und Zukunft bleiben müsse; aber ihr wirkliches Leisten geht weit hinaus über das oft so eng gefaßte Programm; auch in der Philosophie der Zeit spricht in der „Nachahmung" der alten Lehren und Schulen doch viel neues Wollen sich suchend aus. Die junge Naturwissenschaft vor allem macht den Anspruch, ein Neues zu sein und zu geben; Galilei sieht eben darin die Größe der gottgeschaffenen Natur, daß das Lesen in diesem Buche nie fertig werde und die Lust des Forschens und Findens ewig währe! – Mit dem 17. Jahrhundert ist der Bann dann ganz gebrochen; der Stolz auf das „Moderne" stellt sich bloßer Rühmung des Altgegebenen entgegen und führt (wie ganz besonders bei Descartes) dann auch wohl zum anderen Extrem: das Alte gänzlich zu verwerfen und alles von Neuem anfangen zu wollen. Leibniz' Gedanken von der perennis philosophia vereinigt beides: Traditionserhaltung im denkbar umfassendsten Sinne, und neues Bilden, das über die Gesamtheit alles schon Gegebenen hinausgeht. Wenn bei den Griechen Plato etwa an der Kunstübung der Ägypter rühmte, daß es dort verboten sei, „Neuerungen vorzunehmen oder sich sonst etwas vom Herkömmlichen Abweichendes auszudenken", so daß „was dort vor 10000 Jahren gemalt oder gemeißelt worden ist, weder höher noch niedriger steht als das, was man jetzt macht", wenn das ganze Mittelalter hindurch die Neuerung verdächtig war, nicht nur im religiös-dogmatischen Bezirke, das Alte, Bleibende vielmehr allein entscheiden und erfüllen sollte, – so gilt es nun nach Leibniz als die höchste Gegenwarts- und Zukunftspflicht, das Alte tiefer zu verstehen, als es sich selbst verstand, und im Erhalten doch auch über das Erhaltene hinauszugehn! Vielheit, Gegensätzliches und Wandel im einstigen Auftreten des jetzt Überlieferten werden gefühlt und neu verstanden; die neue Zeit muß da durch neue Einsicht Einheit schaffen. Ein Stück der Wahrheit liegt in aller Überlieferung, die ganze aber in keiner; sie ist erst zu erringen. Ein Glaube an den möglichen und selbst notwendigen Fortschritt der geschichtlichen Entwicklung kommt allmählich auf. Und damit hat das Werden, hat die geschichtliche Lebendigkeit den Vorrang gewonnen vor dem Bleibend-Starren. –

*

Wie für diese Frage des geschichtlichen Bewußtseins Duns Scotus, so bedeutet für die Metaphysik des Werdens Meister Eckehart den entscheidenden Wendepunkt. Von dem Gedanken des lebendigen Gottes aus faßt er den Mut zu jener gewaltigen Paradoxie: „Gott wird und entwird" – „Gottes Gewerden ist sein Wesen." Das Absolute selbst ist Fluß, ein „Fluß verflossen in sich selber" (wie schon der Pseudo-Dionysius gesagt hatte);

lebendig „in sich selber quellend". Der Bewegungsbegriff wandelt sich hier ganz. Dies Quellen und Fließen Gottes ist kein Bewegen im Sinne des Ziel-suchens und das im Ziel erlischt. Solche Bewegung, bei der Geschehen und Geschehnes, Streben und Zielerfüllung zweierlei und gegensätzlich sind, wird ausdrücklich ausgeschlossen von der Gottheit. Operari dei suum est esse: das heißt zugleich für Eckehart, daß operari und operatum, Aktion und Erfülltsein hier zugleich und Eines sind. Insofern nennt auch Eckehart dies ewige Geschehn und Werden einen motus sine motu, ein „Gewerden sonder Gewerden", einen „Fluß sonder geflossen". Positiv bezeichnet wird dies Geschehen aber dann als „Leben". Beim Leben hört für Eckehart des Aristoteles Frage nach dem Warum der Bewegung auf. „Leben lebt aus seinem eigenen Grunde und quillt aus seinem Eigen." Und während der antike Begriff der Selbstbewegung des Lebendigen eben doch das Ziel, die unerreichte Form als das Warum des Geschehns auch hier noch forderte, hat dieses Leben, das dem Vollkommenen und Absoluten selber zugesprochen wird, nun keinen Grund mehr, als die eigne Kraft und Fülle. Gottes Lie-ben, wie auch das des „Gerechten", des reinen Menschen, ist Bewegen ohne Strebensziele. „Also wie Gott wirkt ohne Warum und kein Warum hat, in derselben Weise wirkt auch der Gerechte ohne Warum; und also wie das Leben lebt um sich selber und sucht kein Warum, darum er etwas tue." „Wer das Leben fragte tausend Jahre: Warum lebst Du? Könnte es ant-worten, es spräche nicht anders als: Ich lebe darum, daß ich lebe . . . Es lebt darum, daß es sich selber lebt. Wer nun fragte einen wahrhaften Men-schen, der da wirkt aus seinem eigenen Grunde: Warum wirkst Du Dein Werk? Könnte er recht antworten, er spräche nicht anders als: Ich wirke darum, daß ich wirke." (Nicht also um des festen Ziels, in dem man ruhen könnte, willen!) „So begierlich ist das Leben in ihm selber, daß man es um sich selber begehrt." – Es ist also lebendige οὐσία αὐτοτελής! Leben ist in sich selber Zweck und Wert, ganz wie die fest gedachten Formen und Ideale sonst. „Warum minnest Du die Wahrheit? Um der Wahrheit willen... Warum lebest Du? Traun, ich weiß nicht! I c h l e b e g e r n e." So wie das Roß auf einer grünen Heide springt und läuft, „daß es sich allzumal aus-gösse mit all seiner Kraft im Springen auf der Heiden: das wäre ihm lust-voll und wäre seine Natur" – also ist es Gottes Natur und Lust, daß er all sein Wesen, seine Fülle ausgieße in die „Gleichheit" der Kreaturen; und des edlen Menschen Lieben und Wirken ist wieder von derselben Art. – Von hier aus kann sogar Eckehart, der stille Mystiker, das Wirken fordern und es über das Verbleiben im Zustand der ekstatischen Verzückung setzen, wie er es in dem Beispiel von dem Süpplein tut. Nicht der im Schauen Ruhende, sondern der aus der inneren Lebensfülle Liebende und Wirkende ist Gottes Ebenbild. Darin löst Eckehart sich ab von der Mystik des Neuplatonismus, in deren Tradition er steht. Die Folgezeit, besonders von der Reformation ab, hat dann wirklich gebrochen mit der antiken Überordnung des Schauens über das Wirken und mit dem Vorurteil z. B. gegen handwerkliche Tätigkeit und Arbeit. In Fichtes Ethik kommt das innerhalb der Philosophie zur ersten völlig ausgereiften Fassung.

So hat für Eckehart denn das Unbewegte, Unbelebte keinerlei Vorrang mehr an Wert und Wirklichkeit. Die Schöpfungstat verschmilzt mit Gottes innerer Bewegung; in dem nie endenden und nicht auf ein Erreichungsziel bezogenen Prozeß der Selbsterkenntnis Gottes leben alle Kreaturen, lebt die Welt. Geschehen, Fluß ist alles; und darin liegt das stete „Grünen und Blühen" des lebendigen Daseins gegenüber allem „Müden und Alten". Auch im Zeitlosen ist, ja hier ist erst das eigentliche „Werden": das ewige Neu-Sein „ohne Erneuen" und ohne Altern und Abnehmen". –

Das haben dann die Mystiker der folgenden Jahrhunderte fortgeführt, vor allem Jakob Böhme (an den dann der „entwicklungsgeschichtliche Pantheismus" der deutschen Idealisten so gerne anknüpfte). Ein ewiger Prozeß der Selbstgebärung Gottes ist das „Sein"; Werden im Willen oder „Drang", der nur sich selbst zum Gegenstande hat. Je stärker das Subjekt ins metaphysische Zentrum rückt und alles nach sich bildet, in sich hineinzieht, um so unbedingter erhält auch die Lebendigkeit den Vorrang vor dem festen Sein. Bei den Naturphilosophen dieser Reihe gewinnt denn auch die Bewegung und Lebendigkeit des Weltlichen, der äußeren Natur eine ganz neue Wichtigkeit. Nicht weil das Wirkliche nie an sein Ziel gelangte, immer zurückbliebe hinter ewigen Urbildern, ist alles bewegt und unruhig in der Natur, sondern deshalb, weil in aller Kreatur das Gottesleben lebt und wirkt. Die Allbewegtheit wird mit seliger Bejahung empfunden als Ausdruck der Fülle und Vollkommenheit, die dieser besten aller Welten eigen ist. –

Zugleich macht der wissenschaftliche Begriff von der Bewegung im engeren Sinn der Ortsveränderung den bedeutsamsten Wandel durch. Schon bei den Occamisten des vierzehnten Jahrhunderts kommen die uns sonst erst von Galilei her bekannten Grundmotive der neuen Naturwissenschaft, die vor allem ja Bewegungslehre ist, zur Ausbildung. Der neue Bewegungsbegriff erwächst auf dem religiösen Boden des späten Mittelalters, nicht aus dem ästhetischen Weltgefühl der Renaissance, wie man es darzustellen pflegt. Dort zuerst werden die Grundprinzipien der Aristotelischen Physik und Bewegungslehre in Frage gestellt. Der theologischen Fassung der Bewegung stellt sich entgegen die dynamische; dem Streben hin zu „substantiellen Formen" die Bewegtheit durch den im Bewegten selber tätigen und aus sich selber nie zur Ruhe führenden Impetus. (Leibniz kam von diesem Gedanken aus später zu seinem dynamischen Grundbegriff der „lebendigen Kraft!) Die vollkommene Wandlung des Bewegungsbegriffs, die man später im Trägheitsgesetz formuliert hat, wonach also Bewegung ebensowenig aus sich selber aufhört und in den andern „Zustand" übergeht wie Ruhe (während nach Aristoteles das Bewegte sogleich und ganz von selbst zur Ruhe kommt, wenn es nur seinen „natürlichen Ort", das Ziel, wohin sein Streben drängte, erreicht hat) – diese Wandlung ist schon hier vollzogen. Der im Bewegten tätige Impetus würde an sich ins Unendliche wirken, würde nie schwächer werden und das Bewegte nie zur Ruhe kommen lassen, wenn nicht äußere Widerstände und Gegenwirkungen aufträten. Nicht weniger „Sein" hat demnach die Bewegung als die Ruhe! Und so wird auch schon in dieser Zeit, wie schon erwähnt, der Gedanke von der Himmelsmechanik gefaßt: Die kosmischen Bewegungen in ihrer ewigen Gleichförmigkeit und Ordnung bedürfen keiner Erklärung durch bewegende Intelligenzen, durch höhere unbewegte Formen (wie bei Aristoteles, bei den Arabern, bei Thomas, und selbst noch weiterhin bei Dietrich von Freiberg bis zu Kepler!), sondern in der Weltschöpfung tritt mit der Materie auch gleichermaßen die Bewegung ins Dasein; der den Gestirnen einerschaffene Impetus bleibt dauernd tätig und wird hier, wo kein Widerstand der Luft und (wie man meint) der „Schwere" ist, niemals geschwächt, Bewegung also nie verlangsamt. In gleichförmiger Tätigkeit vollziehen sich die Gestirnbewegungen für alle Zeit, ohne daß hier außer jenem allgemeinsten Einfluß der Gotteswirksamkeit, durch welche schließlich alle Dinge überhaupt in ihrem Sein erhalten werden, noch eine besondere Bewegungswirkung Gottes oder seelisch-formhafter Instanzen nötig wäre. Die Bewegung, die Gott einmal schuf, hat also ebensowenig ein natürliches Ende und ein Verlangen nach ihrem Nichtsein, wie etwa der Bestand der Dinge. Beide Tendenzen, die jener mystischen Spekulation und die der neuen Wissenschaftsbegründung (die eben beide aus demselben Lebensboden sprießen), treffen zusammen im Werk des Nikolaus von Kues. Nie wird, so führt die Schrift über das Globusspiel aus, die natürliche Bewegung etwa einer vollkommen runden Kugel von sich aus aufhören. Ohne Anwendung äußerer Kräfte und ohne Ermüdung bewegt sie, einmal in Bewegung, immerdar sich fort; Bewegung ist, wo sie nicht von außen her gehemmt und zerstört wird, in sich selbst beständig. Ebenso hört das organische Leben, solange es gesund ist, als natürliche Bewegung nicht auf. Und niemals kann überhaupt „die Bewegung in der vernünftigen menschlichen Seele aufhören, welche (Bewegung) sie auch ohne Körper hat und ausübt. Es ist also jene sich selbst geistig bewegende Bewegung in sich subsistierend. Eine nicht sich selbst bewegende Bewegung ist ein Akzidens, die sich selbst bewegende ist Substanz. Wessen Natur Bewegung ist, hat diese nicht als Akzidens, wie z. B. die Natur des Geistes, der nicht Geist sein kann ohne geistige Bewegung, durch welche er aktual ist. Die geistige Bewegung ist demnach eine substantielle . . . sie hört daher nie auf". – So wird natürlich auch die Gottheit selbst, wenn sie auch oft als absolute Ruhe bezeichnet und die lebendige Bewegung aller Wesen hin zu ihr und zueinander äußerlich ganz im Aristotelischen Sinne beschrieben wird, doch wesenhaft charakterisiert durch die ewige und subsistierende Lebendigkeit. Gott ist, wie die absolute Größe, Gleichheit, Schönheit, Güte usw., so auch die absolute Bewegung. Die Trinität z. B. ist „keine mathematische, sondern eine lebendige Korrelation . . . Das Lebenkönnen muß so allmächtig sein, daß es aus sich das Leben seiner selbst erzeugt und aus beiden hervorgeht der Geist der Liebe". Und so geht denn von Gott, der Geist ist, alle Bewegung des Universums (als des „geschaffenen Gottes") aus. Die Bewegung im Universum ist „erschaffener Geist". Dadurch, daß alles sich bewegt, wird erst das Wirkliche zusammenhängend und bildet Ein Universum. Die Weltbewegung ist die explicatio von Gottes Ruhe – die selber ja subsistente Lebendigkeit ist. Kein endliches Wesen bewegt sich ganz gleich wie ein anderes; und doch nimmt jedes an der Bewegung eines jeden in seiner Weise teil, wie alle Glieder an der Bewegung des Herzens; dadurch zeigt sich die Welt als lebendige Einheit.

Und daraus folgert Nikolaus nun (worauf auch schon im Kreise jener Occamisten und von ihren wissenschaftlichen Motiven aus Nikolaus von Oresme gestoßen war), daß jene alte Lehre, in der die Kirche und das Mittelalter wie in soviel anderen Dingen auf die gegebene Autorität des Aristoteles eingeschworen war, die Lehre von der Ruhe der Erde und der täglichen Bewegung des Himmels falsch sei. Wenn die Bewegung der Körper nicht etwas ihnen Äußerliches und nur als Übergang Anhaftendes, sondern ein allem Wirklichen und zur einen Welt Gehörenden von Natur Zukommendes ist, so kann die Erde schlechterdings nicht unbewegt sein. Es gibt kein festes Weltzentrum, und es gibt keinen Stern, der unbewegt verharrte. Der Lehre des Kopernikus wird so durch rein spekulative Erschütterung des alten Weltsystems mit seiner Grundeinstellung auf die ruhende Mitte und seiner Überzeugung, daß alle Bewegung sich (nicht nur in unserer Auffassung derselben!) auf ein Ruhendes bezieht, der Boden vorbereitet. – Die hier gegebene Bejahung der Bewegtheit und Lebendigkeit geht schließlich auch so weit, daß selbst Entstehen und Vergehen, für die antike Weltempfindung eben das Kernmoment der Hinfälligkeit und Nichtigkeit sinnlich-konkreten Daseins, in den Gedanken von der gottgeschaffenen Weltvollkommenheit hineingezogen wird! Als explicatio des lebendig tätigen Gottes, der ja Identität der Gegensätze ist, muß die Welt „ein ununterbrochenes Erzeugen und Zerstören sein"! „Auch alle Zeugung, Zerstörung, Andersbildung kommt daher, weil Gott (das absolute Idem) immer dasselbe wirkt (idem identificat). Denn indem das Idem sich in größtem Gegensatze der Kräfte manifestiert, so entsteht, indem Jedes das sich Gleiche und dem Andern Entgegengesetzte wirkt, ein Kampf der Kräfte und aus diesem neue Zeugung und Zerstörung." Was hier identisch und beharrend ist, das ist nicht starres Sein, sondern Lebendigkeit, in Gegensätzen sich vollziehende Bewegung. Die Thesen Heraklits gewinnen neue Weltbedeutung vom Gedanken des lebendigen Gottes aus, der als Geist Lebendigkeit und Fließen ist. Hegel hat später Heraklit und den mit Eckehart ganz ans Licht getretenen und von da an immer mehr anschwellenden Gedankenstrom, der aus der religiösen Urgegebenheit des Innerlich-Geistig-Lebendigen seine Gewißheit von der Weltlebendigkeit zieht, bewußt vereinigt; er hat es unternommen, von der ganz durchgereiften Position der Neuzeit aus ein jedes Wort des Dunkeln von Ephesus neu aufzuklären.

Welche Rolle die neue Einstellung dann im Weltbild der Renaissancezeit, besonders bei Kepler und bei Bruno, spielt (auch in der Seelenlehre des Ficino, in der nun, umgekehrt zum Altertum, Materie nicht als das die Seele in Bewegung Verstrickende, sondern als das sie zur toten Ruhe Herabziehende gilt), das sei hier nicht weiter ausgeführt. Daß die Materie mehr und mehr erhöht wird als Gotteswerk (das sie nicht minder ist als alle „Form"), daß sie die ordnend-bewegenden Kräfte in sich selber aufnimmt, das haben wir beim ersten Thema schon verfolgt. Und wenn nun hier die alte Lehre von der Vielheit entstehender und vergehender Welten wieder belebt wird (gegen deren Kreislauf-Charakter vom christlichen Heilsgedanken aus auch noch Albertus Magnus ausdrücklich gekämpft), so sucht Giordano Bruno in allem Neben- und Nacheinander solcher Weltsysteme und -prozesse den „Pulsschlag des Einen göttlichen Allebens" zu sehen, einen organischen Lebenszusammenhang an Stelle jenes mechanisch-sinnlosen Beieinander. Und wie schon in der Lehre des Scotus Erigena von der Identität von Sehen und Schaffen in Gott, wie in den Schöpfungslehren Dietrichs von Freiberg und Eckeharts, so drängt auch hier der Gedanke vom lebendigen Gott auf die Verewigung des Weltprozesses, auf Anfangslosigkeit der Schöpfung hin: Gott könne nie anfangen, aus einem untätigen ein tätiges Prinzip zu werden; unendlich sei, wie Gottes Wesen, so auch das Werden. – So sehr durch die nun einsetzende und oft bis zum Naturalismus führende Zurückwendung des Interesses vom Innern auf die äußere Natur und durch den glänzenden Erfolg der mathematischen Naturwissenschaft das Ausgehen von der seelisch-geistigen Lebendigkeit zeitweise zurückgedrängt wurde – so ging doch jene neue Wertung der Bewegung nie verloren. Die neue Wissenschaft ist selbst Bewegungslehre. Schon Campanella definiert, ohne jede Beziehung noch auf die neuen mechanischen Prinzipien, alle Welterkenntnis als Geschichte, d. h. Erkenntnis des Geschehens. Die Wissenschaft von Galilei ab liest wirklich dann das Buch der Natur nicht als gegebenes System, wie die Naturphilosophie der „substantiellen Formen", sondern als unaufhörlich fließendes, in Bewegungswirkungen von Ding zu Ding verbundenes Gesamtgeschehen. – Ein erstes überragendes Prinzip, das den Zusammenhang der neuen metaphysischen Einstellung und der neuen wissenschaftlichen Methodik hell ins Licht stellt, gibt Descartes. Zwar ist für seine Raummaterie, so scheint es, die Bewegung im Grunde (nicht viel anders als für die alten Atomisten) ein „Zustand" oder „Modus", nämlich des auch ohne die Bewegung substantiellen Seins. Demgegenüber ist es auch noch keineswegs entscheidend, daß nach Descartes erst durch Bewegung die körperliche Differenzierung entsteht, Bewegung also erst die Einzelkörper definiert, während bei Jenen die gestalteten Atome ungeworden und von jeder Bewegung abgesehen schon in sich bestehen, und erst für die Erklärung der geordneten Weltmannigfaltigkeit mechanische Bewegung nötig war. Aber bei Descartes fällt nun eine ganz neue Bedeutung auf die Bewegung dadurch, daß er neben die alten Prinzipien der Substanz und Seinserhaltung, neben das Prinzip der Erhaltung der Materie nun sein Gesetz von der Erhaltung der Bewegungsgröße stellt! Das ist ganz im Sinne jenes Cusanischen Subsistierens der Bewegung im Geistigen gedacht, hier nun ganz klar aufs Körperliche übertragen. Das Grundprinzip für die Erforschung der Natur ist nun nicht mehr substantielle Form, sondern ein Bewegungsgesetz. Der Grundtypus des modernen Gesetzesbegriffs (vorgebildet schon im Logos Heraklits), der die statischen Prinzipien der alten Wissenschaft, Platos Ideen und die Formen des Aristoteles ablöst, ist mit diesem neuen Erhaltungsgrundsatz formuliert. Die Prinzipien der Natur sind von nun an die „Regeln der Bewegung", als Gesetze des Geschehens. Der metaphysische Zusammenhang aber leuchtet klar hervor aus der Begründung, welche Descartes selbst gibt: „Wir verstehen auch, daß es eine Perfektion in Gott ist, nicht nur daß er in sich selbst unveränderlich ist, sondern auch daß er auf die konstanteste und unveränderlichste Weise operiert." Auf die erste „Perfektion" bezieht sich die Erhaltung im gewöhnlichen substantiellen Sinne, auf die zweite die Erhaltung der nie endenden Bewegung. Daß Gott die „primäre Ursache der Bewegung" heißt, gilt jetzt in ganz anderem Sinne als bei Aristoteles. Die Gesetze der Natur sind Bewegungsregeln, weil eben Gott, der Unveränderliche, immer auf die gleiche Weise h a n d e l t. Bewegung schuf er (wenn sie auch nur Modus ist) zugleich mit der Materie, und was er einmal geschaffen, erhält er in seinem Sein. Daß die Bewegung aber auf ihre Art ein „Sein" ist, zeigt sich auch dann in der Erörterung der Trägheit. Während die alten Philosophen, sagt Descartes, immer nur davon sprachen, daß sich Figur oder Masse oder Ruhe nicht ändern, wenn nicht von außen in sie eingegriffen wird, dagegen die Bewegung immer ausnahmen von diesem Grundsatz, komme es ihm gerade jetzt auf die Bewegung an, als auf die Sache, deren Verständnis er am nachdrücklichsten begehre. Und er fügt hinzu, daß die Bewegung, wie sie dort (nach jener Definition des Aristoteles nämlich) verstanden werde, überhaupt etwas ganz anderes sei, als die Bewegung, wie er sie begreife. –

Der Occasionalismus hat dann die Verbindung, die Descartes so zwischen dem unveränderlichen Wirken Gottes und den Bewegungsgesetzen stiftete, bis zur Identität des göttlichen Wirkungsprinzips (des Willens Gottes) mit den Bewegungskräften in der Welt zusammengezogen. Bei Geulincx wird das zur unausweichlichen Forderung, die Malebranche dann entschlossen zieht. Wenn auch die Welt viele Unvollkommenheiten aufweist, in einem kann sie nicht vollkommner sein: die Regelmäßigkeit ihrer Bewegungen und Geschehnisse ist absolut. In ihr, in den Gesetzen der Natur, den unveränderlichen Regeln der Bewegung spricht Gottes unveränderliche Allvollkommenheit, die Beständigkeit seiner Macht und seines Willens ganz unmittelbar sich aus! (Auch Berkeleys Spiritualismus sieht in der gleichförmigen Gesetzlichkeit der Bewegungsfolgen, der Vorstellungsbewegungen also, die unmittelbare Auswirkung des unveränderlich-lebendigen Gotteswillens, seines stets gleichmäßigen Handelns.) Und dies ist nicht eine Expression, die dem Weltlich-Endlichen eigene Selbständigkeit gibt, sondern was in jeder endlichen Bewegung wirkt, ist schlechterdings nichts anderes als Gotteskraft. Der bewegte Körper wird in jedem Zeit- und Raumpunkt seiner Bahn neu erschaffen, neu gleichsam hingestellt; Fortdauer von Bewegung ist nichts anderes als unausgesetztes Schöpfungswirken Gottes. Beständig bewegt so Gott die Dinge, in ihrem Innern ihnen gegenwärtig. Alles Geschehen also ist im Grunde nicht nur Ausdruck oder Wirkung göttlichen Tuns, sondern dieses selbst. Der Pantheismus wird von da aus unvermeidlich. Die alte Fremdheit gegenüber der Bewegung scheint auch jetzt noch mitzuwirken. Die Dinge selbst, als inaktive, unbewegte, kann Malebranche sich wohl in relativer Selbständigkeit Gott gegenüber denken, aber nicht Bewegung! Sie liegt auch für ihn noch (wie sie ja sogar bei Descartes nur ein zugefügter Modus war) eben nicht im Wesen der Materie. Nur dem lebendigen Gott ist sie ursprünglich und wesenhaft eigen! Bewegende Kraft, Bewegungsprinzip kann nur das Geistige, ein Vorstellend-Wollendes sein.

Die breiteste und zutiefst grundsätzliche Ausprägung der neuen Wertung des Lebendig-Bewegten erreicht in diesem Zusammenhange Leibniz. Wie beim Cusaner, bei Descartes und Malebranche, wirken bei ihm und umfassender als bei jenen allen die Tendenzen der neuen Bewegungswissenschaft zusammen mit der Grundeinstellung auf das Lebendig-Geistige, auf Gott und Seele. Zugleich tritt die Monadenlehre der pantheistischen Tendenz entgegen, durch welche bei den Occasionalisten doch die eigene Bewegung den Dingen und zuletzt sogar den Seelen entzogen und alle Tätigkeit auf Gottes Wirken beschränkt wurde. Leibniz steht in der Lebendigkeitstradition der deutschen Naturphilosophie, die, von Paracelsus bis zum älteren van Helmont, in jeder Kreatur, in jedem Einzelding das eigne innerliche Bewegungs- und Lebensprinzip gesucht. Ein Gegenstück zum

Dynamismus dieser Nachkommen aus der Mystik Eckeharts und Seuses, mit seinem an der lebendigen Seele orientierten Weltgefühl, zeigt in einer sehr verwandten englischen Bewegung die Naturphilosophie Glissons, die schon (wie Leibniz dann) versucht, Substanz ganz allgemein nun selber als Lebendigkeit, als Tätigkeit, Bewegung – nicht aber diese letztere nur als ein äußerlich-modal zu jener erst Hinzutretendes aufzufassen. Natura substantiae in genere est viva, sagt Glisson. Bewegung ist der Materie (und nicht erst dem Organischen) selber immanent, ist ein ihr innerlich zugehörendes Prinzip. Der Titel seines Werkes zeigt die Tendenz genugsam an: Tractatus de Natura substantiae energetica seu de Vita Naturae. – Doch fehlt allen diesen Philosophen der Anschluß an die neue Wissenschaft; es ist zuviel Phantastik und zuviel Willkür noch in ihrer Naturbetrachtung, als daß in dieser Form die neue Bewegungswertung die metaphysischen Systeme des Jahrhunderts von Galilei und Descartes bestimmen konnte. Hier bringt erst Leibniz die Verschmelzung.

Während für Descartes die körperliche Bewegung nur Zustand und Modus war, nicht wesenhafte Tätigkeit, während sein Begriff von der Materie, der res extensa, jedes Moment der Kraft und eigentlichen Wirkungsfähigkeit auszuschließen schien, hatte er die denkende Substanz ganz wesenhaft durch die Aktivität ihres „Denkens", des Bewußtseinslebens definiert. Die res cogitans „denkt" immer; sie kann diese Tätigkeit nie aussetzen, Selbstbewegung, inneres Leben ist ihr Sein. Das war (neben anderen Momenten) eine fragwürdige Zweiheit im Substanzbegriff: die geistigen Substanzen (auch, Gott) sind wesenhaft lebendig, die körperlichen tot, nur äußerlich bewegt. Die Außenwelt hat keine Ähnlichkeit mit dem, worauf es doch im Sein vor allem ankommt. – Die Monadologie sucht aber nun vom selbstgegebenen Ich aus den Schlüssel zum Wesen aller Dinge und damit eine homogene Weltauffassung zu gewinnen. Was Substanz ist, lehrt Leibniz, das wissen wir unmittelbar aus unserer „Reflexion". Der Hinblick auf die Seele aber zeigt ihm, daß nicht (wie Descartes gemeint) in der Seinsunabhängigkeit das Wesen des Substantiellen sich definieren könne, denn als gotterschaffene hat sie ja keineswegs „Aseität". Sondern was sie zur Substanz, zum „Selbstand", auch dem Schöpfer und Allerhalter gegenüber, macht (entgegen pantheistischen Doktrinen), das ist der freie Wille, die sittliche Selbständigkeit, die Fähigkeit, auf Gott in Wissen, Lieben oder Wollen sich zu beziehen, nicht nur bezogen zu werden! In der Selbsttätigkeit der Seele zeigt sich und besteht ihre Substantialität; Selbstand ist Selbststehen, Selbsttun; Handeln aus eigenem Vermögen, eigenen Antrieben, Selbstentfaltung. Jede Seele ist eine Kraft, eine von der Macht Gottes verschiedene Wirksamkeit. Alle Ruhe, und so auch alles bloße Empfangen und Sich-Aufdrücken-Lassen an der Seele ist bloß scheinbar, alles in ihr ist Fluß, innere Veränderung, eigene Tätigkeit. Begehren, Streben läßt die

Seele keinen Augenblick in bloß beharrendem „Zustand" der Einzelvor-
stellung erstarren; immer ist ihr Leben Übergang, Neubildung, Selbstent-
wickeln innerer Kräfte. Nicht in der „Ruhe" liegt Wesen und Glück des
Seelischen, sondern in der Lebendigkeit; alles scheinbare Wahrnehmen von
Ruhe in der Seele ist nur ein Nichtbemerken der „kleinen" Vorstellungen
und Strebungen, die in Wirklichkeit uns immer „in Atem halten"! „Selbst
in der Freude ist Unruhe, denn sie macht den Menschen aufgeweckt, tätig,
voller Hoffnung, immer weiter fortzugehen." „Ja die Unruhe ist selbst
wesentlich zur Glückseligkeit der Geschöpfe, denn diese besteht nicht in
einem vollkommenen Besitze, der sie nur fühllos und stumpf machen
würde, sondern in einem fortwährenden ununterbrochenen Fortschritt zu
immer größeren Gütern, ein Fortschritt, welcher nicht ohne ein Verlangen
oder eine beständige Unruhe denkbar ist." Auch in den „scheinbar ruhig-
sten Zuständen" sind wir innerlich bewegt; denn wir sind nie ohne irgend
eine Bewegung." „Eben daher kommt es auch, daß wir uns nie in einem
Zustande der Gleichgültigkeit befinden." – Auch die „Ruhe" der Ewigkeit,
die eben doch nicht Gleichgültigkeit sein darf, wäre danach für Leibniz'
Begriff vom ewigen Leben „Unruhe" in eben diesem Sinne; die Seele ist
eben, in Zeit und Ewigkeit, Akt und nicht Ding, Aktion und nicht stehende
Substanz. Ihr Selb-Stand selber ist aktives Selbst-Stehen.
Und danach definiert nun Leibniz allgemein Substanz durch Tätigkeit!
Was Nikolaus angefangen hatte mit der Formulierung, daß die Bewegung
geistiger Wesen selber „subsistiere", das wird hier durch die Identifizierung
von Substanz und Aktion vollendet. Ausdrücklich wird immer die Auffassung abgewehrt, als ob Substanz ein „Sein" wäre, an dem nur die Bewegung haftete und von dem, als selber Unbewegtem, der Tätigkeit nur Fähi-
gem erst bei äußerem Anreiz Tätigkeit ausginge, sondern in sich selbst sind
die Substanzen alle, sind die Monaden „principes de vie", lebendige Selbst-
bewegungen, spontane immerwährende Aktionen. Ihr „Sein" ist selbst ein
„Zustand der Veränderungen". Mit der Möglichkeit, der Fähigkeit und der
Tendenz zum Handeln liegt auch der Übergang zur Tat, zum Akt in der
Monade selbst; sie ist nichts anderes als diese lebendige Spannung und
dieses ständige Vollziehen. Die Aristotelischen Begriffe der Entelechie und
der substantiellen Formen gewinnen an der Monade einen ganz neuen Sinn;
die Starrheit der Form-Substanz ist geschwunden, und an ihre Stelle tritt
das „Gesetz der stetigen Reihenfolge ihrer Operationen"! Das Werden der
Verwirklichung ist hier selbst das substantielle Sein. So wird es auch als nie
Erledigtes gedacht; der Sinn und, wie es vorhin sich zeigte, auch alles Glück
des Daseins liegt in der Bewegung. – Auch die körperliche Substanz also
muß wesenhaft Aktion sein, auch hier ist alle Ruhe, aller bloße Bestand
nur scheinbar, nur unmerkliche Veränderung. Die an sich selber starre Aus-
dehnungssubstanz Descartes' kann nicht Realität sein; es fehlt ihr die

lebendige Kraft, das Prinzip der Tätigkeit. Das Gesetz von der Erhaltung der Bewegungsgröße selber zwingt zum Übergang auf den Kraftbegriff. Da aber die Kraft im Räumlich-Materiellen als solchem nicht zu finden ist, so müssen die wesenhaften Prinzipien auch des äußeren Seins unmateriell gedacht werden. Auch hinter dem mechanischen Geschehen steckt Monadentätigkeit; auch hier ist alle Substanz zuletzt Aktion. Das Räumlich-Statische „resultiert" erst aus Lebendig-Dynamischem, aus monadischer Kraftentfaltung. Und das drückt sich auch in der Welt, wie wir sie sinnlich erfahren, in den räumlich-körperlichen Phänomenen aus: überall ist Leben und Bewegung, im kleinsten scheinbar ruhenden Teil der Materie ist – bis ins Unendliche – lebendiges Geschehen. Der Weltzusammenhang (der für den metaphysischen Blick sich darstellt als die allumfassende Harmonie der inneren Tätigkeiten der Monaden) zeigt sich der sinnlichen und der naturwissenschaftlichen Erfahrung als ein System allseitiger Wirkungsbeziehungen, in welchem kein Geschehen in irgend einem Teil des Universums sich vollziehen kann, ohne auf alle anderen auch noch so entfernten Teile seine verändernde Einwirkung zu haben. So ist alles unablässig in Bewegung, und nirgends gibt es Ruhe in der Wirklichkeit. Jeder Körper ist immer bewegt, auch im „Zustand der Ruhe", den es in einem absoluten Sinne eben gar nicht gibt. – So siegt Bewegung über Ruhe; und während man im Altertum es wohl vom Seinsgedanken aus versuchte, Bewegung als ein Aggregat von Ruhezuständen zu denken (vgl. Zenos Pfeil-Argument), eine Auffassung, die selbst in Malebranches Erklärung der Bewegung durch sukzessive Schöpfungsakte an den einzelnen Punkten der Bewegungsbahn noch wirksam war – definiert jetzt Leibniz umgekehrt die Ruhe als unmerkliche, oder strenger als unendlich kleine Bewegung, Trägheit als unendlich kleine Tätigkeit, die „tote" Kraft als Beginn oder „Element" der lebendigen. Das Gesetz der Ruhe ist nun nur ein Sonderfall noch vom Gesetze der Bewegung. –
Schon bei Leibniz hat die Zentralstellung von Bewegung und lebendiger Tätigkeit einen unmittelbaren Zusammenhang mit dem Prinzip der Entwicklung – dies hier nicht mehr im Aristotelischen Sinne verstanden, als Hinbewegung und bloßer Übergang auf gegebene feste Form, sondern als ein inneres sich Steigern und Wachsen ins Unendliche, das wesenhaft nie zur Ruhe kommen soll, sondern die natürliche Auswirkung ursprünglicher Kräfte ist. Aber die Monadenlehre bleibt mit diesem Prinzip doch in der Hauptsache beim Einzelwesen, wenn auch von da aus und besonders im Zusammenhang mit dem „Reich der Gnade" der Gedanke einer Weltentwicklung anklingt. Für den äußeren Kosmos hatte andrerseits Descartes versucht, eine auf rein mechanischen Bewegungsvorgängen beruhende Entstehungsgeschichte zu geben; aber ausdrücklich war ihm das, wie es ja auch in den alten Kosmogonien war, nur Mittel zum Zwecke der Erklärung der

Welt, wie sie jetzt fertig dasteht. Beim jungen Kant erst greift das Werdensinteresse vom neuen Gott- und Weltgefühl der Allebendigkeit aus auf die Frage der Weltentwicklung, der kosmischen Welt-„Geschichte" selber über. – Auch er sieht, wie Descartes und Leibniz, den „Charakter der Beständigkeit, die das Merkmal der Wahl Gottes ist", nicht so sehr in der Erhaltung der Materie, als in dem unbeirrten Fortwirken der durch den Schöpfungsakt wirklich gewordenen weltbildenden Kräfte. Die Grundmaterie, aus der alles Kosmische in Ewigkeit hinaus entsteht, ist selbst dynamischer Natur; die Anziehungs- und Abstoßungskräfte, die die „ursprünglichen Bewegungsquellen" darstellen, sind ihre wesentlichen Eigenschaften. Alles Wirkliche ist Wirken; Ruhe ist nur ein „Mangel" oder eine „Beraubung" von Bewegung, ja ist im Grunde (wie das ja Leibniz schon getan) selbst als unendlich kleine Bewegung zu definieren. Die Bewegung der Materie bedarf keiner fremden Ursache, auch keines ordnenden Prinzips; jene Urkräfte selber führen in ungezwungener Folge selbständig und selbsttätig zum Aufbau der Weltsysteme. – Aber dieses Aufbauen ist nun nicht Übergang bloß bis zur fertigen Welt. Sondern die Lebendigkeit des Schöpfers zeigt sich eben darin, daß die Schöpfung nie vollendet ist! Für Augustin sind alle Weltvollkommenheiten und die ganze Schönheit des Universums von Anfang an, vom Zeitpunkt der ein für allemal geschehenen Schöpfung an, vollendet da; nichts kann dem mehr im Lauf der Zeiten hinzugefügt werden. Kant dagegen sieht jetzt gerade in der unendlichen Entwicklung in der Zeit, im immer neuen Erscheinen immer neuer Ordnungen die wahre Auswirkung der Kraft des Höchsten. Wenn Kant „von der Schöpfung in ihrer Unendlichkeit" spricht, so meint er nicht nur die unendliche Ausbreitung im unendlichen Raum (als dem „unendlichen Umfang der göttlichen Gegenwart"), sondern vor allem auch das nie vollendete Werden in der Zeit, als der Wirkungsdimension des lebendigen Gottes. Die Anordnung und Einrichtung der Weltgebäude aus dem Vorrate des erschaffenen Naturstoffs geschieht in einer Folge der Zeit nach und nach; Schöpfung ist „vielmehr Ausbildung der Natur". „Die Schöpfung ist nicht das Werk von einem Augenblicke. Nachdem sie mit der Hervorbringung einer Unendlichkeit von Substanzen und Materie den Anfang gemacht hat, so ist sie ... die ganze Folge der Ewigkeit hindurch wirksam." „Die Schöpfung ist niemals vollendet. Sie hat zwar einmal angefangen, aber sie wird niemals aufhören. Sie ist immer geschäftig, mehr Auftritte der Natur, neue Dinge und neue Welten hervorzubringen." Das Feld der Offenbarung göttlicher Eigenschaften ist ebenso unendlich als diese selber sind: das gilt nicht nur für das Sein im Raum, sondern vor allem für das Werden in der Zeit. – Und jetzt dringt auch jener Gedanke des Nikolaus von Kues: daß die (von den Alten so bekämpfte und sie am Prinzip des Werdens schreckende) Vergänglichkeit, daß selbst Verfall und Tod in die Bejahung des

Lebendigen hineinzuziehen sei, urkräftig durch. Jetzt steht am Weltensein und am irdischen Geschehen nicht mehr, wie immer doch im Altertum, das Negative des Verfalls und die Unselbständigkeit des Bloß-Gewordenen – sondern das Positiv-Beseligende des Werdens, als eines immer schöpferischen Wirkens, das immer Neues wirklich werden läßt, im Vordergrunde! „Man kann den unvermeidlichen Hang, den ein jegliches zur Vollkommenheit gebrachte Weltgebäude nach und nach zu seinem Untergange hat, unter die Gründe rechnen, die es bewähren können, daß das Universum dagegen in anderen Gegenden an Welten fruchtbar sein werde, um den Mangel zu ersetzen, den es an einem Orte erlitten hat. Das ganze Stück der Natur, das wir kennen ..., bestätigt diese Fruchtbarkeit der Natur, die ohne Schranken ist, weil sie nichts anders als die Ausübung der göttlichen Allmacht selber ist. Unzählige Tiere und Pflanzen werden täglich zerstört und sind ein Opfer der Vergänglichkeit; aber nicht weniger bringt die Natur durch ein unerschöpftes Zeugungsvermögen an andern Orten wiederum hervor und füllt das Leere aus." „Man darf nicht erstaunen, selbst in dem Großen der Werke Gottes eine Vergänglichkeit zu verstatten. Alles, was endlich ist ... muß vergehen und ein Ende haben ... Wir dürfen aber den Untergang eines Weltgebäudes nicht als einen wahren Verlust der Natur bedauern. Sie beweist ihren Reichtum in einer Art von Verschwendung, welche, indem einige Teile der Vergänglichkeit den Tribut bezahlen, sich durch unzählige neue Zeugungen in dem ganzen Umfange ihrer Vollkommenheit unbeschadet erhält." – Und nicht nur diese lebendige Erhaltung gehört nach Kant zum Wesen des kosmischen Geschehens, sondern auch eine „stetige Fortschreitung"· „Ungeachtet aller Verheerungen, die die Vergänglichkeit unaufhörlich anrichtet", nimmt der „Umfang des Universi", des kosmisch Geordneten nämlich, im Ganzen ständig zu! „Mit immer zunehmenden Graden der Fruchtbarkeit" ist die Schöpfung wirksam durch alle Zeiten. In aller „künftigen Folge der Ewigkeit" breitet sich die Weltsystematik in der Unendlichkeit des Raumes ins Unendliche allmählich aus. Wenn die geschaffene Welt der Materie nach vom Anbeginn an unendlich im Raum gewesen ist, so ist sie „der Form oder der Ausbildung nach bereit, es zu werden": so wird der Weltenraum mit Welten ohne Zahl und ohne Ende belebt werden". „Indessen, daß die Natur mit veränderlichen Auftritten die Ewigkeit ausziert, bleibt Gott in einer unaufhörlichen Schöpfung geschäftig, den Zug zur Bildung noch größerer Welten zu formen." „Ich finde nichts, das den Geist des Menschen zu einem edleren Erstaunen erheben kann, indem es ihm eine Aussicht in das unendliche Feld der Allmacht eröffnet, als diesen Teil der Theorie, der die sukzessive Vollendung der Schöpfung betrifft." –
Kant hat später von hier den Übergang gefunden zu jenem andern Werden und Fortschreiten, das mit dem Christentum ursprünglich in den Mittel-

punkt getreten war: dem der Menschheitsgeschichte. Lessing und Herder haben in der gleichen Zeit dem alten Gedanken (den Lessing zuerst beim Studium der Kirchenväter wiederfand) zu einem neuen Leben verholfen. Sie beide berufen sich für ihre Werdenslehren stets auf das christliche Prinzip des lebendigen Gottes. In diesem selber, will Lessing zeigen, sei der Grund gelegen für die Veränderlichkeit und das Zufällige der weltlichen Dinge! Sein Interesse gilt dem Gotteswalten in der Geschichte, in der allmählich sich vollziehenden und in die Zukunft wachsenden Offenbarung, als der „Erziehung des Menschengeschlechts". Die alte Analogie mit dem Entwicklungsgang des einzelnen klingt wieder an. Und wie bei Joachim von Floris wird über die fertige Gegebenheit der Christus-Offenbarung hinaus das neue „ewige Evangelium" gesucht. Gott gibt die Wahrheit nicht mit einem Schlage, sondern in Etappen, die den Werdensstufen der Menschen und der Völker, ihrer jeweiligen Verständnisreife, angemessen sind. Das, was er aber gibt, ist immer schon auch in der eigenen Spontaneität der Menschen angelegt; sie sind nicht tote Spiegel und Wachstafeln, auf die der Griffel Gottes schriebe, sondern ihr Sein ist Tun, sich innerlich Entwickeln, Streben. Allbekannt ist Lessings Wort, das besonders schön das neue Werdenspathos ausdrückt: wonach er, von Gott vor die Wahl gestellt, den immer regen Trieb nach Wahrheit, mit aller Gefahr auch des Irrens und Verfehlens, dem gegebenen Besitz der Wahrheit vorziehn würde. Das Pathos des unendlichen Strebens, womit schon Leibniz begann und das dann bei Kant und Fichte so sehr im Mittelpunkt der Systembildungen wirkt, stellt sich gegen das Verlangen nach erfüllter Ruhe. Auch diese Frage ist schon früh hervorgegangen aus dem neuen Lebensgefühl der christlichen Zeit: Augustin erörterte sie; aber er entscheidet sich noch für den ruhenden Besitz, dem Wort des Aristoteles getreu, wonach das Wissen beseligender ist als das Suchen.

Auch die Naturphilosophie Herders sieht (in der Nachfolge Leibnizens) die Dinge alle als selbständige, selbsttätige Kräfte, alles Sein als Werden und freie Bewegtheit. Die Gotteskraft kann sich nur offenbaren in lebendigen Kräften. Alles Feste, Starre ist in Wirklichkeit Produkt nur von erzeugenden dynamisch-organischen Prinzipien. Allüberall umgibt uns das tägliche „Wunder des Werdens" (auch hier: nicht der bekümmernde Verfall, sondern die Seligkeit des Neugeschehens steht im Vordergrund). Und so ist die Natur im Ganzen auch lebendige Entwicklung, ein stetes Fortschreiten zu höheren Bildungen. Herder zuerst faßt den Entwicklungs- und Fortschrittsgedanken als einheitliches Prinzip für Natur und Menschheit, vereinigt Naturgeschehen und Geschichte zu einem Gesamtprozeß – dessen Sinn der alte sittlich-religiöse ist: die Annäherung der Kreaturen an die göttliche Vollkommenheit, die dann am leuchtendsten erreicht wird von der Menschheit in der lebendigen Entwicklung der Geschichte. Des

Menschen Sein ist Werden, nie ist er ganz vollendet; und über dieses irdische Geschehen hinaus geht weiter die Entwicklung einer höheren Geschichte. –

*

Den äußersten Triumph aber des lebendigen Geschehens über das starre Sein, und ein vollkommenes Zusammenschmelzen aller so im Laufe der geschichtlichen Entwicklung ans Licht getretenen Motive zu einer großen Metaphysik des Werdens, bringt dann die Philosophie des deutschen Idealismus. Die entscheidende Grundlage gibt Fichte, bei dem nun auch mit ganz besonderer Eindringlichkeit noch einmal der Zusammenhang mit den religiösen Urmotiven, den wir immerfort verfolgten, offensichtlich wird. – Es ist nach Fichtes Grundüberzeugung das Wesen jedes „Dogmatismus", daß er mit seinem Glauben an die Ursprünglichkeit und Übermacht des Objektiven zugleich die Freiheit an das Starr-Notwendige, das Leben an das tote Sein verrät. Als seinen eigentlichen Gegenpol empfindet Fichte also auch in dieser Sache das System Spinozas – der ja in der Tat als einziger in der Neuzeit sich dem Gewicht des Lebendigkeitsmotivs verschlossen und die Starrheit des Parmeneidischen Seins auf seine Art erneuert hatte! Wer so das Absolute und alles wahrhaft Seiende als Stehendes, Starres, Totes sich denke – sagte Fichte –, verstehe im Grunde sich selber nicht und könne letzten Endes auch nicht wahrhaft überzeugt sein vom Ganzen des Systems. Von den Alten ganz abgesehen – denn ob diese die eigentliche Frage der Philosophie sich auch nur mit Bewußtsein aufwarfen, sei ganz zweifelhaft – hätten sich fast alle Denker der neueren Zeit mit ihrer Spekulation in Widerspruch gesetzt zu ihrem Leben. Leibniz allein sei vielleicht der einzige Überzeugte gewesen in der Geschichte der Philosophie. Der Idealismus, der vom tätigen Subjekt aus seinen Seinsbegriff gewinnt, sei die einzige Philosophie, in deren Konsequenz der Lebenssinn, so wie ihn jeder sittlich Handelnde kennt und lebt, voll aufgenommen ist. Der Idealist weiß also nichts von dem ein für allemal gegebenen starren Sein des Dogmatismus, von einem Ansich, das dinghaft-tot wäre; sondern ihm ist das einzig Positive die Freiheit, die Selbsttätigkeit des Handelns. „Sein" ist ihm bloße Negation der Freiheit; kein erster und ursprünglicher Begriff, sondern lediglich ein abgeleiteter, im Gegensatz zur Tätigkeit gebildeter. Die ganze Philosophie des Idealisten ist im Grunde eine einzige große Entwicklung des Begriffs der Freiheit. – Diese Grundeinstellung auf das Geistig-Tätige ist nun für Fichte nicht etwa nur damit gegeben, daß (wie es Leibniz meinte) ich nur in mir selbst unmittelbar den metaphysischen Kontakt gewinne; Freiheit ist nicht sowohl die innere Erfahrung eines jeden als der unbedingte Glaube des sittlichen Menschen, seine Forderung. Wohl weiß jeder Mensch von sich innerlich nur als von einem

Handeln und Geschehen; das Unmittelbare ist in der Tat mein Fühlen, Begehren, Denken, Wollen, lauter Akte und Akthaftes; ich bin in diesem inneren Bewußtsein von mir selbst ganz „Leben und Tat", „kein Sein, sondern ein reines Handeln". Aber daß damit ein schlechthin Absolutes gegeben wird, das keine Schranke finden darf an einem absoluten objektiven Sein und der mit einem solchen stets gegebenen Notwendigkeit und Starrheit –, das sagt uns keine innere Wahrnehmung und kein analogisches Erschließen, sondern allein das sittliche Bewußtsein des lebendig tätigen Menschen. Daher ist auch die Entscheidung für die wahre Philosophie keine Sache beschaulicher und gleichsam ruhender Erkenntnis einer gegebenen Weltstruktur (sei es auch einer inneren geistigen), sondern selbst eine Tat, ein Freiheitsakt.

Das Absolute in uns also ist nicht „Sein", kein „Bestehendes", „Beharrendes", das man als solches dann im ruhenden Begriff erfassen könnte – sondern ein wesenhaft Lebendiges, „Tathandlung", die ich nur im Mitvollzug erschaue, als selber akthaft Fließendes. „In den Umkreis dessen, was ich Philosophie nenne, kann etwas Stehendes, Ruhendes und Totes gar nicht eintreten. In ihr ist alles Tat, Bewegung und Leben; sie findet nichts, sondern sie läßt alles unter ihrem Auge entstehen, und das geht so weit, daß ich jenem Umgehen mit toten Begriffen den Namen des Philosophierens ganz abspreche." Nicht einmal ein „Tätiges" darf man das Urprinzip, die Ichheit nennen: „weil durch diesen Ausdruck auf etwas Bestehendes gedeutet wird, welchem die Tätigkeit beiwohne."

Vor allem auch schließt Fichte (ganz wie Leibniz) jeden Begriff des Tätigen aus als eines selber festen Wesens, das Vermögen nur zum Handeln hat, und wobei dann das wirkliche Tun auf anderswie gegebenen Anreiz erst erfolgte. Sondern schlechthin selbsttätig ist die Ichheit, reines Tun ohne Stehendes darunter; ihr Wissen, ihr Aktsein selber ist „substant"! Was sie handelt, das ist sie, und ohne Handeln ist sie nichts. Wenn Spinoza Gott definierte als die causa sui (für unsern Rückblick immerhin schon eine Wandlung gegenüber dem teleologischen Gottesbegriff des Aristoteles, eine Wandlung zum Kausal-Dynamischen – zur natura naturans), so vermißt Fichte dabei die Einsicht in den Tätigkeitscharakter, den solches Sich-selber-Setzen doch haben müsse. Nicht ruhende „Substanz", sondern die Ichheit erst ist ein Sichsetzen, ist Tat-Handlung: wo das Seiende immer nur als „Tat", Produkt der Handlung, im Grunde aber diese selber ist. Die Ichheit ist nur, weil sie selbst sich setzt. Ihr „Sein" ist innere Bewegung, reine „Agilität", ein Fließen ohne „Ruhe" und Beharren. Alles (scheinbar) Ruhende und dinghaft Seiende ist stets nur Resultat einer inneren Wechselwirkung in diesem Urlebendigen.

Der Fassung des Urprinzips entspricht die Methode der Philosophie. „Alle philosophische Erkenntnis ist ihrer Natur nach nicht faktisch, sondern genetisch, nicht erfassend irgend ein stehendes Seyn, sondern innerlich erzeugend und konstruierend dieses Seyn aus der Wurzel seines Lebens." Das Werdensprinzip greift hier mit einer äußersten Entschlossenheit über auf die zeitlose Welt der Begriffe. Eine Metaphysik, deren Aufgabe es ist, das „Leben des Geistes" darzustellen, die „Geschichte des Bewußtseins" in der alles Wirkliche erzeugenden Gesetzlichkeit der Intelligenz zu erfassen, kann nicht nach den Methoden statischer Logik sich aufbauen. So wird hier die Methode der Syllogistik, die das Mittelalter noch ganz beherrschte, mit ihrem Unterordnen unter festgegebene Prinzipien (entsprechend jenem Seinsbegriff der „substantiellen Form") und mit der starren Pyramide der Begriffe ebensowohl verlassen, wie die Logik des Descartes und der ihm folgenden Jahrhunderte mit ihrem Doppelweg der Analyse und Synthese. Denn auch in dieser letzteren Methode, die sich allzu sehr noch an das Vorbild des Euklid mit seinen geometrisch starren Inhalten anlehnte, ist der Gegenstand im Grunde als ein fertiger Komplex von einfachen Elementen vorausgesetzt, den die Begriffsarbeit in seine starren Teile zu zerlegen und wiederum aus diesen aufzubauen hat. In Spinozas „auf geometrische Weise" aufgebautem System des unbewegten substantiellen Seins zeigt sich das ja besonders klar. Leibniz' neues Substanzprinzip aber befindet sich bereits in eigentümlichem Kontrast zu der Methodenlehre, die er übernimmt und weiterbildet; und nur weil da der statischen Momente noch genug geblieben sind, wird der Konflikt nicht offensichtlich. Für Fichte aber gibt es nun in keinem Sinne mehr ein Starres, es gibt kein allgemeines oder einzelnes, kein komplexes oder einfaches „Sein" mehr, sondern nur noch Tätigkeit und Leben. So fordert er eine neue philosophische Methode: die dialektische. Der Ansatz Platos zur Bewegung der Begriffe (den die Neuplatoniker weiter führten), die Werdenslogik des Heraklit mit ihrer Lehre vom Kampf der Gegensätze, sie finden hier nun erst eine volle Entwicklung und treten beherrschend in den Mittelpunkt. Das Tun der Ichheit entwickelt sich vor dem eigenen Auge als eine unendliche Reihe von auseinander hervorgehenden Aufgaben, mit den immer neu hervortretenden gegensätzlichen Spannungen von Thesis und Antithesis und den immer wieder nur relativen und daher selber weitertreibenden synthetischen Lösungen. Die spekulative Erkenntnis hat nicht etwa eine unter dem Treiben ruhende Substanz oder ein ewig beharrendes Ziel des Prozesses zu entdecken, sondern sie soll die Phasen der Entwicklung selbst durchgehen und über allem scheinbar Ruhenden die innere Bewegtheit, die dialektische Spannung und den Übergang zu neuen Tätigkeiten aufspüren. Ihre Begriffe dürfen also nicht mehr „tote" sein, sie müssen selbst „lebendige Begriffe" werden, die über sich hinaustendieren und stets als im Übergang befindlich sich zeigen. Die Spannung des Widerspruchs lebt in jedem wahren philosophischen Begriff und läßt ihn nie in sich zur Ruhe kommen, nie erstarren. –

Mit der Zeit des Atheismusstreites kommt dann erst ganz der Zusammenhang dieser Freiheits- und Tätigkeitsphilosophie mit dem Erlebnis des lebendigen Gottes ans Tageslicht. Im Zentrum dieses Streites steht eben Fichtes Kampf gegen die Gott-Substanz. Gott darf nicht gedacht werden als ein bestehendes, beharrendes und dauerndes Sein, als ein „Substrat"; „man kann von ihm nicht sagen: er ist Substanz". Die alte Substanzkategorie, am Objektsein der äußeren Erfahrung gewonnen, versagt hier gänzlich. – Der wahre Gott ist „Ordnung von Begebenheiten"; „kein Seyn, sondern ein reines Handeln (Leben und Prinzip einer übersinnlichen Weltordnung), gleichwie auch ich, endliche Intelligenz, kein Seyn, sondern ein reines Handeln bin ... als Glied jener Weltordnung". „Ordnung" – das ist dabei selbst aktiv zu verstehn, als ein „tätiges Ordnen (ordo ordinans)", als „Act"; so wie Fichte alle die Worte mit der Endung „ung" im Akt-Sinne gebraucht (Tathandlung). „Man sieht, daß hier nur Acte, nur Begebenheiten, etwas Fortfließendes, kein Seyn und starres Bestehen gedacht wird: ein Schaffen, Erhalten, Regieren, keineswegs ein Schöpfer, Erhalter, Regierer." „Deine Seele ist nichts, als dein Denken, Begehren, Fühlen selbst. Gott ist nichts, als das notwendig anzunehmende Schaffen, Erhalten, Regieren selbst."

Und so tritt denn auch der Begriff des „Lebens" in den Mittelpunkt von Fichtes späterer Philosophie. Wie Eckehart gesagt, daß für das Leben jene Frage nach dem Warum keine Geltung mehr habe und alle Antwort nur noch lauten könnte: ich lebe gerne – so ist nun auch nach Fichte „das Leben notwendig selig, denn es ist Seligkeit". Und wiederum setzt er, der alten Lehre des Johanneischen Christentums folgend, Leben und Liebe in eins; als ewige Spannung und Prozeß der Liebe stellt sich die Selbstentfaltung und innere Dialektik der Ichheit, ihre „Einheit in der dadurch nicht aufgehobenen, sondern ewig bleibenden Zweiheit" dar. Auf Liebe, Streben, Trieb gründet sich alle Seligkeit des wahren Lebens. Wahrhaftes Sein aber kann eben nichts andres sein als solches Leben. „Nur das Leben vermag selbständig, von sich und durch sich selber, dazuseyn; und wiederum das Leben, so gewiß es nur Leben ist, führt das Daseyn bei sich. Gewöhnlich denkt man sich das Seyn als ein stehendes, starres und totes; selbst die Philosophen haben es also gedacht, sogar indem sie dasselbe als Absolutes aussprachen" (causa sui!). Die Worte Sein und Dasein selber müssen verbal genommen werden, akthaft. „Das Seyn, durchaus und schlechthin als Seyn, ist lebendig und in sich tätig, und es gibt kein andres Seyn als das Leben: keineswegs aber ist es todt, stehend und innerlich ruhend ... Das einzige Leben, durchaus von sich, aus sich, durch sich, ist das Leben Gottes oder des Absoluten; und wenn wir sagen: das Leben d e s Absoluten, so ist dies nur eine Weise zu reden; indem in der Wahrheit das Absolute das Leben und das Leben das Absolute ist." „Jedes Daseyn hält und trägt sich selber; und im lebendigen Daseyn ist dieses sich Selbsterhalten, und das Bewußtsein davon, Liebe seiner selbst." Auch aller Bestand ist also wesenhaft Akt, lebendige Tätigkeit des Sich-Erhaltens.

So kann nun auch das Leben der Geschichte eine Bedeutung gewinnen wie in keinem metaphysischen System zuvor! Eckeharts Gedanke vom werdenden und in der Weltbildung sich selbst erkennenden Gott, den schon die Mystiker und Naturphilosophen nach ihm, besonders Jakob Böhme und der jüngere van Helmont, auf eine Geschichtsphilosophie großen Stils hatten hinausführen wollen, durchdringt sich hier nun ganz mit den seit Lessing, Kant und Herder neu hervorgetretenen Gedanken vom unendlichen Werdensgang der Menschheit und alles geistigen Lebens. Kants am Problem des äußeren Kosmos zuerst aufgestellte Forderung, die Schöpfung niemals als vollendet, sondern als unaufhörliche aufsteigende Entwicklung zu denken, gewinnt in Fichtes Metaphysik des lebendigen Geistes und der Freiheit eine äußerste Erfüllung. „Die Weltschöpfung aus Gott ist keineswegs also, wie man sich dies gewöhnlich vorstellt, vollendet, und Gott zur Ruhe gebracht, sondern das Erschaffen geht immerwährend fort, und er bleibt der Erschaffende; indem ja auch der unmittelbare Gegenstand seiner Schöpfung nicht ist eine träge und stehende Körperwelt, sondern das freie und ewig aus sich selbst quellende Leben. Die eigentliche wahre Welt, für welche allein eine Körperwelt ist, ist die geistige, das Leben und Denken der Menschen, eben als einer Welt, d. i. als eines Ganzen und einer Gemeinde ... Diese Welt ist es, welche unmittelbar Gott stets fortschafft nach seinem Bilde, indem er immer fortfährt, sein Bild in ihr zu entwickeln zu neuer Klarheit." „Denn dies eben, dies allein ist der Zweck alles Daseins, daß Gott verklärt werde, daß sein Bild immerfort in neuer Klarheit heraustrete in die sichtbare Welt aus seiner ewigen Unsichtbarkeit. Nur in dieser Verklärung Gottes rückt die Welt weiter, und alles eigentlich Neue, was in derselben vorkommen kann, ist die Erscheinung des göttlichen Wesens in neuer Klarheit; ohne diese steht die Welt stille, und es geschieht nichts Neues unter der Sonne." – Und so wird denn der Mensch in der Geschichte, insoweit er eben Neues erkennt und schafft, „durch sein tätig gewordenes Wissen zur eigentlichen Lebenskraft in der Welt, und zur Triebfeder der Fortsetzung der Schöpfung". Daß immer „neues und frisches Leben" heraustrete, darauf ruht nun bei Fichte aller Wert des Daseins; der Seligkeit des Lebens gegenüber – soweit es eben schöpferische Tat, Herausbildung immer neuer Gesichte, Verklärung von immer wieder neuen Seiten des göttlichen Lebens und zu immer höherer Klarheit ist – spielt jene Trauer des Verfalls, des Flüchtigen und der Vergänglichkeit, die bei den Denkern der Antike die Stellung zum

Werden beherrschte, nun keine Rolle mehr! Das Leben in der Zeit, im „flüchtigen" Diesseits selber ist, insoweit es diesen Werdensweg durchschreitet, unvergängliches Leben. Dem Verfall, dem Nichtsein absolut geweiht ist nur das Tote, das bloße „Sein" im alten Sinn, das Starre und was daran sich hängt, das Träge! „Der Trieb des bloß natürlichen Daseyns geht auf das Beharren beim Alten ..., wo aber die göttliche Idee ... ein Leben gewinnt, da baut sie neue Welten auf, auf den Trümmern der alten." E i n e Freiheit ist es, die in allen strebenden Menschen wirkt, E i n Leben ist die Geschichte der Menschheit, der geistigen Gemeinde. „Die gesamte Geisterwelt, als Eins genommen, ist frei, und darin besteht ihr eigentliches, von dem Leben Gottes verschiedenes Leben." „Es ist eine gemeinsame Freiheit des Ganzen, und die Freiheit der Einzelnen ist nicht abgesondert und beschränkt auf sich selbst, sondern jede Freiheit greift ein und wirkt auf die Freiheit der Übrigen, und es ist zwischen der Freiheit Aller ein gemeinsames Band." „Ich kenne wenig erhabenere Ideen, als die Idee dieses allgemeinen Einwirkens des ganzen Menschengeschlechtes auf sich selbst, dieses unaufhörlichen Lebens und Strebens."
Damit ist also nun auch jenes statische Moment des Leibnizischen Systems verlassen, nach welchem der Zusammenhang des Universums in einer alle Fragen der Entwicklung vorherbestimmenden Harmonie sich gründet! Dort ist die Welt nun eben doch von vornherein im Geist des Schöpfers fertig, und die Entwicklung hat nur zu erfüllen, was allbereits gegeben und bestimmt ist. So kommt es auch bei Leibniz nicht wirklich zur lebendigen Freiheit und zu lebendigem Wirken, nicht zur schöpferischen Entwicklung, die wahrhaft Neues schafft, nicht zum vollkommenen Triumph des Werdens und der Tätigkeit. Erst Fichte faßt die göttliche Weltordnung nun selbst als Tätigkeit, als Leben, als ein unbegrenztes schöpferisches Tun und nicht bloß als Erhalten und Regieren eines einmal schon Geschaffenen! Im geistigen Ringen und Fortschreiten der menschlichen Geschlechter „entwickelt sich die Gottheit immerfort zu einem neuen und frischen Leben".
Auch die Individuen sind nicht (wie bei Leibniz) ein für allemal geschaffen, sondern immer neue und neue treten ins Dasein, um neue Aufgaben der Entwicklung zu erfüllen und diejenigen vergehender, zum Sittlichen nicht herangereifter Individuen neu zu übernehmen. Selbst die Welt der „Dinge", die Natur, auf die es einzuwirken gilt, ist keine feste immer gleiche kosmische Realität, sondern Ausdruck des geistigen Lebens und der in ihm auftretenden Widerstände, die als solche immer auch zu überwinden und umzuwandeln sind!
Leben ist alles wahre Dasein, und alles Leben ist seinem Wesen nach vom Tode frei, unsterblich; so hat das Dasein in der Zeit kein Ende. Es folgt auch nicht auf unser irdisches Leben eine Jenseitswelt, in der nichts mehr geschähe, sondern alles nur ist und sein „Sein" genießt. Nicht Eine künf-

tige Welt gibt es, sondern eine unendliche Reihe künftiger Welten über Welten, welche insgesamt von der gegenwärtigen nicht der Art nach, sondern nur der Stufenfolge nach unterschieden sind. Die Ewigkeit ist nicht erst zukünftig, sondern sie ist schon angegangen, wir befinden uns mitten in ihr – eben insofern wir geistig „leben", das Übersinnliche lieben und tun. Ewigkeit und Seligkeit sind im wahrhaften Leben selbst darin, sind nicht Zustand, sondern Fließen, nicht Besitz, sondern Streben, nicht Ruhe, sondern Tat. – Und diese Folge von Welten ist nun nicht mehr ein Nacheinander von Kreisläufen, die in sich selbst zurückgehend und womöglich noch ganz gleich sich wiederholend das Werden gleichsam statisch machen, sondern in der ganzen unendlichen Reihe aufeinanderfolgender Welten vollzieht sich E i n Prozeß, der ins Unendliche hinausläuft. Die individuelle Einheit, die einzelne Person geht durch die unendliche Reihe aller Welten hindurch; und das ist jetzt nicht mehr, wie in den alten Lehren von der Seelenwanderung, gedacht als eine Strafe für begangenes Unrecht, die abgebüßt werden muß, ehe die Seele zur ersehnten Ruhe kommen kann, – sondern umgekehrt: die Individuen, welche den sittlichen Willen nicht in sich erzeugten, leben auch nicht fort in der zukünftigen Weltenfolge; nur die wahrhaft sittlich strebenden wachsen hinein in immer neue Aufgaben und Leben. So wird Lebendigkeit und nie endendes Tun und Streben hier in sich selbst bejaht, so tief und radikal wie nie zuvor! „In den künftigen Welten sind immerfort, ebenso wie hier, Aufgaben und Arbeiten; aber es ist in ihnen durchaus kein sinnlicher, sondern nur guter und heiliger Wille." Wohl ist auch bei Fichte noch die Rede von dem „Endzweck", um Richtung und Inhalt der Entwicklung zu bezeichnen; aber der Endzweck wird seinem Wesen nach niemals erreicht; es ist ja nicht der Sinn des Lebens und des Strebens, in ihm sich zu erfüllen, in ihm also zu enden und zur Ruhe zu kommen, zu sterben, zu erstarren. Es gibt keine letzte Welt, die Reihe der Entwicklung und des Aufstiegs hat kein Ende; der absolute Endzweck selbst wird niemals sichtbar. Und es liegt eben für Fichte keine unbefriedigt lassende Resignation in dieser Überzeugung, sondern die höchste Lebensseligkeit selbst. –

Entsprechend geht die sittliche Forderung hier nicht mehr auf ein Sein, ein Ziel (das „höchste Gut" als Gegenstand), sondern auf Lebendigkeit und Tun! „Handeln, handeln, das ist es, wozu wir da sind." Die Quelle aller Laster ist die Trägheit, das nur Beharrenwollen als Neigung zum starren Sein, zum in sich Ruhen! Nun tritt die ruhende Betrachtung des Starr-Ewigen, die einst als das Höchste galt, was Menschengeist erreichen kann, gänzlich zurück. Welttätigkeit, Werttätigkeit ist unsere „Bestimmung", die göttlich-ewige Idee ins irdische Tagwerk zu verflößen. Nur der kann Gott erblicken, der ihn lebt, in seinem Leben handelt. Nicht ein festgegebenes Ziel des Willens ist letzter Zweck des Wollens, sondern der

Wille selber: „er soll in einer gewissen Verfassung seyn, schlechterdings, damit er in derselben sey". „Der Act der Erschaffung eines ewigen und heiligen Willens in sich ist der Act der Sich-Erschaffung eines Individuums zur unmittelbaren Sichtbarkeit des Endzwecks und so der sein eigentümliches inneres Leben durchaus beschließende Act. Von nun an lebt es selbst nicht mehr, sondern in ihm lebt ... der Endzweck." Der schöpferische und durch kein vorgegebenes Sein (etwa den eignen festgegebenen „Charakter", als tätig bloß sich äußernder Substanz) bestimmte Akt sittlichen Wollens erhebt sich selber in die ewige Lebendigkeit der Liebe – einer Liebe, die nicht wie jener Eros der Antike nach ruhigem Besitz und stiller Schau verlangt, sondern als Leben selber Seligkeit ist und nie enden will. –

Wie das dann weiter ausgebildet oder umgebildet wird, zuerst bei Schelling und Hegel, zugleich in Schopenhauers Willenswelt, bei Eduard von Hartmann dann und vielen Metaphysikern des 19. Jahrhunderts bis hin zu Bergsons Evolution créatrice und Nietzsches Metaphysik des Willens zur Macht, des dionysischen Lebens – das kann nun nicht mehr alles angedeutet werden. – Bei Schelling und Hegel liegt noch der Zusammenhang mit dem lebendigen Gott und dem Vorrang des Tätig-Geistigen offen zutage. – Von Fichtes Ich geht Schelling aus als von dem, „was allen Dingen das Dasein gibt, was also selbst keines andern Seins bedarf, sondern sich selbst tragend und unterstützend, objektiv als das ewige Werden, subjektiv als das unendliche Produzieren erscheint", und er zieht nun auch die äußere Natur (die Fichte bloß als vorgestellten Gegenstand und Widerstand der Tätigkeit geistiger Wesen gelten lassen wollte, als immer wieder Starres, ohne eignes Leben) in die Werdens- und Entwicklungsbetrachtung hinein. Die „Geschichte des Bewußtseins" erhält in der Naturphilosophie ihre Vorgeschichte; Natur ist bewußtloses Werden, Tätigkeit der unbewußten Intelligenz, die auf das Werden des Bewußtseins, auf die Entwicklung der Geschichte hinausläuft, sich in der Menschheit als bewußtes Leben fortsetzt. So müssen denn auch für die Ansicht der Natur die toten Substanzen der Vergangenheit gänzlich verschwinden; dynamisch und lebendig ist die Natur in jedem Zuge. Die scheinbar festgegebenen Naturprodukte sind immer nur Etappen rastlos unendlicher Tätigkeit. Der Kampf der Gegensätze, die reale Dialektik herrscht schon hier, vor allem eigentlichen Geistesleben. Natur ist ihrem Wesen nach, und nun im vollen Sinne des Unendlich-Tätigen, natura naturans! – Mit dem Problem des Absoluten dann, aus dem Natur wie Geist ihr Leben nehmen, tritt wieder neu die Forderung des lebendigen Gottes und der Begriff des schöpferischen Lebens in den Vordergrund. Spinozas Identitätsphilosophie soll umgewandelt werden in diesem Sinne. Die alten Spekulationen der Patristik und der deutschen Mystiker, vor allem Jakob Böhmes, gewinnen neues Leben in Schel-

lings Frage nach dem Grunde aller Wesen. Der Dinge Wandel und Werden ist offenbarender Hervorgang aus der schöpferischen Liebe, die aus dem Gottesgrunde frei entspringt. Spannung und Gegensatz des Guten und des Bösen in der Welt sind die Bedingung alles Lebens, aller fortschreitenden Entwicklung; sie sind Bedingungen der Gottesoffenbarung, weil Gott selber Leben ist. Nicht sind die Wirklichkeiten, wie Spinoza glaubte, bloße „Folge" aus dem Absoluten in jenem starr-mechanischen Sinne, der auch dem Menschen alle Freiheit und lebendige Selbsttätigkeit versagt – sondern das von Gott Abhängige und „in" ihm Lebende ist doch zugleich immer ein Selbständiges! Die pantheistische Identität ist nach Schellings Begriff eine „unmittelbar schöpferische", nicht ein bloßes Zusammenfallen und starres Einssein, sondern „Zeugung". „Einen viel höheren Standpunkt gewährt die Betrachtung des göttlichen Wesens selbst, dessen Idee eine Folge, die nicht Zeugung, d. h. Setzen eines Selbständigen ist, völlig widersprechen würde. Gott ist nicht ein Gott der Todten, sondern der Lebendigen." „Gott kann nur sich offenbar werden in dem, was ihm ähnlich ist, in freien aus sich selbst handelnden Wesen ... Wären alle Weltwesen auch nur Gedanken des göttlichen Gemütes, so müßten sie schon eben darum lebendig seyn." Das von der schöpferischen Kraft des lebendigen Gottes (der selbst in seinem Innersten „lebendiger Grund" ist, aus dunkler Sehnsucht sich zu gebären in die Aktivität des ewigen Wollens übertritt) erzeugte und von ihm abhängige Wesen ist, als „derivierte Absolutheit", selber notwendig wieder Leben und schöpferische Freiheit! Daraus folgt, gegenüber der „Leblosigkeit" des Spinozistischen Systems, für die unteren Weltstufen der Dynamismus der Natur: alles Wirkliche, also auch die Natur, die Welt der „Dinge", hat „Tätigkeit, Leben und Freiheit zum Grund"; und für die Geisteswelt folgt wiederum die überragende Realität der Freiheit, des selbständigen Tuns. – Auch die Potenzenlehre unterstreicht noch einmal das Lebendigkeitsprinzip. Die Platonischen Ideen, mit denen Schelling ausdrücklich seine Potenzen gleichsetzt, sind hier ins Dynamische gewandelt. Die Typen und Stufen sind nicht fest und starr, sondern drängen (entsprechend dem Potenzcharakter, der im Worte liegt) hinaus über sich selbst. Und doch ist dies Tendieren nicht, wie bei Aristoteles, Übergang nur des Bloß-Möglichen, bloßer Materie, zur Wirklichkeit – sondern diese Potenzen sind gerade hier die Formen und stammen vielmehr aus dem Absoluten! Der Urcharakter der Lebendigkeit, die diesem letztern eigen ist, setzt sich in seine Offenbarungsweisen fort. –
So ist bei Hegel dann der ganze Weltprozeß die Selbstentwicklung der Idee. Die Werdenslogik und Werdensmetaphysik des ausgereiften Systems wächst langsam heraus aus der Philosophie des jungen Hegel, deren Grundbegriffe sind: Leben und Liebe. Die starre Einheit des Parmenides oder Spinozas ist ihm zugleich die leere, die abstrakte Einheit. Soll sie die Fülle

der Wesen und Welten in sich bergen, aus sich hervorgehn lassen, so muß die Einheit Leben sein. Im Religiösen erweist das Vielgespaltene der vielen Individuen sich als im Grunde Eines, weil „Leben nicht verschieden ist vom Leben, weil das Leben in der alleinigen Gottheit ist". „In der Liebe findet sich das Leben selbst ... in der Liebe ist das Getrennte noch, aber nicht mehr als Getrenntes – als Einziges; das Lebendige fühlt das Lebendige." In dem Lebendigen ist mit der Einheit immer zugleich auch die Spannung der Gegensätze, die hinaustreibt über jede Einzelheit und Einzelstufe. „Hier ist Einigkeit und Trennung vereinigt, ein Lebendiges, das sich selbst entgegengesetzt worden war, aber diese Gegensätze nicht absolut machte." Im toten, starren Sein, da freilich sind, wie die Einheit leer, so die Gegensätze absolut, sind „festgewordene Gegensätze", Widerspruch! „Was im Reich des Toten Widerspruch ist, ist es nicht mehr im Reiche des Lebens." „Die notwendige Entzweiung ist Ein Faktum des Lebens, das ewig entgegengesetzt sich bildet: und die Totalität ist, in der höchsten Lebendigkeit, nur durch Wiederherstellung aus der höchsten Trennung möglich." Die Einheit alles „Seins" kann nur Lebendigkeit, nur Werden und Entwicklung sein.

Das wird vom späteren System erhoben in die Form der Logik. Sonst hatten alle Begriffe die Tendenz, „das, was Werden ist, als ruhendes Sein auszudrücken". Jetzt aber soll es gelingen, alles scheinbar Ruhende zu begreifen als Moment des dialektischen Prozesses! So sind Unendlichkeit und Endliches nicht Gegensätze, Widerspruch, sondern „das Unendliche ist das Werden zum Endlichen, und umgekehrt das Endliche das Werden des Unendlichen". Das Werden hat kein Warum, erfolgt aus keiner Ursache, sondern aus dem Begriff, dem geistigen Sinn der Dinge selber! Ein Sein begreifen, heißt den Übergang in ihm erfassen auf das Weitere, zu allem Andern. Die „Unruhe" des Widerspruchs steckt in jedem Sein, er ist die Wurzel aller Bewegung und Lebendigkeit. Die Wahrheit, die Idee selber ist Leben; und „die Erscheinung ist Entstehen und Vergehn, das selbst nicht entsteht und vergeht, sondern an sich ist und die Wirklichkeit und Bewegung des Lebens der Wahrheit ausmacht". Wie Spinoza an die Stelle der zeitlich-kausalen die geometrisch-logische Betrachtung sub specie aeternitatis setzen wollte, so sollen auch hier die logischen Notwendigkeiten von allem Sein begriffen werden: aber nun eben nicht als geometrischstarre, sondern als lebendig-fließende, als Dialektik. In dem Prozeß, wie ihn die dialektische Philosophie beschreibt, ist gar nichts bloße Vorbereitung und Übergang nur auf das zu erreichende Feste – sondern der Sinn des Zieles selbst erfüllt sich erst im Gesamtverlauf des Werdens! Der Zweck ist nicht mehr eine feste Form, ein starres Endprinzip, sondern das Leben der Entwicklung selber. Fichtes unendlicher Prozeß auf den absoluten „Endzweck" hin wird scharf bekämpft. So sehr dort (wie ähnlich schon bei

Leibniz) durch das Hinausverlegen ins Unendliche alles Schwergewicht vom Ziel der Entwicklung sich verschob auf die Tätigkeit, das Streben selber, so ist für Hegel doch überhaupt ein solcher Ziel- und Zweckgedanke, der immer doch am Ende nur der Reihe des Geschehens steht, ganz ungenügend; ihm ist noch zuviel starre Ruhe, zu wenig Bejahung des Geschehens selbst in solcher Sollens-Auffassung vom teleologischen Prozeß. Nicht Mittel nur zum Zweck, nicht bloßer Weg zum Ziel ist nun nach Hegel das Werden, das Leben der Idee; sondern die Wahrheit ist das Ganze aller Einzelstadien der Entwicklung; das Vollkommne, das konkrete Eine ist die Entwicklung selbst! Der auf ein bloßes Endziel unendlich strebende Prozeß hat nur die „schlechte", die selbst noch endliche, im Gegensatz erstarrte Unendlichkeit; das wahrhafte Unendliche ist selbst, als Leben, Weg und Ziel zugleich. Und von der göttlichen Vollkommenheit des Ganzen her erhält auch jedes Einzelstadium des Werdens, jede Stufe etwa der Menschheitsgeschichte, mit allem Ungenügen, aller Unruhe und Rastlosigkeit, die darin wirken, den Bedeutungsstrahl des höchsten Lebens-Sinns. –

Noch einmal bricht in Schopenhauers Lebensstimmung die alte Sehnsucht nach vollkommner Ruhe durch. Als ewig wirkenden, aus sich lebendigen Willen faßt er, darin noch Fichte ähnlich, das Absolute; – aber dieses rastlose Leben bedeutet ihm nicht Seligkeit und schöpferisches freies Tun, sondern namenlose Qual vergeblichen zwangsläufigen Begehrens! Es gilt daher den Willen zu erlösen von der Werdensqual, das Werden zu vernichten in dem Nichts des absoluten Todes. Alles Geschehen, alle Geschichte besonders auch ist sinnlos, unselig und zu verwerfen. Aufhören der begehrenden Bewegung ist das wahre Ziel des auf den eignen Unwert aufmerksam gewordenen Lebens. Den Vorklang der Erlösung gibt die ästhetische Kontemplation: als ein ruhendes Anschaun der (hier wieder starr verstandenen, starre „Objektivationen" schon des Weltwillens darstellenden) Platonischen Ideen. Die Seligkeit ist nicht das positive Glück des Lebens (wie bei Eckehart, Leibniz und Fichte), sondern nur dies Negative: Freiheit vom Leiden der in keinem Ziel Erfüllung findenden Bewegung. So schlägt das Lebenspathos um in Werdensflucht.

Aber davon macht dann ein neuer Glaube an die Allebendigkeit sich wieder frei: die dionysische Werdens-Bejahung Nietzsches. Nächst Heraklit ist ihm vor allem Hegel der große Künder von der Seligkeit des Werdens, von der Bejahung auch des Vergehns und der Vernichtung, von Gegensatz und Krieg. Es sei das überragende Verdienst der Deutschen, das Werden, „mit radikaler Ablehnung auch selbst des Begriffes ‚Sein'", gelehrt zu haben. „Veränderung gehört in das Wesen hinein." Nicht anders als Fichte sagt es Nietzsche: es gibt kein ‚Sein' hinter dem Tun, Wirken, Werden; ‚der Täter' ist zum Tun bloß hinzugedichtet – das Tun ist alles!" „Die Tatsache des ‚Geistes' als e i n e s W e r d e n s beweist, daß die Welt kein Ziel, keinen

Endzustand hat und des Seins unfähig ist." Der Sohn des Volkes, das in Eckehart und Leibniz, Fichte und Hegel vor allen anderen dem Lebendigkeitsmotiv zum Sieg verholfen, spürt selbst die Tradition: „Wir Deutsche sind Hegelianer, auch wenn es nie einen Hegel gegeben hätte, insofern wir ... dem W e r d e n, der Entwicklung instinktiv einen tieferen Sinn und reicheren Wert zumessen als dem was ‚ist‘ – wir glauben kaum an die Berechtigung des Begriffes ‚Sein‘." „Entwicklung ist der eigentlich deutsche Fund und Wurf im großen Reich philosophischer Formeln." – So ist sein metaphysisches Prinzip des „Willens zur Macht" denn auch kein Streben nach erreichbar-festem Ziel, sondern die Selbststeigerung der Kraft, der Macht, der wirkenden Lebendigkeit! Und wieder gilt, wie schon bei dem Cusaner und beim jungen Kant und wie bei Hegel dann, die ewige F r u c h t b a r k e i t des „Lebens" als das oberste Prinzip, das alle Flüchtigkeit des Werdens und selbst noch alles Untergehen und Zunichtewerden rechtfertigt und verklärt. „Das Leben selbst, diese ewige Fruchtbarkeit und Wiederkehr, bedingt die Qual, die Zerstörung, den Willen zur Vernichtung." Im Werden ist alles Gegensatz und Kampf; das „dionysische" Alleben ist ein „ewiger Wille zur Zeugung, zur Fruchtbarkeit, zur Wiederkehr; das Einheitsgefühl der Notwendigkeit des Schaffens und Vernichtens" – „die ganze Fülle der Lebensgegensätze in sich drängend und sie in göttlicher Qual erlösend, rechtfertigend". Und hier ist jetzt auch der Gedanke von der ewigen Wiederkehr des Gleichen nicht ein Abschwächen des Geschehens, sondern der Ausdruck eines höchsten Ja zum ewigen Prozeß: der in sich selber spielt und keines festen Zieles als seines Sinns bedarf. Ein Spiel von Kräften ist die Welt, „von Kräften und Kraftwellen, ein Meer in sich selber stürmender und flutender Kräfte, ewig sich wandelnd... sich selber bejahend... als ein Werden, das keine Sattheit, keinen Überdruß, keine Müdigkeit kennt – diese meine dionysische Welt des ewig-sich-selber-Schaffens, des ewig-sich-selber-Zerstörens". –

V.

DAS INDIVIDUUM

Einen ganz entscheidenden und mit den letzten Überzeugungen der christlichen Zeit später dann kaum zu vereinigenden Grundzug im Weltbild der antiken Philosophie bildet weiterhin die metaphysische Überordnung des Allgemeinen, des Typischen über das Einzelne, das Individuelle. Verwandtes ist ja auch wahrzunehmen etwa an dem Formideal der griechischen Kunst. – Mit Platos Ideenlehre ist das Grundprinzip für diese Auffassung des Seins gegeben. Die Ideen sind εἴδη, sind – an das Wirkliche gehalten – Allgemeinprinzipien wie Gattungen und Arten. Das eigentlich substantiell Reale in den existierenden Einzelwesen der raumzeitlichen Erscheinungswelt ist also immer nur das Ideell-Allgemeine, das jeweils Einheit ist für viele Individuen der Wirklichkeit. Die alles Einzelsein vernichtende Alleinheit des Parmenides setzt sich bei Plato um in die typischen Gestalten und Strukturen – die alles Existierende-Einzelne immer nur darstellen kann in abgeschwächter Weise, in der Mischung mit dem Nichtsein des Materiellen. Es ist auch nur das Allgemeine, worauf immer die Erkenntnis geht und gehen will, das der Begriff erfaßt. Im Allgemeinen liegt die Wahrheit und das wahre Sein. – An einem Punkte allerdings erscheint das Einzelne als mehr: die Seele ist als individuell-lebendige (so scheint es wenigstens) unsterblich. Es gibt insofern also ein Individuelles auch über Materie und Raum hinaus. Aber es liegt bei Plato weder ein besonderes Gewicht auf dieser Individualität der Seele, noch kann die letztere, als bloß unsterbliche, den wahrhaft ewig seienden Ideen sich nebenordnen, geschweige denn sie übersteigen! In diesem Punkte steht ganz ebenso wie nach der Seite der Lebendigkeit der aus besonderer religiöser Tradition in die Ideenlehre übernommene Seelenbegriff Platos in dieser als ein in gewisser Hinsicht fremdes und schwer dem systematischen Zusammenhang einzufügendes Gebilde da. Auch weisen die Unsterblichkeitsbeweise keineswegs alle auf den Weg der individuellen Fortdauer; die Lehre des „Symposion" zielt deutlich auf das gattungsmäßig Übereinzelne in Tier und Mensch; und der für das System besonders wichtige Bezug auf die Ideenschau der folglich ans Zeitliche gebundenen Seele beweist, wie oft betont worden ist, kein Überleben eines Individuellen.

Aristoteles wiederum geht nun zwar vom Problem und von der Realität des Einzeldings aus, für das er seinen Terminus des τόδε τι erfindet, und das er ja denn auch zuerst als Wesen und Substanz bezeichnet; und sein der sinnlichen Gegebenheit und Empirie neu zugewandtes Interesse bezieht sich allenthalben auf die Einzeldinge, vor allem auf die Lebewesen der organischen Natur. Auch die Erkenntnistheorie und Wissenschaftslehre legt besonderen Wert auf das Ausgehen von dem in sinnlicher Erfahrung hier und dort Gegebenen. Aber die metaphysische Erörterung ergibt dann doch, daß das Einzelding kein einheitliches Letztes, nicht eigentlich Substanz, sondern ein Zusammengefügtes ist aus Form und Stoff. Die Form dabei ist aber das Allgemeine, das was auch die Erkenntnis immer nur erfaßt! Erkenntnis ist nach Aristoteles auf jeder Stufe, selbst in der sinnlichen Wahrnehmung schon, ein Wissen immer nur von Allgemeinem – wobei das „nur" auf unsere, nicht auf Aristoteles' Rechnung geht. Was die Erkenntnis faßt und fassen will, sind übereinzelne Washeiten, als das Wesenhafte in dem individuellen Sein. Die Form ist Art, das Wesen immer Allgemeinheit. Gerade an Pflanze und Tier scheint das ganz klar: es kommt doch offenbar nicht an auf jedes einzelne Exemplar, sondern auf die Art, die Gattung! Sie bleibt beständig-ruhend im Wechsel von Geburt und Sterben, in den Schwankungen zufälliger Geschicke; sie ist das Einheitlich- Formhafte in der Vielheit und Zersplitterung der Existenzen. Was dieses Pferd von jenem unterscheidet, sind nur Zufälligkeiten, die das Wesen nicht berühren. Das allgemeine Pferd-Sein ist das wesenhafte Sein in allen Pferden; die Wissenschaft faßt dieses Wesen in dem Allgemeinbegriff, dem Artbegriff des Pferdes. Und so ist es mit allen Dingen in der Wirklichkeit. Der Grund des Einzelseins aber, nach dem man nun ausdrücklich fragen muß, da doch das wesenhaft Ursprüngliche das Allgemeine ist, liegt bloß im Stoffe, dem Prinzip der Zufälligkeit, des Wandelbaren. Er bringt die Abweichungen vom allgemeinen Typus, das ewige Zurückbleiben hinter der reinen Form, die Zersplitterung des Einen in die Vielen. Alles was, innerhalb derselben Seinsart, Vieles ist, zeigt dadurch seinen Stoffcharakter. Die Materie teilt gleichsam das eine Allgemeine, das wesenhaft Notwendige in viele Individuen mit ihren Zufälligkeiten – Zufälligkeiten des Realen selbst, nicht etwa nur für uns, für die Abstraktheit unseres Denkens etwa! Dies gilt bei Aristoteles für jede Stufe des Wirklichen. Zwar gliedern sich die allgemeinen Formen wieder ineinander und spitzen sich auch im Abstieg von höchsten Allgemeinheiten durch die spezifischen Differenzen sozusagen zu auf das Besondere hin; aber niemals führt dieser Verengungsprozeß innerhalb der Formen bis auf das individuelle Selbst; – das kann nur da in Frage kommen, wo die Materie (mit allen Unwertmomenten, die mit ihr verbunden sind) hinzutritt. – Die individuelle Unsterblichkeit läßt darum Aristoteles auch wieder fallen. Nur durch Materie und Leib wird die Form-Seele individualisiert, ans Einzelne gefesselt, selbst zum Einzelnen gemacht. An sich ist das rein Geistige ein Allgemeines! Das was die ewigen Prinzipien in ihrer Allgemeinheit faßt, kann selbst nicht von der Art des Zufällig-Beschränkten sein. Das Vernunftmoment in der Menschenseele, das ja „von außen" in ihr leibgebundenes Einzelsein hineinkommt, geht nach dem Tode über in den allgemeinen Nus, der über alle Einzelheit des Wirklichen erhaben ist. Die geistige Persönlichkeit in ihrer werthaften Einzigkeit spielt hier keine Rolle – wie auch die Psychologie des Aristoteles ganz des persönlich-inneren Bezugs entbehrt, sich vielmehr überall ans Gattungsmäßig-Typische des Menschen in Natur und Gesellschaftsleben hält. – Im hellenistischen Altertum erst wird die Individualität in ihrem positiven Sinn bemerkt. Die Stoiker vor allem sahen den besonderen Wert, der in der durchgängigen Differenziertheit des Weltsystems bis in das Einzelne hinein und in der bunten Mannigfaltigkeit nicht nur der Arten, sondern auch der Einzeldinge gelegen ist; sie kamen auch zu einer Wertung menschlicher Persönlichkeit nach ihren individuellen Zügen und suchten den Begriff dafür. Aber die systematischen Prinzipien ihrer Metaphysik standen doch zu sehr unter den Weisungen der alten Allgemeinheitswertung des Platonisch-Aristotelischen Universalismus, als daß es hier zu einer wirklichen Entfaltung des Individualgedankens hätte kommen können. Und wenn dann auch Plotin den gewaltigen Schritt für die Ideenlehre tut: den Allgemeinideen Platos die Ideen nun auch von Einzeldingen anzureihen, den Ideen des Lebewesens etwa oder des Menschen die Idee des „Sokrates an sich" – da die Verschiedenheit der Individuen etwas Schönes und im besonderen die Menschenseele ewig sei –, so bleibt es doch auch hier beim absoluten Seinsvorrang des Allgemeinen! In der absteigenden Reihe der Emanationen geht das Einzelne erst hervor aus dem Universalen. Der pantheistische Zug auf das All-Eine verbindet sich (wie in der Stoa) mit der alten Überordnung des Arthaft-Allgemeinen; das Einzelne verschwindet in dem Ganzen, wie es auch der Gattung gegenüber nichts bedeutet. Die absteigenden Stufen der Allgemeinheit sind ebensoviel Grade sinkender Vollkommenheit. In dem abblassenden Ausströmen der Weltprinzipien aus dem Einen und dann aus dem Nus verschwindet das Individuelle fast als eine späte und untergeordnete Sondererscheinung. Wenn auch das Höhere in ihm als einem Mikrokosmos widerschimmert, so fehlt ihm doch die eigne Bedeutung. Ja in der mystischen Lebenslehre der ἐπιστροφή erscheint die Individualität geradezu als Sünde, die auszulöschen ist in der gotteinenden, die Einzelheit zerschmelzenden Ekstase. Der trotzdem festgehaltene Begriff persönlicher Unsterblichkeit steht einsam und nicht minder fremd in dem System Plotins als einst bei Plato. –

Daß diese Wertordnung im Seinsbegriff der Alten der Lebensstellung des

Christentums zuwiderläuft, ist ohne weiteres klar. Hier ist das Wesenhafte die Person. Die geistige Welt, von der das Sinnlich-Zeitliche abhängig und auf die es angelegt ist, stellt sich hier nicht mehr als ein Reich von allgemeinen ideellen Wesenheiten mit der Gesetzeskraft eines Notwendig-Typischen gegenüber der Zufälligkeit des Materiellen dar, sondern als eine Mannigfaltigkeit von seelisch-subjektiven Existenzen, die in der Zeit wie in der Ewigkeit als wesenhaft dieselben Individuen fortbestehen! Hier geht von dem Prinzip der unsterblichen Seele (neben dem des göttlichen Schöpfers) der ganze Weltgedanke aus. Das Individuum steht im Kern des Seins. Das Weltsystem (so weit man hier von einem solchen reden kann, denn in der religiösen Lehre ist zunächst natürlich noch gar nichts Prinzipielles ausgesagt über die Umwelt des Menschen, über den Kosmos, außerhalb des seelisch-unsterblichen Seins) ist schlechthin pluralistisch: die „Kreaturen" bilden erst die Welt. Aber es wird auch noch, so ganz besonders in dem Wort vom Pfunde, mit dem wir wuchern sollen, die Einzigartigkeit des Einzelnen betont. Ein jeder fühlt sich als Person persönlich hingewiesen auf den Vater; das Lebensschicksal eines Jeden hängt ganz wesentlich ab von seinem freien Willen, von seiner Lebensführung, von den auf ihn, den einzelnen, bezogenen Gnadenakten Gottes, der jedes Haar auf eines jeden Haupte zählt. Erst auf den Taten und dem Zusammenhang der einzelnen aufgebaut ergibt sich Allgemeines; der Ursprung der Erbsünde etwa, an der wir alle Anteil haben, ist nicht etwa ein Gattungsmerkmal, sondern ein Ergebnis der Willenstat des einen Adam; vom einzelnen pflanzt sie auf einzelne sich fort. Auch die Erlösungstat von Christi Opfertod ist zunächst ein Einmalig-Individuelles und gewinnt von da aus erst die Allgemeinbedeutung. – Je reiner in der Folgezeit die neue Weltbedeutung der unsterblichen Person sich dem Seinsgedanken aufprägt, um so deutlicher muß auch das Individuum, und nicht nur das menschliche, persönliche, sondern das Einzelwesen überhaupt, sich aus der Nebenstellung lösen, die ihm das Altertum noch zugewiesen hatte. Und wie mit der neuen substantiellen Fassung der Einzelseele und der Ablösung ihres Seins vom organischen Leib das alte Form-Motiv mit der Tendenz aufs Allgemeine zurücktreten muß, so trägt auf der andern Seite jene Lehre von der Auferstehung des Leibes die Anlage zu einer Ausbreitung des Individualitätsgedankens auch auf das „Zufällig"-Materielle in sich. –
In der Zeit der Kirchenväter liegen die alten und die neuen Motive noch unvermittelt nebeneinander; auch noch bei Augustin. Die Umgestaltungskraft, die dem Motiv der Subjektivität und dem der geistigen Lebendigkeit von Anfang an schon innewohnt, ist dem Motiv des Individuellen zunächst (und selbst auf lange hin) noch nicht gegeben. Augustin empfindet zwar den metaphysischen Eigenwert der Persönlichkeit, die Selbständigkeit des Individuums mit dem Gewicht und der Verantwortung des freien Willens

so tief wie kaum ein andrer zuvor. Und je mehr er auf die Willens- und Gemütslebendigkeit, auf die ursprüngliche Spontaneität des inneren Lebens dringt, um so sicherer tritt die Versuchung auch zurück, nach der Art des Altertums das Geistig-Individuelle, als wesentlich erkennend an Ideensein verloren und Anteil habend an dessen Allgemeinheit, aufzulösen in eine allen Menschen gleichgegebene Gattungsvernunft. Er geht ja auch mit seiner ganzen Lehre aus von der unmittelbaren Selbstgewißheit seines eigenen Ich, als einzelnen Subjekts; und seine psychologischen Beschreibungen beschäftigen sich, ganz anders als diejenigen des Aristoteles, mit seinem eigenen höchst persönlich-individuellen Innenleben, und nicht etwa nur um es dann, mit andern vergleichend, zu generalisieren. Aber die alte Stufenordnung nach den Allgemeinheitsgraden bleibt doch entscheidend wirksam. Das Einzelne hat seine volle Realität und ist in Gottes Weisheit vorgedacht als überzeitliche Idee (wie ja auch alles Materielle und Veränderliche schließlich). Und doch bleibt es dabei, daß alle Einzeldinge aus dem materiell-gebundenen Sein zurückstreben zu dem Allgemeinen, als zu dem höheren wahreren Sein; die Weltordnung, nach der ihr rastlos unerfülltes Werden sucht, ist wesentlich eine Ordnung von Gattungen und Arten; und nur absteigend auch der Individuen. Die Diskrepanz des alten Weltbildes zur neuen Seelenlehre wird noch keineswegs empfunden. Es scheint genug, daß jene Formen und Ideen in Gottes Geist als dessen Gedanken aufgenommen sind.

So steht denn auch das Mittelalter ganz überwiegend unter dem Zeichen des sogenannten „Realismus". Nicht daß das Allgemeine a u c h real sei („in den Dingen") ist der Kern von dessen These, sondern daß in ihm die eigentliche substantielle Wesenheit und jedenfalls die höhere Realität gegeben sei (das Universale „vor den Dingen"). Wie die platonischen Ideen Muster sind, Urbilder für das Wirkliche, das sie nachahmt, aber doch nie erreicht, vielmehr stets hinter ihrem reinen Sein zurückbleibt – so werden auch jetzt noch, obgleich die Selbständigkeit der herabziehenden vereinzelnden Materie dem Schöpfer gegenüber ganz in Wegfall kommt, die göttlich-vollkommenen Ideen in Gottes Geist als Urbilder gedacht, nach denen er das Wirkliche als ein in absteigenden Graden unvollkommener Werdendes erschafft, so wie der Künstler nach vorausgeschauten Mustern das reale Kunstwerk mit den natürlichen Mängeln, die zum Wirklich-Einzelnen gehören, bildet. Auch auf dem ganz veränderten Boden der Schöpfungslehre wird so die Frage nach dem Seinsgrund des Individuums, dem principium individuationis, erhoben; auch hier soll es noch der besonderen Erklärung dafür bedürfen, wie es von den Ideen her zum Einzelwesen kommt! Immer also erscheint die Welt der Einzelwirklichkeiten als bloßes Gleichnis eines Ewig-Allgemeinen im Geiste Gottes, das Sinnlich-Wechselnde einmalig Lebende als die Erscheinung nur des Ideellen. Alle

Erkenntnis, die sich hinaushebt aus der bloßen Sinneswahrnehmung, geht mit Notwendigkeit nur auf das Allgemeine; die Wissenschaft zielt auf die stets nur allgemeinen „substantiellen Formen". Die ausschlaggebende Methode der Erkenntnis liegt im Syllogismus; Herausbildung und schlußmäßige Verkettung von Allgemeinem gibt alles Wesenhafte. – Der „Realismus" beruft sich immer auch ausdrücklich auf die Lehre Platos. An Aristoteles wird in diesen Diskussionen gern mehr das andere betont: der Hinweis auf das Einzelding und die vom Einzelnen anhebende Erfahrung; und die Gegner des Realismus spielen das, was damit in der Erkenntnislehre des Aristoteles und seiner Schule zusammenhängt, gern gegen den Platonismus aus. In Wirklichkeit aber ist immerwährend gerade auch der (neuplatonisch-umgeformte) Aristotelismus entscheidend wirksam gewesen in den „realistischen" Gedankengängen. Dabei werden an der Kirchenlehre, mit der die Weisheit der alten Meister unbedingt zusammengehen soll, mit Vorliebe die Motive hervorgehoben, in welchen übergreifende Zusammenhänge das Einzel-Persönliche der Gott- und Seelenvorstellungen binden – das Mysterium der Trinität vor allem (von dem noch Wilhelms von Occam nominalistisches Bestehen auf dem Einzel-Individuellen zugestehen muß, daß es, mit der Vernunft betrachtet, den Realismus zu verlangen scheint), und dann die Lehren von der Erbsünde und der stellvertretenden Genugtuung. Immer aber liegt dabei (was dann die Gegner des Realismus immer wieder als das wichtigste dogmatische Bedenken in die Waagschale werfen) der Pantheismus nah; die für die Überlieferung der alten Lehren an das Mittelalter so wichtige neuplatonische Verschmelzung, in welcher das Individuelle zugleich vom Ganzen wie vom Gattungs-Allgemeinen gleichsam aufgesogen war, wies mit aller Eindringlichkeit, der man sich oft nur schwer entziehen konnte, in diese Richtung. –

So ist, in einer äußersten Ausprägung der universalistischen Tendenz, für Scotus Erigena Gott, als das Sein schlechthin (das jedem Ding als Prädikat in irgendeiner Weise zukommt), als das Allgemeinste vor und über allem Einzelnen die Spitze einer Pyramide, in welcher immer wieder das relativ Besondere sich unterordnet und einfügt dem Höher-Allgemeinen. Je allgemeiner etwas ist, um so wesenhafter ist es, und um so näher steht es Gott. In Wahrheit ist das Besondere dem Allgemeinen immanent, in ihm beschlossen; ein jedes Allgemeine hat das darunter fallende Besondere in sich und läßt es aus sich hervorgehen, erzeugt es im Prozeß des Seins. Das Allgemeine ist im Besonderen und im Einzelnen gleichsam als in seinen Teilen. So ist die Schöpfung eine Teilung, gleichsam die „Analyse" des göttlichen esse, der göttlichen Güte; eine Multiplikation der Einheit durch Herabsteigen des Allgemeinsten zum Besonderen und Einzelnen, in genera et species et numeros. Zuerst erfließen aus dem Sein schlechthin die höchsten Gattungen, dann weniger Allgemeines und zuletzt die Individuen, die an der niedersten Stelle stehen in der Hierarchie der Welt. Ausdrücklich wird gegen die Aristoteliker gesagt, das Einzelwesen sei nicht eigentlich Substanz. Die Wirksamkeit und Kraft des Erzeugens und Bestehens kommt eben immer nur dem Allgemeinen zu, das durch das Einzelne nur in Erscheinung tritt. – So gibt es denn auch hier (was schon der Kirchenlehre sichtbarlich zuwiderläuft) die neuplatonische Rückkehr der Einzelwesen in den Gottesgrund, gedacht als Wiederaufstieg zu den Arten und den Gattungen bis hinauf zur allgemeinsten Einheit. Scotus versucht zwar wohl das Einzelne zu retten, jedem Geschöpf in Gott ein ewiges Leben zu bewahren. Alle Ideen als Gedanken Gottes sind ja ewig, die der Individuen, bis zu denen Gottes Güte sich herabläßt, ebenso wie die der Gattungen und Arten. In Gottes Weisheit findet auch das Individuum trotz der sein Einzelsein auflösenden Rückkehr ins Erzeugend-Allgemeine ewigen Fortbestand; es ist nicht nur vorübergehende Erscheinung. Der Mensch zumal ist selbst ein wahrer Mikrokosmus: sein Geist stellt alle göttlichen Ideen in sich dar, auch ist er frei und selbständig auf seine Art; so soll die Sonderung der Seele nicht aufgehoben sein im Ende aller Dinge. – Aber das will sich doch nicht wirklich einen; dies ganze christliche System Erigenas ist doch im Grunde mehr Neuplatonismus; die Forderungen der neuen religiösen Lehre stehen unvermittelt in dem Seinssystem des alten Universalismus.

Nicht immer geht der mittelalterliche Realismus diesen Weg; die Folgezeit hat, was zum Pantheismus führen mußte, meist vermieden und sich auch sonst, soviel es innerhalb der Grundanschauung anging, für die Sonderrechte auch des Individuellen, insbesondere der unsterblichen Seele, eingesetzt. Es wäre eine interessante und höchst wichtige Aufgabe, die sehr verschiedenen Formen, in denen der Realismus im Verlauf des Mittelalters aufgetreten ist, daraufhin zu betrachten, in welcher Weise sie dem Individuum metaphysisch gerecht zu werden suchen. Im ganzen bleibt noch über Thomas hinaus das Allgemeine im Vordergrund. Das Allgemeine ist doch eben immer auch das Wesenhaft-Beständige, das keinem Wandel unterworfen ist; das Einzelwesen aber, mag man es schließlich auch als wesenhaft bestimmt in seiner Eigentümlichkeit sich denken, nimmt immer doch zufällig-wechselnde Erscheinungsweisen an, von denen es nicht abzutrennen ist; als Veränderliches scheint es von geringerer Art. Hugos von St. Viktor bedeutsame Weiterbildung des Augustinischen Personbegriffs hat keine Änderung der Prinzipien in dieser Frage von Allgemein und Einzeln im Gefolge. – Der Nominalismus allerdings denkt völlig anders. Nach ihrem metaphysischen Gehalt tritt diese an den logischen Problemen entstandene Denkweise nicht nur für den Eigenwert, sondern sogar für die alleinige Realität der Einzelwesen ein, der gegenüber alle Allgemeinheit immer nur abgeleitete Bedeutung habe (die Universalien „nach den Dingen")! In ihren schroffsten Formen scheut sie, dem realistischen Einwurf des Trinitätsdogmas gegenüber, selbst vor dem Verdacht des Tritheismus nicht zurück. Aber dieser nominalistische Individualismus des 11. und 12. Jahrhunderts hat es doch nicht zu einer eigenen neu gewachsenen Metaphysik gebracht, in deren Mitte, so wie im alten Seinssystem das Allgemeine, nun etwa ein neu errungenes Prinzip des Individuellen stünde. Und dann: er drang nicht durch! Kirche und Schule hielten zäh am alten Universalismus fest, nur dessen Übersteigerungen immer wieder eindämmend, und dann nach Möglichkeit dem Individuum a u c h seine Realität zusprechend. – Das ändert sich auch dann noch nicht, als das eindringende Arabertum, in erster Linie der Averroismus, noch einmal stark und unbekümmert jenen pantheistischen Zusammenhang des Allgemeinen mit dem Ganzen unterstreicht, als es vor allem auch vom Nus-Prinzip des Aristoteles und der Späteren her die Einzelnen aufzulösen strebt in ein umfassendes Prinzip des allgemeinen Seelenseins. In solchem Weltsystem hat es natürlich kein Bedenken, mit Aristoteles zu definieren, daß jede Vielheit von Individuen nur in der „Teilung" der Materie entstehe. – Albert und Thomas streiten gegen jene Lehren, kämpfen mit aller Energie gegen den „lateinischen Averroismus" und die ketzerischen Konsequenzen, die manche Sekten des Jahrhunderts (an Scotus Erigena vielfach anknüpfend) aus dem Realismus ziehen wollen – Siger von Brabant z. B. lehrt unumwunden: die anima intellectiva sei, als von Materie frei, an sich nur eine einzige für alle Menschen; erst durch Verbindung mit der Vielheit menschlicher Leiber werde sie zu vielen Einzelseelen –; aber dem System des Realismus bleiben sie, in neugewonnener Anlehnung an Aristoteles, darum doch treu! Noch mehr als sonst wohl wird (mit Berufung auf den Stagiriten und seine Kritik an den Platonischen Ideen) hier betont, daß nur im einzelnen das Allgemeine Existenz, empirische Tatsächlichkeit besitze; aber da die letztere doch immer mit dem Unvollkommenen verschwistert ist, so wird damit der Wert des Individuums nicht gehoben. So sehr Thomas' Erkenntnislehre die Bedeutung der Einzelerfahrung betont und die universalia post rem (als erst vom Geiste aus der sinnlichen Ding-Erfahrung abstrahiert und nicht von Gott her eingegeben, eingepflanzt) mit geradezu nominalistischen Wendungen in den Vordergrund stellt, so steht doch auch bei ihm das Seinssystem ganz unter dem metaphysischen Vorrang der Gattungen, als der Vorbilder und Mittelursachen der Schöpfung im Geiste Gottes. Es ist der Vorzug der menschlichen Intelligenz vor andern Einzelwesen, daß sie trotz der eigenen Besonderheit jene Allgemein-Gedanken Gottes faßt und eben n i c h t nur durch Sinnlichkeit auf Einzelnes, also Zufällig-Vergängliches bezogen ist; aber den reinen Gattungscharakter des vollkommenen Geistes erreicht sie eben nie, sie bleibt, in Verstand und Willen, immer ein Persönlich-Individuelles. Einzelheit ist eben Unvollkommenheit und Schranke; je näher die Intelligenzen etwa Gott stehen, um so allgemeiner sind sie, je ferner, um so stärker sind sie zum Besonderen „kontrahiert". – So ist das Individuationsprinzip für den Aristoteliker Thomas noch die Materie, das formempfangende Moment; genauer die materia signata. Materie kann eben immer nur in ganz bestimmten abgegrenzten Dimensionen die allgemeinen Wesensformen aufnehmen; die eine species wird durch die Quantitätsbestimmtheit der raumzeitlichen Materie in die Vielheit der Exemplare geteilt, zum hic et nunc determiniert. In die Definition des „Sokrates" (falls es eine solche geben könnte) würde entscheidend eingehn müssen die bestimmte Materie, die sein Leibliches aufbaut: haec caro haec ossa! Zwar betont Thomas ausdrücklich gegen die Aristoteliker (wie mit anderer Begründung auch sein Lehrer Albert), daß die Materie nicht selbst die Ursache, sondern nur die Existenzbedingung des Individuellen sei, die eigentliche letzte Ursache sei Gott – aber das ist vor allem eine Abwehr der Selbständigkeit der Materie vom Schöpfungsgedanken aus: die Materie und also auch ihre individuierende Wirkung ist (ganz anders als bei Aristoteles) selbst gotterschaffen und gottgewollt. Alles in der Welt, auch das relativ Unvollkommene, geht zuletzt zurück auf Gottes Willen. Immerhin betonen beide, Albert und Thomas, daß auch diese unterste Teilung in die Individuen, und nicht nur die große Gliederung in das ewige System der Gattungen und Arten, zum Schmuck der Welt, zur Vollentfaltung einer höchsten Fülle diene. Und bei den Menschenseelen wird nach ihrer Lehre natürlich mit dem Tode nicht etwa die materiell entstandene Verschiedenheit und Einzelheit aufgehoben, sondern diese bleibt auch nach der Auflösung der Körper voll bestehen; die Einzelseele ist unsterblich eben in ihrer personalen Individualität. Nicht alle Einzelwesen sind, wie das bei Pflanzen und Tieren der Fall ist, nur der Art wegen da; die vernünftigen Individuen haben ihren Zweck in sich und sind von Gott gewollt als Zwecke, nicht als Mittel nur. – Aber es bleibt eben doch das alte Motiv von der Materie als dem Individuationsprinzip in Geltung; und die Materie ist doch an sich das Niedere, der Quell des Akzidentellen und Vergänglichen. Sehr eigentümlich kommt der Widerspruch heraus in des Aquinaten Engel-Lehre. Seit Philo und den neuplatonisch philosophierenden Kirchenvätern waren die alten Allgemeinheitsstufen in Zusammenhang gesetzt mit den religiösen Überlieferungen, welche eine Rangordnung der über-menschlichen Intelligenzen lehrte; außer in Gottes Geist erhielten damit die Platonischen Ideen eine Eigenexistenz und ganz besondere Funktionen in der Welt der Kreaturen. Bei Thomas führt nun auch die Frage nach dem Individuationsprinzip auf diesen Zusammenhang. Die übermenschlichen Intelligenzen sind von Materie frei; wie sollen sie dann noch einzeln-individuelle Wesen sein? Die Lösung ist: ein jeder Engel bildet eine Art für sich, ist einzig nicht nur in seiner Art, sondern als diese selber; so viele Individuen hier sind, so viele species! Gott könnte nicht mehrere

Engel von derselben Art erschaffen, denn nur durch die Materie lassen die allgemeinen Formen sich in Vielheit teilen. Der Unterschied der einzelnen Engel voneinander ist zu verstehen wie ein Unterschied der Arten. – Von vielen Seiten her hat Thomas' Zeit gegen diese eigentümliche Lehre sich gewandt; aus kirchlich-dogmatischen Motiven wie aus philosophischen heraus (besonders heftig auch Dietrich von Freiberg); aber den eigentlichen Quell der Schwierigkeit, die alte Überwertung des Allgemeinen, ließ man dabei meist ganz unangetastet.

*

Erst mit Duns Scotus kommt eine große Wendung in die ganze Frage. Andere vor ihm bereiten schon den Weg. Die Franziskaner (deren ältere Führer, Bonaventura etwa, im wesentlichen noch auf dem Boden der Aristotelischen Definition des Individuellen stehen, wenn sie auch schon Vermittlung zu den neuen Fragen suchen) bringen mit ihren jüngeren Vertretern auch in dieser Sache neuen Anstieg. Noch Heinrich von Gent, der doch so sehr durchdrungen war vom Augustinisch-Viktorinischen Persongedanken, bestreitet (was doch Thomas zugegeben hatte), daß in Gottes Geist neben den Art-Ideen noch die der einzelnen Kreaturen als eigene Ideen liegen. Gott kennt nach ihm die Individuen durch sein Wissen von den Gattungen. Die Allgemein-Ideen strahlen aus in viele einzelne, so wie ein Lichtstrahl sich in vielen Farben bricht; in Gott sind alle Dinge als Allgemeinidee real, aus ihr strahlen die wirklichen Einzelwesen aus. Das Individuationsprinzip ist hier die Negation, – es wird im Einzel-Werden eben die Identität und innere „Vermehrbarkeit" der Allgemeinidee hinweggenommen. Diese negative Determination haftet den Einzeldingen nur wie ein Akzidenz an; die verschiedenen Exemplare derselben Art unterscheiden sich nur dadurch, daß eines eben nicht das andere ist. Auch hier wird die Frage besonders schwierig bei den Engeln; Heinrich von Gent kann da auch nur auf Gott verweisen, der allein es wisse, wie er die Engel als substantiell verschiedne Wesen schaffte. – Im Gegensatz dazu aber betont Richard von Middletown nicht nur (wie schon die anderen), daß Gott alles was er schuf als Einzelnes geschaffen hat, und dies nach eigenen Individualideen in seinem Geiste – sondern vor allem nun auch, daß die Individuen das Ziel der Schöpfung seien. Auch Gottfried von Fontaines verwirft das Thomistische Prinzip, weil es doch eben nur zu akzidentellen Unterschieden der Individuen führen könne, nie zu substantiellen; er fordert auch schon verschiedene substantielle Formen für die verschiedenen Individuen, die eben doch verschiedene Substanzen sind.

Duns Scotus nun führt wirklich ein Formprinzip auch für das Individuelle ein! Er bleibt wohl „Realist" insofern, als die Universalien ihm ganz wie allen anderen (außer den Nominalisten, die er auch bekämpft) real sind,

181

vor und in den Dingen. Sie treten existential nur in den Einzeldingen auf, sind aber doch an sich von ihnen unabhängig. Sonst wäre ja auch keine Wissenschaft möglich, die immer doch auf Allgemeinbegriffe angewiesen ist. Ein System der bloßen Realität des Einzelnen, wie es die Nominalisten suchen, müßte die Unmöglichkeit aller Erkenntnis von übergreifenden Zusammenhängen, von Beziehungen, Gründen, Ähnlichkeiten, Einteilungen als Konsequenz behaupten! Alles Wissen bliebe dann im Grund beschränkt auf Konstatierung von total verschiedenen Einzeldingen; alle Zusammenordnung wäre lediglich Ergebnis irgendwelcher logischer Operationen von bloß subjektiver Herkunft und Bedeutung. In Wirklichkeit aber ist doch überall, wo wir Gattungs- und Artbegriffe denken, ein Seiend-Allgemeines das Vor- und Gegenbild des Intellekts. Unsere Allgemeinbegriffe werden wohl vom Intellekt erzeugt, aber nicht nach Willkür, sondern mit der Notwendigkeit einer abbildenden Funktion. – Aber es ist nun für Duns Scotus eben nicht nur das Allgemeine substantiell-real. Im Individuum vollendet sich doch die Natur! Nicht eine Unvollkommenheit der Kreaturen wird durch ihre Einzigkeit und wesentliche Unterschiedenheit von andern Einzelnen bezeichnet, sondern etwas, das Gott ausdrücklich wollte! Der Schöpfer will die Verschiedenheit der Arten und damit die relative Gleichheit der Individuen nicht m e h r als auch die Verschiedenheit der vielen Individuen. Daß Gott auch innerhalb derselben Art noch wieder Mannigfaltigkeit und Vielheit schafft, ist auch ein Ausfluß seiner reichen Güte, und zwar ein ganz besonders wichtiger: denn das Individuelle ist erst die Krönung seines Werkes; es geht hinaus über bloße Gattungen und Arten als eine h ö h e r e Daseinsform, die höchste alles Kreaturenseins. Ein letzter höchster Zweck des Schöpfers sind die Individuen – will er doch auch den Edelsten von ihnen die ewige Seligkeit verleihen! – So kann das Individuelle denn nicht auf der Vermischung mit Materie beruhen; diese Erklärung versagt nach Duns schon in sich selbst und ganz besonders noch gegenüber dem Problem der immateriellen Seele. Und auch nicht auf sonstwie Verneinendem. Sondern ihr Prinzip muß selbst ein Positives und Formhaftes sein! Wie den Arten der spezifische, so muß den Individuen ihr individueller Unterschied gleichsam von oben her zukommen, auch wenn der letztere für unser beschränktes Erkennen nicht so begreiflich sein sollte wie der Art-Unterschied! Richard von Middletown hatte als das beim „In"-dividuum Hinzukommende den Ausschluß der Teilbarkeit bezeichnet. Daran knüpft Duns nun an; aber er betont, daß dieses Widerstreben gleichsam der Einzel-Einheit gegen Teilung eben doch mehr sei, als eine Privation der Teilbarkeit, daß darin etwas Positives liege, ein positiver Grund für das Nichtteilen-Können. So gut den Allgemein-Begriffen der Erkenntnis ein Reales im Sein entsprechen muß, so gut muß auch der Gedanke des Individuellen eine wirkliche einfache Einheit des Individuums sich gegenüber haben! Die Form ist Gegenstand des Begriffs, also auch des Individualbegriffs. Das, wodurch Petrus Mensch wird und wodurch er dieser besondere Mensch wird, ist beide Male eine positive und reale Entität; wie für die Arten-Unterschiede jene Allgemeinprinzipien, so treten für die Individualunterschiede die entitates individuantes ein. Nicht bloß virtualiter (wie das in jenem Individuationsprinzip der Materie gedacht war), sondern formaliter unterscheiden sich die Individuen und alle Einzeldinge. Neben den Allgemeinheitsformen der Washeit (quidditas), von denen man bisher allein gesprochen hatte, muß es eine Form der Diesheit, der haecceitas geben; und sie begründet überhaupt, ultima realitas, das höchste Sein von Allem! Zum Lebewesen-Sein und Mensch-Sein kommt bei Petrus noch die Petreitas hinzu; zum generischen und spezifischen Charakter der individuelle – das was Voraussetzung und Grund der einzelnen und einzigen Persönlichkeit ist. Schon an sich, ganz abgesehen noch von der Vereinigung mit dem Leibe, ist doch die Einzelseele schon Substanz; sie wird nicht erst durch leibliche Momente individualisiert. Nur in den vergänglichen Dingen der Natur, welche aus Materie und Form zusammengesetzt sind, hat auch die Materie (jedoch selbst da nur einen untergeordneten) Anteil an der Individuation. Die geistigen Wesen sind aus reinem Formprinzip individuell verschieden; und so ist auch für Duns kein Grund ersichtlich, weshalb nicht mehrere Engel von derselben Spezies bestehen könnten; auch hier ist das ja dann nur ein neuer Reichtum und neuer Beweis für Gottes Güte. –

Hier knüpft dann die Erneuerung des Nominalismus an – der jetzt nun eine so durchschlagende Bedeutung gewinnen sollte. Viel stärker und grundsätzlicher als in der Zeit des hohen Mittelalters tritt diese Theorie in der neuen Form jetzt auf als Verfechterin des Individuellen. Durand von St. Pourçain erklärt geradezu die Frage nach dem Grund der Individuation für überflüssig. Im Sein (in re) gibt es doch nur das Einzelne. Die Natur bringt überhaupt nur Individuen hervor; die Einzeldinge sind allein die wahren Sachen. Die Form ist immer schon durch sich innerlich individuell; nicht erst dadurch, daß sie in die Materie aufgenommen wird. Vielmehr ist umgekehrt zu fragen: was der Grund des Allgemeinen sei, d. h. aber schließlich nur, wie die als existierende schon immer individuellen Dinge von uns in allgemeiner Form bezeichnet werden können! Das allgemeine Prädikat kann doch das einzelne Existierende gar nicht in seiner Einheit und Unzerlegbarkeit bezeichnen; es drückt es offenbar nicht aus nach seiner inneren Bestimmtheit, sondern nur in unbestimmter Weise. Je weiter wir also bei der Erkenntnis aufsteigen in der Allgemeinheit, um so mehr entfernen wir uns von der wahren Erkenntnis. Das Allgemeine hat nicht die Wahrheit des Seins, sondern ist nur Hilfsmittel der Bezeichnung. –
In gleicher Weise argumentiert Petrus Aureoli. Und wie nach ihm dann

auch Wilhelm von Occam und weiter Johannes Gerson, kehrt er die Auffassung der Realisten ausdrücklich noch für die göttliche Erkenntnis um:
wie dort manche Extremen geleugnet hatten, daß Gott von Individuen
eigene Ideen habe – so heißt es nun, Gott habe n u r von Einzelnen Ideen,
nur diese seien ja auch extra producibilia! Nur unser menschliches, auf
Behelfe angewiesenes verworrenes Wissen bediene sich der Universalien. –
Mit Wilhelm von Occam beginnt dann der eigentliche Siegeszug des neuen
Nominalismus oder vielmehr (metaphysisch betrachtet) Individualismus.
Der Grundsatz dieser Seinsauffassung ist: Omnis res positiva extra animam
eo ipso est singularis. So sind auch die Ideen primär solche von Einzelnem
und nicht von Arten; gewiß schafft Gott das Sein nach vorbildlichen Ideen,
aber in jedem Vorbild denkt er eben nur ein ganz Besonderes, so wie er
auch in jedem schöpferischen Akt nur Individuelles schaffen kann. Ein
allgemeines Sein von Gattungen und Arten anzunehmen, ist müßige Hypothese. – Aber zu einem individuellen Seinssystem eigener Prägung ist diese
Strömung dann doch nicht gelangt; und das lag nicht nur an ihrer Gebundenheit in andere Interessen, sondern vor allem an der Schwierigkeit der
Sache selbst. Duns Scotus hatte recht: wer die Realität des Allgemeinen einfach leugnet und nur das Individuelle gelten läßt, muß schließlich auf
Erkenntnis größern Stiles überhaupt verzichten und wird in dieser oder
jener Form hinauskommen auf einen Skeptizismus. Als wesenhaftes Seinsmoment im Aufbau des Individuellen selbst kann das Universale nie entbehrt werden. –
Den zweiten großen Schritt auf eine positive Wertung und Begriffsdarstel-
lung des Individuellen hin tut Nikolaus von Kues. Er steht in sehr wesentlichen Zügen auf dem Boden des Realismus und gerade auch der pan-
theistisch angelegten Stufenordnung. Der Neuplatoniker in ihm schlägt oft
ganz ohne Hemmung durch. Aber ganz neu legt er nun doch den Wert auf
die Besonderheit der einzelnen Kreaturen. Was erstmals im stoischen Pantheismus aufklang: die Überzeugung, daß es nicht zwei gleiche Wesen in
der reichen Mannigfaltigkeit der Welt geben könne – sie steht bei ihm nun
ganz im Mittelpunkte. Alles außer Gott, der absoluten gegensatzlosen und
allbefassenden Einheit, ist differenziert. Es kann kein Ding dem andern,
keine Bewegung einer zweiten völlig gleich sein. Nur in abstracto gibt es
volle Gleichheit; nur in Gott gibt es Koinzidenz; die wirklichen Dinge aber
sind überall verschieden voneinander. Aus der besonderen Raum-Zeit-
Stelle allein, die jedes Wesen in der Welt hat, muß man auf seine quali-
tative Eigentümlichkeit und Unterschiedenheit von allen andern Dingen
schließen. Daher bewegt sich denn auch alle unsre menschliche Erkenntnis
in bloßen „Konjekturen"; mit Gleichheit und mit Messen muß unser Denken immer operieren, und doch gibt es niemals zwei gleiche Dinge und
kann das Maß niemals das, was es mißt, „präzis" erfassen. Die Allgemein-

begriffe sind nicht etwa bloße nomina für Nikolaus, aber sie führen immer nur ein begrenztes Stückchen Weges auf das eigentliche Ziel der Erkenntnis hin: auf die Erfassung des Konkreten, Individuellen. Das Wirkliche bleibt immer doch für unsere Begriffsbildung inkommensurabel; und der Weg der Erkenntnis geht daher notwendig ins Unendliche. – Daß aber so das Einzelne von jedem anderen verschieden ist, und dies nach jeder Richtung, ist nicht ein Mangel, ein Zurückbleiben nur hinter dem Allgemeinen (obgleich auch solche Wendungen bei Nikolaus nicht fehlen), sondern ein besonderes Geschenk des Schöpfers. „Nichts ist im Universum, das sich nicht eines gewissen singulären Seins erfreute, das sich in keinem andern Wesen findet". „Es können nämlich die individualisierenden Prinzipien in keinem Individuum in derselben harmonischen Proportion wie im anderen zusammentreffen, so daß jedes Wesen für sich eine Einheit, und in seiner Weise vollkommen ist." „Jedes erschaffene Sein ruht in der Vollkommenheit, die es ... erhalten hat, und begehrt kein anderes Geschöpf zu sein, als wäre es dann vollkommener, sondern es hat eine Vorliebe zu dem Sein, das es von Gott hat, als zu einem göttlichen Geschenk, das es unzerstörlich zu erhalten und zu vervollkommnen sucht." – Erst die Verschiedenheit bis in das kleinste Einzelne hinein bringt die große Harmonie der Welt zustande. In seiner Besonderheit ist jedes Ding ein Glied des Ganzen. Was die Platoniker, in Anknüpfung an Platos Vergleich der Welt mit einem Lebewesen, von der Notwendigkeit der Stufen für einander sagten, dehnt Nikolaus nachdrücklich auf das Individuelle aus. Ein jedes Ding in seiner Einzigkeit hat eine eigentümliche und ganz notwendige Funktion im Bau der Welt. Das Bibelwort vom mitgegebenen Pfunde, mit dem jeder wuchern soll, wird auf die Dinge alle übertragen: „Der gütige Gott hat alles so erschaffen, daß jedes Wesen, indem es sein Sein wie einen göttlichen Beruf zu erhalten strebt, dies in Gemeinschaft mit den anderen vollzieht." So unterstützen sich im Lebewesen alle Glieder gegenseitig, auf daß ein jedes auf die bestmögliche Weise das sei, was es ist. „Die Identität des Universums besteht in der Verschiedenheit, wie seine Einheit in der Vielheit"; jedes Wesen hat mit jedem andern, als in derselben Welt zusammenlebend, eine universellste Übereinstimmung und eine speziellste Verschiedenheit. „In der größten Verschiedenheit gerade besteht die schönste Harmonie." So treten auch nicht, wie die Philosophen sonst wohl lehrten, die Wesen nacheinander ins Dasein, sondern mit dem Ganzen des Universums sind auch die Einzelnen gegeben. – Ein jedes Ding ist wie ein Mikrokosmos: zum Ganzen gehörend ist doch das Ganze auch in ihm, auf seine ganz besondere Weise. Da jedes nicht das Ganze überhaupt, nicht Gott sein konnte, so ist es nun das Ganze in besonderer Kontraktion. So ist es denn vor allem mit dem Menschen. Alles ist in ihm, als der Krone der Schöpfung, irgendwie enthalten; grundsätzlich kann er alles in sich und von sich aus erkennen.

Aber eben doch Nichts ganz und ganz genau: denn jeder bildet ja die Welt nur auf seine individuelle Weise ab! Die Menschen gleichen verschieden gekrümmten Hohlspiegeln, die denselben Gegenstand verschieden wiedergeben; nur daß nun diese Spiegel selbst lebendig sind und das Vermögen haben, ihre Krümmungsflächen selber abzuändern! Kein Mensch ist ja dem andern gleich, keiner denkt genau so wie der andere. „Keiner ist wie der andere in Sinn, Einbildung, Vernunft, in allen Tätigkeiten, im Schreiben, Malen und jeglicher Kunst, wenn er auch tausend Jahre lang den andern nachahmen wollte." Ein jeder partizipiert an der Tätigkeit der göttlichen Vernunft; aber jeder auf besondere Weise. Und auch hier soll es so sein; die Harmonie des Ganzen ruht auf der Mannigfaltigkeit der Einzelnen. Wenn sich gleich in einer Art, sagt Nikolaus, z. B. in der Menschenart, immer einige finden, die vollkommener und in irgendeiner Hinsicht hervorragender sind als andere, so kann doch niemand mit Gewißheit sagen, wer der Vortrefflichste sei; „dies ist von Gott so angeordnet, auf daß jeder in sich selbst Genüge finde, wenn er gleich andere bewundert... so herrscht Einheit und Friede ohne Mißgunst". –
Von Nikolaus geht der Weg zu den Monadenlehren von Bruno, Helmont, Leibniz. Daß Gott mit aller Fülle und Unendlichkeit nicht nur im Größten, in der Welt als einem Ganzen, sondern auch im Kleinsten, im Einzelwesen ist, das wird die Grundgewißheit ebenso der italienischen wie der deutschen Naturphilosophie. Nicht aus dem „ästhetischen Individualismus der Renaissance" (wie man so gern es darstellt) stammt letztlich dieses stete Anwachsen des Individualgedankens und seiner metaphysischen Bedeutsamkeit. Von Nikolaus und dem Ende der Scholastik erhält Bruno die großen Direktiven. Noch einmal entflammt jetzt in der Renaissance der Kampf um Aristotelismus oder Unsterblichkeit der individuellen Seele; Pietro Pomponazzi deckt die Unvereinbarkeit der beiden Lehren, die Heterogeneität antiker Philosophie und christlicher Glaubenslehre, mit einer vorher nicht gekannten Schärfe auf. Es ist ein Vorurteil, wenn man von Aristoteles her glaubt, Gottes Vorsehung und Denken habe zunächst nur mit dem Allgemeinen und erst vermittelt mit dem Einzelnen zu tun – gleich als ob es eines allmählichen Übergangs bedürfe vom vollkommensten Wesen zu einer niedern Welt der Einzelkreaturen. Der Mensch bedarf in seinem Tun der Werkzeuge; Gott aber wirkt doch ohne solche Mittel, er schafft das Einzelne unmittelbar und ist mit seiner vorsehenden Weisheit auch überall unmittelbar bezogen auf das Einzelne. – Die Platoniker der Renaissance versuchen noch die Einheit beider Überlieferungen, der philosophisch-antiken und der religiös-christlichen, festzuhalten; Platos Unsterblichkeitslehre gibt den Anhalt dazu, und hinter der Ausdeutung dieser Seite seines Systems im Sinn der christlichen Einzelseele tritt ihnen die grundsätzliche Verschiedenheit zumeist zurück. – Erst mit Giordano Bruno wieder kommt es zu brei-

ter metaphysischer Entfaltung des Individualitätsgedankens. Die Lehre des Cusaners vom Kleinsten wird neu beschwingt von Brunos tiefer religiöser Weltbegeisterung. Die Grundgedanken sind dieselben wie bei Nikolaus. Ein jedes Einzelding, nicht bloß der Mensch, ist ein besondrer einzigartiger Spiegel des Weltganzen, und zwar ein wesenhaft lebendiger. Das wahre Un-teilbare, darin wir das Element des Weltzusammenhangs zu suchen haben, ist nicht starres Atom, ein Stück Materie mit seinen absoluten Grenzen, sondern Monade, ein einfach-unvergängliches Einzelleben, eine aus eignen Quellen sich auswirkende individuelle Daseinsform des göttlichen Allebens. Ein jedes Einzelwesen hat seine eigne und unvergleichliche Leistung zu erfüllen im Lebensganzen der Natur. Die Individualität schränkt nicht auf einen Punkt des Raumes oder der Materie ein, schließt nicht von allem andern ab, sondern in der besonderen Funktion lebt auch die Welt; in jedem Einzelding ist Samen aller Dinge; nur findet nicht in jedem alles die gleiche Entfaltung und Verwirklichung. Das Streben zur Entfaltung aber ist in jedem unaufhörlich wirksam; ohne Leben ist keine Monade. Die einzelnen begegnen sich, gruppieren sich zu Organismen, sind bezogen auf eine zentrale Lebenseinheit, die sie beherrscht und leitet. Überall im Wirklichen sind diese Minima die Aufbauelemente. Die menschlichen Seelen mit ihrer Unsterblichkeit sind nur eine besondere höhere Art von diesen einfachen und unvergänglichen Einheiten.

Gleichzeitig leben in der Naturphilosophie der Deutschen die Gedanken des Cusaners fort. Agrippa von Nettesheim, bei dem die Abhängigkeit von ihm ganz offensichtlich ist, betont so sehr das selbständige Leben und die in sich abgeschlossene Besonderheit der Einzelwesen, daß ihm die Verbindung zwischen ihnen, das Übergehn der Wirkung von einem auf das andere wie ein Wunder vorkommt. Vom rein Materiellen aus scheint der Zusammenhang unmöglich; erst im Begriffe der „Sympathie", in jenem selbsttätigen Mitschwingen des einen mit dem anderen, das wir aus dem Zusammenleben der doch ganz in sich verbleibenden, in sich beschlossenen menschlichen Individuen kennen – wird der Zusammenhang der individualisierten Welt verständlich. Bei Paracelsus tritt ein eigenes Prinzip für das Sonderleben des Individuellen auf: der Archeus. In jedem Dinge liegt ein ursprünglicher individueller Samen mit der natürlichen Tendenz zur inneren Entwicklung aus sich selbst; der Zusammenhang der Dinge ist nicht sowohl ein Walten über-individueller Wesenheiten und Kräfte, sondern ein allseitiges Sich-Anregen der Einzelnen zu ihren inneren Entfaltungen. – Valentin Weigel setzt das fort. Hinter der Selbsttätigkeit und Besonderheit des Einzelnen tritt das Allgemein-Gemeinschaftliche immer mehr zurück. Sein wahres Leben lebt jedes Ding nur in sich selbst; was außer ihm ist, gibt immer bloß den Anlaß, nicht die Kraft. Alle äußeren Einwirkungen sind nur Erweckungen der Samenkräfte. In diesem Sinne ist jedes Wesen in sich frei; es wird von keinem Äußeren gezwungen und gedrängt. So ist es schon mit allen Dingen überhaupt; der Mensch zeigt diese Züge nur in höchster Deutlichkeit; er ist ein Innerlich-Geschlossenes, Einzeln-Selbsttätiges, dessen Erkennen sogar im Grunde immer nur aus dem eignen Innern schöpfen muß. – Die beiden Helmonts bilden des Paracelsus Lehre vom Archeus weiter aus. Die Entelechie des Aristoteles wird umgebogen ins Individuelle, wird zur „Monade". Alle Geschöpfe sind in ihrer unteilbaren Einzelheit von Ewigkeit geschaffen, alles Geschehen ist Selbstentwicklung dieser Einheiten, und jedes bleibt in sich. Bei den geistigen Wesen aber sieht man dann die Fähigkeit, in aller Einzelheit sich gegenseitig sympathisch zu durchdringen. Im Materiellen ist die Einzelheit die bloße Abgeschlossenheit und isolierte Starrheit; im Geistigen ist sie zugleich Zusammenhang mit allem Anderen. –

Die Monadenlehre von Leibniz gibt dann das klassische System des Individualismus. Sein ganzes Lebensinteresse von der ersten Jugendarbeit („Über das Individuationsprinzip") bis zu den letzten Vermächtnisschriften ist zentriert um den Gedanken vom Wesen, Sinn und Wert des Einzelwesens. – Descartes, dessen Deduktion ja Augustinisch mit der Selbstgewißheit des Einzel-Ich begann, hatte die seelischen Substanzen (die er nun völlig unabhängig von allem Materiellen und den etwa vereinzelnden Momenten darin faßte) als schlechthin einzelne in sich bestimmt, ohne sich dabei viel zu kümmern um die Streitfrage vom Individuationsprinzip. Die ursprüngliche und unaufhebliche Vielheit der individuellen Seelen, der res cogitantes, war ihm vom religiösen Leben her gewiß. Nach dieser Seite ist sein Seins-System ein rein pluralistisch-individualistisches. Das Materielle allerdings, das für ihn ganz auf anderm Blatte stand und von der Seelen-Einzelheit gar nicht berührt zu werden brauchte, sah er als ein aller Einzelunterscheidung gegenüber im Grunde indifferentes Gesamtsein an, als eine homogene Raum-Materie, d i e körperliche Substanz schlechthin. Wer nun von Descartes ausging und den Dualismus überwinden wollte, mußte sich entscheiden entweder für jene Einzelsubstanzen oder für diese Gesamtsubstanz; und es ist sehr interessant, bei Spinoza oder bei den Occasionalisten zu verfolgen, wie das neu gestärkte Bewußtsein für das Individuelle gegen die pantheistische das Einzelne verschlingende Tendenz ankämpft – wobei noch immer die alte Wertung auch des Allgemeinen, der „Idee" in jenem Gattungs-Sinne, eine wesentliche Rolle spielt. – Erst Leibniz bildet nun entschlossen nach dem Vorbild der selbstgegebenen individuellen Seele die ontologischen Begriffe um. Die Jugendschrift knüpft noch an den Streit des ausgehenden Mittelalters an; ihre Stellung steht dem Nominalismus nahe, der endlich die realen universalia und formalitates aufgelöst habe. Die tiefste Sekte unter den Scholastikern sieht der junge Leibniz in den Nominalisten, zugleich den Ausgangspunkt für alle gegenwärtigen Reformen in Philosophie und Wissenschaften. Durand, Petrus Aureoli, Wilhelm von Occam werden ausgespielt gegen den alten Realismus; auch Duns Scotus' Fassung der Realität des Allgemeinen wird bekämpft. Aber wie Duns sucht auch der junge Leibniz die ratio individuationis formalis! Das Einzelne kann nicht durch Negation aus realeren Allgemeinheiten hervorgehn; und es kann das Individuelle an einer Existenz nicht bloß von einem (etwa noch nebensächlichen) Teile herrühren – von der Materie etwa oder selbst der bloßen Form. Wenn Sokrates nicht Plato ist, so muß das einen positiven Grund, in jedem dieser beiden, und in jedem als einer Einheit, einem Ganzen haben! So lautet denn der Schluß: „Ein jedes Individuum wird durch seine ganze Entität individuiert." Das spätere System beruft sich dann ausdrücklich auf die Einzelseele, es geht im Grunde immer von ihr aus. An der Seele, am eignen Ich lernt man, was Substanz ist und allein so heißen darf. Der Gegenpol schlechthin zur wahren Philosophie ist nach Leibniz' Auffassung der „Monopsychismus" der Averroisten – wo eine einzige Âme universelle, als Seelen-Ozean gleichsam, die Einzelseelen einschluckt. Nicht nur die Leugner der unsterblichen Menschenseele, sondern auch schon jene, welche die Lebenseinheit eines Tieres oder einer Pflanze für vergänglich halten, leisten jener falschen Seinsauffassung Vorschub; das Menschenwesen und die ganze Welt der lebendigen Kreaturen wird dadurch herabgesetzt. Spinoza und die neueren Cartesianer sind auch auf diesem Weg. Aber die bloße innere Erfahrung kann uns von der Falschheit dieser Lehren überzeugen; sie zeigt uns, daß wir etwas Besonderes für uns sind, das denkt, Bewußtsein hat und will, und daß wir unterschieden sind von jedem andern Wesen, das eben anders denkt und anders will. Das ego ille tu gibt einen distinkten Begriff von substantieller Existenz – nicht jener Gedanke eines Seelenozeans! Im übrigen ist es, sagt Leibniz weiter, auch demonstrativ gewiß, daß Substanz immer Einzelwesen ist. Bei der „Analyse der Substanzen" (Gegensatz zu Analyse der Begriffe) kommt man mit Notwendigkeit auf die Forderung letzter unteilbarer einfacher Einheiten, als auf die eigentlichen Grundsubstanzen, die ersten und absoluten Prinzipien alles Existierenden. Substanz als „Selbstand" und Selbsttätigkeit ist notwendig immer ein Einfach-Einzelnes, das demnach auch nicht auflösbar-vergänglich sein kann, sondern ewig dauern muß. Alles was handelt ist substantia singularis! Die wahre unteilbare Einheit, die Monas, ist notwendig Individuum. Der materielle Seinsbegriff der Atomisten hat vor der Raum-Materie des Descartes wohl durch die pluralistische Tendenz etwas voraus; aber ·die wahren Einheiten können eben doch nicht im Materiellen, im räumlich Abgegrenzten oder Punktuellen liegen. Nicht passive und materielle, sondern aktive und formelle Atome müssen die Monaden sein: individuelle Formprinzipien ... Ein allgemeines Formprinzip, das substantiell-real ist, das Werden und Bewegung wirkt, gibt es für Leibniz nicht. So bildet er den Sinn der alten ontologischen Begriffe vollkommen um, wenn er jetzt die Monaden „Entelechien" nennt und „substantielle Formen". Substanzen sind individuelle Entwicklungskräfte. Die Einzelheit und einzigartige Eigentümlichkeit ist ihnen formhaft-wesentlich, nicht akzidentell. Nicht durch ein einziges Merkmal und in einer Differenz bloß innerhalb der gleichen Art unterscheidet sich ein existierendes Wesen vom anderen, sondern mit seinem Gesamtsein. Kein Teil in ihm ist völlig gleich dem Teil in einem anderen, auf welcher Stufe auch im Vollkommenheitsaufbau des Universums es stehen möge. Alle Substanzen sind (was Descartes' Dualismus verfehlte) in ihrer ontologischen Grundstruktur gleichartig; aber in concreto ist dann jede total verschieden von jeder anderen. Principium individuationis idem est quod absolutae specificationis, qua res ita sit determinata, ut ab aliis omnibus distingui possit. Fehlt diese a b s o l u t e Spezifikation, so fehlt auch die Determination, man steht dann nicht bei Realem, sondern beim Abstrakten. So folgt für Leibniz jene Überzeugung, wonach es in der gesamten Welt nicht zwei einander gleiche Blätter oder Tiere oder Dinge überhaupt geben kann (und die er nun als Grundsatz formuliert in seinem Principium identitatis indiscernibilium) mit selbstverständlicher Notwendigkeit aus dem ontologischen Prinzip vom Grunde. Gäbe es zwei Dinge in der Natur, die sich nicht wesenhaft voneinander unterscheiden, so wäre ja kein Grund angebbar, warum es zwei Dinge sind und nicht nur eines. Dieser Grund muß vielmehr in einer Differenz liegen, die den Dingen selber und in ihrer Ganzheit zugehört; er darf nicht etwa auf die sogenannten denominationes pure extrinsecas geschoben werden, auf äußere und dem Dingwesen äußerliche Momente, wie man wohl gern den Unterschied „bloß" in der räumlich-zeitlichen Anordnung, „bloß" in der Materie suchte. Alles was existiert, muß unterschieden sein und unterscheidbar von allem anderen durch sein Inneres, durch das dem einzelnen Dingwesen notwendig Zugehörende. Zufällige unwesentliche Unterschiede gibt es hierbei nicht. Was zu einem Individuum gehört, eignet ihm wesenhaft und substantiell; nicht nur die eigene und ganz besondere innere Aktivität, sondern ganz ebenso das was ihm widerfährt, was es erleidet! Das Einzelwesen ist in sich geschlossen, ihm wird nichts äußerlich-zufällig aufgedrückt oder abgenommen; die Monade hat „keine Fenster", sondern lebt ihr ganzes individuelles Leben in sich selbst. Alles was ihr geschieht und von ihr ausgeht, ist nur die Selbstentwicklung nach dem inneren Funktionsgesetz, dem Gesetz ihrer Operationen, das ihre Einzigkeit zusammenfaßt. Darin liegt ja die „Autarkie", das „Selbstgenügen" (ähnlich sprach auch Nikolaus) der Monade, das immer eine „gewisse Perfektion" bedeutet! Wie der Mensch mit seinem freien Willen Gottes Ebenbild, so ist es auf gewisse Art auch jede Kreatur mit ihrer Autarkie, mit der Selbsttätigkeit der individuellen „Form", in der sie in sich selber sich vollendet, ohne der fremden Kraft äußerer Formen und Mächte zu bedürfen. Ein jedes Einzelwesen in der Stufenordnung der ganzen Welt ist das, worauf für Thomas nur das Engel-Sein hätte hinauslaufen können: einzig in seiner Art, ein formhaft Einziges.

So ist denn auch nur der Begriff von Einzelwesen ein wirklich voll „determinierter", ein „kompleter" Begriff! Alle Gattungs- und Artbegriffe bleiben als solche stets „inkomplet und abstrakt" und in gewissem Sinne unbestimmt. Die (nach Duns Scotus sogenannte) „heccéïté" allein bezeichnet wirklich Substantielles; alle bloßen Allgemeinbegriffe bezeichnen nicht Substanzen, sondern nur Bestimmungen an Seiendem. Der komplete Begriff ist aber dann natürlich auch etwas viel Komplizierteres und Erfüllteres als die gewöhnlichen Begriffe; er muß alles das in seinem Begreifen einschließen, was je am Einzelwesen, das er meint, auftritt an Eigenschaften oder Modifikationen, alles das, was von diesem je mit Wahrheit ausgesagt werden kann – auch das scheinbar bloß Äußerlich-Zufällige! Alles was Caesar je im Leben geschah und was er tat, gehört in den kompleten Begriff dieser Individualsubstanz hinein; fehlte dabei auch nur ein Zug (wie der etwa, daß Caesar zu bestimmtem Zeitpunkt über den Rubicon ging), so wäre der Begriff nicht mehr komplet, nicht voll determiniert. Die Prädikate der ganzen unendlichen Zeitreihe, in der sich das unvergängliche Einzelwesen ewig fortentwickelt, und ebenso die Prädikate der räumlichen Lage im Weltganzen (nach dem Realgehalt der räumlichen Beziehungen) müssen ebenso im Individualbegriff, gleichsam auf einen Punkt zusammengezogen, mitenthalten sein, als alles was auch nach der gewöhnlichen Vorstellung etwa zum Wesen des gemeinsten Einzelwesens notwendig gehört. L'individualité enveloppe l'infini; die Zahl der Merkmale, der Prädikate, die so in jedem kompleten Begriff eingeschlossen sind, ist aktual unendlich; es kann dieser Begriff niemals in einer endlichen Definition und Auseinandersetzung erschöpft werden. Der Allgemeinbegriff verdankt seine Übersichtlichkeit und relative Erschöpfbarkeit nur seiner relativen Leere und Abstraktheit.

Die Welt also besteht aus lauter Einzelwesen, die unmittelbar (nicht erst nach dem höhern Vorbild von Gattungs- und Artideen, als abgeschwächte Exemplare nur der Allgemeinheitsform) aus Gottes Schöpferhand entspringen. Jede Monade ist gleichsam ein selbständig gewordener realisierter Einzel-Blick des göttlichen Wesens selbst, ein einzigartiger Spiegel der unendlichen Seinsfülle. Das Einzelwesen ist hier also nicht, wie es wohl in extremen Formen des „Realismus" schien, das durch ein System beschränkender Differenzen hindurch erzeugte Exemplar bloß einer allgemeinsten Gattung (des Einen Gottesseins) – sondern das Resultat eines besondern Schöpfungsaktes der göttlichen Person. Nichts steht mehr zwischen Gott und Einzeldingen. – Das heißt nun nicht etwa, daß es gar kein Allgemeines gäbe. Auch Leibniz kennt das Reich der ewigen Wahrheiten und Ideen in Gottes Verstande; auch er sieht diese als konstituierende Momente an im Aufbau des Konkreten. Aber sie haben nicht den Realitäts- und Wertvorzug vor den Einzelwesen, sondern im Gegenteil: ihre Tendenz wird erst erfüllt durch das Zusammenwachsen in das Einzelne! Alle jene ewigen Ideen sind, obzwar Gedanken Gottes, doch nicht selbst Realitäten, sondern bloße „Möglichkeiten", possibilités d'être. Sie tragen ihrem Wesen nach „Tendenz zur Existenz", das „Streben nach Existenz" in sich. Nicht also fehlt hier dem Existierenden etwas an der Reinheit und Stetigkeit des Allgemeinen, sondern es fehlt umgekehrt dem Allgemeinen immer etwas: die volle Existenz! Existentia est essentiae exigentia. – Und nun ist es gerade das Vollkommenheitsprinzip, der „Grundsatz des Besten", welcher die bloßen Möglichkeiten zur Existenz zusammenfügt. Nicht alle Möglichkeiten sind miteinander „compossibel"; nicht alle können im Zusammenwachsen ein reales Weltsystem ausmachen. Zur Wirklichkeit gelangen nur diejenigen Essenzen, die miteinander ein Maximum an Harmonie und Vollkommenheit ergeben. Ut possibilitas principium Essentiae, ita perfectio seu Essentiae gradus (per quem plurima sunt compossibilia) principium Existentiae. Das Wirkliche ist nichts andres als aus den Möglichkeiten die Auswahl und Zusammenstellung des Besten. Die „Zufälligkeit", welche die Existenzen der ewigen Essenz gegenüber seit dem Altertum auszeichnete, ist hier nicht mehr Ausdruck des Mangels an Substantialität und Sinn, sondern im Gegenteil das Merkmal einer letzten und höchsten Erfüllung: die ewigen Möglichkeiten, die im Verstande Gottes liegen, fügt des Schöpfers freier und allgütiger Wille zusammen unter dem Prinzip des „Passenden", des „Besten"! Ein höchstes Wertprinzip geht so hinaus über bloße logische Notwendigkeiten und Allgemeinideen; die konkrete eine Welt ist „die beste aller möglichen Welten", das Eine Maximum und Optimum. „Zufälligkeit" ist hier ein andrer Ausdruck nur für jene höhere, die „moralische" Notwendigkeit. – In der einzigen Weltwirklichkeit ist aber jedes Glied ein Einziges, ein Individuum. Ihre Vollkommenheit ist ihre Harmonie: ein jedes Einzelwesen ist in sich geschlossen, genügt sich selbst, ist eine Welt für sich – und dennoch bilden alle miteinander den großen Einen Weltzusammenhang. Nicht Wirkungseinheit im gewöhnlichen Sinne ist die Welt (wobei das Einzelne doch immer irgendwie vom Allgemeinen oder Ganzen aufgesogen wird und seine Autarkie verliert), sondern Sinnzusammenhang, prästabilierte Harmonie zwischen Einzelwesen, die alle ihre Unabhängigkeit und volle Abgeschiedenheit, ihr Einzelsein bewahren. Der Weltzusammenhang ist ein ideeller; und er wird auch hier bei Leibniz gern dem gegenseitigen Durchdringen in der „Sympathie" verglichen. Beim Menschengeiste zeigt sich klar, wie Wesen miteinander eins und einig sind, die darum doch nichts verlieren von ihrer Selbständigkeit und Individualität. Die vollkommensten unter allen Einzelwesen sind die geistigen, die einander „am wenigsten hindern" – d. h. am wenigsten einander hart ausschließen, wie das etwa körperliche Dinge tun. Die Vollkommenheit der geistigen Wesen liegt in den Tugenden, unter diesen ist die entscheidende die Liebe: in ihr genießt der eine das Glück des anderen! Die „Sympathie" der Einzelwesen bindet sie zusammen zu dem Weltsystem der Harmonie.

Alle Individuen auf allen Stufen des Weltsystems sind ihrem ganzen ungeteilten Wesen nach aufeinander bezogen. Jedes repräsentiert in seiner inneren Fülle und Bewegtheit jedes andre und damit das Ganze. Indem jede Substanz ihr Leben lebt, lebt sie auch das der anderen! Identisch ist der Weltinhalt in allen, aber in jeder tritt er völlig anders auf – wie ja die eine Stadt sich allen einzelnen Beschauern auf verschiedenen Stellen um sie her in immer anderer Perspektive zeigt. Jede Monade ist absolut einzigartig und unverwechselbar, nach jedem einzelnen Momente ihres Daseins von jeder anderen zu unterscheiden; und doch stellen alle in der durch und durch verschiednen Perspektive, in den nach allen einzelnen Momenten verschiedenen Entwicklungsgraden der Klarheit und Deutlichkeit ein und dasselbe dar. Und nicht Gleichartigkeit, die Reinheit eines Typisch-Allgemeinen ist hier das Ziel der Lebensentwicklung für die Einzelwesen, auch nicht Verschmelzung in ein indifferentes All, sondern die Vollentwicklung der einzigartigen Anlage, die jedem im Gesetz der nie aufhörenden „Reihe seiner Operationen" mitgegeben ist. –

Was Leibniz so für die Metaphysik des Individuums geleistet, das ist von keinem Denker später übertroffen, ja eigentlich in seiner ganzen Bedeutung nie wieder recht gewürdigt und verwertet worden. Es hat wohl pluralistische Systeme außer Leibniz noch gegeben – vom „Geisterreich" seines Zeitgenossen Berkeley an (der ja auch als extremer Nominalist in einer alten individualistischen Überlieferung darinstand) bis hin zu dem individualistischen Nachfahr der Schopenhauerschen Willensmetaphysik, zu Julius Bahnsen. Aber das Problem des Individuums als solches wird da nicht eigentlich neu aufgerollt; die Ablösung vom Allgemeinen wird mehr hingenommen als vollzogen. – Nach einer andern Seite aber ging die Folgezeit hinaus über das, was Leibniz gab. Der sittliche Lebenssinn der Individualität war im metaphysischen System der Monadologie mehr mitverstanden und mehr als dessen Lebenshintergrund nur mitklingend, als selbst entwickelt. Diese Aufgabe ließ Leibniz einer andern Zeit, in welcher überhaupt das geistig-sittliche Leben entscheidender als bei ihm im Kern der metaphysischen Gestaltung stand.

Das 18. Jahrhundert hat wohl vielfach unter den individualistischen Weisungen der Monadenlehre und dann besonders auch von Shaftesbury ge-

standen. Eindringlicher als Leibniz sprach der letztere, dessen m e t a p h y -
s i s c h e Fassung des Einzelwesens nichts eigentlich Bedeutendes enthielt,
vom Lebensziel der vollen einzigartigen Persönlichkeit, von der sittlich
geforderten Ausbildung ihrer Eigenart mit allem innern Reichtum, d. h.
allen Sonderfähigkeiten, die jeder einzelne besitzt, und von dem Beitrag,
den solche Ausbildung zur großen Harmonie des Universums leistet. Aber
das Ideal der Gattung gewann denn doch für die ganze Aufklärungszeit
den eigentlichen Vorrang. Die Menschen sind wohl alle einzelne und
jeder ist als einzelner zu achten; aber die einzelnen sind doch im Grunde
gleich, und was sie an Besonderheiten unterscheidet, ist mehr von äußerlicher und zufälliger Art! Das „natürliche" Individuum, das man zur
Grundlage von Recht und Sittlichkeit und religiöser Lehre machen will,
ist ein Abstraktum, ist die Gattungsnorm. „Freiheit und Gleichheit": die
von dem Zwange äußerlicher Ordnungen und Konventionen einmal frei
gewordenen Menschen sind dann auch in allem Wesentlichen einander
gleich! Es ist ein idealer Zweck der Freiheit, alle Ungleichheiten aus der
Welt zu schaffen. So werden hier die Individuen wieder gleichsam zu
Atomen, Atomen der Gesellschaft und der „Geisterwelt". Ein Ganzes,
eine Welt können sie deshalb miteinander bilden, weil sie ganz gleichartig
im Grunde sind und jedes als natürlich-vernünftiges Wesen zuletzt dasselbe
will wie jedes andere. Das Weltsystem (wie das soziale Ganze) ist hiernach
keine Harmonie im Sinn von Leibniz oder Shaftesbury, die gerade die
unendliche Verschiedenheit und selbst die dissonierende Entgegensetzung
der Einzelwesen forderten, sondern das Ganze stützt sich wieder auf das
„Allgemeine".
Dieser Aufklärungsbegriff vom Individuellen lebt auch bestimmend in
der praktischen Metaphysik und Lebenslehre Kants. Ein pluralistisch auf-
gebautes „Reich der Geister", unsterblicher Einzelwesen (von der Art der
Berkeleyschen Welt oder der des Swedenborg) ist der verschwiegne Hintergrund seines Vernunftglaubens. Entsprechend steht im Mittelpunkt der
praktischen Philosophie Kants der Gedanke vom absoluten Selbstwert
jeder einzelnen Person und ihres reinen auf sich selbst Beruhens in der
sittlichen Autonomie. Die innere Verantwortung eines jeden einzelnen für
seine Willens- und Gesinnungsakte rückt sein Sondersein gänzlich in den
Vordergrund gegenüber allen Allgemeinheitsbedingungen der früheren
Lehren, die nicht in der Form des Willens, sondern in Zwecken und Gütern
das sittlich Entscheidende suchten. Und doch ist auch für Kant ein jeder
einzelne in der inneren Geschlossenheit seines Gesinnungslebens (kein
andrer kann da auch nur hineinblicken!) wesentlich nur ein „vernünftiges
Wesen überhaupt". Was Menschen voneinander als besondere, einzigartig
individuelle unterscheidet, das sind bloß ihre sinnlichen „Neigungen",
ihre Stellung in der Sinnenwelt! Die Pflicht ist eine und dieselbe für sie

alle, und dies nicht nur nach dem, was sie als Forderung überhaupt bezeichnet, sondern auch im Einzelnen der sittlichen Aufgaben. Die Unterschiedenheit der Lagen und Konflikte, in die die einzelnen geraten und vielleicht nach ihrem Sondersein geraten müssen, ist nicht ein Wesentliches; das alles erscheint mehr als das Vergängliche und Bloß-tatsächliche am Einzelwesen, als das was schließlich zu überwinden ist an ihm! Daß alle Individuen in aller ewigen Entwicklung ihre einzigartige Struktur und perspektivische Besonderheit behalten sollen – wie bei Leibniz –, solcher Gedanke liegt Kant völlig fern. Alle Ausdeutungen des kategorischen Imperativs (der immer so zu handeln gebietet, daß die Maxime meines Willens zum Prinzip einer a l l g e m e i n e n Gesetzgebung dienen könnte) im individualistischen Sinne ist Umdeutung und im Grund Verfehlung der Kantischen Absicht. Auch Kant kommt es auf eine Gemeinschaft vernünftiger Wesen an, die dadurch möglich wird, daß alle wesentlich dasselbe wollen, daß sie in ihrem geistig-vernünftigen Wesenskern einander vollkommen gleich geartet sind. Bloß das „empirische" Ich ist individuell im Sinn des Einzigartigen; die Besonderheit der einzelnen ist nur Tatsache, nicht selbst Bedeutsamkeit und Wert. –
Gegen diesen Vorrang des Gattungs-Allgemeinen bei Kant und der Aufklärung überhaupt wenden sich dann die Führer der neuen geistigen Bewegungen, des Sturms und Drangs, des Neuhumanismus selbst, und dann vor allem der Romantik. In ihnen allen brechen Züge des Leibnizischen Weltbildes und der Persönlichkeitslehre Shaftesburys in neuer Wendung wieder durch. Hamann und Herder, Goethe und Humboldt, Schleiermacher und Friedrich Schlegel kämpfen für das Einzigartige des einzelnen in Natur und Menschheit. Der eigentliche Ort für das Problem des Individuums wird nunmehr die Geschichte mit der einmaligen und einzigartigen Entwicklungsbedeutung der in ihr auftretenden Gestalten. An der entscheidenden Wichtigkeit führender Genien für alle menschheitliche Entwicklung wird jetzt das Höher-Sein des Individuellen gegenüber dem bloß gattungshaften Allgemein-Menschlichen besonders deutlich. Das Gleichheitsideal zerfällt. An einer einzigen Stelle des Kantischen Systems war diese neue Wertung vorbereitet: in seiner Würdigung des künstlerischen Genies, dessen konkrete Sinngesetzlichkeit sich jeder allgemeinen Regel grundsätzlich entzieht. An diesem Punkte knüpfen nun alle an. Und die Forderung wird laut, den Gedanken zu erweitern, ihn auszudehnen auch auf den sittlichen Lebenssinn, ihn einzuführen in die Anschauung des geistigen Kosmos überhaupt.
Wir haben es hier mit den Themen der Metaphysik, nicht denen philosophischer Besinnung und des Geisteslebens überhaupt zu tun. Die größte metaphysische Ausprägung des Individualitätsgedankens nun (und eben in der Richtung auf den sittlich-geistigen und den geschichtlichen Lebens-

sinn des Individuellen) erreicht, nach Jacobis bedeutsamem, aber nicht zum System gereiften Vorgang, Fichte. – F. H. Jacobi hat zuerst wieder auf die Bedeutung des Leibnizischen Individualitätsgedankens hingewiesen und nachdrücklich betont, wie im System der Monadologie der Begriff des Individuums Anfang und Ende bildet. Und so wendet er sich nun auch selbst mit Heftigkeit gegen die Tendenz zur Überwertung des Allgemeinen, die in aller bloßen Verstandesphilosophie liege, und der das Zeitalter der Aufklärung so hemmungslos nachgegeben habe. Der isolierte Verstand ist seinem Wesen nach ein Feind der Individualität; er neigt zur Auflösung aller Besonderheiten in das ihm eben noch begrifflich faßbare Allgemeine! Dem Individuellen gegenüber versagt immer der Verstandesbegriff; und ein vollkommen begriffenes Individuum ist ebenso undenkbar wie ein hölzernes Eisen. Kants Sittengesetz ist eben der Triumph der Verstandesreflexion auf ethischem Gebiete: das Höchste in der Wirklichkeit ist da ein Allgemeines, ein Gesetz, das für alle das gleiche ist. – Aber gegen das bloße Wissen stellt Jacobi das Leben. Leben ist nie etwas Allgemeines; immer ist es individuell. Alle Wirklichkeit ist gegliedert in Individua, einzelne lebendige Wesen, die in ihrer innern Selbständigkeit sich voneinander wesenhaft unterscheiden. Und der Kern des Daseins ist das persönliche Leben, als die Entwicklung einzigartig-einmaliger sinnlich-geistiger Wesen. In einer lebendigen Kette persönlicher Daseinsträger, die alle unvergleichbar-individuell in ihrem Wesenskerne sind, entfaltet sich das Wirkliche. Wenn der Verstand, das „Wissen", davon nichts wissen will, so muß die tiefere Erkenntniskraft eintreten: der Instinkt. Er geht ja nicht auf Allgemeinheit und Gesetz, sondern auf den lebendigen Willen, den sittlichen Trieb des einzelnen; geht auf persönliches Dasein! Der Instinkt selbst ist immer in uns individualisiert, da ja der Daseinstrieb, der in ihm sich ausspricht, schlechthin identisch ist mit dem Wesen des Individuellen; so fehlt ihm die Abstraktheit des Verstandes. Und es ist nicht so, daß der Instinkt zum „sinnlichen" und als solchem allerdings dann individuellen Leben gehörte, von dem das Geistig-Vernünftige sich ablösen ließe als ein Individualitätsfremdes und -überwindendes; diese Kantische Scheidung des Menschen in Natur- und Vernunftwesen wird gerade aufgehoben. „Der Instinkt sinnlich-vernünftiger Naturen hat die Erhaltung und Erhöhung des persönlichen Daseins zum Gegenstande; und ist folglich auf Alles, was dieses befördert, unaussetzlich gerichtet." „Erhaltung und Erhöhung seiner besonderen Natur ist das Objekt des absoluten Triebes des Individuums." Wenn die Sinnlichkeit, wie Aufklärung und Kant betonten, ein individualisierendes Prinzip bedeutet, so ist sie eben damit für Jacobi an den geistigen Sinn des Daseins nah herangerückt und selbst bejaht. Und alle „höhern" geistigen Vermögen sind dann Mittel, die der Instinkt erzeugt, um gerade die sinnlich gegebene Eigenart des Einzelwesens hinaufzuent-

wickeln zur absoluten Eigenart der geistigen Persönlichkeit, zur „Erhöhung" der Besonderheit! Die Stufenfolge von Sinnlichkeit, Verstand, Vernunft bedeutet nicht zunehmendes Verblassen des Individuellen, sondern
seine Steigerung, Vertiefung.

Für die rechte Schätzung der Erkenntnis in ihrem geistigen Wert bedeutet
das nach Jacobi eine neue Wertung der Sprache und aller individuellen
und immer tief im Selbstgefühl der einzelnen Person verwurzelten „Meinung", zuletzt der „Ahnung" – dem anmaßenden Absolutheitsanspruch
des Verstandes und des Begrifflich-Allgemeinen gegenüber. Für das sittliche Leben aber ergibt sich die Forderung der „Selbstbestimmung" im
Sinne des persönlichen, das eigne Leben aus der eigenen Besonderheit entwickelnden Charakters. Hier bestimmt der individualisierte Instinkt nun
ganz sich selber zur Persönlichkeit, zur unvergleichbar-unwiederholbaren
„Personalität", zuletzt zum sittlichen Genie. – Und so ist nun für das
sittliche Leben der Menschen nicht ein Allgemeinbegriff, ein für alle glei-
ches Sittengesetz die richtende Instanz, sondern die führende vorbildliche
Persönlichkeit! Alle Sittengesetze sind selbst schon Abstraktionen aus der
individuellen Lebensform religiösen oder sittlichen Genies; das Genie erst
gibt die „Regel" und das Allgemeine der Gesetze. Nicht also steht im
Grund das Allgemeine über dem Individuellen. Aller sittliche Wert leuchtet auf in der heroischen Tat des großen unwiederholbar-einzigen Menschen, der gegen den Widerstand einer am Allgemeinen des (einst selbst
wieder durch individuelle Tat entstandenen) Herkommens hängenden
Menge seine neuen Werte durchsetzt! Vorbildlich und führend im Walten
der Geschichte ist nie das Begrifflich-Allgemeine, sondern immer nur das
Individuelle. Durch die Heroen wird das Leben der Sittlichkeit immer
wieder neu geboren; aus ihrem individuellen Ethos stammt alle Allge-
meinheitsnorm der durchschnittlichen „Moral". Wie für die lebendige Individualität, das unvergleichlich Mannigfaltige der Kunstgestalten nie ein
Begrifflich-Allgemeines höchste Richtschnur werden kann, sondern alle
Allgemeinheit hier vielmehr erstarrte Abstraktion ist aus Exemplarisch-
Einzigartigem – so ist es auch im Sittlichen. Und jedes Individuum soll an
die innere Ursprünglichkeit der eignen Anlage, an das sittliche Genie in
sich selber glauben und stets so handeln, als ob es das höchste Ziel des
Genial-Persönlichen zu erreichen berufen sei. Diese Herausarbeitung des
Persönlich-Individuellen ist ein Grundziel aller sittlichen Entwicklung.
„Die Geschichte der Menschheit ist die Geschichte der fortschreitenden
Individuation durch den Fortschritt der Persönlichkeitswerte in den Individuen." Gott selber als die höchste, von allen Dingen und Kreaturen
absolut unterschiedene, ewig lebendige Persönlichkeit ist die einzige ab-
solute Norm, das höchste Maß der Sittlichkeit, und nicht ein Allgemein-
Gesetz; und diese Norm kann sich äußern und in Erscheinung treten immer

nur im individuellen Instinkte und Genie der einzelnen und immer einzigartigen Persönlichkeiten, in denen sich die Strahlen des Lebendigen brechen. Gottes Wille in seiner Selbstoffenbarung ist der Instinkt der sittlichen Individuation. –

Das alles steht bei Jacobi noch sehr unausgeglichen da und ist nicht zum System verwachsen. Die Auseinandersetzung mit den unabweislichen Ansprüchen des Allgemeinen bleibt diese Philosophie der Individualität noch schuldig; und das Verhältnis des Einzeln-Einzigartigen zum Ganzen, zur Harmonie der Wesen kommt darin nicht zu klarer und eindeutiger Bestimmung. Bei Fichte dagegen haben dann die neuen Forderungen (wenn auch hier noch keineswegs ganz ausgeglichen mit den anderen) sich doch dem Rahmen eines großen metaphysischen Zusammenhanges eingefügt. – Wie sich das Eine göttliche Leben spaltet in das „System von Ichen oder Individuen", welche (mit ihren Weltvorstellungen) die e i g e n t l i c h e „Welt" ausmachen, als eine „Welt von Individuen" – das zu begreifen, ist die eigentliche Hauptaufgabe der Wissenschaftslehre. Individualität ist „der absolute Sitz der Faktizität". Das von uns faktisch angeschaute System der Iche und ihres Weltanschauens soll „abgeleitet", Sinn und Bedeutung jener Spaltung des Einen in die Vielen Mannigfaltigen begriffen werden. – Ganz wie bei Leibniz die Monaden unmittelbar aus schöpferischen Akten göttlichen Weltsehens gleichsam ins Dasein treten, ohne die Zwischenstufen und Vermittlungen von realeren Allgemeinheiten, so ist nun auch für Fichte der „actus individuationis primarius" ein unmittelbares Zusammenziehn und gleichsam Sich-Austeilen des Einen Lebens in die Individuen. Dieser Akt der Konzentration oder Kontraktion ist „absolute Schöpfung"; das Eine Leben wird hier zum Erzeuger einer unendlichen und zugleich bestimmten Mannigfaltigkeit. Die „Spaltung" ist Bedingung zunächst alles Bewußtseins und Selbstbewußtseins: nur mittelbar, in der Form und Konzentration einzelner Iche, kann das göttliche Leben seiner selbst bewußt werden, wirkliches Bewußtsein haben. Dann aber vor allem: die Spaltung ist Bedingung alles Wirkens und Handelns, der Ausübung und Steigerung der Freiheit! Wenn das Leben handeln soll, als praktisches Vermögen sich darstellen und nicht seine Kraft nur überhaupt, sondern zu einem Bestimmt-Bestimmenden entwickeln soll, so muß es in die Formen des Individuums sich schöpferisch umsetzen, sich selbstbestimmen zu individueller Tätigkeit. „Kein Handeln außer in der individuellen Form … nur in der individuellen Form ist das Leben praktisches Prinzip."

Die Eine Freiheit wird also gespalten in eine Welt von freien (und damit zugleich bewußten) Individuen. Und während nun die Welt-anschauung aller dieser Individuen (von Leibniz in ihrem interindividuellen Übereinstimmen zurückgeführt auf die prästabilierte Harmonie) in allen wesentlich gleichartig ist, bezogen auf eine einzige äußere Natur, und dies daher, weil doch in allen Einzel-Ichen die Eine Ichheit im Grunde tätig ist; während also die äußere „Naturanschauung" nicht eigentlich vom Individuum ausgeht, sondern vom Einen über- oder vorindividuellen Ich – so ist dagegen die „innere Anschauung" des sittlichen Bewußtseins, die Sphäre des Wollens, Wählens, Beschließens wesenhaft Sache des persönlichen Bewußtseins, Sache des Individuums. „Die Freiheit ist es, was gespalten wird!" Dabei ist „Spaltung" nur ein unvollkommenes, weil aus der räumlich-äußeren Anschauung entliehenes Bild. Wie die christliche Lehre im Einzelmenschen Gottes Ebenbild vor allem insofern sieht, als sein Wille trotz aller Abhängigkeit und Endlichkeit der Kreatur vollkommen frei geschaffen ist, so ist auch hier die Eine Freiheit g a n z in jedem Einzelwesen. „Jedes einzelne dieser Individuen, als eine Spaltung des Einen durch eine eigne Form bestimmten Ich, trägt notwendig diese letztere Form, ist... frei und selbständig." Das Einzel-Ich wird in dem Urakt der Individuation erschaffen als ein „wollendes und freies", mit einer „Kraft sich einen Willen zu erschaffen und ein Gesetz für den Willen". – Im letztern aber liegt der eigentliche Kernpunkt für die Individualität. Freiheit ist immer zugleich Forderung, Aufgabe, sittliche Zielsetzung! Die Entstehung der Individuen bedeutet vor allem das Auftreten besonderer und durchaus bestimmter sittlicher „Dekrete". Das Eine freie Leben spricht sich erst vollkommen aus „durch seine Dekrete an die Individuen". „Jedes Individuum kommt zustande durch den sittlichen Endzweck und um desselben willen"; es ist Zusammenziehung „auf einen Einheitspunkt des Sollens und Anknüpfung einer Reihe des Sollens von diesem Einheitspunkt aus". – Der Endzweck verteilt sich gleichsam „in mehrere besondere Aufgaben ... und jedes Individuum hat durch sein bloßes Daseyn in der Sphäre des allgemeinen Lebens eine solche bestimmte Aufgabe. Jeder soll das, was schlechthin nur Er soll und nur Er kann ... nur er und schlechthin kein anderer". Jeder einzelne hat also seine ganz besondere „Bestimmung"; über die naturgegebene physische Individualität (die es nach Fichte zu überwinden, in ihrem Einzelegoismus zu vernichten gilt) erhebt sich die ideale geistige Individualität, die das besondere sittliche Dekret, die eigentümliche Bestimmung eines Sonderdaseins darstellt. „Naturtrieb, besondere sittliche Aufgabe, absolute Freiheit, als das vermittelnde Glied zwischen den beiden ersten, diese drei Stücke machen das Wesen des Individuums aus." Es ist ja auch die Freiheit nicht gegebene fertige Realität, sondern etwas, das unablässig aus der Möglichkeit in die Wirklichkeit erhoben werden will, das durch eigenen persönlichen Entschluß erhalten, belebt, gesteigert werden soll. „Das Individuum erschafft in jedem Augenblicke sich neu mit absoluter Freiheit; durch sein früheres, nun in der Region der Fakta niedergelegtes Seyn ist zwar sein Bewirken eines Zwecks bestimmt, keineswegs aber der Zweck selbst, sondern diesen setzt es sich mit absoluter Freiheit."

In jedem Individuum also ist die Lebensaufgabe eine einzigartige, von denen aller andern gänzlich unterschiedene. „Jeder ohne Ausnahme erhält seinen ihm ausschließend eignen und schlechthin keinem andern Individuum außer ihm also zukommenden Anteil am übersinnlichen Seyn, welcher Anteil nun in ihm in alle Ewigkeit fort sich also entwickelt, – erscheinend als ein fortgesetztes Handeln, – wie er schlechthin in keinem andern sich entwickeln kann." Das göttliche Leben erscheint in jedem in einer anderen und ihm allein eigentümlichen Gestalt. „Diesen seinen eigentümlichen Anteil am übersinnlichen Seyn kann nun keiner sich erdenken oder ... von einem andern Individuum sich bekannt machen lassen, indem dieser Anteil durchaus keinem andern Individuum bekannt zu seyn vermag, sondern er muß ihn unmittelbar in sich selber finden." Hier versagt also alles Sprechen „im Allgemeinen"! In jedem neuen Einzelwesen, das entsteht (denn sie entstehen in dem schöpferischen Fluß des göttlichen Lebens und sind nicht wie bei Leibniz ein für allemal gegeben), stellt sich der Lebenssinn neu und anders und unvergleichlich dar – daher so ganz nur diesem Einzelwesen faßlich und nur seinem eigenen lebendigen guten Willen aufgehend. „Ich ... diese bestimmte und ausdrücklich bestimmte Person, bin dazu da und deshalb in das Dasein gekommen, damit in mir Gottes ewiger Ratschluß über die Welt von einer anderen, bis jetzt völlig verborgenen Seite in der Zeit gedacht werde und Klarheit gewinne und in die Welt eingreife, ... nur diese Eine, an meine Persönlichkeit geknüpfte Seite des göttlichen Ratschlusses ist das wahrhaft Seyende an mir." Jeder einzelne ist „etwas in der ewigen Idee der Gottheit selbst Gedachtes und Beschlossenes und ausdrücklich für ihn und in Beziehung auf ihn Gedachtes". Jedes Sein und Tun soll also „ein unvergängliches und ewiges Resultat hinterlassen in der Geisterwelt, jedes besonderen Individuums Leben ein besonderes, ihm allein zukommendes und von ihm allein gefordertes Resultat"· Jedes Individuum ist ein einzigartiger „Gedanke der Gottheit". Und wie nach Nikolaus die Güter in der reichen Gotteswelt so mannigfach verteilt sind, daß jeder in sich selbst Genüge findet, wenn er gleich andere bewundert, so daß kein Geschöpf ein anderes zu sein begehrt und nur das göttliche Geschenk in sich zu erhalten und zu vervollkommnen sucht – so ist nun auch nach Fichte „das Streben, etwas anderes seyn zu wollen, als das, wozu man bestimmt ist, so erhaben und groß auch dieses andre erscheinen möge, die höchste Unmoralität"! Die durch vollendete Freiheit erzeugte Tugend dagegen „ist die höchste Genialität; sie ist unmittelbar das Walten des Genies, d.h. derjenigen Gestalt, welche das göttliche Wesen in unserer Individualität angenommen". Das Sittengesetz fordert hier nicht, wie bei Kant, vom einzelnen die widerspruchslose Allgemeingesetzlichkeit, sondern das Einig-Sein mit sich in seiner einzigartigen Bestimmung. Und diese Einzigkeit jedes einzelnen, die eben nicht Zufälligkeit und Willkür, sondern in der „sittlichen Weltordnung" und der sinngesetzlichen Austeilung des göttlichen Lebens begründet ist, bringt auch die übergreifende Einheit alles Daseins erst zur Ausgestaltung: weil jedes Einzelne hiernach ein ganz Bestimmtes ist und sein soll, ergänzt es alle anderen und bildet mit ihnen ein „geschlossenes System" von Ichen, als eine ewige „Gemeinde der Geister". Die Individuen sind nicht „eben so viele getrennte Welten", sondern vielmehr die einander ergänzenden Ausprägungen des Einen göttlichen Lebens. Diese Einheit des Lebens ist „eine organische Einheit, aus den Geboten an alle Individuen; so können diese Gebote sich nicht widersprechen oder einen Widerstreit begründen. Was dem einen geboten ist, ist es dem andern nicht, und umgekehrt... Tut nun Jeder nur das ihm Gebotene, so greift aller Freiheit in einander!" Die lebendige Weltordnung läßt kein Individuum, das ist keine Aufgabe, ganz in derselben Weise zweimal auftreten; es kann schlechthin nie einer ganz dasselbe tun und sein wie ein anderer! Die Bildung seiner Freiheit führt jeden unausweichlich auf sein Eigenstes. Aber je tiefer er auf dies sein Eigenstes kommt, um so mehr erfüllt er damit eben den Sinn und Plan des Ganzen, wirkt auf das Ganze ein, auf das Eine Reich der Individuen. Nur als Glieder eines Ganzen und in dessen Ordnung sind die Individuen „etwas an sich"; nur als solche haben sie ja auch eine gemeinsame in ihrer Weltanschauung äußerlich sich darstellende Wirkungssphäre. „Nicht Einzelnes vermag zu leben in sich und für sich, sondern alles lebt in dem Ganzen." „Der Einzelne ist nur in dem Ganzen und hat eine Bedeutung nur in Beziehung auf dieses Ganze." „Daher kommt es, daß, was einer tut, kein anderer tun kann... weil der eine es in der Tat nicht tut als einer, sondern als der Repräsentant Aller." Und so geht auch Fichtes Forderung dahin, daß „alle Individuen ohne Ausnahme die Bilder aller übrigen kennen und mit den ihrigen in einer organischen Einheit begreifen" lernen, daß sie nicht etwa nur ins unmittelbare Bewußtsein von sich selbst und die Entwicklung der eignen Freiheit sich vertiefen, sondern ihre Aufgaben „darstellen", in Tat und Werk gestalten sollen – den andern so das eigne Eigentümliche aufweisend und wiederum das ihrige empfangend. In Wirklichkeit entsteht ja auch das einzelne Ichbewußtsein nur im unmittelbaren Gegenwirken mit dem Du. Was einer ist und soll, erfährt er durch die stillschweigende Aufforderung der anderen, auf die sein Leben trifft; an dem, was sie geleistet und wiederum noch nicht geleistet, was sie begonnen oder liegen ließen, erwächst ihm erst der Anlaß und der Ansporn zu den eignen Taten. Kein Einzelmensch ist denkbar ohne ein soziales Ganzes, dem er angehört. Der andern Dasein beschränkt wohl seine Freiheit, er findet Grenzen seines Dürfens und Sollens an ihrer Freiheit; aber zugleich erhält auch seine Freiheit damit erst bestimmte Inhalte, die Eigenart und Sonderpflicht des eignen Lebens bildet erst an diesem ideellen Widerstand sich aus!

Was also der einzelne tut im Verfolg der eignen Freiheitslinie, das wirkt ein auf das Ganze; und um so tiefer, je freier die Entwicklung war, je mehr sie seiner einzigen Besonderheit entsprach. Die sittliche Handlung wirkt mit allen ihren Resultaten ein auf das Eine Leben, dessen Glieder wir alle sind, auf die gemeinsame Weltanschauung aller, die sogenannte materielle Welt, und auf den Strom der sittlichen Aufgaben. Das „Freiheitsprodukt" geht über das individuelle Selbstbewußtsein hinaus ins Weltbewußtsein, hat Folgen für die ganze Geisterwelt. Es ist „Bearbeitung der ganzen Gemeinde vom individuellen Punkte in ihr aus". – In diesem Sinne ist es zu verstehn, wenn Fichte immer davon spricht, daß jeder einzelne mit seinem Zielen und Tun aufgehen soll in der „Gattung". Die Gattung ist das Ganze, das selbst ganz wesenhaft besteht und wirkt in einzelnen! „Übereinstimmung" der einzelnen heißt hier weniger ein Ähnlich-Sein, als vielmehr ein gegenseitig und in Wechselwirkung harmonisch sich Ergänzen! Menschheit, das heißt hier „ein Menschengeschlecht von Mehreren", eine über alle Zeitentwicklung sich erstreckende „Gemeinde", nicht aber ein Einheitstypus, dem alle einzelnen sich anzugleichen hätten! Die Individuen werden daher auch als unvergänglich gedacht in ihrem Freiheitstun; kein durch die Spaltung gesetztes, wirklich gewordnes Individuum, das seiner Bestimmung nachlebt, kann je untergehn; in alle Unendlichkeit der Zeiten und durch alle Folgen der Welten hindurch entwickelt sich der einmal zu der eigenen Freiheit und den eignen Aufgaben durchgereifte Mensch. Die Individuen sind nicht bloße Exemplare der „Gattung", nicht bloß vorübergehende Erscheinungen des Einen Lebens, sondern dessen wesenhafte Entfaltung. Die „Vernichtung" des Individuums aber wird nur gefordert im Sinne der Überwindung des Sinnlich-Egoistischen zugunsten der höhern geistigen „Bestimmung" – die ja selbst gerade eine einzigartig-individuelle ist.

Damit stimmt auch die Stellung überein, die Fichtes Geschichtsphilosophie in der letzten Phase seines Philosophierens den großen Individuen, den genialen Einzelnen für das Fortrücken der Menschheitsentwicklung einräumt. „Von jeher war es Gesetz der übersinnlichen Welt, daß sie nur in Wenigen, Auserwählten und dazu im Rate der Gottheit Bestimmten ursprünglich herausbrach in Geschichte; die große Mehrzahl der Übrigen sollte erst von diesen Wenigen aus ... gebildet werden. So war es von jeher und so wird es bleiben." „In der Geisterwelt ist Jedwedes um so edler, je seltner es ist; und um so unedler, in je größerer Menge es vorhanden. Es lassen einzelne Menschen in der Weltgeschichte sich nennen, die den Wert von Millionen Anderer überwiegen. In äußerst Wenigen spricht die Gottheit sich unmittelbar aus; diese sind es, in welchen und um welcher willen die Welt eigentlich da ist. Die Menge ist dazu da, um diesen zum Werkzeuge zu dienen." – Wenn schließlich diese letzten Formulierungen Fichtes in ihrer an den Individualismus Nietzsches gemahnenden Schroffheit wohl über seine sonstige Grundstellung hinaustendieren und jenes Sinn-System der „Individuen-Welt" zu sprengen drohen – so gehört es eben doch wesentlich zu Fichtes Metaphysik des sittlichen Lebens, daß sich die „Gattung" nur ausspricht und nur zur eigenen Realität und Fülle kommt in den ganz scharf herauszubildenden, alle Durchschnitts-Typik übersteigenden und bis zum heroischen Genius gesteigerten Individuen. Das Menschengeschlecht ist bestimmt, mit absoluter Freiheit in jedem einzelnen zu allem selbst sich zu machen, was es sein soll; es soll sich frei zur reinen Geistigkeit erheben über seine ganze Ausdehnung hinweg – durch einzelne und individuelle Kräfte. Aber dazu bedarf es, bedürfen die vielen Einzelnen eben vor allem auch der großen Einzigen, der Führer; der Seher und Propheten einst, der großen Wissenden und aus dem Wissen Führenden jetzt und von nun an. An Individuen hängt aller Sinn und Wert des Lebens. –

VI.

VERSTAND UND WILLE

Schon von den letzten drei Themen aus deutete sich, zusammenhängend mit den an ihnen sich vollziehenden Entwicklungen, eine Wandlung in der Wertbetonung der seelischen Funktionen an. Während das Denken noch sich deuten ließ auf das Objektive zu, brachte die stärkere Betonung des Willens- und Gemütslebens den Kern der Subjektivität in den Vordergrund. Während das Denken der Forderung nach ruhendem starren Sein sich anpassen ließ, drängte vom Willen her die ursprüngliche Lebendigkeit des Seelischen sich auf. Und auch in der Erkenntnis und metaphysischen Würdigung der Individualität wirkte die Beziehung auf Willensstellung und Willensaufgaben der einzelnen Person entscheidend mit, entgegen der über alle Einzelsubjekte scheinbar hinausliegenden und immer auf ein überindividuelles Seelensein tendierenden Allgemeinheit der Erkenntnis. – Was da allenthalben sich andeutete, das wirkt sich eigentümlich aus in den die Jahrhunderte durchziehenden Erörterungen über das Zusammenwirken und das Rangverhältnis von Intellekt und Wille; Erörterungen, die von den Problemen der Lebensführung und des Lebenszieles her sich immer wieder aufdrängten.

Das unbedingte Vorwalten der Einsicht und des Intellekts vor allen Spannungen des Willens und Gemütes bildet, wie das schon oft bemerkt und ausgeführt worden ist, einen hervorstechenden Grundzug der griechischen Lebensauffassung – soweit sich diese ausspricht in den Entscheidungen der Philosophen. Sokrates hat es zuerst in aller Schärfe ausgesprochen: worauf immer auch der Wille geht, es kann nur etwas sein, das ihm die Vorstellung, die Erkenntnis dargeboten hat; und seine Wahl wird ganz bestimmt durch die primäre Leistung des theoretischen Vermögens. Vom Wissen, als dem Ursprünglichsten und Tiefsten im geistigen Leben, ist alles Wollen und das Handeln also auch ganz und gar abhängig. Gute und schlechte Handlungen sind das Ergebnis von wahrer und falscher Einsicht. Alles Wollen überhaupt geht wie das Begehren notwendigerweise auf ein als „Gut" (als wertvoll) sich Darbietendes; es wollen also eigentlich doch alle Menschen irgendwie das Gute – soweit sie es erkannt haben. Die Menschen fehlen nur aus Irrtum und Unkenntnis des wahren höchsten Gutes, das wahre

dauernde Befriedigung gewähren kann. Trübung und Verkehrung der Einsicht durch vordrängende Begierden ist der entscheidende Grund des Bösen. Der Kern der Lebenslehre ist demnach: die Einsicht klären, Einsichten erwecken! Tugend ist Einsicht im Grunde, ist Wissen; aller Frevel stammt aus Unverstand. Nicht im Willen selber liegt der Gegensatz von Gut und Böse, sondern der Dualismus von sinnlich-dumpfem Trieb und geistig-intellektueller Klarheit wirkt ihn; und auch der Weg der Läuterung ist nicht so sehr ein Kampf des Willens gegen eine innere Verkehrtheit und Ungefügtheit, sondern ein aus anhebendem oder klar gewordnem Wissen um das wahre Ziel sich erst ergebendes Ringen mit der sinnlichen Begierde. Aus richtiger Erkenntnis folgt richtiges Wollen und Handeln ganz von selbst, mit sachlicher Notwendigkeit. – Niemand fehlt eigentlich freiwillig, sondern immer nur aus Einsichtsmangel kommt das Böse – das ist dann auch Grundsatz bei Aristoteles. Nur der gut Handelnde w e i ß eigentlich, was er tut! Richtung und Form des Willens wird ihm ganz bestimmt durch die ihm vorgegebene Erkenntnis. So werden auch die Stufen des Begehrungslebens unterschieden nach den Abstufungen des Erkennens: Begierde folgt aus Wahrnehmung, das Wollen überhaupt aus Meinung, vernünftig-sittliches Wollen aus klarer Einsicht in Prinzipien. Vom vorgestellten Inhalt, vom erkannten Objekt her wird das Begehren oder Wollen angezogen, in Bewegung gesetzt; als sekundäre Folge bewegt dann dieses auch den Körper. Das ursprünglich Bewegende ist immer die Erkenntnis oder das Objekt, wie es sich eben in derselben darstellt.
Der Wille ist determiniert in seinen Akten durch die vorgegebene Einsicht. Wenn daher das Problem der Willensfreiheit auftaucht, so wird es sogleich umgebogen in eine Frage der Urteils- und Erkenntnisfreiheit. Die Freiheit der Wahl, wie sie bei Plato schon und dann vor allem bei Aristoteles erörtert wird, ist wesentlich ein gegenseitiges Sich-Abwägen geklärter Vorstellungen – wobei der Wille dem Ergebnis ohne weiteres folgt. Die Überlegung, als höhere Erkenntnisform, ist eigentlich das unterscheidende Moment der Willensfreiheit. Beschließen ist sozusagen ein theoretischer Schiedsspruch, eine Art von Schließen; und nicht so sehr spezifische Tat des Willens. Schon bei den Tieren ist das Handeln eigentlich ein Schlußverfahren, wenn hier auch die Prämissen nicht aus der Vernunft stammen und nicht zu Bewußtsein kommen: den Obersatz stellt das Begehrenswerte, die Objektvorstellung; den Untersatz die Möglichkeit des Handelns und das Bedürfnis; und daraus folgt der Schlußsatz: die Handlung selber. Und so stellt erst recht beim Menschen sich das Wollen eigentlich nur als Tat des überlegenden Verstandes dar. – Bei Plotin ist dann schließlich auch die wahre „Freiheit" nicht Wollensfreiheit, sondern Freiheit vom Wollen: uninteressiertes, über Begehrungen wie Willenshandlungen erhabenes und gar nicht mehr darin ausmündendes Anschaun und Denken.

Es wird dann überhaupt, was nun die letzte Wertung von Verstand und Willen anlangt, stets die Erkenntnis weit erhoben über alles, was der Wille geben kann. Es ist nicht so, daß einerseits zwar Wille und Handlung ganz abhängig sind von der vorausgegangenen Erkenntnis, aber auf sie nun andrerseits aufbauen als ein höheres Tun, als Neu-Gestalten – sondern Wille und Handlung bleiben immer nur ein Nebensächliches und Vorläufiges gegenüber wahrhafter Erkenntnis. Es liegt für das Lebensgefühl der griechischen Denker immer etwas Ungelöstes und Bedürftiges im Wollen – so wie ja offensichtlich dieses im Begehren liegt. Handeln ist immer nur Übergang vom Entbehren zum Gewinn; Erkenntnis aber ist der ruhende vollendete Besitz. Die Götter sind erhaben über die Praxis und selbst über alle Tugenden des Willens – sie leben im reinen Haben der Erkenntnis. Erkenntnis ist nicht nur Voraussetzung und schlechterdings bestimmender Grund für alles andere, sondern auch das letzte Ziel, das höchste Gut! Es baut nicht nur die Tugend sich auf Wissen auf, sondern die höchsten aller Tugenden sind selbst die Wissenstugenden, die dianoëtischen, wie sie die Ethik des Aristoteles den bloß ethischen gegenüberstellt. – Im Wissen hat ja auch, nach der Metaphysik der klassischen Systeme, die Seele einzig den Zusammenhang mit der letzten wahrhaften Realität. Das λογιστικόν ist nach Plato dasjenige an der Seele, was ihrem Erdendasein schon vorausliegt. Alles Gemüthafte ist von niederer und sekundärer Art dem gegenüber, nähert sich schon dem Leiblich-Sinnlichen. Selbst der Eros ist doch nur Übergang, Kind der Armut, und findet die ersehnte Ruhe nur im Schauen. Wollen und Wirken ist nicht höchstes Ziel: was wäre an dem Dasein, dessen ganze Realität in den unwandelbar gegebenen Formen liegt, und dessen sinnliche Wirksamkeit ganz ohne Wichtigkeit ist ihnen gegenüber, – was wäre an ihm umzuwandeln, zu gestalten! Auf ruhenden Besitz geistiger Seinserkenntnis läuft aller Sinn des Lebens, alles wahre einsichtsvolle Streben wesenhaft hinaus; in ihm wird auch die Seele erst erhoben über die an das Unstete der sinnlichen Wirksamkeit gemahnende Bewegtheit, die doch in allem Wollen und Begehren des Gemütes immer bleibt! Über die Welt des Handelns ist der Schauende hinausgehoben. – So ist denn auch der Gott des Aristoteles ein reines Denken seiner selbst, erhoben über alles Willensmäßige und alles Tun. Denken im strengen Sinne ist er (nicht so wie später etwa cogitatio bei Descartes Bewußtsein überhaupt bedeutet, oder wie Kants „Vernunft"-Begriff neben dem theoretischen auch das praktische Prinzip, den reinen Willen selbst befaßt); und wenn hier auch von „Energie" gesprochen wird, so liegt doch die Beziehung auf ein Wirken in der Kausalität des Willens oder auch nur ein Sich-Beziehen und tätiges Zuwenden des Gemütes völlig fern! Die „wirkende Vernunft" des Aristoteles ist reine Erkenntnis und Beschaulichkeit. Im Gegensatz zu allen andern seelisch-geistigen Funktionen ist eben die Erkenntnis, ist das reine Denken völlig unabhängig von außerhalb Liegendem; sie haben in sich selbst Objekt und Ziel! – Und so gilt denn auch dem Menschen nichts als so hohes Glück, so tiefe Seligkeit wie der Besitz der ewigen Formen im rein vernünftigen Erkennen. Weit über alle Lust des Schaffens erhebt sich die Lust des Schauens; das Glück des Willens wird überflogen in der wahren und vollkommenen Eudämonie des Intellekts.

Das hat sich noch gesteigert in der Spätzeit des antiken Denkens. Plotins Verherrlichung des reinen Schauens läßt für das Willensmäßige im Menschenleben wenig Wert mehr übrig. Die „politischen" Tugenden stehen auf der niedrigsten Stufe der Sittlichkeit. Wie alles aus dem Nus stammt, so sehnt sich alles und strebt nach reinem Schauen. Selbst die vernunftlose Natur hat ein Sehnen nach der Erkenntnis und nur nach ihr. Den Menschen aber muß allein die Einsicht von der Unreinheit und Trübe der Sinneswelt davor bewahren, an sie sich handelnd hinzugeben. Abkehr vom äußeren Bereich des Wirkens, und innere Zuwendung zum Ewigen wird verlangt – wobei die letztere nun eben ausschließlich in Erkennen mündet. Alle Praxis hat nur Sinn als Vorbereitung für die θεωρία! In dieser liegt allein Glückseligkeit und volle Reinheit. Im Grunde ist doch auch der Wille nur ein Anhängsel des Denkens, das Handeln ein schwacher Ersatz nur für das θεωρεῖν, eine „Schwäche der Betrachtung" geradezu oder eine in sich unwichtige Folge. Alles eigentliche Leben des Geistes ist zuletzt Erkennen; der Wesenskern der Seele zeigt sich nur im empfangenden Anschaun ewigen Besitzes. –

Vom christlichen Daseinsgefühl aus stellt sich die Anordnung der geistigen Funktionen gänzlich anders dar. Der intellektualistische Optimismus, wonach niemand freiwillig schlecht ist, niemand anders frevelt als aus Unkenntnis des wahren Guten, hat hier keine Stelle. Die Tiefe des Sündenerlebnisses weist auf das Gegenteil: schlecht sind die Menschen gerade nur freiwillig! Nicht die Materie und die trübende Sinnlichkeit sind die eigentlichen Quellen des Bösen, sondern die ursprüngliche, nicht wieder selbst durch Anderes bedingte Willenstat der Abwendung von Gott und seinen Geboten. Auch wider besseres Wissen handelt der sündige Mensch; ja, darin eben spitzt der sittliche Konflikt sich zu! Daß man das Gute sieht und wohl auch tun möchte, und doch nicht mit der ganzen Seele will und mit der ganzen Kraft des Willens durchsetzt – das eben reißt den großen Zwiespalt von „Geist" und „Fleisch" erst in uns auf; der ein ganz anderer ist als jene alte Zweiheit von Materie und Idee, von Körper und Seele. – So ist nun hier der Wille das Grundprinzip der sittlichen Welt, der geistigen Welt überhaupt. Die Willensfreiheit wird nun erst zum eigentlich entscheidenden und zum auf sich selbst gegründeten, nicht auf vorausgegangene Erkenntnis wesentlich zurückbezogenen Prinzip. Das Gute ist nicht ein Objekt des Wissens, nicht geht die Lebenslehre von dem vorgestellten und erkannten

„höchsten Gute" aus, – sondern als Gebote Gottes, als Willensforderungen treten die Inhalte des sittlichen Bewußtseins auf, als Forderungen des höchsten Willens an den Willen jedes einzelnen. Daß jeder Güter sucht und Glück begehrt, ist noch in keiner Weise bedingend für den Weg der Tugend; vielmehr kommt alles darauf an, ob er in Gott und mit Gott oder außer Gott und gegen Gott sein Wohl erstrebt! Es gilt, die göttlichen Willensgebote in den eigenen Willen aufzunehmen, sie zu bejahen und zu erfüllen. Sünde ist Ungehorsam, nicht Unwissenheit. Das Wissen spielt hier nur die Rolle der Vermittlung zwischen Befehl und Willensantwort. Die Kenntnis der Gebote wird vorausgesetzt, und wo sie fehlt, wird dafür selbst ein Willensgrund gesucht! Im sittlichen Leben ist alles Wille und Tat. Die Willensumkehr, die Willenszuwendung zu Gott ist jetzt das tiefste und entscheidende Ereignis. Von ihr aus aber wird nun auch Handlung, Eingreifen in die Wirklichkeit gefordert. Das Reich Gottes gilt es aufzubauen, nicht ein vorhandenes Ideenreich bloß zu erfassen! Die Welt im letzten Sinn des Ewig-Realen ist kein starres unveränderliches Sein, an dem es nichts zu wandeln gäbe, sondern ein Reich lebendiger Personen, die ein Seelenschicksal durchzumachen haben und immerfort vor eine letzte Entscheidung gestellt sind. So muß ein jeder in sich selbst, und wieder jeder für die andern wollen und wirken; ein jeder ist verantwortlich von seiner Stelle aus für die Entwicklung des Gottesreiches. Geistig-sittliches Leben ist aufbauendes Handeln spontaner Willenswesen, nicht bloßes θεωρεῖν. Gott selbst ist Willen und Tat. Wenn die reine „Energie" des noëtischen Gottes bei Aristoteles aufging im Akt und Sein der Selbstbetrachtung, so ist der christliche Schöpfer und Erhalter aller Dinge Energie im vollen Wirkens- und Tatsinne! Sein Wissen kommt mehr in Betracht als Mittel in der Leitung der Kreaturen zu ihrem Willensziel (als zu dem Ziel, das ihnen der göttliche Wille selbst gesetzt), denn als ein Selbstzweck. Gott bleibt nicht in der stillen Ruhe unbewegten Schauens, sondern immerfort ist er bezogen mit tätigen Akten des Wollens und Leitens, Gebietens und Offenbarens, der Liebe und der Gnade auf die wandelbare Welt der Kreaturen. Gott ist allmächtiger und allwirkender Herr der Welt, nicht nur ihr stilles Vorbild und fern in sich ruhendes Ideal. – So ist, in Gott und Mensch, nicht ein λογιστικόν Zentrum und Kern, sondern als Willenswesen vor allem lebt die geistige Person; in Akten des selbsttätigen Gemüts, der Zu- und Abwendung zeigt sich ihr höheres Leben, nicht im Empfangen oder Insichtragen ruhender Ideen.

Das gottmäßige Wollen trägt hier nun nicht mehr jenes Moment der Bedürftigkeit an sich, das bei den alten Philosophen immer Anlaß gab, das Willensleben unter die Selbstgenugsamkeit des Intellekts herabzudrücken. Die „Liebe" des christlichen Lebensgefühls ist ein Anderes als der antike Eros. Sie ist nicht Kind auch der Armut, ist kein Begehren eines noch

Unerreichten, sondern sie quillt allein aus innerer Kraft und Fülle! Auch Gott kann lieben; er ist die Liebe selbst, ist allem Guten zugewandter Wille! Und so ist die Vollendung alles Menschenseins nicht ein Teilhaben an den ewigen Formen durch Erkenntnis, sondern ein Leben in der unaufhörlich aus sich selber quellenden Liebe, in der Willens- und Herzensreinheit des Reiches Gottes. Darin liegt alle wahre Seligkeit. Die Einung mit Gott ist eine Willenseinung, nicht ein von ihm Berührtsein nur durch empfangende Erkenntnis.

Und wenn es bei den Griechen selbstverständlich war, daß alles Wollen auf vorausgegangene Erkenntnis erst sich aufbaue – so kommt es hier geradezu auch zu der umgekehrten Wendung: Gott schauen und verstehen kann nur der, der reinen Herzens ist, dessen Wille ihn nach der rechten Richtung trägt! Glaube, Hoffnung und Liebe stellen sich nicht ein auf vorangegangene Einsicht hin; sondern von ihnen aus (die Früchte eines gottgemäßen Wollens und Lebens und selbst willensverwandtes Tun der Seele sind) wird erst der Blick geöffnet für das Reich der Wahrheit. Erst auf dem Grund des guten Willens und als seine Folge wächst auch die volle richtige Erkenntnis des Ewig-Wahren auf. –

Die Lehren der Kirchenväter bringen wohl viele von den neuen Motiven zum Ausdruck und erweitern die Anschauung vom innern Leben durch die neue Betonung des Willens und der Willensfreiheit; aber die meisten unter ihnen bleiben doch in wesentlichen Punkten bei dem antiken Vorrang des Intellekts; am unbedingtesten natürlich wieder die in der griechischen Tradition Herangebildeten. Auch in dieser Sache bringt erst Augustin die entscheidende Umwendung.

Das Ziel der γνῶσις beherrscht die erste Zeit, weit über die eigentlichen Gnostiker hinaus. Immerhin tritt der Gedanke in den Vordergrund, daß uns das reine Licht der Ewigkeits-Erkenntnis verdunkelt sei durch die Sünde und das Leben im Fleische – wobei es immer deutlicher betont wird (besonders seit Tertullian), daß nicht in der Materie und im Sinnlichen selbst das Böse liege, sondern in der von Gott sich abwendenden Tat des Willens. Die Bedeutung des freien Willens für das ganze Menschenleben, für die Ebenbildlichkeit des Menschen mit Gott sowohl als für alle Sündengefahr und Verschuldung, tritt mit bis dahin ungekannter Schärfe der Akzente in das Licht der philosophischen Betrachtung. Entsprechend gewinnt nun auch schon von den Apologeten, von Justin dem Märtyrer und Theophilus an, das sittliche Wollen und Tun den Sinn der Reinigung vom Irrtum und des Weges zur wahren Einsicht. Die Überwindung der Sünde, die Besserung, die neu errungene Reinheit des Herzens erst macht uns der Erkenntnis Gottes würdig; erst wenn wir so ihm ähnlich werden, können wir hoffen, ihn auch zu verstehen. Das reine Herz allein ist der Spiegel ohne Rost, der Gott zu fassen fähig ist; aus dem Gehorsam, dem freiwilligen sich der höhern Führung Überlassen, blüht erst die Erkenntnis Gottes auf. Der Glaube selbst (das betont vor allem, an stoische Motive anknüpfend, Clemens von Alexandrien) ist ein freiwilliges Vorausnehmen und Zustimmen, ein spontanes Sich-Hinneigen. Die Frömmigkeit ist der Weg zur Weisheit, nicht umgekehrt. Gott erkennen wir zuerst und vor allem in seinem Willen, in den Geboten; und diesen Willen Gottes erfaßt eben im Grunde nur der, welcher, in Gottesfurcht und Gottesliebe, gehorcht – den göttlichen Willen selbst in sich vollzieht.

Aber dabei ist noch die Erkenntnis Gottes, die Gnosis, das eigentliche Ziel. Und oft scheint es wesentlich auf dies nur anzukommen! Bei Clemens ist immerhin auch das Gegenmotiv wirksam. In den Stufen, die seine Lebenslehre unterscheidet, führt wohl der Glaube zur Erkenntnis, aber diese wiederum zur Liebe – von der aus die Erbschaft und der Besitz des Göttlichen erst angetreten wird. Und wichtig ist dabei, daß, gegenüber der bloß in der einzelnen Seele sich abspielenden Entwicklung vom Glauben zum Wissen, mit der Liebe das eigentliche Gottes-Reich beginnt: die Gemeinschaft. (Zu deren Selbstwert und zentraler geistiger Bedeutung gab es von der alten Überbewertung bloß erkennenden Lebens aus kaum einen Zugang: in der Erkenntnis ist doch jeder einzelne für sich allein mit den Ideen, die er schaut, und braucht nichts von den anderen zu wissen, die da etwa ähnlich und dasselbe schauen.) Aber diese Erbschaft und Teilhabe an der Gottesfülle wird eben doch wieder auf ein Schauen hin ausgedeutet, in dem die Seele den letzten Frieden der Kontemplation gewinnt. – Und so läuft dann vor allem bei Origenes alles hinaus auf die Gottesschau, die alles Willensmäßige und alle πρᾶξις hinter sich zu lassen scheint. Wohl tritt in seinem Weltsystem der Wille unvergleichlich stärker in den Vordergrund, als bei den griechischen Lehren, an denen er sich gebildet. Die Zeugung des Sohnes wie die Schöpfung der Welt entspringt bei ihm aus des Vaters freier Willenstat (die also vor dem Logos steht!); und was nun ist, hat seinen eigentlichen Kern im Gegenüber der geschaffenen Willenswesen zum ungeschaffenen Gotteswillen. Die äußere Welt ist wesentlich nur da als Schauplatz und Anlaß zu freien Willenstaten; zwischen Engeln und Dämonen (die selber frei von Gott sich abgewendet) steht der Mensch und kann nun wählen. Was ihn von allem bloß-natürlichen, von allem objektiven Sein der Dinge unterscheidet, ist eben seine Willensfreiheit. – Aber bestimmt wird diese Willensfreiheit dann eben doch im alten Sinne; das Wählende, Abwägende ist die Vernunft; ihr Richterspruch ist das Entscheidende an der Entschließung. Und so ist auch Vernunfteinsicht das höchste Ziel. Nicht das Einlenken und Aufgehn in Gottes Willen, die Seligkeit der Willensgeeintheit und Willensgemeinschaft in der Liebe steht bei Origenes am Ende aller Dinge, sondern das Schaun der ewigen Ideen in Gott. Erkenntnis und

Gottesschau ist die einzige „Handlung", die da noch bleibt. Die Seligkeit ist Seligkeit des Wissens, nicht des Willens.

Ein wichtiges Motiv kommt aber noch hinein in diese Fragen mit den Spekulationen über die Dreieinigkeit. Im Kampf um Gottes „Wesen" oder „Energie" lebt auch das Gegenüber von Verstand und Willen. Im Sinn der alten Wertung des Verstandes und der ruhenden Ideen, im Sinn vor allem der Plotinischen Emanation will Eunomius die Energie Gottes (die sich betätigt in der Weltschöpfung und allen Akten der Weltlenkung und Gnade) nur als ein Sekundäres und unterhalb des „Wesens" Liegendes verstehn. Dagegen betonen Gregor von Nyssa und Gregor von Nazianz die ursprüngliche Einheit von Energie und Wesen, und daß in den Auswirkungen der Energie, des weltzugewandten und in der Wirklichkeit sich ausprägenden Willens sich Gottes Wesen selber offenbart und fassen läßt. Zumal im Menschen ist es das lebendige Wirken des göttlichen Gnadenwillens, was zum Guten und zur Heilserkenntnis selbst ihn reift. Aus dem Lebendigen in der Natur hebt sich heraus der gute Menschenwille; in diesem aber klingt Gottes Wille und damit sein Wesen selber durch. Nicht auf die richtige Fassung der Glaubenssätze kommt es für den Menschen an, sondern auf die Frömmigkeit des Lebens, der Gesinnung. Gott lernen wir kennen in den Werken menschlicher Frömmigkeit: da wirkt der Geist in uns, der Wille Gottes. Die Kraft des geistigen Gottes ist es, die in uns, wenn wir nur frei dem Guten zugewandt uns zeigen, die Heiligung des Willens wirkt; im guten Wollen jedes Menschen waltet des heiligen Geistes Energie. Nur der in uns wirkende Gotteswille kann uns mit Gott wirklich verbinden, uns ihm nähern, zu ihm erheben, ihn selbst uns offenbaren. Aus der Energie Gottes, welche er in unserm eignen Innern übt, können wir den verborgenen Gott, Gottes Wesen, soweit es möglich ist, erkennen. Nur den Reinen kann das Reine zuteil werden. So rückt im Fortgang vom Wesen Gottes (das selber noch nach alter Weise auszudeuten war) zu Gottes Energie und Willenswirksamkeit im Sohn und heiligen Geiste, im Fortgang vom ewigen und verborgenen Urprinzip zur Schöpfung, Weltregierung und Gnadenwirkung der Wille stärker in den Vordergrund, als je die Lehren der Antike zugelassen hätten. –

Augustin steht dann schon auf ganz neuem Boden und findet neuen Ausdruck für die gewandelte Lebensstellung. Es ist oft geschildert worden, wie da ein mächtiges Willensleben aus den eignen Selbsterfahrungen den Stoff zog für den Ausbau einer neuen Ordnung und wie dabei eine Psychologie und Metaphysik des Willens entstand, die über das antike Weltbild weit hinausliegt. – Jetzt tritt die Frage nach der Herkunft des Bösen ganz an den Anfang. Und mit ihr die neu heraufgekommene Antwort: nicht aus besonderen „Substanzen" (wie Augustin ausdrücklich sagt), aus niedern Schichten des Seins oder Nichtseins stammt es, sondern aus der Abkehr, der

Abwendung, der perversitas des Willens! Nun wird auch der Gedanke von der keinem äußeren und selbst keinem innern Zwange letztlich unterliegenden Freiheit des Willens in seinem ganzen Schwergewicht gefaßt. Nichts ist so sehr in unserer Gewalt, als eben unser Wille; er ist das eigentlich uns Gehörige und rein von uns selber Stammende in unserem Leben. Insofern wir selbständige Einzelwesen sind, sind wir eben Wille. Vor allem geht vom Willen alles das aus, was über das bloß Natürliche unsrer Existenz hinaufragt in unsre höhere Bestimmung, was sich bezieht auf unser letztes überirdisches Geschick.

Vom Willen, nicht von der Einsicht, hängt es ab, ob der Mensch gut oder böse ist und wird. Ob er sich losreißt vom wahren Sein, oder sich ihm zuwendet. Nicht ist sinnliche Begierde der erste Ursprung der Verdunkelung des wahren lichten Zieles, sondern das Eingefangenwerden und der Gewöhnungszwang durch die libido ist selbst schon Folge des verkehrten Willens, einer frei erfolgten Hingegebenheit an sie! Nicht ringen die verschiedenen Erkenntnisse, getrübte und vernünftige, ursprünglich um die Vormacht in der Menschenseele, sondern ein Kampf von zwei Willen ist es gleichsam, der da ausgefochten wird; von keinen Vorstellungen entscheidend bedingt, wendet sich der Menschenwille nach dem Guten oder Bösen. Darin eben charakterisiert sich der Wille, daß er ganz in nostra potestate ist, aller Bindung durch Vorstellungen selbst vorausliegt. Das Platonisch-Aristotelische Bild von der Waage erweist sich als ungenügend: auch bei völligem Gleichgewicht der zielgebenden Vorstellungen kann sich ein Wille noch entscheiden; auch bei totaler Gleichheit zweier Menschen nach Anlagen und gegenwärtigem Bewußtseinsinhalt kann noch der eine anders wollen als der andere. Der Wille steht über allen einzelnen Motiven; er liegt allem gegebnen Inhalt seelischen Lebens prinzipiell voraus. Das ganze Schwergewicht der Verantwortung ruht daher auf ihm; weil er in seinem Wesen frei ist allem Vorhandnen und Herantretenden gegenüber und ganz allein sich selbst determiniert, so können ewiger Lohn und ewige Strafe seinen Akten und Auswirkungen folgen. Nicht das Schicksal der Einsicht bestimmt des Menschen Wohl und Wehe, sondern die freie Tat des Willens.

Der Wille liegt nicht nur vor und über allem, was die Seele sonst enthält und leistet, sondern er ist auch hineinverflochten in alles dies, ja ist das eigentlich Seelisch-Tätige darin! Alle Ichtätigkeit und Spontaneität ist für Augustin im Kern ein Tun des Willens; alles das, was wir im eigentlichen Sinne uns selbst zuschreiben und zurechnen dürfen. In allen Seelenvermögen ist Willenswirken: voluntas est quippe in omnibus, immo omnes nihil aliud quam voluntates sunt. In den Affekten lebt Willensdynamik, und auch die Erkenntnis selber ist auf allen Stufen abhängig vom Willen. – Die Ordnung kehrt sich um. Zwar ist wohl immer im Willensakt auch ein Bezug auf Bekanntes, Vorgegebenes, aber entscheidender ist für die Ausbildung des Lebens, auch des Erkenntnislebens, der Willenseinfluß auf Richtung und Auswahl des Erkennens. Wie die Schwere alle Bewegung und Richtung der Körper, so bestimmt auf seine andre Art der Wille Richtung und Wendungen der geistigen Prozesse – nicht nur nach Gut und Böse, sondern überhaupt in aller Ausbildung und Fortentwicklung schon der einfachsten Erkenntnis. Nicht liebt man, was man recht erkannt, sondern wozu man innig neigt, das sucht man zu erkennen. Durch Willensakte wird erst das Gegebene erkenntnismäßiger Besitz, bewußtes Haben in der Seele. So ist schon in der Sinnestätigkeit die Willensspontaneität lebendig: die äußere Berührung zwar der Sinnesorgane durch die Wahrnehmungsobjekte liegt dem Willen voraus; aber sie bringt auch nicht aus sich allein schon wirkliches Erfassen im Wahrnehmungsakt. Sondern dazu gehört ein andres noch: die Aufmerksamkeit, welche die Eindrücke zu bewußten Vorstellungen erhebt und selbst Einfluß gewinnt auf Richtung und Bewegung der Organe. Und auch die Rückbeziehung des bewußtgewordnen Bildes auf den Gegenstand ist ein Ergebnis innerer Spontaneität, d. h. des Willens. Die Täuschung z. B. ist ein verfehlendes Beziehen des Eindrucks auf das äußere Objekt; sie fällt zuletzt dem Willen zur Last, der dies Beziehen ja vollbringt. Nie würde Wahrnehmung eine bewußte und auf objektive Dinge sich beziehende, wäre nicht diese zuwendende und verbindende Funktion des Willens überall schon tätig. Der Wille bringt es dahin, daß wir die Bilder der Dinge wirklich aufnehmen in unser Inneres, daß wir sie über die rein physische Einwirkung hinaus seelisch erfassen und ausdeuten.

Das gilt ganz ähnlich für die höheren Arten und Stufen der Erkenntnis. Alle Erkenntnis ist bedingt und kommt zustande erst durch Willenstätigkeit. Alle innere Verarbeitung von Vorstellungen, das ins Gedächtnis Rufen, das Zusammenfügen durch Phantasie oder zu logischer Verkettung ist immer wesentlich bestimmt durch die Aktivität des Geistes und ihre Richtung. Urteilen und Schließen, jeder Fortgang der Erkenntnis in bestimmter Richtung setzt ein Erstreben, ein in diese Richtung Wollen voraus. Das Finden folgt aus dem Suchen, das Suchen ist ein Finden-Wollen. Jeder Fortgang vom Unbekannten zum Bekannten setzt stets voraus, daß grade ein Besonderes erstrebt wird für das Haben der Erkenntnis.

So ist denn die Verdunkelung des Intellekts, die den Menschen hindert, das Gute und Göttliche klar zu schauen und zu verstehn, Folge der Willensverkehrung, die ihn dem nichtigen und darum auch dem bloß sinnlichphysischen Erkennen zugewendet hat; nicht aber ist der Mangel guten Willens nur die Folge fehlender Erkenntnis! Der Heilsweg muß darum beginnen und beruhen auf Willenswendung; die Offenbarung gibt sich erst dem Glauben, der ein Akt des guten Willens ist, ein Akt der inneren Zuwendung und Zustimmung vor allem wirklichen Begreifen, Bejahung ohne intellektuellen Zwang des schon Erkannten. Erst müssen wir das Ewige wollen und es lieben, ehe wir es besitzen können in Erkenntnis. Nicht metaphysische Kontemplation, ein neues Wissen um das Wahre läßt die Erlösung reifen und führt uns zum Leben und zur Seligkeit – sondern der gewandelte Wille. Und dieser Wille wird „inspiriert" durch den heiligen Geist, das ewig göttliche Prinzip des Willens und der Liebe, das alle Wesen miteinander und mit Gott verbindet zur Gemeinschaft des Gottesreiches. Gott selbst ist, wie als Schöpfer, so vor allem auch im Gnadenakt allmächtige Liebe, allgütiger Wille. In der Gott hingegebenen Liebe wird menschliches Erstreben mit dem planvollen Willen Gottes eins und einig; das ewige Leben, nach dem alle Unruhe des Herzens suchte, wird nur so gewonnen.

Aber die letzte Krönung greift doch auch hier bei Augustin zum alten Ideal der reinen Schau zurück! Über die Seligkeit der Willenseinung, der Erfüllung mit der ewigen Liebe hinaus strebt Augustins Eschatologie nach dem ruhenden Versunkensein ins ewig Wahre und Schöne. Auch diese Erkenntnis, die Betrachtung der Ideen in Gottes Geist ist, als Gnadenwirkung, abhängig wohl vom Willensleben und der Gotteswürdigkeit des freien Menschen; aber sie baut doch als die letzte Erfüllung und eigentliche Seligkeit darauf sich auf! Die Rezeptivität der visio beatissima läßt alles Spontane der Willensspannung und Liebeseinung doch wieder unter sich. In dieser letzten Lebensfrage behalten Plato und Plotin, behält das Griechentum bei Augustin doch noch das letzte Wort. –

Die neuen Augustinischen Gedanken durchziehn zwar allenthalben die Erörterungen der Scholastik und üben ihre Wirkung, aber das alte Übergewicht des Intellekts dringt dann doch immer wieder entscheidend vor. Ob die Systeme mehr von den Prinzipien des Aristotelismus oder von denen der Neuplatoniker bestimmt sind – in beiden Fällen hat der Nus den Vorrang und ist selber letztes Ziel. Wohl nicht mehr ganz in der alten Form und Strenge: aus dem Gottesbegriff verschwindet der Wille nicht wieder, wenn er auch gelegentlich, als der Person des heiligen Geistes zugehörend, der Weisheit und Selbsterkenntnis in Vater und Sohn nachgesetzt und bloß in Hinsicht auf die Kreatur angefügt erscheint. Auch wird der neue Augustinische Gedanke der Willenstätigkeit in der Erkenntnis selbst nicht mehr vergessen. Aber das will doch alles nicht genügen, um die neue Wertung des Willens wirklich durchzusetzen gegen die festgegebne Schichtung der Systemmotive, die aus der alten Welt nun einmal übernommen waren.

Scotus Erigena, Anselm, Abaelard – bei ihnen allen folgt auf die ausdrückliche Anerkennung der Selbständigkeit und Selbstbewegungskraft des freien Willens und der Bedeutung des Glaubens (als einer Zustimmung, die bedingt ist von der Reinheit des Willens und des Herzens) für die

Erkenntnis selbst doch wieder auch die Forderung des reinen intellektuellen Schauens, in dem die Spannungen des Willens schweigen. Das Credo ut intelligam des Anselm legt zwar den Untergrund für alles letzte Wissen in die Kräfte des Gemüts, des sittlichen Willens; aber das Ziel ist eben doch das reine Wissen. Die Seligen, so sagt er, werden so viele Freuden haben als sie lieben werden, und sie werden so viel lieben als sie erkennen werden. Die Seligkeit der Liebe ist bloß hinzukommende Folge der höchsten Erkenntnis. Nur der Weg bis dahin verlangt an seinem Beginne die Reinigung des Herzens und die Liebe zum Guten, die erst den Aufstieg aus der bloßen Welt der sinnlichen Erkenntnis zum Wissen von den höheren Dingen möglich machen. Der Glaube, an dem in vielen letzten Fragen der Mensch sich muß genügen lassen, gilt hier an sich doch nur als Vorstufe des Wissens. – Auch bei Abaelard fehlen die Augustinischen Anklänge nicht. Aber die Deutung des Willensmotivs und der Willensfreiheit erfolgt doch ganz im Sinne der Antike; sogar die Absicht, die Intention, auf die vor aller Ausführung und Handlung alles ankommt im sittlichen Leben, stellt sich ihm als ein Moment des Intellekts, der inneren Überlegung dar. So ist denn auch die Wahlfreiheit des Willens wie bei Aristoteles ein Überlegen, die freie Urteilsbildung in der Sphäre der Vernunft. – Und immer wird die Seligkeit im reinen Schaun gesucht, von Scotus Erigena an, der, trotz seiner Ablösung vom Neuplatonismus in der Überordnung der göttlichen Willensmacht über den Nus (die bis zu der These geht, daß Gottes Wille Dinge wirklich machen könne, die den ewigen Gründen und Gesetzen der Natur zuwiderlaufen), doch das letzte Lebensziel ausschließlich in der schauenden Gotteinung sucht.

In dieser Frage suchen nur die Viktoriner wirklich einen neuen Weg, noch über Augustin hinaus. Sie sind, wie in so vielen andern Fragen, auch im Problem des Willens die berufenen Fortbildner des neuen Motivs. Schon Bernhard von Clairvaux hatte die vom Neuplatonismus übernommenen Erkenntnisstufen an Stufen des Gemüts, der Demut und Liebe, gebunden. Hugo von St. Viktor setzt das nun fort. In aller Erkenntnis wirken Wille und Verstand zusammen; und immer stammt die wahre Erkenntnis aus dem guten Leben der Seele, fließt Klarheit aus der Liebe, Blindheit und Irrtum aus der Sünde. Der Wille selbst aber ist nicht bestimmt durch die ihm vorgegebne Einsicht; er kann auch wider bessere Einsicht der Vernunft das Böse tun. Der Wille überragt den Verstand; Liebe ist ursprünglicher als Wissen. Und so ist auch die letzte Seligkeit ein reines allem Irdischen enthobenes Wollen, ein ungehemmtes über alle Unzulänglichkeit bloßer Erkenntnis hinausgehobenes Lieben. In der Hierarchie der himmlischen Wesen ist der Gott nächste Chor der Engel nach der Liebe, und erst der folgende dann nach der Weisheit benannt (nach Kahl). Die Innigkeit der Einung, das „Genießen" Gottes wird uns in der Liebe. – Aber auch hier fehlt die

Deutung in der Richtung des Erkennens nicht: diese letzte Gemüts- und Willenseinung mit Gott ist eben doch zugleich ein höchstes Schauen, die Kontemplation. –

Noch einmal feiert dann die alte Wertung des Verstandes einen vollen Triumph: in der nun wieder ganz neu von Aristoteles bestimmten Hochscholastik des Albert und Thomas. Während Albert der Große in dieser Sache mehr noch zu vermitteln sucht, stellt sich Thomas ganz auf den Grund des Aristotelismus. Die nun zu einem Hauptproblem und Interessenzentrum der scholastischen Diskussionen gewordene Frage, welche von den Seelenkräften höher stehe, Verstand oder Wille, entscheidet Thomas eindeutig und bestimmt zugunsten des Verstandes. Nur der Verstand gilt eigentlich hier als Prinzip des höheren geistigen Lebens, das sich über das Bloß-Zeitliche erhebt! Der Wille ist mehr eine Sonderart des natürlichen Begehrens, immer bezogen auf die sinnlichen Realitäten unseres Daseins mit ihrer zeitlich-räumlichen Vereinzelung. Erst der Intellekt ist es, der auch dem Willen selbst den geistigen Charakter eines freien und höheren Erstrebens und Zuwendens aufzudrücken vermag. Der Wille ist appetitus intellectivus! Der Gedanke eines selbständigen, in sich selbst schon geistig bestimmten Wollens tritt ganz zurück, obgleich doch auch nach Thomas Gott nicht nur sich im Sohne selbst erkennt, sondern auch im Heiligen Geist sich selber will und als sich selbst begehrenden Zweck sich darstellt! Das entscheidend Bestimmende in allem Willensleben selbst ist eben auch bei Thomas die vorauszusetzende Erkenntnis. So wird schon im Affekt das darin liegende Moment des Auffassens von Gutem oder Üblem als ein Erkenntniszug in den Vordergrund gestellt; die Willensfreiheit aber wird erst recht, den Alten folgend, der überlegenden Reflexion, dem freien Urteil der Vernunft im wesentlichen zugeschoben. Der Intellekt ist die eigentliche ratio libertatis; und daran wird nicht mehr Entscheidendes geändert durch die der neuen Lebensstellung entstammende Einsicht, daß der Wahlakt selbst als solcher kein Urteils-, sondern etwas Willensmäßiges, eine appetitiva potentia ist.

Der Intellekt bestimmt den Willen; man kann nur wollen, was vorher schon dem Blick als erstrebbar und erstrebenswert, als Gut sich darbot. So ist der Wille nur in beschränktem Sinne eine aus sich selbst bewegende Kraft; zuletzt bewegt ihn doch der Intellekt, das bonum intellectum. „Zuerst und durch sich selbst bewegt der Intellekt den Willen." So kommt es also doch vor allem darauf an, die wahre Einsicht zu wecken, die das wahre Ziel dem Willen geben kann. Das Endziel wird allem Wollen (göttlichem wie menschlichem) aufgedrückt durch den Verstand; und auch die Mittelglieder wählt der Mensch verschieden, je nach der Höhe seiner Einsicht! – Der Wertvorsprung des Intellekts ist damit schon gegeben. Intellectus altior et prior voluntate. Der Intellekt bewegt den Willen in der Zweckursache (respectu finis); das objectum intellectum ist die wahre causa movens volitionis. Umgekehrt gibt es wohl auch (das wird nun an der neuen Überlieferung gewürdigt) die treibende Einwirkung des Willens auf den Intellekt; – aber das ist bloß ein Bestimmen als wirkende Ursache (per modum agentis) und hat bloß Mittelwert; der Zweck ist immer wertvoller als das Agens. Der Verstand ist also in höherm Maße und Sinne der Willensbeweger, als umgekehrt der Wille den Verstand bewegt; superior motor ist der Intellekt. So steht denn auch an sich das Wahre über dem Guten, das nur durch Teilhabe an dem Wahren ein Gutes ist. Und während für die Erkenntnis das Absolute direktes und im Intellekte selbstgegebenes gegenwärtiges Objekt sein kann, ist es doch immer nur mittelbares Objekt des Willens: er muß es sich vom Intellekte geben lassen. Der Zweck aller geistigen Bestrebungen als geistiger, d. h. „vernünftiger" ist daher ursprünglich der Besitz durch das Erkennen. Nur der Verstand gibt wirklich auch das Höchste als reines überzeitliches Gut.

Und so ist denn kein Zweifel auch darüber, daß die letzte Seligkeit hinausliegt über die Willenssphäre! Zwar erkennt auch Thomas die bestimmende Kraft des Willens im Glaubensakt (als einem Zustimmen ohne Beweisnötigung); aber der Glaube ist eben eine Stufe, die zu übersteigen ist. Auch soll die Gottesschau zwar eine „Kompletion" erfahren durch die notwendig aus ihr folgende Gottesliebe, indem der Mensch dann auch durch seinen Willen ganz in dem ruhe, was er durch den Verstand besitzt. Aber in diesen Wendungen kommt mehr vermittelnde Tendenz zum Ausdruck als die eigene systematische Einstellung. Diese zielt vielmehr rein aufs Erkennen ab· „Nicht im Akte des Willens" ruht nach Thomas das Glück; der Wille kann nicht unser Ziel sein – denn er strebt ja immer selbst erst zum Gewollten, und erst am Ziel selbst findet jedes Wesen seine Ruhe. Das Endziel und das Glück vollkommenen Habens bietet nur der Intellekt. Ultima hominis salus est ut secundum intellectivam partem perficiatur comtemplatione virtutis purae. Über die Liebe (diesen Habitus des Willens) hinaus führt die Weisheit; im Anschauen ist Gegenwart des Gedachten selbst im menschlichen Verstande, Identität des Gedankens mit dem Gegenstande, das letzte Glück der innigsten Verbindung. Schon im irdischen Leben ist das höchste Glück, das zu erreichen ist, das der spekulativen Erkenntnis in der Wissenschaft von den letzten Gründen und den höchsten Zielen; über das Praktische führt schon hier das Dianoëtische hinaus. Die Seligkeit des Jenseits vollends liegt in der reinen contemplatio veritatis, in der visio divinae essentiae – mit welcher auch die (noch willensdurchsetzten) „theologischen Tugenden" weit überstiegen sind. –

Der scharfe Widerspruch, den in dieser wie in den anderen Fragen der Aristotelismus des Thomas von Aquino hervorrief, hat dann nun auch zu einer neuen Würdigung des Willens geführt, die noch hinausging über das,

was Augustin und was in seiner Bahn die Viktoriner lehrten. Die Franziskaner, deren religiöses Suchen vom Stifter ihres Ordens her ja immer darauf ausging, die Glaubens- und Liebesquellen des lebendigen Gemütes neu aufzuschließen gegenüber erstarrender Dogmatik und Verstandeswissen, sie sind auch in dieser Sache unter den Hauptträgern der neuen Tendenzen. Schon in der älteren Franziskanerschule lebt jener Geist des Mystisch-Affektiven, in dem die Viktoriner hinausstrebten über die Sphäre der Theorie und ihrer Seligkeiten. Bonaventura neigt deutlich genug zur Höherwertung des Willens gegenüber dem Verstande. Je höher es hinaufgeht in der Stufenleiter des geistigen Lebens, wie sie vom Neuplatonismus aus das Mittelalter lehrte, um so mehr verschwindet bei Bonaventura das Vorwalten des Erkenntnis-Momentes zugunsten der Kräfte des Gemüts und Glaubens. Die Theologie ist ihm scientia affectiva: Inhalt und Ziel liegen hinaus über die Sphäre bloßer Erkenntnis. Und so viel auch in seinen Begriff von der Seligkeit an Momenten des reinen Schauens eingegangen ist, so sehr auch das Hinausgehen über den Verstand (der selbst in höchster Vervollkommnung nicht völlig Gott zu fassen fähig werden kann) die Tendenz behält auf eine andere, höhere Form eben doch des Wissens – so wird doch als die entscheidende Kraft der Gotteinung, der ekstatischen Verzückung, als die Kraft, welche den Menschen über sich selbst hinaushebt, der Wille angesehen, der Wille in seiner höchsten Form, als Liebe. In seinem Begriff von der Synderesis aber zielt Bonaventura auf eine eigene geistige Gesetzlichkeit des Willens ab: was den Affekt und was den Willen leitet in ihrem Streben auf das Gute hin, das ist nicht ein herangeführtes Wissen um dasselbe, sondern eine immanente Macht; so wie der Intellekt sein eigenes Licht hat, das ihn leitet, so hat das Willensleben sein inneres Stimulans zum Guten. Der Urteilskraft und Wahrheitstendenz des Denkens geht parallel die Wertbezogenheit des Wollens. Die Richtung auf das Gute ist kein Habitus des Intellekts und erst dadurch dem Willen aufgeprägt, sondern eine ursprüngliche eigengesetzliche Kraft des Willenslebens selber. – Was hier beginnt, erfüllt sich in dem Werke des Duns Scotus. Eine neue große Phase in der Auffassung des Seelenlebens beginnt mit ihm; was man in den Jahrhunderten darauf, in den Traktaten und Essays der Renaissance und weiterhin von den Affekten und der Willenskraft zu lehren wußte, steht unter dem Einfluß des großen Meisters der „Verfallszeit".
Die ersten Gegner des Thomismus arbeiten ihm vor. In Heinrich von Gent gewinnt die Willenstendenz Augustins neue Kräfte und Ausbreitung. Nun wird (gegenüber der alten Aristotelischen Lehre vom aktiven Intellekt) das wesenhafte Moment der Passivität in aller Erkenntnis rein als solcher betont, die immer doch selbsttätig nur sein könne auf vorher Gegebenes, vom Gegenstand Herkommendes hin. Die wahre Spontaneität liegt vielmehr beim Willen. Die Willenskraft ist schlechthin simpliciter activa;

hier ist Ausgangs- und Endpunkt der Bewegung nicht das Objekt, sondern das Wollende selbst. Und so ist ja auch nur der aktive Wille wirklich frei, nicht der zuletzt doch stets vom Gegenstand abhängige Verstand. Dieser wird gezwungen, das was ist und ihm gegeben ist, auch anzuerkennen. Der Wille aber bleibt auch der Gegebenheit des Guten gegenüber frei in seiner Entscheidung. – So wird nun auch der Wille nicht schlechthin bestimmt vom Urteil des Verstandes; das Wissen gibt ihm nur die möglichen Richtungen seines Tuns, ermöglicht ihm die Wahl; aber es legt ihn nicht fest auf eine dieser Richtungen. Den ausschlaggebenden Impuls nimmt immer doch der Wille aus sich selbst! Nicht Ursache, weder totale noch selbst partielle, ist der Verstand für die Bewegungen des Willens (der eben, über den appetitus sensitivus hinaus, selbst ein geistiges Tun der Seele ist), sondern nur eine selbst wieder von ihm lenkbare conditio sine qua non! Wie ein Diener trägt der Intellekt dem Willen die Fackel voraus: ohne diese könnte der Herr nicht sehen und schreiten; aber die Wahl der Wege und die Richtungen, in die geleuchtet und gespäht werden soll, bestimmt doch der Herr, der Wille. Eher ist der freie Wille, als der primus motor in regno animae, Ursache der Verblendung und des Irrtums, der mangelnden Erforschung und Durchleuchtung – als das Wissen und Nichtwissen Ursache des guten oder bösen Wollens. – So ist alle Tugend Habitus des Willens, nicht aber ursprünglich bestimmt durch die Beziehung der Einsicht zu den Leidenschaften. – Und was vom tugendhaften Sein und Leben aus hinaufführt zur vollkommenen Einigung mit Gott, das kann nun wiederum nicht die Erkenntnis sein. Erkenntnis nimmt nur ihr Objekt von außen auf, das vermittelt ist durch das Abbild; der Wille aber dringt hinein in das Geliebte, verwandelt sich, soweit das möglich ist, darein. Die Einigung ist hier inniger und tiefer! Und so ist auch die Lust in der Erkenntnis stets gebunden an das fremdgegebene Sein und Tun; die Lust des Willens aber liegt im Übergang und Eingehen selber ins Objekt. Unmittelbarer also, vollständiger und seliger wird Gott erlebt vom Wollen aus als vom Verstande. Das Wahre ist ja auch nur ein bestimmtes Gut; das Ziel des Willens aber ist das Gut schlechthin. Mehr also ist das Objekt des Willens als das Objekt des Intellekts. „Gott wird stets mehr erfaßt in der Liebe als im Erkennen, weil nämlich der Wille durch die Liebe mehr geeint wird seinem Ziele, als der Intellekt durch die Erkenntnis."

Zu ähnlichen Gedanken streben (noch innerhalb der alten Franziskanerschule) Wilhelm von Ware und Richard von Middletown. Der Wille ist, so sagt der letztere, die edelste Kraft in der Seele, weil er die wahrhaft freie und selbsttätige ist. Kein Wissen kann ihn wirklich binden; es bringt wohl Disposition mit sich, aber nicht Abhängigkeit Das Bild von der dienenden Fackel ist auch für Richards Auffassung entscheidend. Die Kraft, die Seele zu verändern, sich innerlich zu wenden und auch das Andere zu zwingen, ist eben doch ursprünglicher Besitz des Willens, der nur von sich selber abhängige Tätigkeit, und eben Tätigkeit vor allem ist. Der Wille ist es, der die Wege wählt und sie beschreitet – so ist das Endziel alles Lebens Ziel des Willens, nicht des Intellekts; höher als Wahrheit steht die Güte! Es ist nicht nur der Glaube Grund aller höheren Erkenntnis, sondern über die Erkenntnis hinaus reicht noch die Liebe. Da Gott actus purus ist, lebendige Tätigkeit, so kann auch die Seligkeit nicht nur in einem Ruhezustand bloßen Gegenwärtig-Habens bestehen, sondern muß selbst Aktcharakter tragen. Durch den „guten Akt" des Willens, zuletzt der Liebe, wird der Mensch am meisten seinem Schöpfer angeglichen. Mehr noch als in der Erkenntnis Gottes (als der Wahrheit) liegt die Seligkeit in den gottgemäßen Akten des Willens, deren Ziel und Inhalt die Allgüte ist. –

Das alles findet dann seinen schärfsten Ausdruck und die breiteste Entwicklung bei Duns Scotus. Seine Lehre vom unbedingten Vorrang des Willens, sein Willenssystem wie man geradezu sagen könnte, erreicht innerhalb der scholastischen Tradition den äußersten Gegenpol zum Intellektualismus der Antike. Die Lebensstellung der christlichen Welt kommt so selbständig und rein zum eigenen Begriffsausdruck wie nie vorher, auch nicht bei Augustin. Die Ablösung von Plotin und allem Platonismus ist ebenso vollständig und klar vollzogen in dieser Sache, wie die von Aristoteles, gegen dessen Nachwirkung im Thomismus sich vor allem Duns Scotus richtet.

Daß der Willensakt bestimmt sei durch die vorgegebene Erkenntnis des Wollensobjektes – wobei dann eigentlich doch das erkannte Objekt zur Ursache des Wollens wird und dieses selbst nur partiell die Tätigkeit bedingt – das wird ausführlich widerlegt. Der Wille ist keineswegs ursprünglich und notwendig bezogen auf den Gesamtzweck des „Guten", das es nur noch richtig aufzufinden gälte. Wie sehr auch beim besonderen Wirken auf wirkliche Dinge das Wissen von denselben eine causa sine qua non des Handelns sein mag, so ist doch das handelnde Prinzip, der Wille, in sich selber keineswegs bedingt durch Einsichten. Vielmehr bestimmt der Wille selbst sich ganz allein und ist das movens per se in jeder Handlung, die einzige und totale Ursache seiner Volitionen, causa sufficiens omnis actus sui. Die weitere Frage nach dem Grunde noch des Willens ist sinnlos: hier ist ein schlechthin Letztes. Das tätig-freie Wollen (das scharf abgeschieden wird von passiven Erregungen des Begehrungsvermögens) ist seinem Wesen nach frei, auch gegenüber den Bestimmungsgründen des Verstandes. Der Entschluß ist immer ein reiner Akt des Willens; nicht weil Erkenntnis ihn drängte, tritt er in Aktivität! Und das, wozu er sich entschließt, ist auch durch den Stand der Einsicht keineswegs schon fest bestimmt. Immer hat doch der Wille die possibilitas ad utrumque, kann er sich so oder so entscheiden, zum Guten sich wenden oder zum Schlechten, zu dem was schon als das Höhere erkannt ist, wie zum bewußt Geringeren! Nicht nur den Lockungen der Sinne kann ja der Wille widerstehn, sondern ebenso auch den vom Verstand gegebenen Gütern; auch gegen bessere Einsicht der Vernunft entscheidet sich der Wille oft. So sehr eine natürliche Hinneigung besteht zum Guten und zur Seligkeit – so bleibt doch immer der Wille frei, die höchsten und als höchste schon erkannten Güter auszuschlagen. Zu einem und demselben Objekte, und ohne daß im Wissen darum etwas sich veränderte, kann sich die freie Macht des Wollens einmal positiv, dann wieder negativ verhalten. Der Wille ist als solcher immer causa indeterminata ad alterutrum oppositorum. – Daß es solchen Willen, als Prinzip der „Kontingenz" und als selbst nicht bedingte Totalursache der kontingenten Handlungen, gibt, das zeigt uns unmittelbare innnere Evidenz; es ist aber zugleich auch notwendige Annahme vom Bewußtsein der sittlichen Verantwortung her. Nicht der Verstand wird ja getadelt im sittlichen Urteil, sondern der Wille; nicht jener wird als die Ursache der sündigen Handlung empfunden, sondern diesem allein und in sich selber spricht man die Entscheidung zu. Wenn das objectum cognitum, wenn Erkenntnis des Objekts den Willensakt bestimmte, so würde ein Notwendigkeitszusammenhang maßgebend werden: das Wollen wäre stets eindeutig festgelegt durch den natürlichen Prozeß der Einwirkung des Objekts auf das Subjekt; nie würde so die Kontingenz entgegenlaufender Entscheidungsmöglichkeiten platzgreifen können, die doch für jeden Begriff von Verantwortung die Basis bildet.

Gewiß gibt es kein völlig blindes Wollen, das gar nicht anzuknüpfen hätte an Objektbewußtsein. Aber hier gilt eben jenes Bild vom Intellekt als dem Fackelträger des Willens. Der letztere ist der eigentliche „Beweger in dem ganzen Reich der Seele". Der Intellekt ist nur causa subserviens voluntati, und nicht Bestimmungsgrund der Willenshandlung; dagegen ist „der Wille, der dem Intellekt gebietet, in Hinsicht auf dessen Akt die höhere Ursache". Das wird ganz deutlich in der Unterscheidung zweier Phasen in allem Wissen um den Wollensgegenstand; zwischen der cogitatio prima und der cogitatio secunda liegt, als das eigentlich Entscheidende auch für die Wissensstellung selbst, die Willenstätigkeit! Das „erste Denken" geht in der Tat dem Wollen voraus und gibt erst Anlaß und ungefähre Auswahl. Das Wollen hat da keinen Einfluß. Aber eben deshalb, weil es sich hier nur um ein naturgegebenes unwillkürliches Anknüpfen handelt, kann auch von Sünde und Zurechnung an diesem Punkt noch keine Rede sein. Der Sinneseindruck, der Verstandeseinfall als solcher steht noch vor dem Gut und Böse! Aber nun kommt es eben darauf an, wie sich der Wille zu dem Gegebenen und ihn Anregenden (ihn aber keineswegs Determinierenden) verhält: ob er mit Zu- oder Abwendung, mit Liebe oder Haß jetzt reagiert! Und diese seine eigne Stellungnahme wird dann auch entscheidend für das objectum cognitum selbst, für seine Ausgestaltung in der Phase des „zweiten Denkens"! Denn je nach dem Gebot des Willens wird das ihm unwillkürlich dargebotene Objekt nun wirklich festgehalten, ins Auge gefaßt, zum Gegenstand des Nachdenkens gemacht, oder vernachlässigt und mit anderen vertauscht. Dabei ist dann dies ganz entscheidend: daß, wie im sinnlichen Organ des Auges, so in allem Blick der Seele nicht nur ein einziges sich isolierendes Objekt gegeben ist, sondern immer um das eigentlich Fixierte in weitem Umkreis ungenau Erfaßtes angelagert, mitgegeben ist. Und wie das Auge, dem eine Blüte unwillkürlich auffiel, sich dann willkürlich und wählend wenden kann auf irgend etwas von dem Vielen der Umgebung, das dem ersten Blick schon mitgegeben war in weiter Unbestimmtheit – so ist es allgemein die Tat des Willens, welche auf das „erste Denken" hin nun ihrerseits die Zuwendung auch des erkennenden Organs zu einzelnen Objekten im Umkreis des augenblicklichen Horizonts bestimmt. So ist die cogitatio secunda, die dann in der zur Handlung führenden Willenswahl und Überlegung so bedeutsam mitspricht, selbst schon Ergebnis einer Willenswahl; die Lichter und Akzente des Wissens sind hier bereits sehr wesentlich bestimmt durch die ursprüngliche Tendenz des Willens. Das kaum noch Mit-Gespürte kann der Wille zum alles Überstrahlenden erheben; vom unbedingt mit aller Deutlichkeit sich Aufdrängenden kann er, in anderes den Blick zerstreuend, so weit wegführen, daß es schließlich dem Bewußtsein ganz entschwindet. In der Richtung des Nachdenkens, des Wissen-Suchens selbst liegt schon Verdienst und Schuld; das Wissen des „zweiten Denkens" untersteht der Zurechnung, dem sittlichen Urteil. So bestimmt nicht die Erkenntnis das Gut und Böse des Willens, sondern dieses ist der Grund für die Ausbildung der Erkenntnis. Nicht der Verstand bestimmt den Willen, sondern umgekehrt: voluntas imperat intellectui. Die sündige Willensrichtung ist die Ursache der Verblendung; Hochmut etwa führt zum Verkennen fremder Werte, bedingt die Abwendung vom Guten, das man erkennen könnte. Und so auch umgekehrt: der gute Wille ist es, der für die Erkenntnis der erreichbaren wahren Güter und der zu ihnen führenden Wege die Seele aufschließt.

Daß die Erkenntnis selbst in gewissem Sinne unter die Praxis fällt, in ihrer Ausbildung und Formung stets Willensarbeit in sich trägt, betont Duns Scotus immerfort. Die Meinung ist nicht die, daß der Erkenntnisakt selbst willensartig wäre oder im Willen seine Ursache hätte; nicht so ist der Vorrang des Willens zu verstehen, daß die Erkenntnis schlechterdings von ihm abhinge und nur Auswirkung seiner Absicht wäre! Die Eigenart der erkennenden Beziehung zwischen Subjekt und Objekt bleibt durchaus gewahrt. Aber in welcher Richtung die Erkenntnis sich entwickelt, worauf sich ihre Blicke wenden, das eben ist ganz wesentlich bedingt vom Willen. Von den beiden Seelenkräften – die jede in sich vollkommen selbständig und eigenwüchsig sind – ist doch der Wille die übergreifende, die höhere Macht. Insoweit es überhaupt zu einer cogitatio kommt (was selbst dem Willen nicht untersteht: der Wille hat keine unmittelbare Einwirkung auf das Erkennen), tritt sogleich der mittelbare indirekte, aber darum doch für alle Ausbildung der Einsicht, für alle Fortbildung zu weiterem und weiterem Wissen höchst bedeutsame Einfluß des Willens in Kraft. Durch solchen Wissenseinfluß ist mein Erkennen eigentlich erst mein Erkennen, in meiner Gewalt; und nicht nur Einwirkung gegebener Objekte auf meine Seele. So wesentlich auch für den Erkenntnisakt die Empfänglichkeit des Subjekts ist, so muß doch überall auch Selbsttätigkeit dem beigesellt sein; schon die Empfindungen sind Tätigkeiten des Ich, zu denen der einwirkende Gegenstand die Veranlassung gibt. Und je weiter man hinaufkommt in den Erkenntnisstufen, um so bedeutsamer wird dies Moment der Eigentätigkeit – mit dem Gedächtnis setzt bereits eine verändernde und selbst erzeugende Kraft der Seele ein, und zugleich wird da auch der Einfluß der Willensrichtung offensichtlich. In der Zustimmung oder Nichtzustimmung vollends zu den Akten des Denkens und Forschens, des Urteilens und Schließens durchdringen Willensakte alles höhere Erkenntnisleben.

So kann denn auch für Duns nicht die Erkenntnis der Zweck unseres Lebens sein. Die Wahrheit ist eins von den Lebensgütern, nicht das Gute selbst, der Endzweck. Wie in allem Lebendigen ist auch im Menschen Passives und Aktives. Das Aktive aber, das Lebendig-Tätige ist stets das Höhere. Nun ist Erkenntnis im Grund doch passiv. Sie wirkt mit der Notwendigkeit einer Naturpotenz: hier ist es das Objekt, das ganz die Subjektivität bestimmt. Alle Erkenntnis ist objektiv-bedingt, ist abhängig von den Außendingen. Der Intellekt rein in sich selber muß, ob er nun „will" oder nicht, der stärkeren Vorstellung und dem Zwang der sachlichen Gegebenheiten folgen. Intellectus cadit sub natura: Erkennen ist noch eine Art Naturprozeß, wo sich eine Sache mit „natürlicher Notwendigkeit" einer andern, dem Subjekte aufzwingt. Erst mit dem Willen (der nunquam necessitur ab objecto, sondern immer frei den Dingen gegenüber bleibt) erhebt sich nach Duns Scotus der Mensch aus der Natur heraus. Die Wertung der Antike ist nun gänzlich umgekehrt. Dort galt gerade der (vom Begehren in sich selbst kaum unterschiedene) Wille als bloße Naturmacht und Naturbewegung; dazu trug er den Mangel an sich, aus sich herauszustreben auf das Verlangte, auf das noch nicht Erreichtes und Besitz gewordene Objekt. Der Intellekt dagegen kam „von außen" her, aus höherem Bereiche in die sonst natürlich-bedingte Seele; er ruht denn auch, im Anschaun des gegenwärtigselbstgegebenen Objektes, in sich selbst. – Nun heißt es umgekehrt: der Intellekt steht in natürlicher Abhängigkeit vom äußerlich Gegebenen, ist eingespannt in den Naturzusammenhang und stets auf andres angewiesen; er genügt also nie allein sich selbst. Der Wille dagegen ragt aus dem Natur-

zusammenhang und der Notwendigkeit heraus: er ist aktiv und frei, ist Kern der bloßen Subjektivität und ihres eignen Lebens, Zentrum vor allem auch des selbständig-selbsttätigen Individuums, des Gegenbildes zur göttlichen Selbsttätigkeit und Freiheit! Der Wille ist nicht auf andres, Äußeres angewiesen und nicht dadurch bedingt. Während beim Erkennen die Objekte einwirken auf das Subjekt, gewinnt im Willen ihrerseits die Subjektivität Herrschaft und Einfluß über die Objekte. Im guten Willen aber und seiner höchsten Form, der Gottesliebe, ruht der Wille wirklich dann rein in sich selbst, begehrt nichts anderes, als selbst zu leben in der gottgemäßen Richtung. Das Prinzip der Kontingenz steht höher als das der Notwendigkeit. Gott hat die Menschen über die Natur hinaus als freie Subjekte gesetzt, die sich kontingent und in reiner Selbsttätigkeit auswirken. – Und so wird denn auch nicht nur die alte Meinung zurückgewiesen, als ob der Wille erst durch den Verstand ein geistiges Moment erhalte, und stets betont, daß schon der Wille selbst in sich den „intellektiven" Charakter trage – sondern nun kommt es gelegentlich auch umgekehrt heraus (mit ausdrücklichem Bezug auf Aristoteles): die höhere Fähigkeit und das Sicherheben über die Natur wächst grade auch dem Intellekt erst zu durch die Vereinigung mit dem freien Willen, der ihn lenkt und auf die letzten Ziele kommen läßt. Die Theologie ist praktische Wissenschaft: Erkenntnis ist hier Mittel für das Ziel der Willensreinheit, nicht Selbstzweck des betrachtenden Vermögens. Ein endgültiges und in sich selber ruhendes Wollen gilt es zu erschaffen; dem dient auch die Erkenntnis der höchsten Dinge. Der Zweck des Daseins und das Beste, was der Mensch gewinnen kann, ist nicht das Wissen, sondern die Tätigkeit des guten reinen Willens, zuletzt die unerschöpfliche Lebendigkeit der übernatürlichen Liebe; aus der Selbstbestimmung des Willens allein aber erwachsen diese Güter.
Und so wird nun die Seligkeit auch nicht mehr gesucht im Schauen Gottes und der göttlichen Ideen. Des Philosophen höchstes Glück mag darin liegen, sagt Duns Scotus, – aber der Philosoph als solcher bleibt eben noch dem Weltlichen verhaftet. Höher aber als Erkenntnis führt den Menschen der Glaube; und Glaube ist Zuwendung des Willens. Das Leben des Christen und die Weisung der praktischen Theologie führen über das Glück der dianoëtischen Tugenden hinaus. Durch den Willen wird die Seligkeit erlebt. Nicht Begriff noch anschauende Erkenntnis bringen die wirkliche Einung mit Gott, wie Thomas meint, sondern die liegt vor allem im Wollen und in der Liebe: die Liebe ergreift das höchste Gut in sich selber und vollkommen. Das ist der Vorzug des Guten vor dem Wahren: es teilt dem, der es rein begehrt, etwas von seinem Wesen selber zu! Das tut das Wahre nicht. Wenn also die Alten und mit ihnen Thomas den vollen Besitz, die Selbstgegebenheit des Ewigen in der Erkenntnis suchten, so wird von Duns nunmehr das Distanz-Moment betont, das doch in der Erkenntnis immer

bleibt; im Wollen und Lieben des Guten erst wird nach ihm der Wollende wirklich geeint mit dem Gewollten! Durch die Liebe werden wir am unmittelbarsten und vollkommensten mit Gott vereint; sie bringt – so sehr in der letzten Vollendung der Seele auch die Erkenntnis zum höchsten Sein hinaufgehoben wird – die eigentliche Berührung und das Genießen Gottes. –

Und nun wird auch die Konsequenz gezogen für das Wesen Gottes. Bis dahin waren es zumeist doch Gottes Verstand und seine ewigen Ideen, worin die Wesensgründe für die Welt und alles Dasein gesucht wurden. So sehr auch außerdem das Willensmoment in der Schöpfungstat, in der Erhaltungs- und Gnadenwirkung Gottes eigne Würdigung fand, so blieb doch die eigentliche Gesetzeskraft beim Verstand und seinen Inhalten – ganz der antiken Auffassung gemäß. An die regula sapientiae, das Gesetz des Intellekts – so lehrte gerade Thomas – ist Gottes Wille schlechterdings gebunden. Er schafft, was der Verstand als gut erkannt; für Gott wie für den Menschen ist es die Einsicht, die den Willensakt bestimmt. Die Wesensverhältnisse der Ideen bestimmen auch hier noch (als Ideen im Verstande Gottes) letztlich die Struktur des Wirklichen. – Duns Scotus leugnet solche Abhängigkeit des göttlichen Willens vom göttlichen Verstande, des Kontingenten vom Notwendigen. Gottes Wille ist die prima causa alles Seins. Wohl ist seine Wahl gebunden an die Möglichkeiten, die innerhalb der logischen Gesetze liegen; – was in sich widersprechend ist, kann Gott nicht wollen. Aber innerhalb dieser Möglichkeitsgrenzen ist Gottes Wille völlig ungebunden und selbst die einzige Ursache seines Wollens. Die Ordnung der Natur ist gut, weil Gottes Wille sie gewollt; nicht aber hat Gott sie eingesetzt, weil sein Verstand sie ihm als an sich gute zeigte! Und so ist auch der göttliche Wille selbst und allein der letzte Grund der sittlichen Weltordnung (mit Ausnahme nur der lex naturalis, die in den ersten zwei Geboten des Dekalogs ausgesprochen ist) und der Heilsordnung. Alles von Gott Verschiedene ist nur gut, weil es von Gott gewollt ist; nicht wird es von Gott gewollt, weil es schon selber gut und als gut erkennbar wäre. Nicht die Regel der Weisheit, sondern Gottes Wille selber ist „die erste Regel". Die Güte ist eben nicht Objekt des Denkens, sondern ursprüngliche nicht weiter begründbare Form des Willens. Der Wille selbst ist der einzige und letzte „Grund" des Guten. Über ihn hinauszufragen wäre sinnlos. –

Die Wirkung dieser Willenslehre reicht weit hinaus über die Spätzeit der Scholastik, wenn auch die Fäden der Vermittlung nicht leicht zu finden sind. Die Geschichte des Scotismus in Renaissance und Neuzeit ist noch ungeschrieben. Wie Wilhelm von Occam, dem Meister folgend, die Selbständigkeit und Superiorität des Willens über den Verstand ganz schroff betont und jenen Gedanken von der gesetzgebenden Kraft des Willens Gottes bis ins Paradoxe steigert, das ist bekannt. So sehr wird hier die Ungebundenheit der göttlichen Entschließungen betont, daß jener neue große Sinn einer eigenen, nicht vom Verstand entlehnten Willensgesetzlichkeit vielfach zurücktritt hinter dem Bilde einer absoluten Willkür. Auch für das Tun des Menschen wird der Wille härter abgetrennt vom Denken, als es im Sinne des Duns Scotus lag. Die in Verbindung mit der nominalistischen Erkenntnistheorie aufkommende Skepsis gegen alle natürliche Erkenntnis, gegen natürliche Moral und natürliche Theologie vor allem, hat in der extremen Schärfe der Tendenz dem neuen Willensgedanken schwer geschadet. Die für die anbrechende Neuzeit so wesentliche Absicht auf Erreichung eines „natürlichen Systems" des Geistes und der Werte hat sich vom Occamismus wieder abwenden müssen, trotz dem gemeinschaftlichen Gegensatz gegen den Realismus der scholastischen Begriffe, – und hat damit auf weite Strecken der Entwicklung hin auch den Faden des Willensprimates wieder fallen lassen.

Auch war die alte Tradition des Intellektualismus ja keineswegs erledigt durch den großen Vorstoß des Scotismus. Neben der Fortführung des letzteren (durch Durand von St. Pourçain vor allem und Petrus Aureoli, dann durch Pierre d'Ailly und die Occamisten überhaupt) und der Ausbreitung wiederum auch des Thomismus ergeben sich Tendenzen der Vermittlung (z. B. bei Gerson). Viele Denker schwanken unentschieden zwischen beiden Fassungen des Geisteslebens. Am auffallendsten ist dies Schwanken bei Meister Eckehart. An unzähligen Stellen spricht er sich aus über die Frage der Zeit: welche Seelenkraft vornehmer sei, und von welcher aus die Seligkeit ergriffen werde; aber ebensoviele Äußerungen sprechen für den Willen wie wiederum für den Verstand. Wenn einerseits dieser reiner auf das bloße „Wesen" bezogen, der Wille dagegen Gott nur in dem „Kleide" der Güte zu fassen scheint, wenn daher die Vernunft den eigentlichen Schlüssel zum Grunde Gottes haben soll und das Erfaßte dann erst „ihrem Gespielen dem Willen" sagen kann – so heißt es andrerseits (und das wird meistens in der Darstellung von Eckeharts Lehre übersehen) nicht weniger oft: den letzten „Überschlag" der Seele in die Gott-Einung könne nur der Wille, als der „Mann der Seele" leisten, nicht die Vernunft, die Frau der Seele, die empfangende „Schauerin", die nie so frei ist wie der Wille. „Die oberste Kraft das ist die Minne; sie leitet die Seele mit der Erkenntnis und mit allen ihren Kräften in Gott." „Wan so sich diu sele an der empfahunge gotes uebet in der gedehtnisse irre innekeit und an der beschouwunge irre vernunft, so bringet si diu minne in die innekeit der gotheit." „...Die andere Kraft ist der Wille. Er ist edler und hat von Natur, daß er sich wirft in die Unwissenheit die Gott ist." – Auch an den Stellen, wo die Vermittlung gesucht wird, ist doch der Übergang zur letzten Einung selbst von der Art des Willens: „Die Kräfte haben gemein eine einfältige Natur, die wirkt den Überschlag in dem Willen."

Wie Eckehart, so schwankt noch Nikolaus von Kues zwischen dem Vorrang des Willens und dem des Verstandes. Und so die ganze Kette von Gedankenbildungen, die aus der deutschen Mystik sich entwickelt. So oft das Willensmotiv dabei zurücktritt, es dringt doch immer wieder durch. Sebastian Franck etwa faßt mit aller Entschiedenheit den Menschen in seinem Kern als Willenswesen; Agrippa von Nettesheim sucht die Verbindung des Menschlichen mit allem Höheren, mit Gott zuletzt rein in der Heiligkeit des Willens, im reinen Willenstun des Glaubens und der Werke; Jakob Böhme sucht den Weltprozeß zu fassen als Hervorgang aus dem Willensdrang des sich selbst gebärenden Gottes, als den „begehrenden Willen der Ewigkeit". Noch Nikolaus Taurellus, der von Leibniz so verehrte, streitet nachdrücklich von der Willensstellung aus gegen Aristoteles: des Menschen Seligkeit besteht nicht darin, daß er Ewiges erkennt, sondern daß er Gott liebt und will; Gottes Seligkeit selbst ist ja nicht die einer in sich selbst versunkenen Erkenntnis, sondern eines sich selbst hervorbringenden Willens. – Auch in der Philosophie der Renaissance begegnet man auf Schritt und Tritt den Willensspuren; bei Pico etwa oder Pomponazzi oder Lorenzo Valla klingen überall die Augustinischen und die Scotistischen Motive an; und immer ist da Aristoteles der Gegner.

Aber das Interesse für die Frage tritt nun immer mehr zurück. Die Probleme des Weltbaus und Natursystems bestimmen auf Jahrhunderte hinaus die philosophischen Tendenzen. Und wo dann auf das Subjekt und seine seelischen Vermögen reflektiert wird, da ist es eben das Subjekt der Erkenntnis, worum sich alle Interessen drehen. Das Leben des Gemüts, Wollen und Lieben, tritt ganz zurück. Andere Einflüsse der Zeitlage wirken mit dahin, die erkennende ratio ganz in den Vordergrund zu rücken und das Zeitalter der Aufklärung heraufzuführen, das von dem Eigen-Sinn des Willens nicht viel mehr wissen mag. Noch einmal dringt in dieser Zeit der alte Intellektualismus an vielen Stellen siegreich vor, am ausgesprochensten bei dem Denker, den wir schon mehrfach den neuen metaphysischen Tendenzen entgegenwirken sahen: bei Spinoza. Ihm ist der Wille wieder mehr nur ein Begehren, aus einem Mangel stammend und nach Ergänzung suchend. Spinoza sucht Vermittlung in dem alten Streit um den Vorrang; aber wenn er Verstand und Wille für ein und dasselbe erklärt, so nimmt er doch das Bild dieser Identität, das Bild des Geistigen ganz wesentlich von der Erkenntnis und ihren „Ideen" her. Gegen Descartes' Betonung vom Übergewicht des grundsätzlich unendlichen freien Willens über die endliche Gebundenheit jedes geschaffenen Verstandes bemüht er sich zu zeigen, daß vielmehr jeder Willensakt bestimmt ist durch Erkenntnis; und wenn Descartes (worauf wir gleich noch kommen) im Urteil selbst ein Willensmoment der Bejahung und Verneinung aufzudecken sucht, so ist das für Spinoza nur noch Anlaß, den Willen nun ganz allgemein zu definieren als Bejahung

von Ideen – die letztlich schon in diesen selber „involviert" sei! Der Erkenntnisakt schließt den Willensakt schon in sich; und wie das Folgen der Ideen und Ideenverbindungen im Schluß, ist auch das Wollen nur ein notwendiges Sich-Verketten von Ideen; – den freien ursprünglichen Willen gibt es nicht. „Es gibt im Geiste kein Wollen, kein Bejahen und Verneinen, als welches die Idee schon als Idee in sich schließt." So ist das geistige Leben der göttlichen Substanz denn auch kein tätiges Wollen, kein Handeln nach Zwecken, sondern ein Sichauswirken in ewig notwendigen Ideenfolgen; das geistige Attribut der Gottheit ist reine cogitatio im strengen Sinne. – Unser Leben aber ist gut und tugendhaft, insofern es durch Einsicht bestimmt ist – das unterscheidet den höhern Menschen vom bloß begehrenden Geschöpfe. Unser Streben soll bedingt und notwendig-bestimmt sein durch die Vernunft, durch klare deutliche Erkenntnis. Diese aber ist wiederum auch unser letztes Ziel, sie ist das höchste Gut! „Das höchste Gut des Geistes ist die Erkenntnis Gottes, und die höchste Tugend des Geistes ist Gott erkennen." Das alles führt ganz in die alte Wertung; und wenn doch der Amor Dei intellectualis das Schlußwort bildet, so wird durch die Definition der Liebe überhaupt und durch die Schilderung der Gottesliebe im besondern kein Zweifel darüber gelassen, daß diese Affektion des Gemütes bloß eine Folge und Blüte der Erkenntnis selber ist, – sie heißt darum auch intellektuale Liebe und ihre Seligkeit ist reines Schauens-Glück. –
Und doch ist auch in diesen Jahrhunderten des Rationalismus und der Aufklärung das Willensmotiv keineswegs verschwunden. Am stärksten klingt es noch bei Descartes durch – und da um so vernehmlicher, als es nie recht gelingen will, es dem rationalistischen Zusammenhang auch wirklich einzuordnen. Auch Descartes hat vielfach hin und her geschwankt in dieser Frage; ganz entgegengesetzte Äußerungen stehen unversöhnt sich gegenüber, und eine endgültige Formulierung seiner Überzeugung wird man vergebens suchen. – Worin er allerdings ganz fest und eindeutig sich auf die Seite der Scotisten, ja der Occamisten stellt (ohne übrigens, soviel ersichtlich ist, sich des historischen Zusammenhangs bewußt zu sein), das ist die Frage nach dem Verhältnis des göttlichen Willens zu den „ewigen Wahrheiten". Wenn auch die „Meditationen" in ihrer Verwertung des ontologischen Gottesbeweises Gott selbst als ein durch rationale Notwendigkeit an seine Existenz gebundnes Wesen fassen, so liegt der eigentliche Kern des göttlichen Seins für Descartes doch durchaus nicht in einer festgegebenen Wesenheit von in sich bestimmter und also grundsätzlich auch rational erfaßbarer Struktur – sondern in einer schöpferischen Aktivität, die allem Erkennen und aller erkenntnismäßigen Notwendigkeit vorausliegt! Allen Einwürfen der Respondenten gegenüber bleibt er dabei: Gott

ist im positiven Sinne causa sui; er ist in bezug auf sich selber das, was die wirkende Ursache in bezug auf ihre Wirkung ist.

Was die Verfechter des Willens als dessen tiefste Eigentümlichkeit geschildert hatten, wird hier von Gott im ganzen ausgesagt. Und so ruht denn die Vollkommenheit des göttlichen Wesens für Descartes vor allem in der unbedingten Freiheit des allmächtigen Willens. Die Unendlichkeit Gottes ist vor allem unbeschränkte Macht, zu wollen und zu schaffen. Ausdrücklich wird diese Unendlichkeit als Indetermination, als absolute Indifferenz des Willens bezeichnet. – Dem gegenüber will es für Descartes nur eine Schmälerung der göttlichen Vollkommenheit bedeuten, ja es erscheint ihm geradezu als Blasphemie, wenn man sich Gottes Tun gebunden denkt an ewige Gesetze, an Ideen und Wahrheiten, deren Struktur und Geltung seinem Willen nicht mehr unterständen! Das hieße, sagt er, über Gott ein Schicksal und eine unvermeidliche Notwendigkeit aufhängen, wie über irgend einen Jupiter oder Saturn der Antike! Und es genügt Descartes auch keineswegs, wenn man die ewigen Ideen in Gottes Verstand und ewige Wesenheit selber hineinverlegt; denn ihm kommt es eben auf das höchste Prädikat der schlechthin unbeschränkten unbestimmten Allmacht an, auf jene über alle Determinationen und Gesetze hinaus und ihnen vorausliegende Urkraft des schöpferischen Willens. Ausdrücklich lehnt er es ab, die Essenzen der Dinge aus Gott emanierend zu denken gleich wie Sonnenstrahlen. Sondern das einzige Bild, das hier zutreffen kann, ist ihm das des Königs, der Gesetze gibt! An die Stelle des ewigen Nus und seiner immanenten Notwendigkeiten ist der schlechthin freie, selbst erst Gesetze und Notwendigkeiten schaffende und setzende Urwille getreten. Nicht nur die Existenzen sind von Gott geschaffen und hängen ab von seinem absoluten Willen, sondern auch die Essenzen selber, die logischen und mathematischen und alle ewigen Gesetze! „Ordnung, Gesetz und Grund des Guten und Wahren" gehen nicht dem Willensentschluß bei Gott voraus, sondern werden selber erst von diesem festgesetzt. Der göttliche Wille ist ihre „wirkende und totale Ursache" – ganz wie er die der Dinge ist. Auch die „Gründe" haben also noch eine Ursache (während bei Spinoza die Tendenz besteht, alle Ursachen und selbst die causa sui auf ein Folgen ewiger Ideen und Essenzen zu reduzieren). „Je sais que Dieu est auteur de toutes choses, et que ces vérités sont quelque chose, et par conséquent qu'il en est auteur!" Ist man gewohnt, das Wort creare nur auf Existenzen anzuwenden, so bleibt es sachlich doch dabei, daß Gott, als die efficiens et totalis causa dieser Wahrheiten sie disposuit et fecit! Descartes scheut nicht davor zurück, auch bis zum Satz des Widerspruchs die Konsequenz zu ziehen. Für uns Menschen allerdings, die wir schon unter den Gesetzen stehen, die Gott angeordnet hat, ist das in sich Widersprechende ein schlechterdings Unmögliches; uns scheint es daher, als ob selbst Gott es nicht erschaffen könnte.

Aber wie jede ratio boni, so hängt die ratio veri eben auch ganz ab von Gottes Willenssetzung; ich kann niemals sagen, daß Gott es nicht bewirken konnte, daß 2 und 1 nicht 3 ausmachen, sondern nur: daß Gott meinen Verstand so eingerichtet hat, daß diesem solches undenkbar ist. Der Widerspruch ist eine Grenze nur für unseren Verstand, nicht eine Schranke für die Allmacht Gottes. Für Gott ist jede Wahrheit ebenso kontingent und ebensogut erst eine Willenssetzung wie jede Wirklichkeit. Auch die Gesetze der ratio sind Willensprodukte, Anordnungen, Befehle gleichsam. Und nur weil Gottes Wille nicht, wie der menschlicher Souveräne, schwankt und umbeschließt, sondern, selbst unveränderlich und ewig, die ein für allemal gegebenen Dekrete ewig bestehen läßt, nur darum sind jene Wahrheiten, die den Inhalt unserer Vernunfterkenntnis bilden, „ewige“ und „metaphysische“ Wahrheiten, erhaben über allen Wechsel, alle Zufälligkeit des Zeitlichen. Für uns gelten sie absolut, wir sind an ihre unerschütterliche Notwendigkeit gebunden im Erkennen wie im Wollen; für den aller Bindung und Notwendigkeit vorausliegenden Willen Gottes aber sind sie kontingent, sind die „notwendigen Wahrheiten“ vielmehr zufällige! – Die menschliche Erkenntnis also ist, von hier betrachtet, ein Erfassen nur von Willensäußerungen. Die „eingeborene Idee“ ist nicht, wie der Inhalt der Platonischen Anamnesis, ursprünglicher, in seiner eigenen Notwendigkeit beruhender Erkenntnisgegenstand – sondern ein Gesetz, das ein allmächtig-freier Wille endlichen Wesen aufdrückt! Auf den letzten „Grund“ der ewigen Wahrheiten kann kein Verstand je kommen; die letzten rationes, die der Intellekt noch fassen könnte, haben nicht wieder einen Grund, sondern sie gehen hervor aus der causa efficiens des schlechterdings grundlosen und daher über alles Begreifen hinausliegenden Willen Gottes. – Wenn dann Descartes wohl auch vermittelnd sagt, in Gott seien Verstand und Wille eins, und es gebe da keinerlei Vorzug und Priorität – so zeigt die Reihenfolge seiner Ausdrücke doch, daß ihm die Willensmacht als das Tiefste gilt: „Je dis que ex hoc quod illas (die ewigen Wahrheiten nämlich) ab aeterno esse voluerit et intellexerit, illas creavit … car c'est en Dieu une même chose de vouloir, d'entendre, et de créer. Ex hoc ipso quod aliquid velit, ideo cognoscit, et ideo tantum talis res est vera.“ Die Existenz der unendlichen allmächtigen, auf keine Möglichkeiten und Unmöglichkeiten festgesetzten Gottesfreiheit ist sozusagen „die ewigste“ unter allen Wahrheiten – aus ihr gehen erst die andern „ewigen Wahrheiten“, die unser Verstand erfaßt, in freier Tat hervor. Das was Gott will, ist eben darum „gut“ und – „wahr“! –

Auch im Menschen ist der freie Wille das Letzte und Tiefste. So sehr für Descartes' wesentlich erkenntnistheoretisch gerichtete Interessen der Intellekt im Vordergrunde steht, so ist doch auch für ihn der Verstand, nicht anders als auf ihre Art die Leidenschaften, ein wesenhaft passives Bewegt-

und Bestimmtwerden der Seele; aktiv im eigentlichen Sinne ist nur der Wille! Auch ist der menschliche Verstand stets eng beschränkt: bezogen immer nur auf das Wenige, was sich ihm durch den Lauf der Dinge darbietet. Der Wille dagegen kann im endlichen Wesen selbst wahrhaft unendlich genannt werden: denn es gibt schlechterdings nichts, worauf er sich grundsätzlich nicht erstrecken könnte mit seinem Ja und Nein. In diesem einen Punkte steht der Mensch geradezu nicht hinter Gott zurück; von allen anderen Dingen in mir kann ich größere und vollkommenere Ausprägungen mir denken, den Willen aber oder die bloße Freiheit der Willkür erfahre ich in mir so groß, so unbedingt, daß hier nichts Ausgebreiteteres gedacht werden kann! Im freien Willen bin ich unmittelbar das Ebenbild Gottes. So sehr der göttliche Wille größer sein muß als der meine, was seine Beziehung auf die Erkenntnissphäre anlangt (die ja bei mir beschränkt ist, während sie bei Gott zusammenfällt mit seinem Willenssetzen), oder auch was die Ausführungsmacht betrifft, überhaupt was das Objekt des Willens angeht – so ist er doch, rein in sich selbst und bloß in seiner Freiheitsform betrachtet, nicht größer; auch des endlichen Menschen Willensfreiheit ist in sich selber absolut! So ist die höchste Perfektion in uns der freie Wille, der unendlich weit hinausreicht nach allen Seiten über den stets eingeschränkten und vom Objekt bestimmten Intellekt. – Es ist bekannt, wie Descartes die für seine Erkenntnismetaphysik so wesentliche Frage nach der Herkunft des Irrtums von dieser seiner Willenslehre aus zu beantworten sucht. Der Wille ist es danach, der zum Urteil führt und da, wo noch nicht genügend Einsichten vorliegen, um wirklich entscheiden zu können, uns in Irrtum verstrickt. So sind alle Irrtümer der Menschen ihre eigene Schuld, Schuld ihres Willens! Wenn also für die Auffassung der Alten sogar die Willensfreiheit eigentlich Urteils- und Verstandesfreiheit ist, so gilt jetzt für Descartes die Urteilsfreiheit umgekehrt als Willensfreiheit. Die Unvollkommenheit des Irrens ist mitbedingt durch das Geschenk der Gottesebenbildlichkeit im freien Willen, das in sich selber unvergleichlich größer ist an Wert als aller Irrtum je an Unwert sein kann. Sache des Willens aber ist es dann auch, sich frei zu machen von der Sünde des Irrtums und den Gebrauch der Freiheit so zu beschränken, daß sie uns nicht hinausführt über den Bereich errungener Gewißheit.
Diese Forderung und Willensregel führt dann aber eben doch zur Abhängigkeit des auf Erkenntnis abzielenden Willens und weiterhin auch des eigentlichen Handlungswillens von der klaren und deutlichen Einsicht des Verstandes. Descartes kommt wieder ganz auf die alten Wege, bis zur Bekräftigung sogar des alten Satzes (der zu jener Lehre vom Irrtum als Willensschuld ein extremes Gegenstück bedeutet): omnis peccans est ignorans! Hier wird dann auch (ohne daß der Widerspruch zur voluntaristischen Gotteslehre und überhaupt die Diskrepanz mit der eigenen Willenstheorie

recht empfunden würde von Descartes) die Indifferenz des Willens als die geringste Form menschlicher Willensfreiheit angesehen; die wahre Freiheit kommt erst da zustande, wo sich der Wille vom Verstande, von seinen klaren und deutlichen Einsichten bestimmen läßt. Auch für Descartes hat nun der Wille des Menschen eine „natürliche" Veranlagung zum Guten; und wo nun evidente Einsicht ihm das Gute zeigt, kann er nicht anders als nach dem Dargebotenen streben! Nur über die unklaren Vorstellungen also behält, nach diesen Betrachtungen, der Wille die Oberherrschaft; dem klar und deutlich Erkannten aber muß er unfehlbar folgen. Und so ist auch Descartes' Lehre vom sittlichen Handeln schließlich nur Nachklang und Fortführung der Sokratischen und Stoischen Ethik; die Herrschaft der Vernunft und des durch Verstandeseinsicht determinierten Willens über die sinnlichen, in sich unklaren Triebe und Leidenschaften ist die letzte Forderung. Neben den Voluntarismus der Irrtums- und Urteilslehre tritt schließlich eine intellektualistische Ethik! Descartes ist, was Verstand und Willen des Menschen anlangt, niemals hinausgekommen über das Schwanken zwischen den beiden Polen des Willensvorrangs und der Überlegenheit des Intellekts. – Insofern allerdings die vom Verstande klar und deutlich eingesehenen Gesetze in ihrem Ursprung wieder Willenssetzungen des Schöpfers sind, insofern behält der Wille doch die Oberhand. Doch hat Descartes daraus nicht die Konsequenz gezogen (die jedem unmittelbaren Anhänger etwa des Duns Scotus so nahe liegen würde), daß also auch nur ein gottgemäßer, Gott angeglichener Wille imstande sei, zur Erkenntnis des Guten und des Wahren den endlichen Verstand zu führen. Sondern hier bleibt es bei der Selbstgenugsamkeit der unserm Intellekte eingepflanzten eingeborenen Ideen. –

Der Vorrang des Willens ist auch in der Folgezeit ein bleibendes Motiv der französischen Philosophie geblieben. Malebranche bringt, wie in andern Fragen so auch hier, den inneren Zusammenhang zur Evidenz, der die Gedanken seines Meisters mit Augustin und allen Augustinischen Tendenzen des Mittelalters verbindet. Der Einfluß der Aufmerksamkeit, des Willens überhaupt auf alle Ausbildung menschlicher Erkenntnis, und damit auch die Abhängigkeit des Irrtums von der Willensschuld wird neu betont; die selbständige Freiheit des göttlichen (wie des menschlichen) Willens wird nachdrücklich verfochten. Gott ist auch hier die in ihrem letzten Sein vollkommen unbegreifliche Willensursache von allem, was ist und gilt. Der Occasionalismus Malebranches deutet dann schließlich alles, was überhaupt geschieht, als unmittelbare Wirkung der unablässig tätigen Willensmacht Gottes, der Handeln ist in seinem Wesenskern; in jeder Bewegungswahrnehmung und allem Wissen von den Weltzusammenhängen ist es im Grunde Gottes Willen, den wir spüren. Je mehr hier, wie auch sonst in der Metaphysik der Neuzeit, das Geschehen betont wird gegenüber ruhend festem Sein, um so mehr tritt auch, bei Gott und Mensch, der Wille in den Vordergrund. – Auch in Pascals Berufung auf das Herz und seine eignen „Gründe", die weiter reichen und tiefer als das Wissen des Verstandes, lebt, in gewissen Zügen und trotz gegenteiliger Tendenzen, das Motiv des Willensvorzugs. Auch hier heißt es, daß das Höchste immer nur erkennbar wird für den, der ihm in Liebe sich erschließt. – Pierre Bayles Skeptizismus hat in Fortführung dieser Linie schon ganz die Kantische Tendenz; das Wissen aufzuheben, um dem Glauben Platz zu machen, die Selbstgesetzlichkeit und Selbstsicherheit des sittlichen Wollens abzulösen von dem Vorwalten des theologisch-dogmatischen Wissens ebenso wie von der sonst geforderten Vernunfteinsicht der Metaphysik und „natürlichen Religion". Die theoretische Erleuchtung tritt an Wichtigkeit zurück für unser Sein und Leben hinter die Selbstsicherheit des sittlichen Gewissens, hinter die Willensrichtung der Gesinnung. Voltaire und Rousseau bilden von hier den Übergang zu Kants System des praktischen Primats. – Auch die französische Metaphysik des 19. Jahrhunderts lebt noch, auf weite Strecken hin, von der Überzeugung des Willensvorrangs und der absoluten Kraft der Freiheit, die vorausliegt aller Gesetzlichkeit, wie sie Erkenntnis faßt, – von Maine de Biran an bis zum Voluntarismus von Ravaisson und Secrétan und zu Lacheliers, Boutroux' und Bergsons Metaphysik der Freiheit. Bei den Führern dieser Reihe ist der Zusammenhang mit den religiösen Hintergründen und die Bestimmtheit durch die alte Tradition noch überall zu spüren. –

So sehr im übrigen dann wohl der Intellekt die Übermacht gewann in jener Zeit zwischen Descartes und Kant, so kommt doch immerhin auch hier dem Willen weit mehr Bedeutung zu für das letzte Sein der Dinge und der Menschen, als ihm der alte Intellektualismus zugestanden hatte. Leibniz bestreitet die Indifferenz; was Descartes nur vom Menschenwillen gesagt: daß die wahre sittliche Freiheit die rational bestimmte sei, das fordert Leibniz, auf die klassischen Systeme der Scholastik sich berufend, auch vom Gotteswillen. Aber er legt nun auch wieder ganz besonderen Wert darauf, den Willen Gottes als ein eigenes und in sich selber geistiges Vermögen dem Verstande zu koordinieren, ihn selbständig zu halten seiner Wurzel und seinem Prinzip nach gegenüber der Funktion und jenen ewigen Gesetzen des Intellekts, den ewigen Wahrheiten. Es ist nicht nur so, daß aller Wille, so wie schon alles Begehren, eine „natürliche Neigung" hat zum Guten; sondern die von aller sinnlichen Natur klar abgetrennte volonté décrétoire des Schöpfers hat selbst ein eigenes Gesetz der Güte. Neben den Satz des Widerspruchs, als das Prinzip des Intellekts, tritt hier ein Urgesetz des reinen, des vollkommnen Willens: die lex optimi oder das Prinzip der Konvenienz! Neben die logische Absurdität des in sich Widersprechenden tritt als ein Eigenes, nicht durch Verstandesform Gegebenes die „moralische

Absurdität"; neben die logisch-metaphysische Notwendigkeit die moralische Notwendigkeit (die unter rein theoretischem Gesichtspunkt vielmehr
Zufälligkeit ist) – neben die ratio des Intellekts also eine eigene Vernunft,
ein eigener Gesetzessinn des Willens. Und dieser Willens-Grund ist erst
die ratio sufficiens für die geschaffene Welt! Alle Gesetze des Intellekts,
der theoretischen Vernunft bleiben bei bloßen Möglichkeiten stehen; der
Willenssinn, die eigene Gesetzesform der schöpferischen Aktivität Gottes
erst schließt die Möglichkeiten zusammen zu der einen Wirklichkeit, der
besten aller Welten. – Auch für den Menschen wird (so sehr bei Leibniz
der Aufklärungsgedanke und die vorstellende Funktion des Seelischen
im Vordergrunde steht) der Wille als das eigentlich bewegende und lebendige Prinzip des Seelenlebens überhaupt betrachtet: die unaufhörliche
Selbsttätigkeit der Seele (in der ja ihre eigentliche Substantialität besteht
und die auch ihre Gottebenbildlichkeit ausmacht) ist Sache des Willens-
artigen in ihr, und nicht des Vorstellens und Erkennens. Die Seelensubstanz ist Aktion, d. h. aber: ununterbrochenes Übergehen von einer Vorstellung zur andern. Dies Übergehn und stete Vorwärtsstreben, diese lebendige Entwicklung wird geleistet vom Willen und seiner Vorform, dem
Begehren. Die Ausbildung und Klärung der Erkenntnis selbst ist das
Werk dieser innersten Triebkraft der Monade. Die „Vorstellung" bezeichnet immer nur den momentanen Seelen-Zustand, der Wille aber die Tendenz zur höheren Entwicklung! Und wenn das Ziel des Treibens das Erkennen ist, die Aufklärung – so bleibt doch durch den Grundgedanken
von der Fortschrittsunendlichkeit das schließliche Aufgehn und Enden
der Willensaktivität in bloßes Schauen abgewehrt. Der Wille ist, als Streben und innere Selbsttätigkeit des Seelenwesens, ewig – wie es auf andere
Art der schöpferische Wille Gottes ist. – So fällt doch ein besonderes Gewicht hier auf den Willen; und auch im Intellektualismus des vorkantischen
18. Jahrhunderts (besonders bei Crusius) bleibt das in Wirkung.
Auch in der englischen Philosophie fehlt die neue Betonung des Willens
nicht. Der Spiritualismus Berkeleys vor allem hat ausgesprochen voluntaristischen Charakter. Die „Geister" sind tätige Naturen und, insofern sie
tätig sind, Ideen hervorbringend oder auf sie wirkend, heißen sie Willenswesen. Dies Tätigkeitsmoment ist es, das sie hinaushebt über die bloße
Passivität der Ideen, und das sie zu wahrhaften Substanzen macht! Als
solche liegen sie denn auch hinaus über alle Erkenntnis, sind sie (wie Gott
selber) letztlich unerkennbar – da doch Erkenntnis durch Ideen nur Passives fassen kann. Die geistigen Kraftsubstanzen empfangen wohl auch,
wie alle Wahrnehmung der Außendinge und alle Erkenntnis zeigt; aber
es ist eben dieses Empfangen nichts anderes im Grunde als das Aufnehmen einer Sprache, die Gottes Wille zu uns spricht. Daß unsere Vorstellungen von der Außenwelt nicht Sache der Willkür sind, sondern

sich unserer Willenswirkung entziehen, das ist für Berkeley nicht ein
Zeichen dafür, daß sie Produkte einer realen Dingwelt wären, sondern
das weist nach seiner Lehre unmittelbar darauf, daß es ein andrer „Wille
oder Geist" ist, der sie hervorbringt und uns aufprägt! Die Ursache der
Erscheinungen in uns kann nach Berkeley nur ein ursprünglicher Wille
sein; und vom Willen Gottes her haben auch diese Bilderfolgen die wunder-
bare Regelmäßigkeit und Ordnung, die wir in der „Natur" erfahren und
erforschen; diese „Naturgesetze" sind, wie die Ideen selbst, unmittelbarer
Ausdruck der Güte und der Beständigkeit des göttlichen Willens. Wenn
Gott uns durch die Bildersprache, die er spricht, „belehrt" – so ist das nicht
Belehrung über ein Sein als Gegenstand der Erkenntnis, sondern vielmehr
Hinführung direkt zu seinem eignen Willenswesen. Wie in den Zügen
eines Gesichtes Charakter und Absicht des Menschen unmittelbar zum Aus-
druck kommt, so spüren wir in jenen Bildern einer Außenwelt nicht tote
Dinge, sondern den lebendigen Willen Gottes.

*

Schon zu dieser Zeit also klingt, in dem Maße als das Dasein der Natur
und das damit gegebene Problem der Naturerkenntnis zurücktritt hinter
dem Leben des Geistes, das Willensmotiv vernehmlich durch. Und so führt
denn auch die große Abkehr von den naturalistischen Interessen und Tendenzen, die gegen Ende des 18. Jahrhunderts durch die Kantische Philosophie vollzogen wird, zu einem neuen großen Gipfel in der Kette der
Willenssysteme. Der Voluntarismus Kants und Fichtes wirkt weiter an
dem Werke Augustins und des Duns Scotus. – Kants Begriffssprache, die
immerfort und gerade auch im Zentrum der Willenslehre selbst von praktischer „Erkenntnis" spricht und den Willen gegenüber dem Begehren
definiert als das Vermögen des „vernünftigen" Wesens, sein Wirken durch
die „Vorstellung" von Regeln zu bestimmen oder „Prinzipien des Denkens
gemäß" zu handeln (so daß der Wille geradezu bezeichnet wird als das „in
der Vernunft begründete Begehrungsvermögen" oder das „Vermögen nur
das zu wählen, was die Vernunft unabhängig von Neigungen als praktisch
notwendig, d. h. als gut erkennt") – dieser überall sich ausbreitende Intellektualismus der Formulierungen vermag doch den, der tiefer einzu-
dringen sucht in den Sinn von Kants Begriff der „praktischen Vernunft"
nicht darüber zu täuschen, daß hier der Wille doch die eigentliche Wurzel
der geistigen Realität bedeutet. Wohl gibt es auch für Kant Bestimmung
des Wollens durch das, was der Verstand ihm gibt in Vorstellungen und
Erkenntnissen. Und es kann zunächst so scheinen, als ob dabei der Wille
nur durch die höhere Gesetzlichkeit des Intellekts zum „oberen" Begehrungsvermögen, den niedern Antrieben des sinnlichen Begehrens gegen-

über, gebildet würde. Aber sobald bei Kant die Frage nach der Freiheit des Willens und seiner sittlichen Bedeutung anhebt, wird darüber kein Zweifel mehr gelassen: daß solch ein appetitus intellectivus immer doch Begehren bleibt und unfrei, und nicht Wille ist im eigentlichen Sinne. Die hierbei tätige „Vernunft" kommt, eben weil sie ein theoretisches Erkennen ist und nur sekundär auch übertragen auf das Gebiet des Handelns, niemals hinaus über den „hypothetischen" Gebrauch irgendwelcher Ratschläge über Mittel und Wege zu schon vorgefaßten Zielen des Begehrens. Wo das statthat, wovon Sokrates (und alle die ihm folgten) ausgegangen war: daß der „natürlichen" Grundneigung unseres Begehrungslebens von der erkennenden Vernunft die Wege gewiesen werden – da kann Kant schlechterdings nur Unfreiheit eben der „Natur" und Fehlen also noch des eigentlichen, des sittlichen Willens sehen! Denn hier wird nach Kant (was ja wirklich auch bei Sokrates und Aristoteles und selbst dann noch bei Thomas mit hineinverflochten war) schließlich das Glück begehrt; ein „vernünftiges", vernunftgeleitetes Begehren ist aber genau so interessiert und gebunden an ein vorgegebenes Strebensziel, wie alles blinde sinnliche Begehren; es ist also im Grunde unfrei, kausal bestimmt wie alles „Natur"-Geschehen überhaupt. Der Kern des Willens als eines wirklichen movens per se, das in sich unabhängig ist vom äußern Angezogen-Werden, und der wahre Sinn der Freiheit kann vielmehr nur in einer eigenen höheren Gesetzlichkeit des Willens selber liegen. Die bloße Willkür führt noch nicht hinaus über die Naturbedingtheit des Begehrens, die in aller angeblichen Indifferenz doch unvermerkt das entscheidende Wort behält. Aber insofern der Mensch sich unter das reine Willensgesetz stellt, das gegenüber aller theoretischen Erkenntnis ein neues anderes Gesetz des Geistes, ein Apriori nicht der theoretischen Vernunft, sondern des Handelns selbst bedeutet, wird ihm das obere Begehrungsvermögen wirklich zu einem „reinen Willen", der unabhängig ist von aller äußeren Gegebenheit und also auch von aller Seinserkenntnis. Der reine Willenssinn des Sittengesetzes zeigt sich ja schon darin, daß er als Imperativ auftritt und ausdrücklich jede Frage nach dem Sein hinter dem Sollen, dem Ding an sich hinter dem Unbedingten des Befehles ablehnt. Das Gute tritt hier nicht als Gegenstand (der zu erkennen wäre) auf, sondern als unmittelbare Forderung, die schlechthin hinzunehmen ist als solche. Der kategorische Imperativ, an den sich jeder Wille innerlich gebunden weiß, ist kein Gegenstand der Einsicht, des Beweises, der Ableitung oder der wie immer sonst zu denkenden Erkenntnis, sondern ein Urfaktum des Geistes selbst in seinem Willenskern; „intelligibles" Faktum im Sinne des Geistigen und Apriorischen (insofern der „Vernunft"), aber keineswegs im Sinne eines dem Intellekt Gegebenen und für ihn Begreiflichen. Die theoretische Vernunft kann nur eben noch (wie Kant ausdrücklich sagt) die Unbegreiflichkeit dieser Sollens- und

Wollensapriorität begreifen! So liegt ja auch die Freiheit und der freie Wille (die mit der Sollensforderung zugleich gegeben sind) wesenhaft hinaus über den Bereich aller möglichen Erkenntnis; sie sind ein Irrationales schlechthin, obgleich die praktische „Vernunft" sie trägt oder damit identisch ist. Unserm Bewußtsein macht das sittliche Gesetz sich deutlich im Gefühl der Achtung – aber dieses Gefühl ist keineswegs für Kant eine Art Erkenntnis, ein fühlendes Erfassen etwa des Sollensinhalts und Sollenssinns, sondern es wird selber nur „gewirkt" durch den vorangegangenen Kontakt des Willens mit dem Willensapriori. Das Sollensbewußtsein ist eine bloße Angelegenheit des Willens, es hat mit Erkenntnis einfach nichts zu tun. Wie bei Descartes, so liegt auch hier, in ganz verändertem Zusammenhang, das Willensmäßige hinaus über alles was den Intellekt berührt; das Wissen hat nicht den Triumph, das Wollen wieder zu begreifen und so sich über es hinauszuheben!

Von allen Arten des Begehrens also, vom sinnlich-blinden und vom vernünftig-überlegenden, ist der eigentliche Wille ebenso scharf geschieden von sich selber aus, wie es die erkennende Vernunft ist von aller empirischen Gegebenheit der Sinne. Nicht ein „natürlicher" Zug zum Guten (den das Begehren mit dem Wollen noch gemein haben würde) ist das Gesetz des Willens, sondern ein über dem Natürlichen und jenseits auch des Theoretischen und aller notwendig damit gegebenen Objektgebundenheit liegendes Prinzip der p r a k t i s c h e n Vernunft – eine Autonomie des Willens, die in Gegensatz und Feindschaft steht zu allem bloß begehrenden Verhalten. Die Unterscheidung und Ablösung zugleich von allem Intellektuellen wird von Kant ganz scharf gemacht durch seine Lehre von der bloß formalen und an keinen Gegenstand gehefteten Struktur des sittlich-autonomen Willens. Wenn hiernach nicht die Willens-Ziele ursprünglich unterscheidend sind für das Gute und Böse des Wollens und Tuns – so kann eben auch die Erkenntnis solcher Zielobjekte keine Bedeutung haben für Freiheit und Unfreiheit, Güte oder Schlechtigkeit des Handelns! Das Begehren allerdings hängt am Objekt und ist nach seiner ganzen Art auf dessen Qualität bezogen; aber es ist eben nach Kant nicht das gute (und als gut etwa vorher zu erkennende) Objekt, das den darauf abzielenden Willen heiligt; sondern die Qualität und Form des guten Willens, der scharf sich abhebt von allem Gegenstands-Begehren, soll abgelöst gedacht werden von allen Inhalten des Handelns. Freiheit ist Freiheit von der Materie des Wollens, ist in ihrem Grunde Wille zum Gesetz des Wollens selbst. Der Sinngehalt des Willenslebens liegt rein in ihm selber, nicht in Objekten und Erkenntnissen von solchen. – Also kommt für den Menschen alles darauf an, sich zu dem unbedingt Geforderten selbst zu erheben und einen vom Sittengesetz allein determinierten Willen in sich zu erschaffen. Auch für Kant ist der Wille in diesem Sinne causa sui, ein schlechthin schöpferisches Prinzip –

Autonomie, d. h. nicht nur Eigengesetzlichkeit, sondern vor allem Selbst-gesetz-gebung, Tat eines Willens, der sich selber sein Gesetz gibt und da-durch eigentlich erst selbst zum wahren, reinen Willen sich bestimmt. Frei-heit ist nicht Indifferenz und auch nicht ein Sichbestimmenlassen des Be-gehrens durch erkennende und überlegende Vernunft, sondern ein Sich-Determinieren des Willens, ein Sich-Unterordnen unter den aus dem eignen Willensgrund genommenen Befehl. Der Wille wird sich selbst „vernünf-tiges" Gesetz; nicht übernimmt er ein von irgendwo erkanntes! – So ist der Wille gerade als freier Wille unabhängig seinem Kerne nach von aller Einsicht des Verstandes; und auch er selbst und seine Freiheit sind nie Er-kenntnisgegenstand, sondern schlechthin nur Inhalt und Vollzug des prak-tischen Bewußtseins selbst, der inneren Bestimmtheit unserer geistigen Lebendigkeit durch Befehl und Pflicht; erst ganz in zweiter Linie stellt sich das auch als ein Wissen um Verpflichtung und als sittliche „Erkennt-nis" dar.

Die Erkenntnis ihrerseits weist vielmehr schließlich auf den Willen. Nicht daß Kant die Erkenntnis überhaupt abhängig machte in ihrem Vollzug oder ihren Gesetzen und Wahrheiten vom Willen; für ihre streng ab-gegrenzten Aufgaben ist die theoretische Vernunft allein zuständig und sich selbst genügend. Aber Kant setzt dennoch die bis dahin immer mit dem Willensmotiv verbundene Tendenz fort: Spontaneität auch im Erken-nen selbst zu suchen. In seiner Lehre von den formenden Funktionen des Verstandes und der reinen Sinnlichkeit hat er das tiefer durchgeführt als irgend einer sonst. So wenig aber auch dieses Tun des Erkennens schon selbst ein Willensschaffen ist, so weist doch alle geistige Spontaneität für Kant zurück auf jenes einzig unbedingte, von keiner Rezeptivität mehr ein-geschränkte Tun des Geistes, das im Willen liegt – als auf die Wurzel gleich-sam und das Urbild auch des Formens in der Erkenntnis. Die theoretische Vernunft mit ihrer fertig-gegebenen Reinheit und Gesetzlichkeit erscheint schon als ein Abblassen jener absoluten sich selbst gesetzlich machenden Spontaneität, die in der praktischen Vernunft gefordert und errungen wird. Im reinen Willen offenbart sich die Eine Vernunft, die Urgesetzlich-keit des reinen Geistes tiefer als im Intellekt. Der hat ja auch noch immer ein Gegenüber, von dem er das zu Formende empfangen muß, ist immer auf Gegebenheiten und Sinnlichkeit beschränkt; der Wille aber macht sich eben frei von allem Sinnlichen und lebt in absoluter Spontaneität rein in sich selbst, unter der selbstgegebenen Form, im Akt der Autonomie. Der Gegensatz zum Intellektualismus etwa des Thomas von Aquino ist voll-kommen: dort galt der Intellekt für höher, weil er im Gegenwartsbesitze des Erkannten lebt; der Wille aber schien nie in sich zu ruhen, sondern immer über sich hinaus zu streben. Nun ist es gerade der Wille, der – sei-nem sittlichen Sinn nach nicht ursprünglich bestimmt durch sein Verhältnis

zu Objekt und Zielen, sondern allein durch die eigene „Beschaffenheit"
und Gesetzesform – ganz in sich selber lebt und wirkt, von keinem Äußeren abhängig, eingeschränkt, bewirkt, – wie kein anderes geistiges Verhalten sonst!

Alle Erkenntnis bleibt nach Kant beschränkt stets auf „Erscheinungen";
sie dringt nicht vor zum Unbedingten. Das Übersinnliche ist unerkennbar.
Und das ist bekanntlich bei ihm nicht Feststellung einer resignierenden
Skepsis, sondern das muß und soll so sein! Durch die ganze Entwicklung
des Kantischen Denkens von den sechziger Jahren her bis in die letzten
Werke zieht sich dies Motiv als Grundzug: das Wissen muß begrenzt sein
und bleiben, um die Reinheit des sittlichen Willens nicht zu gefährden. Der
ganze Kampf gegen die Gottesbeweise hat diesen voluntaristisch-ethischen
Sinn. Ein Wirken für eine vorher schon als letztes Sein erkannte Ordnung,
im Dienste eines durch den Zwang des Intellekts bewiesenen Gottes scheint
Kant ganz unvereinbar mit der inneren Unabhängigkeit und spontanen
Freiheit des sittlich guten Willens. Jedes vorerkannte Ziel des Wollens
vernichtet die Reinheit der Autonomie, determiniert den Willen im kausalen
Sinne, macht ihn zum Glücks-Begehren. So müssen um des reinen Willens-
wertes willen die „Anmaßungen" der Vernunft zurückgewiesen werden.
Erkenntnis darf nicht über die ursprüngliche Lebendigkeit des guten
Wollens erhoben werden, sondern muß vielmehr den niederen, beschränk-
teren Platz einnehmen. So wichtig an sich das Wissen sein mag, es steht an
Wert zurück hinter der Sittlichkeit, die Wollenssache ist; dogmatische Meta-
physik ist nicht etwa nur vergebliches Bemühen, sondern vor allem ein
Vergehen an der Unbefangenheit und Unbestechlichkeit des reinen Willens.
Der Imperativ und der allein ihm angemessene Wille muß den Vorrang
behalten vor jeder Welt- und Gegenstandserkenntnis. Die zu erschaffende
Ordnung des Übersinnlichen muß unerkennbar sein und bleiben; gegebenes erkanntes Sein würde der autonomen Willensspontaneität nur im Wege
stehen, ja sie vernichten. Auch ist Erkenntnis doch immer nur Sache und
Interesse von wenigen; die Willensgüte aber Angelegenheit aller; es können nicht die „dianoëtischen Tugenden" entscheidend sein, wo es sich um
den Lebenssinn des Menschen überhaupt, um die „Würde" jeder menschlichen Persönlichkeit handelt.

In Wahrheit bleibt ja auch Erkenntnis immer gebunden an die Bedingungs-
reihen, die nie vollendet überschaubar werden. Das Unbedingte, das
wahrhaft Unendliche faßt allein der Wille! Im ganzen Vernunftvermögen
ist es nur das Praktische, der reine Willensakt, was uns hinaushilft über die
Sinnenwelt! Der autonome Wille trägt das Unbedingte in sich selbst, das
die erkennende Vernunft sich gegenüber vergebens ersehnt als „Ding" an
sich! Über das Reich der Natur hinaus und ihrem Sein voran liegt das
Reich der Zwecke, das ein Reich der Freiheit ist: nicht eine festgegebene

Ordnung von gegebenen Dingen, sondern eine immer erst durch Willenstaten aufzubauende Ordnung von Personen. Über Vorstellung und Ding,
Idee und Seinserkenntnis liegt immer, als der eigentliche Kern von allem,
jenes Reich hinaus, dessen Form und Gesetze Willensrelationen sind: Be-
fehlen und Sich-Unterordnen, Einstimmen und einander Achten; ein Reich,
das in der Tat allein besteht, niemals im bloßen Sein. Der „Wille" ist „das
eigentliche Selbst" des Menschen; nicht das Ich denke, sondern das Ich will
(will was ich soll) führt wirklich auf den metaphysischen Gehalt meines
und alles Daseins. Das was mehr als Phänomen an uns ist, das „Intelligible" (aber eben doch nicht durch den Intellekt wirklich zu Fassende und
nicht zu ihm Gehörige) ist unser Wollen; die „vernünftigen" Wesen überhaupt sind Willenswesen. In ihrem Willen allein kann das höchste und
unbedingte Gute angetroffen werden; nie in der Erkenntnis, noch in einem
Gegenstand derselben.
Die Willenswesen bauen in der autonomen Tat (die schöpferisch schon in
sich selber ist, erschaffend den „reinen" Willen) eine Ordnung auf, an der
Erkenntnis keinen Anteil haben kann: ursprüngliche Gemeinschaft! Jeder
Erkennende bleibt isoliert vom anderen, der auch erkennt; nur daß sie auf
denselben Gegenstand bezogen sind, bringt sie im Umweg auch zu einer
Einheit. Dies aber war ja immer schon, von der Patristik an, ein Grund-
motiv der christlichen Gedankenwelt gewesen, gegenüber der antiken
Einsamkeit und isolierten Selbstgenügsamkeit des bloß Erkennenden: der
Wille und die Liebe bilden Zusammenhang, Gemeinschaft, bauen das
Gottesreich auf; sie vereinigen den Menschen mit Gott und allen geistigen
Wesen. Dasselbe ist nun hier ein letzter Sinn des kategorischen Imperativs
mit der eigentümlichen Doppelbedeutung seines Allgemeinheitsbegriffs:
die Allgemeinheit des Gesetzes (zu der die Willensmaxime sich erheben
soll) ist die Bedingung und Grundlage für die „Gemeinschaft vernünftiger
Wesen"; das Allgemeine und Notwendige des Willens wollen heißt: Gemeinschaft wollen und Gemeinschaft schon in diesem Wollen bilden! Durch
die Achtung eines jeden vor der autonomen Willenskraft im anderen,
durch die Zusammenstimmung in der Unterordnung unter das allgemeine,
für alle geltende Gesetz wird ein Reich der Zwecke aufgerichtet, das als
ein Reich der Freiheit zugleich doch eine innere Gebundenheit aller an
alle bedeuten will. So ist denn auch für Kant, so wenig er eine Metaphysik
von einem religiösen Jenseits entwirft, das Leben der Vernunftwesen im
Übersinnlichen ein Willenstun, nicht ein Erkennen; das Reich der Zwecke
hat ja nur Sein, insoweit sich Willenswesen selbst zu ihm erheben, sich
hineinstellen in die allgemeine selbsterschaffene Ordnung. Freiheit ist ja
für Kant nicht Folge eines übersinnlichen Seins (das man erkennen könnte),
sondern setzt erst selbst ein solches. — Entsprechend ist denn auch das
Glück (das in der Postulatenlehre die Ergänzung bringt, die Vervollstän-

digung der Willensqualität zum „höchsten Gut") – ein Glück des reinen und also glückswürdigen Willens, und es ist schlechterdings da keine Rede mehr von einem Glück besitzender Erkenntnis; dies könnte nur insofern in Frage kommen, als auch Erkenntnis immer doch ein Ziel des Wollens (unter andern) und das Erreichen ihrer, als ein Gut neben vielen anderen, Erfüllung eines Strebens ist.

Bekannt ist, wie dann auf die Lehre vom autonomen Willen sich die Postulate stützen, wie hier der „Glaube" seine Stelle findet, zu dessen Gunsten die Kritik das „Wissen" eingeschränkt hatte auf bloße Erscheinungen und Sinnliches. Wieder ist es das Willensmoment, das den Glaubensbegriff in seiner Eigentümlichkeit bestimmt: ein Zustimmen ohne die Nötigung der Beweise; ein Zustimmen, das nur insofern möglich ist, als da ein sittlicher, sich selbst das Gesetz gebender Wille waltet, der gegen alles andere, besonders auch gegen alles Wissen, seine Unbedingtheit und Ursprünglichkeit behauptet. Hier greift dann der „Primat der praktischen Vernunft" in der engeren Bedeutung des Begriffs selbst auf das Theoretische über; vom Interesse des sittlichen Wollens aus wird sogar für die letzten Interessen der theoretischen Vernunft mehr gewonnen als aus dieser letzteren selbst. Wille und Intellekt vereinigen sich, unter dem Vorsitz des ersteren, zu einer Art Erkenntnis – die aber immer nur Bedeutung und Geltungskraft behaupten kann für den Bereich des Handelns und nur aufs Willensleben auch abzielen soll. Der einstige Gedanke, daß am Ende ein höchstes Erkennen und Erschauen des Intellekts erst die Erfüllung dessen bringen soll, wonach der bloße Glaube immer zielte, hat hier keinen Platz mehr. Gott, Freiheit und Unsterblichkeit sollen, als Postulate der Vernunft, selbst als „Erkenntnisse" noch Willenssache und also Sache des „Glaubens" bleiben! Der Wille ist das einzige Organ, das uns Besitz ergreifen läßt vom „intelligiblen" Reich; die Zustimmung des Willens zum Gesetz des reinen Wollens überhaupt führt uns mitten in den absoluten Sinn und Grund des Daseins hinein. Der Intellekt aber kann von dieser ganzen Ordnung und Gesetzlichkeit des Übersinnlichen nur die „Unbegreiflichkeit begreifen". –

Kant fand im Begriff der sittlichen Freiheit als der Selbstgesetzgebung des Wollens den „Schlußstein" seines kritischen Gebäudes. Der absolute Idealismus Fichtes beginnt von da mit seinen Ableitungen; er will in seinem ganzen Aufbau nichts anderes sein als eine einzige große Entwicklung des Begriffs der Freiheit. Der Primat des Praktischen wird gesteigert zum metaphysischen Ursprung; „die praktische Vernunft ist die Wurzel aller Vernunft". „Freiheit ist der Standpunkt aller Philosophie" – der theoretischen wie der praktischen; der metaphysische Zusammenhang der beiden Welten, denen nach Kant der Mensch gleichzeitig angehört, ohne daß doch bei ihm die Einheit beider aufgewiesen wurde, ihn findet Fichte eben im Begriff der Praxis, der Willenshandlung und der Willensaufgaben selber. Das Handeln ist, als der wesenhafte Sinn und Zweck unseres Daseins, auch die Wurzel unserer Existenz und alles Wissens! Wenn schon Kant betont hatte, daß im Grunde alles „Interesse" praktischer Natur sei, so suchte nun Fichte geradezu das Interesse der Erkenntnis selbst, ja deren Sein und deren Gegenstände überhaupt herzuleiten aus der Sphäre der praktischen Vernunft: dem Reich der Willenswesen.

Es ist besonders die erste Fassung des Systems, in welcher Fichte das voluntaristische Motiv zu stärkster Auswirkung gebracht hat; in einem stetigen Anwachsen und sich Klären des Gedankens von der Rezension des Aenesidem und der ersten Wissenschaftslehre an bis zu den Schriften und Vorlesungen zu Ende der neunziger Jahre und der „Bestimmung des Menschen" mit ihrem Grundprinzip des ewigen unendlichen Willens. Die spätere Entwicklung Fichtes hat dann auch andere Tendenzen hervortreten lassen, die den Willensursprung zeitweise zu verdecken scheinen – mehr nach der Ausdrucksweise allerdings und der Anordnung der Fragen als dem letzten Systemsinn nach. Eine genaue Analyse dieses zweiten Systems Fichtes (die hier natürlich nicht gegeben werden kann) würde den voluntaristischen Grundsinn auch da überall herausschälen können. Wenn auch von Anfang an im Absoluten ein Prinzip gesucht wird, das aller Zweiheit von Erkenntnis und Wollen und der relativen Selbständigkeit beider gegeneinander vorausliegt, so ist es doch das Willensleben, worin nach Fichte das gesuchte Absolute sich am ersten und unmittelbarsten äußert. Wenn andererseits es offenbar ist, daß zu jedem bestimmten Akt des Wollens auch ein Denken gehört, das Denken des Zwecks – so wird nun die „Erkenntnis" solcher Art vollkommen abgelöst in ihrem Ursprung von allem Gegenstands- und Seinserfassen; sie nimmt selbst sozusagen Willenscharakter an, wird frei tätiges „Entwerfen" eines Vorbildes, entgegen allem Gebundensein der sonstigen nachbildenden Erkenntnis an das vorgegebene Sein. Ursprüngliche „Ideen" gibt es hier nicht mehr in Platos Sinne, als ruhendes Sein und Gegenstand des im Besitze der Erke_ntnis willenlos gewordenen Schauens, sondern sie sind nun Aufgaben und Entwürfe des schaffenden Geistes als des lebendigen Willens selbst! – Das eben ist der letzte Grund für Fichtes Feindschaft gegen allen „Dogmatismus": nach dieser Weltauffassung wird immer ein vorausbestehendes Sein auf dem Wege über die Erkenntnis den freien Willen binden, seine Tatkraft lähmen. Wie die „Bestimmung des Menschen", so führen das noch die Vorlesungen der letzten Lebensjahre aus: wenn das Reich der geschaffenen Dinge fertig und geschlossen dasteht (wie das vor allem ja die Anschauung der Antike war), als ein Sein, mit dem das Wissen der Subjekte übereinzustimmen hat in seiner abbildenden Funktion, dann kann es keine praktische Tätigkeit und volle Willensfreiheit geben! Das Tun ist dann bedingt,

determiniert durch ein Wissen, das seinerseits abhängig vom Bestand und Einfluß der Dinge ist. Freiheit da noch anzunehmen, heißt einem handgreiflichen Zirkel sich überlassen. Die Forderung der Willensfreiheit im Sinne auch des wirklichen Wirkens und Gestaltens zieht für Fichte die Verwerfung jedes Restes von „Dogmatismus" nach sich, vor allem auch des Kantischen Dings an sich. Der absolute Idealismus im theoretischen Sinne folgt ihm unmittelbar aus dem Absolutheitscharakter, den die Willensfreiheit wesensmäßig an sich trägt. Wenn alles bestimmte Wollen und Tun in seiner Zielrichtung bedingt ist durch ein Wissen, so muß eben – wenn wirklich Freiheit in uns sein soll – dies Wissen unabhängig sein im Grunde von allem vorgegebnen Sein, so muß es selber erst entspringen aus innerer Tätigkeit und Freiheit. Alle Erkenntnis auch von Gegenständlichem muß mit den Gegenständen selbst erst das Produkt sein von der schöpferischen Freiheit, die das Willensleben zeigt. Die in der freien Willenstat durchbrechende Selbsttätigkeit ist selbst der Grund des Wissens. Während alle anderen Systeme, sagt Fichte, die Erkenntnis zum Prinzip des Lebens machen, macht „unsere Philosophie umgekehrt das Leben zum Höchsten und läßt der Erkenntnis überall nur das Zusehn!" Dies „Leben" aber spricht sich eben aus in der freien Willensaktivität geistiger Wesen.
Unendlicher Wille, „ein Wille, der rein und bloß als Wille wirkt ..., der absolut durch sich selbst zugleich Tat ist und Produkt" („Tathandlung"!) – ist nach der „Bestimmung des Menschen" (die allerdings die Grundgedanken Fichtes stark vereinfacht) die Gottheit; und alles was da wahrhaft lebt und ist, ergibt sich aus der inneren Teilung und den Äußerungen dieses ewigen Willens, der alles Endliche in seiner Sphäre hält und trägt. „Tathandlung" in diesem Sinne steht vor allem Sein und aller Seinserkenntnis. In sich ist dieser Wille, als die absolute causa sui, als dies Sich-selber-Setzen, das ein Schaffen aus Nichts im strengen Sinne ist, das schlechthin Unbegreifliche, vor allem Wissen und Bewußtsein Liegende – wie ja auch jeder Akt des freien Wollens in uns ein schlechthin Unbegreifliches darstellt: ihn begreifen wollen heißt ihn leugnen! Bewußtsein und Begreifen entsteht erst mit dem absoluten (und daher „nach Natur- und Denkgesetzen" unbegreiflichen) Akt der „Spaltung", in dem der Eine und unendliche Wille sich gleichsam kontrahiert zu den besondern Willensindividuen. Durch diesen schöpferischen Akt des Einen Willens entsteht erst das bestimmte Wollen, das Wollen in der Zeit und auf bestimmte Ziele hin – mit diesen aber erst die Anschauung und Erkenntnis von Objekten. Die Individuen (jene „vernünftigen Wesen", deren Vielheit Kant nur als gegeben hinnahm, ohne nach dem Willenssinn dafür zu fragen) sind in ihrem Kern und Ursprung also nicht Vorstellungszentren und nicht Resultate göttlicher „Blicke" auf das System der Phänomene, nicht Kontraktionen gleichsam des göttlichen Welt-Schauens, wie die Leibnizischen Monaden –

sondern Kontraktionen des göttlichen Urwillens, Produkte dieser tätigen „moralischen Weltordnung", „Dekrete" des Sittengesetzes! „Das eigentliche Gesetz der Vernunft an sich ist nur das praktische Gesetz, das Gesetz der übersinnlichen Welt, oder jener erhabene Wille." „Das eigentliche Wesen der Menschheit besteht im W i r k e n , die eigentliche Wurzel des Ichs ist keineswegs das Denken und Vorstellen, sondern das Wollen." „Das praktische Ich ist das Ich des ursprünglichen Selbstbewußtseins", das Handeln-Wollen „die innigste Wurzel des Ich". „Ein vernünftiges Wesen nimmt sich unmittelbar nur im Wollen wahr und würde sich und demzufolge auch die Welt nicht wahrnehmen, wenn es nicht ein praktisches Wesen wäre." „Mein wahres Sein ist Bestimmtheit des Wollens." – Individualität also, Selbstbewußtsein und Weltschauen sind erst Ergebnis und Ausdruck von Willensverhältnissen. „Mein Verhältnis in der Reihe anderer sittlicher Wesen allein ist es, welches meinem sinnlichen Auge ... sich in eine körperliche Welt verwandelt. Es gibt keine Gewißheit als die moralische; und alles was gewiß ist, ist es nur insofern es unser moralisches Verhältnis andeutet." Das Ich ist das vorstellende nur weil es das handelnde, das wissende nur weil es das wollende ist! Die sichtbare Welt ist nur Erscheinungsausdruck der unsichtbaren, die ein System von Individuen, d.h. ein „System von einzelnen Willen" ist, Vereinigung und unmittelbare Wechselwirkung mehrerer selbständiger und unabhängiger Willen miteinander. „Alle Realität kommt uns aus mit Denken verbundener Anschauung des Wollens." Die Sinnenwelt ist „Resultat des ewigen Willens in uns"; der göttliche Wille ist der „Weltschöpfer" – eben der Schöpfer einer Anschauungswelt oder Welt-Anschauung in endlichen Willenswesen: „nur in unseren Gemütern schafft er eine Welt, wenigstens das woraus wir sie entwickeln und wodurch wir sie entwickeln – den Ruf zur Pflicht." Die Pflicht ist „das intelligible Ansich, welches durch die Gesetze des sinnlichen Vorstellens sich in eine Sinnenwelt verwandelt". Aller Erkenntnisgegenstand ist seinem Ursprungssinn nach Widerstand des Willens und Bestimmung des Willens zu bestimmten Aufgaben, Ausdruck von Willenspflichten. „Von dem Bedürfnisse des Handelns geht das Bewußtsein der wirklichen Welt aus, nicht umgekehrt vom Bewußtsein der Welt das Bedürfnis des Handelns ... Wir handeln nicht weil wir erkennen, sondern wir erkennen weil wir zu handeln bestimmt sind." Alles Müssen der Erkenntnis stammt aus einem Sollen des Wollens; alle Vorstellungs- und Gegenstandsbestimmtheit aus der „Bestimmung" des Willens. Unsere Überzeugung selbst von der Realität der Außenwelt ist Glaube im vollen Willenssinne: wir sind aus der sittlichen Bestimmung unseres Willenslebens heraus verpflichtet, diese Erscheinungswelt, die eben Ausdruck und Bedingung unseres Wollens und Handelns ist, „Materiale unserer Pflichterfüllung", praktisch für real zu nehmen (wenngleich sie, theoretisch und nur als Erkenntnisinhalt betrachtet, gar nicht real ist)! Auch der eigne Leib ist nur „die sinnliche Vorstellung unseres reinen Wollens". Erkenntnis und Gewißheit des Erkennens gibt es für den Menschen nur insoweit er ein moralisches Wesen, insoweit er Willenswesen ist. Intelligenz ist immer letzthin Selbstbewußtsein nur des Handelns und der Handelnspflichten. Auch das Bewußtsein von der Einheitlichkeit und Übereinstimmung der Erscheinungswelt für mich und alle anderen vernünftigen Wesen (für Leibniz auf die reine Seins- und Erkenntnisordnung der praestabilierten Harmonie zurückgehend) ist nach Fichte im Grunde nur Ausdruck und Ergebnis von der Willenseinheit, darin wir alle miteinander leben: Ausdruck der Einheit jener ewigen Willensordnung, die in der Spaltung jedem Individuum seine besonderen Aufgaben doch immer nur innerhalb der einen großen Sphäre des Einen Endzwecks zuteilt. Dem realen Einheitssystem der sittlichen Aufgaben entspricht die erscheinende Einheitssphäre des Pflichterfüllungs-Materiales. – Alle Gegenstandserkenntnis ist also erst Ausdruck eines Wollens- und Sollensbewußtseins, Ausdruck der besonderen Pflichtbestimmung im System der Willenswesen. Und so richtet sich auch das erste ursprüngliche Erkennen jedes Individuums nicht so sehr auf die Dingwelt, als auf die andern freien Wesen; und diese „Erkenntnis" (die ihrerseits Bedingung ist sogar für das Selbstbewußtsein des Individuums überhaupt und damit erst recht für sein Welt-anschauen) wird selbst bedingt durch ein ursprüngliches Willensverhältnis zu ihnen: durch die Aufforderung zur Freiheit und bestimmten Tätigkeit, die jedem einzelnen aus dem freien Wollen und Wirken der anderen ganz unmittelbar und unabweislich entgegentönt. Durch das Eingewebtsein in die Kette der Willensaufgaben und Willenstaten, als deren Glied ein jedes Individuum sich findet, wenn es nur anhebt zu wollen und also zu sein, ist ihm sein Tun und Sein von vornherein begrenzt. Nicht ein Bedingtsein durch Güter und Objekte, die der Vorstellung gegeben sind (wobei dann Vorstellung und Erkenntnis das Begehren und den Willen von außen her bestimmen), sondern ein Aufgefordertwerden durch die freien Willenswesen, mit denen wir in einer Willens- und Sollensordnung leben, gibt unserm individuellen Sein seine Bestimmtheit, weil eben seine „Bestimmung"; die Freiheit wird so nicht (auf dem Wege über den Verstand) vernichtet durch die Einordnung in den Weltzusammenhang, sondern sie wird rein in sich selbst gebunden und begrenzt, d. h. auf individuelle Aufgaben kontrahiert. Alles Seinserkennen und erkenntnismäßige Gebundensein ist erst die Folge solcher Selbst-Determination des Willens. – So ist denn auch Gegenstand und Ziel unseres reinen sittlichen Wollens und Wirkens nach Fichte nicht eigentlich die Welt der Vorstellung, das Sein der Dinge und der Güter, sondern die Geisterwelt der Willenswesen. Der sittlich Wollende will „nie unmittelbar ein objektives Sein, sondern nur einen Willen des anderen ... das Objekt des Menschen ist immer der Mensch". „Der Sittliche will die Sittlichkeit aller, als eines geschlossenen Systems." Aller Wille will auf Willen wirken; und alles Erkennen und Gegenstandserfassen ist nur Mittel oder Ausdruck solchen Willens-Wirkens. Die Hervorbringung des absolut guten Willens im ganzen Menschengeschlecht, das ist unser einziges und das alles andere bestimmende Endziel geistigen Lebens. – So liegt auch die Unsterblichkeit der Individuen für Fichte nicht begründet in einem erkennenden Anteilnehmen an ewigem Sein, wie bei Plato. Hier ist die Seele nicht, als eine Übersinnliches erkennende Substanz, an sich schon unvergänglich. Sondern die freie Willenstat und bloße innere Formung des Willens selber erringt dem Menschen erst Unsterblichkeit! Bei Kant schon war es ein Sich-Erheben des Willens in eine höhere Ordnung, von dem aus der Gedanke der Unsterblichkeit als notwendig begriffen wurde, – und nicht die bloße Seinsgegebenheit „vernünftiger" Wesen. Fichte beseitigt nun jeden Zweifel an der ursprünglichen Willensnatur der persönlichen Fortdauer des Individuums durch seine spätere Lehre: wonach nun eben nicht alle Menschen, die einmal existieren, den leiblichen Tod überdauern, sondern nur die, welche ihre Bestimmung in diesem (ersten) Leben wirklich erfüllt, welche „den Willen in sich erzeugt haben"! Nicht weil sie Ewiges erkennen – sondern weil sie dem ewigen Gesetz entsprechend wollen, überdauern sie die untergehenden Welten, die ja doch selbst nur „Sphären der Sichtbarkeit der individuellen Willen" sind. Wie Goethe vom Tätigkeitspathos der Leibnizischen Monade her die Konsequenz zog, daß „wir nicht alle auf gleiche Weise unsterblich" seien, sondern durch rastloses Streben uns erst zu einer wahren „Entelechie" machen und damit zur tätigkeitserfüllten Ewigkeit erheben müssen – so ist für Fichte die Unsterblichkeit Sache tätigen Erringens durch den sittlichen Willen, der sich zur Freiheit um der Freiheit willen, zur Tätigkeit um der Tätigkeit willen, der sich zur ewigen Lebendigkeit bestimmt. „Kein Individuum wird sittlich erzeugt, sondern es muß sich dazu machen; die Sphäre für dieses sich sittlich Machen des Lebens ist die gegenwärtige Welt: sie ist für alle künftigen Welten die Bildungsstätte des Willens." Erst die selbsterrungene Ergriffenheit durch das Gesetz bürgt uns „für die Ewigkeit und Unendlichkeit des Ich und des Willens". Wer nicht zur wahren Freiheit und Sittlichkeit des Willens sich erhebt – vergeht; an seine Stelle tritt ein andres neues Individuum, das die von jenem unerfüllt gelassenen Aufgaben übernimmt. Nicht das bloße Sein der Seele und ihre angeborene Erkenntnisbindung an Ideen macht sie unsterblich, sondern nur die eigne Willenstat, die Willensbildung.

Die „Seligkeit" aber des geistigen Lebens ist nicht ein einstiges Erfülltsein von ewigem Schauen, sondern die lebendige Wirksamkeit sittlichen Wollens selber, ist Seligkeit des sich mit Gott wahrhaft vereinenden, mit dem unendlichen Willen selbst zusammenschmelzenden Menschenwillens! „Wolle seyn was du seyn sollst, was du seyn kannst und eben darum seyn willst" – das ist „das Grundgesetz der höheren Moralität sowohl als des seligen Lebens". – Soviel auch Fichtes „Anweisung zum seligen Leben" in ihrer Ausdrucksweise an die alten Lehren vom Gott-Schauen anklingt: es wird doch zuletzt kein Zweifel gelassen über die Willensnatur und reine Willensherkunft dieses Lebens in der „Liebe"! Die Erkenntnis, selbst die des unmittelbaren Selbstbewußtseins, bleibt immer doch das Vorletzte nur: das was noch Zweiheit in sich hat. Seligkeit aber entspringt allein aus dem „Trieb, mit dem Unvergänglichen vereinigt zu werden und zu verschmelzen", diesem Trieb, der „die innigste Wurzel alles endlichen Daseyns" ist. Erreicht wird aber diese Seligkeit wirklichen Aufgehens im Anderen (das der Erkenntnis nie gelingt) durch einen höchsten Akt der Freiheit; durch ihn fällt das Ich „hinein in das reine göttliche Daseyn, und man kann der Strenge nach nicht einmal sagen: daß der Affekt, die Liebe und der Wille dieses göttlichen Daseyns die seinigen würden, indem überhaupt gar nicht mehr Zwei, sondern nur Eines, und nicht mehr zwei Willen, sondern überhaupt nur noch Einer und eben derselbe Wille Alles in Allem ist." Die Liebe ist, wie der Ursprung jener „Teilung" des Einen Willens in die Willensindividuen, jener Spaltung, die überhaupt erst Selbstbewußtsein und Erkennen möglich macht – so auch dasjenige, was das Geteilte innigst wiederum vereinigt! Und so ist die Seligkeit auch nicht mehr nur, wie bei Kant, ein Hinzukommendes zur Willenstat und zur bloßen Glückswürdigkeit, die Prädikat des guten Willens selber ist, sondern sie ist das Leben und die Qualität des reinen Wollens in der ewigen Liebe selber. Diese Liebe aber, als Willensleben, ist nach Fichte eben „höher denn alle Vernunft, und sie ist selbst die Quelle der Vernunft und die Wurzel der Realität". Die schöpferische Tätigkeit des Willens ist der Ursprung und das Ziel und alle letzte Seligkeit des Daseins; der Intellekt entspringt erst diesem Tun, er schaut ihm zu und muß die Mittel schmieden. – So ist weiter auch die „Seligkeit" dieser religiösen Metaphysik nicht mehr ein Handelns-Feindliches, dem Wollen und Wirken in der Wirklichkeit entfremdet, wie es alle Seligkeit des Ideen- und Gottschauens schließlich war. Stärker als jede Ethik zuvor, viel stärker auch als Kant, betont Fichte die sittliche Notwendigkeit des Handelns in der Wirklichkeit, des Umgestaltens und Aufbauens. Gottes Leben leben, das heißt hier gerade: unablässig Wirken, Wollen und Handeln in der Richtung und Art des schöpferischen Willens selbst! Gott ist nicht ruhender Gegenstand und Besitz der Kontemplation, sondern er ist das, was „die von ihm Ergriffenen tun"! Das Leben in der Liebe erscheint notwendig als nie ermüdendes Wollen und Wirken, Handeln und Bauen. Die wahre Religiosität und höhere Moralität ist notwendig tätig; „das unscheinbarste Handgewerbe" kann (wie Fichte ausdrücklich betont, im schroffsten Gegensatz auch darin zu der Wertung der Antike) erfüllt sein von der letzten Seligkeit und Lebensgröße – mehr als ein bloß betrachtendes beschauendes Gebanntsein in eine „bloß stehende und ruhende Ansicht" es je sein kann. –

Die Liebe ist nun aber, „wie überhaupt Quelle der Wahrheit und Gewißheit, ebenso auch die Quelle der vollendeten Wahrheit in dem wirklichen Menschen und seinem Leben". Die letzte und vollendete Wahrheitserkenntnis, die Reflexion der höchsten Wissenschaft vom Absoluten geht selbst hervor aus der reinen Liebe zu diesem Absoluten! Spinozas Amor Dei intellectualis wird von Fichte ins Voluntaristische gekehrt: nicht aus der Erkenntnis des Weisen wächst ihm auch die höchste Liebe – sondern aus der Liebe des sittlich-religiösen Wollenden quillt ihm auch Erkenntnis des Göttlich-Absoluten! – Als einziger Philosoph in der ganzen Geschichte des christlichen Denkens hat Fichte die Konsequenz für die Philosophie und auch für das eigene System aus dem Motiv gezogen, wonach das wahre Wissen nur aus dem rechten Wollen entspringe. Der Primat der praktischen Vernunft, die Unantastbarkeit und Unerklärbarkeit der Freiheit als des Absoluten hat nach Fichte keinen theoretischen, sondern nur einen praktischen „Vernunftgrund": den „Entschluß" des sittlich-religiösen Willens! Das System des wahren Idealismus (mit allen seinen theoretischen Ableitungen und Beweisen) geht von dieser ersten Setzung aus als von einem „ersten Glaubensartikel", von einer freiwilligen Zustimmung des Willens und einer Willenswahl – nicht aber von einer ursprünglichen Bestimmtheit und Gebundenheit des Wissens. „Alle meine Überzeugung ist nur Glaube, und sie kommt aus der Gesinnung, nicht aus dem Verstande." Fichtes berühmter Satz, daß jeder die Philosophie habe, die seinem Sein entspreche, hat bekanntlich eben diesen Sinn; was für ein Mensch man „ist", das heißt hier: was man sein will, wozu man sich als lebendig wollendes, selbsttätiges Wesen frei entschließt – zur sinnlichen Abhängigkeit und Gebundenheit durch Dinge und Ding-Erkenntnis, oder zur absoluten Selbsttätigkeit in der Richtung des ewigen geistigen Willens. „Wer meine Gesinnung hat, den redlichen guten Willen, der wird auch meine Überzeugung erhalten: ohne jenen aber ist diese auf keine Weise hervorzubringen. – Nachdem ich dieses weiß, weiß ich, von welchem Punkte alle Bildung meiner selbst und anderer ausgehen müsse: von dem Willen, nicht von dem Verstande. Ist nur der erstere unverrückt und redlich auf das Gute gerichtet, so wird der letztere von selbst das Wahre fassen." „Nur die Verbesserung des Herzens führt zur wahren Weisheit." – Jener höchste Akt der geistigen Erhebung, der nach Fichte die Quelle aller metaphysischen Erkenntnis ist: die „intellektuelle Anschauung" – stellt sich so selbst als ein willensmäßiges Vollziehen dar. Ein sittlicher Entschluß und Akt der inneren Wiedergeburt ist es, der das neue freie Denken und Erkennen erst aus sich erzeugt.

Ein neues Auge sich einzusetzen durch Ausbildung eines neuen Willens, das ist es, was Fichte vom Philosophen fordert. – Keine Willensmetaphysik hat seither die Absolutheit des Willensvorrangs so zu verteidigen gewußt gegen die altvererbten Herrschaftsansprüche des Verstandes, wie es von der Moralphilosophie Kants aus Fichtes ethischer Idealismus vermocht. (Auch in Jacobis Glaubensphilosophie biegt der vielfach angedeutete Willensvorrang doch immer wieder ins Theoretische einer fühlenden Erkenntnis um.) Aber das Motiv lebt allenthalben fort und wirkt bestimmend mit in der Philosophie des 19. Jahrhunderts. Am tiefsten hat es Schelling fortgeführt. Ihm ist, und nicht nur in der Zeit, da er Fichte anhing, sondern gerade in den spätern Perioden seines Denkens, das Absolute Göttliche in seinem Grund „ein immanenter, nur sich selbst bewegender Wille". Mit Jacob Böhme sucht er im dunklen Treiben und Streben des Urwillens den ersten Ursprung des Daseins, seiner Spannungen und Gegensätze; im Selbstgebären dieses verstandlosen Willens entsteht ihm erst alle Wirklichkeit und Aktualität, von ihm wird auch der Verstand erst eigentlich geboren. Alles Sein stammt aus dem Seinkönnenden, alles Aktuale aus der Potenz. Nur der Wille aber zeigt uns unmittelbar dieses Verhältnis und Auseinander-Fließen von Potenz und Akt. „Der Wille an sich ist die Potenz κατ' ἐξοχήν, das Wollen der Aktus κατ' ἐξοχήν." Jedes Können ist, nach seinem metaphysischen Ursinn betrachtet, „eigentlich nur ruhender Wille; der Übergang von der Potenz zum Akt ist Wollen". Und also gibt es „in der letzten und höchsten Instanz gar kein anderes Seyn als Wollen. Wollen ist Urseyn, und auf dieses allein passen alle Prädikate desselben: Grundlosigkeit, Ewigkeit, Unabhängigkeit in der Zeit, Selbstbejahung. Die ganze Philosophie strebt nur dahin, diesen höchsten Ausdruck zu finden". Wieder ist es die Frage nach der causa sui, nach dem Sichselber-Setzen, welche auf die schöpferische Potenz des Willens als die letzte metaphysische Realität hinweist. Und während bei Spinoza die Einzeldinge als Modi inbegriffen sind in der einen absoluten Seinssubstanz, stellt Schellings System die Wirklichkeit dar„ als einzelne Willen, die in einem Urwillen begriffen sind".

Schopenhauers bekannte Willensmetaphysik dann, die so breite Wirkung im 19. Jahrhundert bis auf die Gegenwart geübt und den Voluntarismus so populär gemacht hat – sie nimmt ihren ersten Ursprung noch aus den Weisungen Kants, Fichtes und Schellings; aber in demselben Maße als der sittlich-religiöse Sinn, in dem ja diese ganze metaphysische Gedankenrichtung entstanden war, bei ihm nun zurücktritt und verloren geht, in dem Maße als der sittlich bestimmte Wille nun wieder ganz zusammenfallen will mit dem Begehren überhaupt– gewinnt doch wieder jetzt der Intellekt die Oberhand und nimmt das letzte höchste Wort für sich in Anspruch! So eindringlich von Schopenhauer der irrationale und selber blinde verstandlose Wille als der metaphysische Ursprung aller Dinge und des Verstandes selber dargestellt wird (darin noch ganz im Gegensatz etwa zum Nus-Prinzip der Alten!), so weist dann doch der Pessimismus dieses Gedankens vom sinnlos-blind wütenden Willen den nach Erlösung Verlangenden über das ganze Willenssein hinaus auf die Befreiung durch den Intellekt. Der letztere ist zwar gewiß nicht ursprünglich, er ist ja nur das Licht, das sich der Wille angezündet hat, ein spätes und bloß „physisches" Produkt und „sekundäres Phänomen" der metaphysischen Willensmacht, das auch in allem Leben und Wirken in ihren Diensten bleibt. Aber indem dann dieses Produkt des Willens sich aufschwingt zur erleuchtenden Einsicht von der Nichtigkeit und Unseligkeit alles Wollens und gar den Weg zur Selbstvernichtung des leidenden Willens weist – wächst dieser Intellekt eben doch hinaus über den eignen Ursprung, gewinnt die Oberhand, wird selber zu der tiefer wirkenden und die letzte metaphysische Wendung des Lebens herbeiführenden Instanz! Den Weg zur Erlösung und zum negativen Glück des Willensschweigens weist die Intuition des Intellekts, die, vom Willenswüten sich ablösend, durch Einsicht in den Un-Sinn alles Daseins den widerstrebenden Willen selbst determiniert zu seiner Selbstvernichtung. Auch wo bei Schopenhauer, der „Liebe" jener früheren Systeme analog, das „Mitleid" als ein Weg zum ewigen – Tode erscheint, ist es nicht so sehr der Akt wirklicher Willenseinung, der da gepriesen wird, als die Einsicht, die in dies Gefühl verkleidet sich dabei uns aufdrängt: die Einsicht in die metaphysische Einheit aller Wesen und die Sinnlosigkeit jeder Lust, die durch des andern Leid erkauft wird. – So siegt hier schließlich doch der zur ewigen Ruhe führende Intellekt über den Willen, der wieder als Begehren und als ein in sich selber Unbefriedigtes, auf andere Erfüllung Weisendes verstanden wird. Das willensfreie Anschauen der Platonischen Ideen bildet, wie einst das Endziel und die höchste Form des seligen Lebens, so hier doch immerhin, in der ästhetischen Kontemplation, die große und entscheidende Vorstufe der Erlösung. Noch einmal hat der Intellekt, und mitten in dem ausgesprochensten System des Willens, sich zum Sieger und zur letzten metaphysischen Instanz erhoben. – Es ist ein Grundmotiv von Nietzsches Lebenslehre und Metaphysik gewesen, dem Willenspessimismus und der Willensfeindschaft seines Lehrers gerade eine unbedingte, von keiner anderen Instanz geschwächte noch zu überbietende Bejahung des lebendigen und schöpferischen Willens als des letzten Seins- und Lebensgrundes entgegenzustellen; und sein Prinzip des „Willens zur Macht" hat gerade auch diese Tendenz: den Sinn und das Glück der Willensspannung unabhängig zu machen vom Gut oder Böse, vom Wert oder Unwert der Ziele und Objekte, die etwa durch den Intellekt dem Willen, als ein Äußeres ihn Bindendes, übermittelt werden. Der Wille will sich selber steigern, die eigene Lebendigkeit und Machtfülle bejahen – das ist sein Sinn und seine Größe. Alles Verstandesmäßige ist in seinen Diensten, Produkt und Mittel seines Wirkens. Wieder ist es, wenn auch ganz anders als bei Fichte und von dem ursprünglichen Sinn der Willenslehren schon weit abbiegend, ein Wollen um des Wollens und der Wollensspannung willen, fernab von allem Glück beruhigten Anschauens, worin die höchste Seligkeit und aller Sinn des Daseins liegen soll.

NAMENREGISTER